Lynn Austin

Fundament der Hoffnung

Francke

Über die Autorin:

Lynn Austin ist verheiratet, hat drei erwachsene Kinder und lebt in Holland, Michigan. Ihre zahlreichen Romane sind allesamt Bestseller und mit unzähligen Preisen ausgezeichnet worden. In Deutschland gilt sie als die beliebteste christliche Romanautorin.

MIX
Papier aus verantwortungsvollen Quellen
FSC® C014138

Bibliografische Information der Deutschen Nationalbibliothek
Die Deutsche Nationalbibliothek verzeichnet diese Publikation in der Deutschen Nationalbibliografie; detaillierte bibliografische Daten sind im Internet über http://dnb.dnb.de abrufbar.

4. Auflage 2022
ISBN 978-3-86827-558-2

Originally published in English under the title:
On This Foundation
by Bethany House,
a division of Baker Publishing Group,
Grand Rapids, Michigan, 49516, USA

35037 Marburg an der Lahn
Deutsch von Dorothee Dziewas
Umschlagbilder: © iStockphoto.com / iancucristi
© shutterstock.com / Luis Louro; Anton_Ivanov; tanatat
Umschlaggestaltung: Francke-Buch GmbH /
Christian Heinritz
Satz: Francke-Buch GmbH
Printed in Czech Republic

www.francke-buch.de

Doch Gott, der Herr, sagt:

„Ich lege in Jerusalem ein Fundament. Es ist ein Grundstein, ein kostbarer Eckstein, der felsenfest steht. Wer auf ihn baut und ihm vertraut, braucht nicht zu fliehen."

Jesaja 28,16

Die Zitadelle von Susa, Persien,
am 14. Tag des Monats Adar, 473 v. Chr.

Mordechai wusste, was es bedeutete, mit dem Tod zu ringen und zu gewinnen. Von seinem Zimmer in der Zitadelle von Susa aus hatte er den ganzen Tag die Nachrichten von den Kämpfen gehört. Seine Boten eilten herein und hinaus wie Bienen in einem Bienenstock. Der Engel des Todes schwebte über ihnen, seit die Sonne am 12. Adar untergegangen war. Das tat er auch noch in der Nacht und den ganzen Tag über am 13. des Monats. Nach den letzten Berichten, die Mordechai erhielt, als die blasse Frühlingssonne endlich über diesem mörderischen Tag unterging, hatten seine jüdischen Landsleute fünfhundert Feinde in Susa getötet. Er hatte für die Kinder Abrahams gebetet, die in den 127 Provinzen des persischen Reiches verstreut lebten, und sich gefragt, wie es ihnen wohl ergangen war. Vor allem sorgte er sich um das Land jenseits des Flusses, wo seine jüdischen Geschwister in Jerusalem einen sehr unsicheren Stand hatten. Innerhalb des riesigen persischen Reiches waren die Feinde der Juden zahlreicher und auf jeden Fall militärisch erfahrener. Mordechais Volk bestand aus Händlern und Bauern und Gelehrten, nicht aus Soldaten. Dennoch wusste er, dass sie mit vollem Einsatz um ihre Familien und ihr Leben kämpfen würden. Und Gott hatte dabei eindeutig an ihrer Seite gestanden.

Die Nacht wurde dunkler. Er sollte nun endlich die flackernden Öllampen auslöschen und nach Hause gehen, nachdem der 13. Adar – und die Gefahr – vorüber waren. Aber er war zu erschöpft von der Anstrengung mehrerer schlafloser Nächte, um den Weg zurück und die Treppen zu bewältigen. Deshalb löste Mordechai das Schwert von seiner Hüfte, das er den ganzen Tag über getragen hatte, und legte es auf den Boden. Dann ging er zu dem Sitz am Fenster, von wo aus er den Graben vor der Zitadelle überblicken konnte, und ließ sich in die Kissen fallen. Das offene Fenster gähnte ihm dunkel und leer entgegen, weil Mond und Sterne hinter einer grauen Wolkendecke verborgen lagen. Er atmete die kühle Frühlingsluft ein und schloss die Augen, um einen Moment auszuruhen.

Ein Klopfen an der Tür ließ ihn aufschrecken. Instinktiv streckte Mordechai die Hand nach seiner Waffe aus. Er zog sie aus der Scheide, blieb jedoch sitzen. „Wer ist da?“

„Ich bin es nur, Herr.“ Die Tür öffnete sich langsam und einer der Soldaten, die in den vergangenen anderthalb Tagen vor seiner Stube Wache gestanden hatten, erschien in der Öffnung. „Es tut mir leid, dass ich dich störe, Herr.“

„Komm herein.“ Mordechais Schultern entspannten sich und er legte die Waffe nieder. „Wie spät ist es?“

„Es ist die dritte Wache, Herr.“

Mordechai rieb sich die Augen. Er hatte länger auf seinem Platz am Fenster geschlafen, als er beabsichtigt hatte. Die Nacht war schon mehr als halb verstrichen.

„Dein Assistent, Jakob ben Haschub, möchte mit dir sprechen. Er sagt, es sei wichtig.“

Zu dieser nächtlichen Stunde musste es das sein. Die plötzliche Anspannung half Mordechai, seine Schläfrigkeit abzuschütteln und ganz wach zu werden. „Schick ihn herein.“ Es war ein Zeichen für die extreme Notsituation, in der sie alle sich befanden, dass selbst Jakob, Mordechais rechte Hand während dieser ganzen Feuerprobe, nicht ohne Erlaubnis zu ihm hereinkommen durfte. Jakobs blassem Gesicht mit den dunklen Ringen unter den Augen war die Erschöpfung nach diesem langen, blutigen Tag deutlich anzusehen. Überrascht sah Mordechai, dass Jakob drei kleine Jungen vor sich her ins Zimmer schob.

„Vergib mir, dass ich dich störe, Herr, aber … wie es aussieht, sind die Kämpfe doch noch nicht beendet.“

Mordechai spürte eine Gänsehaut, als die Angst ihn packte. „Was meinst du damit? Nach dem Edikt des Königs sollten die Kämpfe doch bei Sonnenuntergang enden. Der 13. Adar ist vorbei.“

„Es wird nicht auf den Straßen gekämpft – sondern hier. In der Zitadelle.“

„Was?!“

„Mehrere Mitglieder deines persönlichen Personals und ihre Familien wurden vor einer Stunde in ihren Häusern überfallen."

Mordechai erhob sich mit steifen Bewegungen. „Nein! Das kann nicht sein. Wir haben überall Wachen aufgestellt."

„Ja, das haben wir. Aber wir haben die Wachen zu früh nach Hause geschickt – alle, außer die vor deiner Tür. Und wir haben den falschen Leuten vertraut. Unsere Feinde haben unsere Sicherheitslücken entdeckt und sie benutzt, um deine engsten Gefolgsleute anzugreifen." Jakobs tiefe Stimme bebte vor Emotionen. „Zwei Männer und ihre Familien wurden ermordet, bevor wir Alarm schlagen konnten."

„Und dein Haus, deine Familie …?"

„Die Warnung hat mich erreicht, bevor die Attentäter ihr Werk vollenden konnten. Meine Familie ist in Sicherheit."

„Wer von meinen Leuten wurde getötet?", fragte Mordechai, obwohl er die Antwort fürchtete.

„Bani ben Zacchai und seine Familie …"

„Gott Abrahams, sei uns gnädig", flüsterte Mordechai.

„Und dein Schreiber Hachalja und seine Frau." Jakob schluckte, übermannt von seinem Kummer. „Dies sind Hachaljas drei Söhne. Sie haben überlebt, aber sie haben gesehen …" Er beendete den Satz nicht.

Mordechai brauchte einen Augenblick, um seine Fassung wiederzugewinnen. Er fuhr sich mit den Händen übers Gesicht und zog an seinem Bart. Er wünschte, er könnte noch einmal aufwachen und feststellen, dass dies bloß ein Traum gewesen war.

Jakob räusperte sich. „Dieser Racheakt war persönlich, Herr. Ein Schlag gegen deine Regierung. Die Attentäter wussten, wen sie angriffen, wo diese Personen wohnten und wie sie die Sicherheitsvorkehrungen umgehen konnten. Sie haben absichtlich bis nach Sonnenuntergang gewartet, als wir dachten, die Kämpfe seien vorüber, und nach Hause gingen, um etwas zu schlafen."

„Diese Angreifer warteten in der Zitadelle?"

„Es scheint so, Herr. Alle Außentore werden seit Tagen bewacht."

Mordechai stöhnte. „Das ist meine Schuld. Wie konnte ich so kurzsichtig sein? Wir haben so viele kluge Pläne geschmiedet, um unser Volk in allen Teilen des Reiches zu schützen, aber meine engsten Mitarbeiter hier in der Zitadelle habe ich im Stich gelassen."

„Keiner von uns hat diesen Angriff erwartet, Herr. Aber wir glauben, dass alle Mörder gefangen oder getötet wurden. Diejenigen, die wir lebend gefasst haben, werden noch vor dem Morgen ihr Schweigen brechen. Wir werden erfahren, welches Ausmaß die Verschwörung hat."

„Bestimmt stecken Hamans Söhne und ihre Verbündeten dahinter, um sich zu rächen. Darauf würde ich mein Leben verwetten."

Mordechai lief weiter auf und ab, hin- und hergerissen zwischen Erschöpfung und Wut, während er versuchte zu entscheiden, was er tun sollte. „Ich werde Königin Esther eine Nachricht schicken und sie bitten, beim König ein gutes Wort für uns einzulegen. Die zehn Söhne Hamans werden alle dafür hängen. In der Zwischenzeit brauchen wir noch einen Tag, um unsere Feinde ganz zu vernichten. Esther muss den König um Erlaubnis bitten, sie heute noch zu suchen und zu töten. Wir werden sie finden, wo auch immer sie sich verbergen. Wir werden die Sache nicht auf sich beruhen lassen."

Er ging zu seinem Arbeitstisch und suchte im dämmrigen Schein der Lampe nach einer Feder und Pergament. „Jemand soll Hattach, den Eunuchen der Königin, holen", sagte er zu Jakob. „Er muss Esther unverzüglich meine Nachricht überbringen. Sie wird noch einmal so schnell wie möglich handeln und mit dieser Bitte ungebeten beim König erscheinen müssen."

„Würde es nicht schneller gehen, wenn du selbst als Bittsteller vor ihm erscheinst, Herr?"

„Vielleicht. Aber Xerxes wird eher geneigt sein, etwas zu unternehmen, wenn er merkt, dass das Leben seiner Gemahlin immer noch in Gefahr ist."

Mordechai war so in seinen Zorn und seine Reue versunken und so wütend auf sich selbst, weil er in seiner Wachsamkeit nachgelassen hatte, dass er die drei kleinen Jungen vergaß. Doch dann hörte er ein zittriges Schluchzen und Schniefen und blickte auf. Die drei Kinder standen noch da in ihren Nachthemden, die dunklen Haare vom Schlaf zerzaust. Der kleinste Junge rieb sich die Augen und seine Wangen waren feucht von Tränen. Alle drei hatten den gleichen starren Blick der Verzweiflung und des Schreckens, den er bei seiner jungen Cousine Esther gesehen hatte, als sie Waise geworden war und er sie adoptiert hatte. Für den Tod von Esthers Eltern war Mordechai nicht verantwortlich gewesen, aber es war seine Schuld, dass diese drei Jungen keine Eltern mehr hatten. Denn der Rachefeldzug hatte ihm und seinen Mitarbeitern gegolten.

Er schloss die Augen, neigte den Kopf und rang darum, dass nicht mehr sein flammender Zorn, sondern die Wärme des Mitgefühls die Oberhand gewann. Als er seine Fassung wiedererlangt hatte, hob er den Kopf und trat auf die Kinder zu. Er vermutete, dass der älteste Knabe etwa sieben oder acht Jahre alt war. Die jüngeren schienen etwa vier oder fünf zu sein, jedenfalls jung genug, um noch ihre Milchzähne zu haben. Mordechai ging vor ihnen in die Knie.

„Wie heißt du?", fragte er den ältesten Jungen.

„Nehemia ben Hachalja", antwortete er flüsternd. Seine Augen waren trocken, als versuchte er tapfer zu sein und nicht zu weinen. Er sah Mordechai nur ganz kurz in die Augen, dann huschte sein Blick hektisch durch den Raum, als könnte der nächste Attentäter jeden Moment hinter den Vorhängen oder der geschlossenen Tür hervorspringen.

„Und dies sind deine Brüder?"

Er nickte. „Ephraim und Hanani." Letzterer war ein Kosename und vermutlich die Kurzform von Hananja. Die Brust des Jüngsten bebte von leisen Schluchzern. Seinen geröteten Augen nach zu urteilen, weinte er schon eine ganze Weile. Er blickte zu Mordechai auf, Tränen in den dunklen Augen.

„Ich will meine Mama", sagte er.

Mordechai hätte den Jungen gerne in den Arm genommen und getröstet, aber der älteste Bruder sah so misstrauisch aus, dass Mordechai fürchtete, er könnte sich auf jeden stürzen, der seine Geschwister anfasste. Nehemia packte Hananis Hand und zog ihn näher zu sich.

„Waren diese Kinder dabei, als es geschah?", fragte Mordechai seinen Helfer. „Im selben Haus?" Jakob nickte.

„Wir haben uns versteckt, als die bösen Männer kamen", sagte Nehemia. „Ich habe zu Ephraim und Hanani gesagt, dass sie ganz leise sein müssen."

„Ich bin froh, dass du das getan hast, mein Sohn. Das war sehr klug von dir. Du bist ein tapferer junger Mann."

„Nein, Abba war am tapfersten. Er hat sich gewehrt."

Mordechai wusste nicht, was er sagen sollte. War es besser, den Jungen reden und erzählen zu lassen, was er gesehen und gehört hatte, oder sollte er ihn lieber ermutigen, diesen schrecklichen Albtraum zu vergessen? Als würde ihm das jemals gelingen! Mordechai räusperte sich, um den Kloß im Hals loszuwerden. „Es tut mir furchtbar leid, was geschehen ist", sagte er zu den Kindern. „Euer Vater Hachalja war ein guter Mann. Er hat hier in der Zitadelle für mich gearbeitet. Ich weiß, dass ich ihn niemals ersetzen kann, aber ich verspreche, dass ich von jetzt an für euch sorgen werde. Es wird euch an nichts fehlen."

Außer an Eltern, die sie liebten und erzogen. Wie konnte er nur so etwas Dummes sagen! Mordechai suchte nach besseren Worten – Worten des Trostes oder der Hoffnung, während er hilflos zusah, wie Nehemias Blick den Raum absuchte wie ein gefangener Vogel, der verzweifelt einen Fluchtweg sucht. Sein schmaler Körper war angespannt und bereit zu fliehen. Mordechai fürchtete, er könnte aus der Haut fahren, wenn jemand versuchte, ihn zu berühren – und sei es nur, um ihn zu trösten. Die beiden kleineren Kinder waren das genaue Gegenteil ihres großen Bruders: Sie wirkten in sich zusammengesunken und haltlos, erschöpft und wie in Schockstarre. Sie brauchten dringend Schlaf. Doch Mordechai fragte sich, ob sie je wieder richtig zur Ruhe kommen würden.

„Ihr seid jetzt in Sicherheit. Ich werde nicht zulassen, dass euch etwas zustößt. Und wenn ihr irgendetwas braucht ..."

„Wir brauchen ein Versteck", sagte Nehemia.

Mordechai zögerte und sagte dann: „Jakob und eine meiner Wachen werden euch an einen sicheren Ort bringen, wo ihr schlafen könnt und ..."

„Werden die bösen Männer uns auch töten?", fragte Nehemia. Immer noch wanderte sein Blick gehetzt durch den Raum – zum Fenster, zur Tür, zum anderen Fenster und dann wieder zurück. Ohne stillzustehen.

„Die Männer werden nie wiederkommen. Ich verspreche euch, dass die Feinde, die das getan haben, gefunden und hingerichtet werden. Ihr habt mein Wort. Bis dahin werden die Wachen auf euch aufpassen. Sie werden so lange bei euch bleiben, wie ihr wollt."

„Aber Abba kannte die Männer, die in unser Haus gekommen sind. Er hat die Tür aufgemacht, um sie reinzulassen, aber sie haben ihm eine Falle gestellt."

„Du hast alles mit angehört?", fragte Mordechai und Nehemia nickte. „Herr, erbarme dich …", flüsterte Mordechai, bevor er sich an Jakob wandte: „Bring sie zu mir nach Hause. Sorg dafür, dass sie etwas zu essen und einen Schlafplatz bekommen."

„Ja, Herr." Jakob wandte sich zur Tür um und gab den Jungen ein Zeichen, ihm zu folgen, aber Nehemia rührte sich nicht von der Stelle, ebenso wenig wie seine Brüder. Die beiden jüngeren Kinder drängten sich dichter an ihren großen Bruder und klammerten sich an ihn, offensichtlich starr vor Angst. Mordechai wusste nicht, wie er sie beruhigen sollte.

„Wollt ihr lieber hier bei mir bleiben? Seht aus dem Fenster, dann wisst ihr, wie hoch oben wir hier sind. Und die Soldaten vor der Tür werden niemanden hereinlassen."

Nehemia nickte und betrachtete Mordechais Schwert, das gezogen auf der Fensterbank lag. Er zog seine Brüder hinter sich her, als er ging, um aus dem Fenster zu sehen.

„Also gut", beschloss Mordechai. „Ihr drei könnt hierbleiben. Jakob, kannst du einen meiner Diener suchen und ihn bitten, ein paar Decken und zusätzliche Kissen zu bringen und vielleicht etwas Einfaches zu essen? Dann schick einen Boten zu Hattach, Königin Esthers Diener." Mordechai ging zum Fenster und schloss die Läden. „Kommt", sagte er und klopfte auf das Kissen. Ihr könnt euch hier hinlegen und schlafen."

Nehemia half Hanani auf die Bank am Fenster und die beiden kleinen Jungen rollten sich sofort auf den Kissen zusammen. Es wunderte Mordechai nicht, dass Nehemia aufrecht auf der Bank sitzen blieb, die Augen offen und wachsam. Seine Beine reichten nicht einmal bis zum Boden.

Selbst bei geschlossenen Läden drang die kalte Nachtluft herein, deshalb zog Mordechai seinen Mantel aus und deckte die Kinder damit zu. Während er allein auf seine Bediensteten wartete, ließ er die schreckliche Nachricht ganz auf sich wirken.

Er hatte die Männer, die ihm am nächsten standen, im Stich gelassen. Zwei von ihnen waren wegen seiner mangelnden Voraussicht gestorben. Und ihre Familien auch. Wie naiv er doch gewesen war zu glauben, seine Feinde würden ihre mörderische Rache auf einen einzigen Tag beschränken! Und wie dumm von ihm, dass er angenommen hatte, sein Volk würde nach nur einer Nacht und einem Tag Krieg von allen Bedrohungen frei sein. Gottes Volk war in seiner Geschichte immer von Feinden bedroht worden, die es vom Erdboden hatten tilgen wollen, so wie Haman es gerade erst versucht hatte. Würden die Kinder Abrahams jemals Frieden finden?

Mordechai seufzte. Nein. Es würde keinen Frieden geben, bis eines Tages der versprochene Messias kam, um sie zu befreien.

Teil I

Der Herr wollte die Mauern Jerusalems zerstören. Und so spannte er die Messschnur über sie, um sie völlig zu vernichten. Er riss Mauern und Schutzwälle nieder, nun liegen sie verödet da. Die Stadttore machte er dem Erdboden gleich, er brach die Riegel auf und zerschlug sie.

Klagelieder 2,8-9a

1

Susa, Persien,
28 Jahre später im Dezember

Nehemia stieg die Wendeltreppe zur Palastküche hinunter und blieb dann unter dem Torbogen stehen, um die Wärme der lodernden Herdfeuer und riesigen Öfen zu genießen. Der Duft von gebratenem Fleisch und frisch gebackenem Brot schlug ihm entgegen. Diesen Teil seiner Arbeit mochte er, vor allem früh an einem Wintermorgen wie diesem, an dem es schwierig war, die großen Räume im Obergeschoss des Palastes zu heizen. Er sah zu, wie die schwitzenden Köche mit ihren roten Gesichtern und die Küchenjungen hin und her liefen, Gemüse zerkleinerten, eine Ziege häuteten und Wasservögel rupften. Diese Männer würden wahrscheinlich lieber in einem kühleren Raum arbeiten.

Niemand blickte auf, als Nehemia den riesigen Arbeitsbereich betrat, der groß genug war, um Essen für den König und Tausende von Gästen zuzubereiten. Als Mundschenk des Königs, der vollstes Vertrauen genoss, inspizierte Nehemia täglich die Palastküche und die Lagerräume und überzeugte sich davon, dass nichts und niemand, der für König Artaxerxes eine Gefahr bedeuten könnte, durch die Hintertür hereinkam und in die Küche oder die Steintreppe hinauf zum Speisesaal des Königs gebracht wurde.

Die schmalen Fenster standen offen und Nehemia hörte das Rattern hölzerner Räder und die schweren Hufe der Ochsen von draußen heraufdringen, als ein Lieferant sich näherte. Die Ladung Wein, die er erwartete, war eingetroffen. Er durchquerte den verräucherten Raum, um die breiten Türen für die Lieferung zu öffnen. Sofort schlug ihm ein Schwall kalte Luft entgegen, die trockenes Laub hereinwehte. Draußen hielt ein Wagen, der hoch mit Tonkrügen beladen und mit Stroh gepolstert war. Nehemia zog sein Schwert, um das Stroh nach blinden Passagieren abzusuchen. „Guten Morgen, Saul“, sagte er zu dem Fahrer, der das Ochsengespann führte. Der Fahrer befestigte die Zügel an einem Pfosten und wandte sich um. Es war nicht Saul. Ein Fremder stand vor ihm. Sofort war Nehemia auf der Hut.

„Wer bist du? Was machst du hier?“

„Ich bin Schela ben Hobja. Ich übernehme heute für Saul die Auslieferung.“

„Nicht ohne meine Genehmigung! Warum weiß ich nichts davon? Wer hat dich durchs Tor gelassen? Wer ist dafür verantwortlich?“

„Ich habe es ihm erlaubt“, sagte eine Stimme hinter Nehemia.

Er fuhr herum und stand Joed gegenüber, dem Palastdiener, der die Lieferungen und Zahlungen überwachte.

„Schela ist ein Freund und ...“

Nehemia hielt noch immer sein Schwert in der rechten Hand, aber mit der linken packte er die Tunika des Bediensteten. Dann zog er Joed näher, bis ihre Gesichter nur noch wenige Fingerbreit voneinander entfernt waren. „Niemand betritt die Zitadelle ohne meine Genehmigung, verstanden? Niemand! Verschwindet – beide! Und lasst euch hier nicht mehr blicken.“ Er ließ Joed los und stieß ihn durch die geöffnete Tür nach draußen.

„Aber ... Herr ...“, stammelte Joed. „I-ich kenne Schela seit meiner Kindheit. Ich kann für ihn bürgen und ...“

„Das bezweifle ich nicht. Aber auch König Xerxes kannte den Mann, der in sein Schlafzimmer eingedrungen ist und ihn ermordet hat. Es war einer seiner eigenen Höflinge.“ Die vertraute Wut kochte in Nehemia hoch und im nächsten Augenblick stand er wieder in seinem Zimmer in der Nacht, in der sein Vater einem Bekannten die Tür geöffnet und damit sein Leben verwirkt hatte. Er versetzte dem Diener noch einen Stoß, der ihn rückwärtstaumeln und gegen einen der Ochsen stolpern ließ. „Der Erbe von König Xerxes kann es sich nicht leisten, irgendjemandem zu vertrauen“, sagte Nehemia. „Jeder Lauch und jede Linse und jeder Weinschlauch werden von meinen Leuten sorgfältig begutachtet, bevor sie in den Palast kommen – und das gilt auch für jeden Mann, der sie bringt, kocht oder aufträgt. Nur so können wir dafür sorgen, dass unser Herrscher König Artaxerxes sicher ist."

„Bitte, Herr ... es wird nicht wieder vorkommen ..."

„Da hast du recht, Joed. Das wird es nicht. Wachen!" Er rief nach den Wachen des Königs, die von ihren Posten in der Küche zusahen. „Begleitet diese Männer bis über die Brücke aus der Zitadelle."

„Und die Weinlieferung, Herr?", fragte eine der Wachen.

„Schickt sie zurück. Und sagt ihnen, wenn das nächste Mal ein neuer Fahrer kommt, muss ich das vorher wissen."

Nehemia wandte sich um und ging wieder hinein. Dann schlug er die Tür hinter sich zu und verriegelte sie. In der Küche waren alle Aktivitäten zum Stillstand gekommen, als hätte der eisige Wind die Männer an ihren Plätzen festgefroren. Er sah, wie zwei junge Hilfsköche einander Blicke zuwarfen, als hielten sie ihn für einen unvernünftigen Tyrannen. Sie arbeiteten noch nicht lange in der Küche. Obwohl der Hintergrund der Neulinge von Nehemia und den ihm untergebenen Mundschenken und Sicherheitsleuten aufs Genaueste durchleuchtet worden war, würde er sie weiterhin misstrauisch beobachten, bis sie sich bewiesen hatten. Er ging auf den Tisch zu, an dem sie einige Vögel gerupft hatten. Die Federn klebten noch an ihren Händen oder lagen wie Schneeflocken auf dem Tisch. „Ihr findet, dass meine Reaktion unangemessen war? Dass ich zu vorsichtig bin?"

„Nein, Herr." Die beiden jungen Männer schüttelten den Kopf, aber der Blick, den sie gewechselt hatten, sagte etwas anderes.

„Hört alle zu", sagte er und wandte sich an die gesamte Küchenmannschaft. „In wenigen Monaten werden die offiziellen Vertreter des Königs aus jeder Satrapie und Provinz des Reiches hier eintreffen und dann beginnen die jährlichen Bankette. Dieses Ereignis dauert einen ganzen Monat und kann leicht zu einem Sicherheitsalbtraum werden, wenn wir keine Vorsicht walten lassen. Der persische Hof hat eine lange Geschichte von Intrigen und Machtkämpfen und Attentaten. Ein kleiner Fehler – zum Beispiel das Annehmen einer Lieferung von einem unbekannten Fahrer – und das Leben von König Artaxerxes könnte in Gefahr sein!" *Wie auch das seines Mundschenks Nehemia.*

Er sah die Köche und Helfer und Küchenjungen an, bis er aufgrund ihrer unterwürfigen Mienen sicher war, dass sie die Ernsthaftigkeit des heutigen Vergehens begriffen hatten. „Dann also zurück an die Arbeit. Der König will pünktlich speisen."

Den restlichen Vormittag blieb Nehemia auf seinem Posten in der Küche und beaufsichtigte das Personal, während dieses das Mittagessen zubereitete. Als König Artaxerxes nach seinem Essen verlangte, stieg Nehemia die spiralförmige Steintreppe zum Speisesaal hinauf, gefolgt von den Dienern, die das üppige Mahl trugen und servierten. Die Weinflasche und das goldene Trinkhorn des Königs trug er selbst. Durch seine Anwesenheit würde er Artaxerxes versichern, dass jeder Bissen und jeder Tropfen sorgfältig begutachtet worden war. Wenn der König es wünschte, stand Nehemia bereit, jedes Gericht zu kosten und von jeder Flasche zu trinken, bevor der König es tat.

Nach der Mahlzeit war Nehemia wieder auf dem Weg hinunter in die Küche, als einer der Mundschenke ihm auf der Treppe entgegenkam. „Am Torhaus ist ein Mann, der dich sehen möchte."

„Weißt du, wer er ist? Nicht etwa der unglückliche Diener, den ich heute Morgen gefeuert habe und der seine Stellung zurückhaben will, oder?"

„Nein, Herr. Ich habe ihn noch nie gesehen. Aber seiner Kleidung und seiner Erscheinung nach zu urteilen ist er Jude."

Nehemia fragte sich, ob sein Mundschenkkollege oder einer der anderen Sicherheitsmänner, mit denen er arbeitete, wusste, dass er auch Jude war. Wahrscheinlich nicht. Wie sie trug Nehemia die Uniform der Palastbediensteten.

„Ich sehe besser nach, wer es ist. Vertritt mich, bis ich zurückkomme." Er schritt durch die Gänge des Palastes und über den Platz zum Torhaus, verärgert über die Störung. Wer auch immer der Besucher war, er würde die Sicherheitskontrollen über sich ergehen lassen müssen, bevor er den Palast und die Zitadelle betreten durfte. Nehemia stieß die Tür zum Torhaus auf, bereit zur Auseinandersetzung – und dort stand sein Bruder. Bildete er sich das nur ein? Doch dann stieß er einen Freudenschrei aus, bevor er den Raum mit wenigen Schritten durchquerte, die kräftigen Arme um den jungen Mann schlang und ihn durch die Luft wirbelte.

„Hanani! Was in aller Welt machst *du* denn hier? Du solltest doch in Jerusalem sein!"

Hanani lachte atemlos. „Lass mich runter, du verrückter Kerl! Ich bekomme keine Luft."

Nehemia stellte ihn wieder auf den Boden und hielt seinen Bruder lachend am ausgestreckten Arm. „Lass dich ansehen. Ich kann nicht fassen, dass du hier bist! Ich hätte nicht gedacht, dass wir uns jemals wiedersehen."

„Ich auch nicht", sagte Hanani und fuhr sich mit der Hand über die Augen.

„Wie lange ist es her, Bruderherz? Zwölf Jahre?"

„Beinahe dreizehn."

Noch einmal umarmte Nehemia ihn, dann sagte er: „Ich hätte mit dir und Ephraim nach Jerusalem gehen sollen. Sobald ihr fort wart, habe ich meine Wahl bereut und gewünscht, ich hätte mich anders entschieden." Er erinnerte sich daran, wie er die ganze Nacht gebetet und sich das Hirn zermartert hatte, ob er sich Rebbe Esras Karawane anschließen und mit seinen Brüdern nach Juda ziehen sollte. Damals hatte er das Gefühl gehabt, Mordechai viel schuldig zu sein.

„Du siehst blendend aus, Hanani!", sagte er. „Das Gelobte Land bekommt dir offensichtlich gut. Ich kann dir gar nicht sagen, wie froh ich bin, dich zu sehen! Wie geht es Ephraim?"

„Dem geht es gut. Er ist verheiratet und ein Baby ist unterwegs."

„Und du? Bist du verheiratet?"

Ein Grinsen ließ Hananis Gesicht leuchten. „Ja. Meine wundervolle Frau hat mir einen kleinen Sohn und eine Tochter geschenkt. Und was ist mit dir, Bruder?"

Nehemia wischte die Frage mit einer Handbewegung zur Seite. „Ich bin zu beschäftigt, um mich nach einer Frau umzusehen. Aber erzähl, warum bist du hier? Du hast doch nicht beschlossen zurückzukommen, oder?"

„Nein, überhaupt nicht", sagte Hanani. „Ich gehöre zur offiziellen Delegation aus Juda, für die ich als Schreiber arbeite, so wie Abba es getan hat."

Bei der Erwähnung ihres Vaters schwand Nehemias Lächeln. Zum zweiten Mal an diesem Tag spürte er den schmerzhaften Stich des Kummers, als er wieder die Nacht durchlebte, in der ihr Vater seinem Mörder die Tür geöffnet hatte. „Erinnerst du dich an Abba, Hanani? Du warst ja erst vier."

„Nicht sehr gut. Ich weiß noch, dass er sehr groß war und dichte schwarze Haare hatte – so wie du. Und ich erinnere mich an sein Lachen, das wie Donner dröhnte, und dass er mich in die Luft geworfen und wieder aufgefangen hat."

Beide schwiegen einen Moment lang. „Also, warum bist du hier?", fragte Nehemia noch einmal. „Deine Delegation ist einige Monate zu früh für die Tributzeremonien."

„Wir sind gekommen, um König Artaxerxes vorab unseren Bericht zu überbringen und um eine Verringerung des Tributs zu bitten. Die Dürre in Juda hält jetzt schon zwei Wachstumsperioden an. Unser Volk leidet. Und der Schatzkammer der Provinz müssen wir auch Steuern zahlen."

„Ist Statthalter Esra mitgekommen?"

„Nein. Er hat sich vor einigen Jahren als Statthalter zur Ruhe gesetzt. Die Adligen und Bezirksleiter haben ihn davon überzeugt, dass er seine Arbeit als unser Anführer und Lehrer treu getan hatte. Jetzt schreibt und studiert er und nutzt sein riesiges Wissen, um eine Geschichte unseres Volkes zu schreiben. Das hatte er wohl immer schon vor."

Sie waren die ganze Zeit über stehen geblieben und schon spürte Nehemia wieder die vertraute Unruhe und den Drang, etwas zu tun. Diese Angespanntheit war sein Motor und ließ ihn vom Morgengrauen bis weit nach Sonnenuntergang arbeiten. „Willst du mich begleiten, Hanani? Ich werde dir die Palasthöfe und die *Apadana*, die Säulenhallen, zeigen. Dort hält der König Bankette für mehrere Tausend Personen ab. Sie sind ziemlich beeindruckend."

„Vielleicht morgen. Ich hatte gehofft, du würdest mitkommen und die anderen kennenlernen. Wir haben dir so viel zu erzählen."

„Jetzt? Ich würde liebend gern vom Leben im Gelobten Land hören, aber ..." Nehemia sah sich um und überlegte, ob er an diesem Nachmittag einige Stunden Zeit hatte. In Gedanken ging er seine Verpflichtungen durch, bevor er eine Entscheidung traf. „Also gut. Ich komme mit. Aber ich kann nicht lange bleiben."

Hanani ging voran durch das Königstor und über die Brücke in die Stadt. „Ich hatte vergessen, wie imposant die Zitadelle von Susa ist“, sagte Hanani mit einem Blick über die Schulter zu dem hoch aufragenden Palast. „Einigen von uns, die noch nie hier waren, hat allein die Größe die Sprache verschlagen. Sie sagten, sie kämen sich neben all diesen riesigen Gebäuden wie Ameisen vor.“

„Genau das ist auch die Absicht des Königs“, sagte Nehemia. „Eine solche Erhabenheit ist die passende Kulisse für den Thron eines persischen Herrschers.“

„Das ist wahr, aber sieht der König die wahren Kosten dieser Pracht? Seine Abgaben machen uns kaputt. Viele Menschen in seinem Reich sind bettelarm, darunter auch unsere jüdischen Landsleute in Juda.“

„Wirklich? Das wusste ich nicht.“ Nehemia fragte sich, ob er für die Probleme des Reiches blind geworden war, weil er sein ganzes Leben hier in Susa verbracht hatte. Wenn er mit seinen Brüdern nach Jerusalem zurückgekehrt wäre, würde er dann den persischen Überfluss auch mit anderen Augen sehen?

„Und was ist jetzt in einem so herrlichen Palast deine Aufgabe?“, fragte Hanani und unterbrach so seine Gedanken, während sie nebeneinander hergingen.

„Ich bin der Mundschenk von König Artaxerxes.“

„Wirklich?!“ Hanani blieb mitten auf der überfüllten Straße stehen, sodass mehrere Passanten sie anrempelten.

„Ja, wirklich. Es ist meine Pflicht, dafür zu sorgen, dass seine Speisen und Getränke sicher sind. Aber zu der Arbeit gehört noch viel mehr als das. Der Mundschenk des Königs ist noch für viele andere Sicherheitsaspekte in der Zitadelle zuständig, nicht nur für das Essen. Wie du dir vorstellen kannst, ist Artaxerxes nach dem, was seinem Vater widerfahren ist, sehr besorgt um seine Sicherheit.“ Er zögerte und fügte dann hinzu: „Du und ich, wir verstehen das doch besonders gut. Nicht wahr, Hanani?“

„Natürlich. Und ich bin sehr stolz auf meinen großen Bruder. Erzähl mir“, sagte Hanani, während er weiter durch die geschäftigen Straßen lief, „wie du zu deiner wichtigen Stellung aufgestiegen bist. Als ich ging, warst du ein Stabsmitarbeiter der Regierung.“

„König Artaxerxes hat die Sicherheit bei Hofe Mordechai übertragen, als er erfuhr, dass dieser vor Jahren eine Intrige gegen den

Vater des Königs aufgedeckt hatte und dafür belohnt worden war. Er gab Mordechai den Auftrag, vertrauenswürdige Höflinge zu suchen und einzustellen, die für Sicherheit in der Zitadelle sorgen. Zuerst wollte ich die Aufgabe nicht übernehmen. Ich konnte mir nicht vorstellen, wie ich dem Allmächtigen als Mundschenk dienen konnte. Aber Mordechai überzeugte mich davon, dass Gott Männer des Gebets und des Glaubens in allen Positionen braucht und dass ein Mundschenk noch größeres Vertrauen genießt als eine Palastwache. Und er hatte recht."

Sie kamen in den jüdischen Bereich in der Unterstadt von Susa, außer Atem von ihren weit ausholenden Schritten, und betraten das Versammlungshaus. Ein Feuer loderte in der Kohlenpfanne und Nehemia legte in dem überheizten Raum sein Obergewand ab. „Ich möchte euch meinen Bruder Nehemia vorstellen", erklärte Hanani seiner Jerusalemer Delegation. Er stellte Nehemia jedem Einzelnen vor, bevor er hinzufügte: „Er hat jetzt eine noch wichtigere Funktion im Palast inne als damals, als ich ging – er ist der Mundschenk des Königs."

Alle schienen über diese Nachricht erfreut, aber Nehemia beeilte sich, Missverständnissen vorzubeugen. „Für eure Delegation wird meine Arbeit als Mundschenk des Königs kaum dienlich sein. Wenn ich ein persönlicher Berater wäre, hätte ich vielleicht dafür sorgen können, dass eure Petition den Thronsaal erreicht. Aber auch wenn ich oft in König Artaxerxes' Nähe bin und sein äußerstes Vertrauen genieße, darf ich in seiner Gegenwart nicht sprechen – außer er fordert mich dazu auf. Allerdings will ich gerne helfen, indem ich euch einen Einblick in den persischen Hof gebe, der euch vielleicht nützt."

„Das wissen wir zu schätzen."

„Möglicherweise hilft es, wenn ich ein besseres Bild von der Situation in Juda habe", schlug Nehemia vor. „Erzählt mir zum Beispiel von Jerusalem."

Plötzlich war es still im Raum, so als hätte er von einem tragischen Todesfall gesprochen. Der Anführer der Delegation seufzte tief, bevor er mit ernster Miene antwortete. „Unsere jüdischen Landsleute, die das Exil überstanden haben und wieder in der Provinz leben, sind großen Schwierigkeiten und Schande ausgesetzt."

Seine Worte und der düstere Tonfall, in dem er sprach, schockierten Nehemia. Er ließ beides einen Augenblick lang auf sich wirken, bevor er sich auf seinem Platz vorbeugte. „Sprich weiter."

„Wenn ich diese herrliche Stadt Susa mit ihren hoch aufragenden Mauern und Pfeilern sehe, die atemberaubende Zitadelle oben auf dem Hügel, dann spiegeln sie die Größe des Königs wider, der hier herrscht. Unser herrschender König ist der Allmächtige, aber seine Stadt ist ein erbärmliches Abbild seiner Macht und Herrlichkeit. Die Mauern Jerusalems sind eingestürzt und seine Tore sind vom Feuer verzehrt worden."

„Warte", sagte Nehemia und lehnte sich noch ein Stück weiter vor. „Willst du damit sagen, dass es überhaupt keine Mauern um die Stadt gibt? Dass die Menschen ihren Feinden schutzlos ausgeliefert sind?"

„So ist es. Als die Babylonier die Stadt niederbrannten, gingen nicht nur die Tore in Flammen auf, sondern von der Hitze des Feuers zerbrachen die Quader aus Kalkstein. Die babylonische Armee hat alle unsere Festungen zerstört."

„Und obwohl die Ostseite der Stadt immer von einem Steilhang geschützt war", fügte ein anderer Mann hinzu, „haben sich die stützenden Terrassen aufgelöst, erst durch das Feuer und dann durch Regen und Witterung."

„Vor einigen Jahren haben Männer aus unserer Gemeinschaft versucht, die Mauern wiederaufzubauen", fuhr der Anführer fort. „Aber die feindlichen Nationen um uns herum konnten ein Edikt des persischen Königs erwirken, das uns befahl, die Bauarbeiten einzustellen. Sie zwangen uns sogar, das, was wir schon errichtet hatten, wieder einzureißen."

„Das ist unerhört!" Nehemias Zorn flackerte auf wie Öl auf heißen Kohlen. „Was ist mit dem Tempel des Heiligen? Der wird doch beschützt und sicher sein?"

„Nein, auch der Tempel ist ungeschützt. Ohne Mauern haben die levitischen Wachen alle Hände voll damit zu tun, den Tempelschatz zu bewachen. Wir können uns nicht darauf verlassen, dass der Statthalter in Samarien oder seine Provinztruppen uns bewachen, selbst wenn er uns welche schicken würde. Alle Nachbarn um uns herum hassen uns – die Samaritaner und Edomiter, die Ammoniter und Araber. Nichts wäre ihnen lieber, als dass wir wieder verschwinden würden."

„Und es gibt keine Möglichkeit, die Stadt zu befestigen?", fragte Nehemia.

„Wenn wir versuchen, das ohne die Erlaubnis von König Artaxerxes zu tun, würde das als Akt der Rebellion gedeutet. Und woher sollten wir die Mittel nehmen? Wir sind ja hier, weil wir nicht einmal die Steuern zahlen können, die er uns auferlegt. Es wäre ein unmögliches Unterfangen, die Mauern wiederaufzubauen."

Nehemia schüttelte den Kopf. Er konnte kaum fassen, was er da hörte. „Ihr sagt also, dass die Stadt und der Tempelberg beide völlig schutzlos sind? Unsere Feinde könnten noch einmal kommen und unser Volk töten und Jerusalem und den Tempel des Allmächtigen zerstören?"

„Ganz und gar schutzlos", bestätigte der Anführer. „Und deswegen gerät die Zahl von Raubüberfällen nach zwei Jahren Dürre auch außer Kontrolle. Unsere Feinde schlagen nachts zu und suchen wegen der allgemeinen Hungersnot nach Obst und Getreide. Niemand fühlt sich mehr sicher."

„Ein junger Freund von mir namens Itzhak ben Refaja wurde vor einigen Monaten getötet", fügte Hanani hinzu, „als sein Haus in Jerusalem überfallen wurde. Itzhak wollte heiraten und hatte gerade ein neues Heim für seine Braut gebaut. Die Diebe brachten ihn um und leerten sein Lager. Er wohnte übrigens ganz nahe bei Ephraim und seiner Familie. Es hätte genauso gut ihn treffen können."

Nehemia spürte, wie ein mächtiger Zorn in ihm aufstieg, während ihm das Bild von der Hilflosigkeit der Stadt immer klarer vor Augen stand. Sicherheit war sein Beruf, seine Leidenschaft. Allmählich verstand er, was ihr Anführer gemeint hatte, als er sagte, ihr Volk leide unter großen Schwierigkeiten und Schande. Aber was konnte er tun? „Ich muss zu meiner Arbeit in der Zitadelle zurück. Wir reden ein anderes Mal weiter", versprach er, als er ging.

Die Worte des Anführers hallten den ganzen Nachmittag und Abend in Nehemias Gedanken wider, noch lange, nachdem er sich für die Nacht in sein schlichtes Gemach in der Zitadelle zurückgezogen hatte. *„Große Schwierigkeiten und Schande."* Der Bericht entsetzte ihn, nicht nur um der Menschen willen, die von ihren

Feinden ausgeraubt und getötet wurden, sondern auch um des Allmächtigen willen. Nehemia schnallte sein Schwert ab und zog seine Uniform aus. Sein Bett war für ihn bereitet worden, aber er konnte noch nicht schlafen. Stattdessen öffnete er den Fensterladen und blickte zu dem weiten Sternenhimmel über dem Dach des Palastes hinauf.

So wie die herrliche Stadt Susa dem persischen König Glanz und Ruhm brachte, so sollten die Stadt und der Tempel des einen, wahren Gottes ihm, dem Allmächtigen, Ehre und Ruhm bringen. Deshalb war es eine Schande und Blamage, dass es keine Stadtmauern und Tore gab. Die Heiden konnten Jerusalem leicht erneut zerstören, so wie sie es vor 140 Jahren getan hatten. Noch schlimmer, diese Verwundbarkeit vermittelte ihren Feinden die Botschaft, dass der Heilige unfähig – oder nicht willens – war, sein Volk zu beschützen.

Nehemia schloss das Fenster und ging im Zimmer auf und ab. Weil er wusste, dass sein Tagwerk noch vor dem Morgengrauen beginnen würde und er seinen Schlaf brauchte, löschte er die Lampe und sank auf sein Bett. Dass er Hanani wiedergesehen hatte und an diesem Tag zweimal an den tragischen Tod ihres Vaters erinnert worden war, gab ihm jetzt das Gefühl, wieder ein Kind zu sein – hilflos, verletzlich. Er hatte sich und seine Brüder in jener Nacht vor so vielen Jahren gerettet, indem sie sich in einer Nische zwischen der Wand und der riesigen Holztruhe versteckt hatten, die sein Vater schräg in einer Ecke aufgestellt hatte. Nehemia und seine beiden Brüder hatten sich dort oft versteckt, wenn sie gespielt hatten. Doch auch, wenn Nehemias Instinkt ihn nun dazu drängte, wieder einen Weg zu finden, wie er seine Brüder beschützen konnte – und sein ganzes Volk in Jerusalem –, konnte er es doch nicht.

„*Unsere jüdischen Landsleute, die das Exil überstanden haben und jetzt wieder in der Provinz leben, sind großen Schwierigkeiten und Schande ausgesetzt.*“

Nun, wo er allein in seinem Zimmer war, versuchte Nehemia nicht mehr, seine Tränen zurückzuhalten.

2

Jerusalem,
Anfang Februar

An diesem Tag hatte Chana Mühe, die Worte zu glauben, die die levitischen Tempelmusiker sangen: „*Freue dich über den Herrn; er wird dir alles geben, was du dir von Herzen wünschst.*" Dieses Versprechen ging nicht immer in Erfüllung. Chanas Herzenswunsch war es gewesen, Itzhak ben Refaja zu heiraten und in dem Haus zu leben, das er für sie gebaut hatte. Aber Itzhak war tot und Gott konnte ihr ihren Herzenswunsch niemals erfüllen. Sie fröstelte, als ein winterlich kalter Windstoß durch den Tempelhof wehte. Er brachte graue Unwetterwolken mit sich und sie spürte bereits die ersten Regentropfen. Sie brauchten Regen. Ihr Volk betete inständig darum, dass die Winterregen sich flächendeckend vom Himmel ergossen, die Erde durchtränkten und wieder zum Leben erweckten. Aber so schnell die spärlichen Regenspritzer begonnen hatten zu fallen, so schnell versiegten sie auch wieder. Sie blieben genauso wirkungslos und wertlos für das Land wie die Verheißung des Liedes für ihr Leben.

Das Abendopfer im Tempel war beinahe vorüber. Chana sehnte sich danach, nach Hause zurückzukehren, ihre vom kalten Wind geröteten Wangen zu wärmen und Gefühl in ihre eisigen Zehen und Finger zu reiben. Sie sah zu, wie der Priester ein Stück Kohle aus dem Altarfeuer nahm und ins Heiligtum trug. Damit würde er den Weihrauch auf dem goldenen Altar entzünden, der vor Gottes Thronsaal stand. Während der Duft gen Himmel stieg, würde der Priester für ihr Volk beten. Es war der Augenblick, in dem auch

Chana ihre Gebete sprechen sollte – aber wozu? Hatte sie nicht beinahe ein Jahr lang gebetet, ihr Herz möge heilen, sodass sie noch etwas anderes als endlosen Kummer spüren konnte? Sie warf ihren jüngeren Schwestern, Judith und Sarah, einen Blick zu. Die beiden standen mit gesenktem Kopf neben ihr. Judiths Lippen bewegten sich in stillem Gebet. Chana fragte sich, wofür ihre Schwester betete … vielleicht für sie?

Der nächste Windstoß ergriff Chana und ließ ihr langes Gewand gegen ihre Beine schlagen. Sie hatte die welligen schwarzen Haare mit einem Tuch bedeckt, für den Fall, dass es regnete. Jetzt hob sie die Hand und hielt das Tuch fest, bevor der Wind es fortriss. Endlich war das Opfer zu Ende. Sie und ihre Schwestern standen dicht aneinandergedrängt, während sie gemeinsam darauf warteten, dass ihr Vater sich wieder zu ihnen gesellte. „Ich liebe das Lied, das der Chor gerade gesungen hat – du nicht auch, Chana?", fragte Judith mit vor Kälte klappernden Zähnen.

Chana nickte. Sie hatte ein schlechtes Gewissen, weil sie die ganze Zeit geschmollt hatte, anstatt sich am Gottesdienst zu beteiligen. Sie wusste, dass es dumm war, wütend auf den Allmächtigen zu sein. Bitterkeit war ein Gift, das sie zerstören konnte. Aber an kalten grauen Tagen wie diesem, wenn die Wolken über Jerusalems Bergen lagen wie eine erstickende Decke, drohte ihr Kummer sie ebenso zu ersticken. Nach Itzhaks Tod war sie weiter in den Tempel gegangen, um Gott anzubeten, und hatte sich an einen dünnen Glaubensfaden geklammert. An manchen Tagen, vor allem während der Jahresfeste, war das Band, das sie mit dem Allmächtigen verband, so dick und stark wie ein Ankerseil. Aber an den meisten Tagen schien die Verbindung eher dünn wie eine Spinnwebe. Doch ganz gleich, wie sie sich fühlte – Chana war nach wie vor entschlossen, an dem Heiligen festzuhalten und nicht loszulassen … auch wenn es ihr mitunter so vorkam, als hätte *er* sie losgelassen.

Minuten verstrichen, in denen sie die Gottesdienstbesucher beobachtete, die die Vorhöfe verließen. Endlich kam Abba auf sie zu, seine wohlgenährten Wangen rund und rot wie Granatäpfel. „Da seid ihr ja, meine Schönen! Was für ein wundervoller Anblick an einem so trostlosen Tag."

Sarah stellte sich auf die Zehenspitzen, um ihn zu küssen, dann hakte sie sich bei ihm unter. „Wir wussten, dass du frieren würdest, deshalb haben wir Suppe gekocht, damit du dich aufwärmen kannst. Und Brot haben wir auch gebacken. Ich hoffe, es ist noch warm." Sarah war Chanas jüngste Schwester. Ihr Haar war so dunkel und glänzend wie die Flügel eines Raben. Dicke Wimpern umrahmten ihre großen braunen Augen, die ihr das unschuldige Aussehen eines Kindes verliehen, sodass sie viel jünger wirkte als ihre siebzehn Jahre. Sie und Chana sahen sich am ähnlichsten.

„Wunderbar!", sagte Abba. „Ich glaube, ich kann das Essen schon riechen."

„Nein, kannst du nicht, Abba", sagte Sarah lachend.

Sie überquerten den Hof bis zur westlichen Seite des Tempelberges, und als eine neuerliche Böe sie erfasste, fürchtete Chana, der Wind würde sie allesamt vom Berg wehen. Sie schlang den Arm um Judiths Taille und zog sie näher, während sie weitergingen. Judith war neunzehn und die unkonventionellste der drei Schwestern. Es machte ihr nichts aus, wenn ihre dunklen Locken wild wie eine Löwenmähne ihr Gesicht umrahmten oder ihre Fingernägel abbrachen, weil sie Steine schleppte und im staubigen Erdreich grub, um Rosmarin und Salbei vor ihrem Haus zu pflanzen. Aber auch die Kräuter würden ohne Regen nicht wachsen.

Sie erreichten die steile Treppe, die in die Stadt hinunterführte, und Chana ließ ihre Schwester los, um sich beim Hinabgehen an den Haltegriffen festzuhalten. Auf halbem Weg blieb Abba stehen, um wieder zu Atem zu kommen. „Ihr Mädchen versorgt mich zu gut", sagte er und klopfte auf seine runde Leibesmitte. „Ich muss einen Augenblick verschnaufen." Sein Atem bildete in der kalten Luft Wolken, die wie Rauch aussahen, wenn er sprach.

Sie warteten eine Weile und gingen dann weiter bergab zu ihrem Haus, das unweit der Ruinen der westlichen Stadtmauer stand. Chana hoffte, dass die Kohlen im Kamin ihr Haus warm gehalten hatten, während sie fort waren. Sie wäre am liebsten vorausgelaufen, um dem beißenden Wind zu entfliehen, aber ihr geselliger Vater blieb immer wieder stehen, um andere auf dem Weg zu grüßen. Als Vorsteher des halben Bezirks von Jerusalem nahm er sich immer Zeit, die Sorgen der Menschen anzuhören oder ihre Freuden zu teilen. Er wusste, wer krank war, welche Familien nicht genug zu essen hatten und wer zuletzt Opfer eines Raubüberfalls geworden war. Die schlechten Nachrichten bereiteten ihm immer Kummer. Aber Abba freute sich auch mit anderen. Er genoss jede noch so kleine gute Neuigkeit in Jerusalem, von Verlobungen über Geburten bis hin zu Bar Mizwas. Itzhaks Vater, Refaja, der dem anderen Teil Jerusalems vorstand, arbeitete eng mit Abba zusammen.

„Wenn wir erst einmal verheiratet sind, werden wir wie König und Königin über Jerusalem herrschen", hatte Itzhak immer gescherzt. „Unsere Söhne werden Prinzen sein."

Aber nun war er nicht mehr da.

„Ich laufe schon mal voraus", sagte Chana zu Judith, „und sorge dafür, dass die Suppe wieder warm wird." Abba war stehen geblieben, um mit Uzziel, einem der Goldschmiede, zu sprechen. Doch Chana wollte nicht in ein Gespräch mit Uzziels Frau verstrickt werden, die Chanas Arm immer mit schraubstockartigem Griff packte und sie gefangen hielt, während sie eine Liste heiratsfähiger Männer herunterbetete, darunter auch ihr jüngster Sohn. An jedem anderen Tag hätte Chana nichts dagegen gehabt, ihrem Vater zuliebe ihre gesellschaftlichen Verpflichtungen wahrzunehmen, aber nicht heute. Sie eilte die Straße der Bäcker hinunter zu ihrem Haus nahe dem Turm der Öfen. Die Namen stammten noch aus der Zeit vor der Zerstörung Jerusalems und vor dem Exil. Jetzt lebten keine Bäcker mehr in dieser Straße und die Öfen und der Turm waren längst Ruinen.

Zum Glück war es im Hauptraum ihres Hauses noch immer warm und die Suppe war es auch. Chana entzündete zwei Lampen, breitete ein Tuch auf dem Tisch aus und legte Kissen auf die Hocker und Stühle, sodass sie sich zum Essen setzen konnten, sobald Abba und ihre Schwestern kamen. Alle drei lachten über irgendetwas, als sie durch die Tür hereingeweht wurden, als hätte der Wind sie vor sich hergetrieben. „Macht die Tür zu!", schimpfte Chana. „Ihr lasst ja die ganze warme Luft hinaus."

„Du brauchst nicht zu schreien", sagte Sarah.

Das hatte sie auch nicht tun wollen. Chana half ihrem Vater, seinen Mantel auszuziehen, und hängte das Kleidungsstück für ihn an einen Haken. Aber anstatt sich zu setzen, blieb Abba stehen. Er wandte sich zu Chana um, legte die eisigen Hände um ihr Gesicht und küsste sie auf die Stirn.

„Hör zu, mein Engel. Es ist jetzt bald ein Jahr her, dass Itzhak uns genommen wurde. Auch wenn du mit ihm verheiratet gewesen wärest, ist ein Jahr lang genug, um zu trauern. Er würde nicht wollen, dass du noch länger Kummer leidest. Es würde ihm wehtun, dich so zu sehen.“ Er fuhr mit dem Daumen zärtlich über ihre Wange.

„Und als Mama gestorben ist, hast du nicht getrauert?“, fragte sie mit zugeschnürter Kehle. „Vermisst du sie nicht immer noch?“

„Was du für dumme Fragen stellst“, sagte er und ließ die Hände sinken. „Natürlich vermisse ich sie. Natürlich verstehe ich deine Trauer. Tausendmal am Tag werde ich an deine Mutter erinnert. Du hast ihre warmen braunen Augen, Chana. Und ihr großzügiges Herz. Aber du bist erst dreiundzwanzig Jahre alt, mein Engel. Dein ganzes Leben liegt noch vor dir. Hat der Allmächtige nicht gesagt, es sei nicht gut, dass der Mensch allein lebt?“

„Warum hast *du* dann nicht wieder geheiratet, Abba?“

„Das ist etwas anderes. Ich habe das Geschenk der Ehe mehr als zwanzig Jahre lang genossen. Und außerdem: Wer sagt denn, dass ich nicht wieder heiraten werde?“

„Hast du jemanden kennengelernt, Abba?“, fragte Sarah. Sie hatte lärmend mit Töpfen und Tellern hantiert und Chana wunderte sich darüber, dass sie die Unterhaltung überhaupt mitbekommen hatte.

„Nein, mein kleiner Cherub, ich habe niemanden kennengelernt.“

„Versprich uns, dass du keine Samaritanerin oder Edomiterin heiratest“, sagte Judith. Sie nahm das Brot vom Warmhaltebord über dem Kamin und wickelte es in ein Tuch, damit es warm und feucht blieb.

„Niemals!“, sagte er stirnrunzelnd. „Darüber braucht ihr euch keine Sorgen zu machen. Erstens hat der Allmächtige uns Mischehen verboten und zweitens haben heidnische Frauen meiner Meinung nach kein Temperament. Wahrscheinlich treiben ihre Väter es ihnen mit Schlägen aus. Ich mag eine Frau, die keine Angst hat, ihre Meinung zu sagen, so wie eure Mutter – und ihre drei schönen Töchter“, fügte er mit einem Lächeln hinzu. Chana versuchte, sich an ihm vorbeizuschieben und diese unangenehme Unterhaltung zu beenden, aber er hielt sie zurück.

„Hör zu, mein Engel. Ich komme nicht auf dieses Thema zu

sprechen, weil ich dir noch größeren Kummer bereiten will, sondern weil ich zufällig jemanden kenne, der dir sehr gerne vorgestellt werden würde."

„Oh nein! Abba, bitte ..."

„Lass mich bitte ausreden. Er ist wie ich ein Mitglied des Rates und Vorsteher des Bezirks Bet-Kerem, ungefähr eine Stunde Fußmarsch westlich von Jerusalem."

„Haus des Weinbergs?", übersetzte Sarah den Namen des Bezirks. „Gibt es nach zwei Jahren Dürre überhaupt noch Weinberge in Juda?"

„Dein Freund muss ziemlich alt sein, wenn er Bezirksvorsteher ist", sagte Chana. „Ich will keinen alten Mann heiraten."

„Er ist erst siebenunddreißig. Ich habe ihn schon gefragt."

„Abba, dann ist er vierzehn Jahre älter als ich."

„Itzhak war auch zehn Jahre älter", sagte Judith. Chana warf ihr einen finsteren Blick zu.

Abba ließ nicht locker. „Er ist ein Edelmann. Und daran, dass er in seinem Alter so schnell in eine so wichtige Stellung im Rat aufgestiegen ist, müsstest du erkennen können, wie klug er ist."

„Ich kann jedenfalls erkennen, dass er in dir schon einen glühenden Bewunderer gefunden hat, Abba."

„Du hast recht, ich bewundere ihn tatsächlich. Er hat während unserer Ratssitzungen schon sehr gute Ratschläge gegeben und ich habe noch nie gehört, dass er die Stimme erhoben oder die Beherrschung verloren hat – so wie mehrere andere Mitglieder, die ich nennen könnte."

„Wen meinst du, Abba? Wen?", fragte Judith, immer auf Klatsch und Tratsch aus.

„Das kann dir ganz gleichgültig sein, mein Cherub. Ich hätte nichts sagen sollen." Er wandte sich wieder an Chana. „Er besitzt Land mit ausgedehnten Weinbergen. Und wohlhabend ist er. Ein Teil seines Reichtums ist geerbt, aber das meiste hat er sich durch fleißige Arbeit und klugen Geschäftssinn erworben. Du hättest ein schönes Haus und Bedienstete, die für dich arbeiten und ..."

„Und wenn er so eine gute Partie ist, warum ist er dann nicht verheiratet?", fragte Chana. „Lass mich raten: Er ist hässlich wie eine Kröte."

„Nein, ich wette, er ist klein und stachelig wie ein Sack Stroh", sagte Sarah.

„Ich glaube, er ist groß und dürr wie eine Palme", fügte Judith hinzu, weil sie nicht außen vor bleiben wollte. Es war ein Spiel, das sie seit der Kindheit zu dritt spielten, wenn sie Leute beobachteten und sie dann mit Gegenständen oder Tieren verglichen.

Abba beachtete sie gar nicht und fuhr fort, seinen Freund zu loben. „Er war verheiratet, aber jetzt ist er Witwer, also ist er mit dem Kummer gut vertraut. Er hat zwei Söhne – ungefähr sechzehn oder siebzehn Jahre alt, glaube ich."

„Abba, die sind fast erwachsen. Sie werden mich nie als Mutter akzeptieren."

Abba atmete aus und ergriff Chanas Hände. „Nun, meine Liebe … da ich jetzt alle deine Einwände und Ausreden gehört habe, musst du wissen, dass ich meinen Freund für heute Abend eingeladen habe. Ihr Mädchen könnt dann selbst entscheiden, ob er eine Kröte, ein Sack Stroh oder eine Palme ist."

„Aber nicht zum Abendessen!", sagte Chana.

„Nein, nur auf ein Glas Wein, bevor er nach Hause geht."

„Abba ..."

„Und er bringt den Wein mit. Der stammt von seinem Weinberg. Seit Langem schwärmt er mir vor, wie köstlich sein Wein ist – und ich habe mit meinen schönen Töchtern angegeben. Wir haben beschlossen, dass es Zeit wird, unsere Behauptungen zu beweisen."

Chana entzog sich Abba kopfschüttelnd und ging zum Herd, um die Suppe zu holen. Seine tollpatschigen Versuche, sie zu verheiraten, ärgerten sie, überraschten sie aber nicht. Es war damals sogar Abba gewesen, der sie dazu gebracht hatte, Itzhak als Ehemann in Betracht zu ziehen. Monatelang hatte er Lobeshymnen auf Itzhak gesungen, bevor sie schließlich einwilligte, ihn kennenzulernen. Und sie hatten sich verliebt. Aber damit so etwas ein zweites Mal geschah, war schon ein Wunder nötig. Chana wünschte, sie könnte irgendeine Ausrede erfinden, um ihren Gast an diesem Abend nicht treffen zu müssen, aber sie liebte ihren Vater zu sehr, um ihn zu enttäuschen. Abba war ein guter Mann, rechtschaffen bis ins Mark. Doch unabhängig davon, wie der adlige Winzer aussah, wie wohlhabend oder weise er war – Chana wusste schon jetzt, dass er

Itzhak niemals das Wasser würde reichen können. Es war nicht nur ihr Kummer, der sie daran hinderte, das Leben wieder zu genießen. Es war die Wut, die einfach nicht nachlassen oder verschwinden wollte.

Wut auf Itzhaks Mörder und auf ihre eigene Hilflosigkeit. Wenn seine Mörder gefasst, zur Rechenschaft gezogen und bestraft worden wären, würde die Wut, die in ihrer Seele brannte, vielleicht endlich sterben.

„Chana, Liebling", unterbrach Abba ihre Gedanken. „Ich verlange nicht viel von dir, aber bitte ersetze dieses hässliche Stirnrunzeln durch ein freundliches Lächeln, bevor mein Freund eintrifft."

„Es tut mir leid, Abba." Sie versuchte, für ihn zu lächeln, aber sie wusste, dass es aufgesetzt wirkte wie eine Grimasse.

„Du bist nicht verpflichtet, den Mann zu heiraten oder auch nur zu mögen. Aber er ist ein Kollege von mir und ich habe ihn in unser Haus eingeladen."

Ihr Vater war ihr zum Herd gefolgt und sie umarmte ihn. „Natürlich, Abba. Ich werde reizend und freundlich sein. Die perfekte Gastgeberin. Und ich werde sogar Dattelkuchen backen, die ihr zu seinem Wein genießen könnt."

„So kenne ich mein Mädchen!"

„Du hast uns seinen Namen noch nicht genannt", sagte Judith. Sarah und sie hatten ihre Plätze am Tisch eingenommen und jetzt klopfte sie auf das Kissen auf dem Stuhl ihres Vaters, damit er sich setzte.

„Er heißt Malkija ben Rechab."

„Das ist aber ein hochtrabender Name", platzte Chana heraus. „Wie nennen seine Freunde ihn?"

Abba lächelte. „Sie nennen ihn Malkija ben Rechab."

Als Chana an diesem Abend den ersten Blick auf Malkija ben Rechab warf, wurde ihr klar, dass sie sich alle geirrt hatten, was sein Aussehen betraf. Er war weder eine Kröte, noch ein Strohsack und auch keine Palme. Er war so groß wie der Türrahmen, weder dick noch dünn, sondern kräftig gebaut. Er erschien mit dem versprochenen Wein und einem freundlichen Lächeln und war in ein Gewand gekleidet, das aus feinster Wolle gefertigt war. Außerdem erwies er sich als sehr charmant. Er hörte aufmerksam zu, während

Abba seine drei Töchter vorstellte, und sagte dann: „Ich weiß, wann ich besiegt worden bin, Schallum. Deine drei Töchter sind viel bemerkenswerter als mein bester Wein. Meine Niederlage ist besiegelt. Hier ist dein Preis." Er reichte Abba die Weinschläuche.

„Haha!", rief Abba. „Hatte ich nicht recht? Aber komm herein, Malkija, tritt ein. Ich bin schon sehr gespannt darauf, deinen Wein zu kosten."

Seine Erscheinung war angenehm – auch wenn niemand ihn als gut aussehend bezeichnen würde –, aber Chana würde sich niemals durch so oberflächliche Dinge wie ein attraktives Äußeres beeinflussen lassen. Malkija trug die dunklen Haare und den Bart kurz und sein breites Gesicht und die Nase darin sahen ein wenig flach aus, als wäre er als Kind gegen eine Mauer gelaufen. Aber seine ebenholzfarbenen Augen wirkten gütig und sein Betragen, während sie den Wein und die Unterhaltung genossen, war ruhig und bedacht, als könnte nichts ihn aus der Fassung bringen. Chana fielen allerdings mehrere unerhörte Dinge ein, die sie sagen könnte, um seine Unerschütterlichkeit auf die Probe zu stellen. Doch um ihres Vaters willen behielt sie diese Bemerkungen für sich.

Im Laufe des Abends lobte Malkija die Dattelkuchen, die Chana gebacken hatte, beglückwünschte Abba zu seinem schönen Haus und machte Chana und ihren Schwestern jeder ein anmutiges Kompliment. Als er schließlich allen für den angenehmen Abend dankte und sich anschickte zu gehen, konnte sie nichts an ihm aussetzen. War er nur ein hervorragender Schauspieler oder war er immer so nett?

Chana stand an der Tür, als Malkija sich verabschiedete. Er blieb stehen und blickte ihr einige Sekunden lang tief in die Augen, was Chana ganz nervös machte. „Ich hoffe, wir werden eine Gelegenheit haben, uns wiederzusehen, Chana", sagte er. Dann lächelte er, sodass sie seine vollkommenen Zähne sehen konnte, und ging.

„Na, das war doch nicht so schlimm, oder?", fragte Abba.

„Natürlich nicht. Er ist sehr angenehm und charmant … Aber ich bin einfach noch nicht so weit, einen anderen Mann in Betracht zu ziehen. Bitte versteh das, Abba."

Er legte die Hände auf ihre Schultern. „Lass die Trauer nicht zu deinem Lebensinhalt werden, Chana. Lass deine Tage nicht davon bestimmen und deinen Lebensmut nicht davon ersticken. Seit du ein kleines Mädchen warst, bist du immer fröhlich gewesen, hast Blumen im Haar getragen oder einen leuchtend bunten Schal oder eine hübsche Schärpe. Du hast die Freude mit dir herumgetragen wie einen Korb mit Diamanten, die in der Sonne funkeln. Jetzt trägst du Asche. Du warst mein glücklicher kleiner Vogel, der so schön gesungen hat, aber jetzt hast du dich von deinem Kummer in einen Käfig sperren lassen. Ich wünschte, ich wüsste, wie ich die Tür öffnen und meinen kleinen Vogel freilassen kann."

Chana hatte Tränen in den Augen, als ihr Vater sie umarmte. „Das wünschte ich auch, Abba", murmelte sie an seiner breiten Brust. „Das wünschte ich auch."

3

Im Bezirk Bet-Kerem,
März

Nava stellte ihren randvollen Wasserkrug auf dem staubigen Weg ab und sank daneben zu Boden, um sich auszuruhen. Das Unkraut kratzte sie an den bloßen Beinen. War dies ihr zehnter Gang vom Brunnen zum Weinberg ihres Vaters oder der elfte? Sie wusste es nicht mehr. So oder so schmerzten ihre Arme und Rückenmuskeln und ihre müden Füße hatten Blasen und brannten. Sie brauchte eine Pause und musste ihre Sandalen wieder anziehen. Eigentlich brauchte sie ein neues Paar – dies waren die Sandalen ihres Bruders, die ihm zu klein geworden waren –, aber ihre Familie konnte sich keine neuen Schuhe leisten.

Wohin Nava auch blickte – zu den fernen Bergen, den Weiden oder den Kornfeldern –, überall war die Vegetation trocken und brüchig. Leblos. Staubfarben. Die Blätter an den Granatapfel- und Feigenbäumen vor ihrem Haus sahen schlaff und braun aus. Weder der Frühregen noch der Spätregen waren gekommen, aber nächsten Monat würde die trockene Jahreszeit beginnen.

Nachdem sie die Riemen ihrer Sandalen befestigt hatte, stand Nava auf und hob den Wasserkrug hoch, um ihn auf dem Kopf zu balancieren. Sie sah, dass Mama mit einem leeren Krug auf sie zukam, auf ihrem Weg zurück zum Brunnen. „Sind wir bald fertig?“, fragte Nava, als sie aneinander vorbeigingen. Mama schüttelte den Kopf und ging weiter. Abba hatte sie gebeten, Wasser zu holen, mit dem er jeden Weinstock goss, in der Hoffnung, seinem Weinberg eine Traubenernte zu entlocken. Mit etwas Glück würden sie genug für den Eigenbedarf ihrer Familie ernten und noch etwas, das sie verkaufen konnten. Nava war schon jetzt müde vom Wasserschleppen. Aber wenn sie fertig waren, mussten Mama und sie auch noch den Küchengarten und die magere Ausbeute an Gemüse gießen, die sie gepflanzt hatten – Zwiebeln, Knoblauch, Bohnen, Linsen –, genug, um ihre Familie im kommenden Jahr zu ernähren. Danach würde Nava Wasser für die kleine Herde Ziegen holen, die ihre Familie mit Milch und Käse versorgte.

Endlich kam sie bei dem terrassenförmig angelegten Weinberg an und ihr Vater unterbrach seine Arbeit an einer der dürren Pflanzen, um auf den nächsten Weinstock zu zeigen, der Wasser brauchte. „Ist das die letzte Reihe?“, fragte sie ihn.

„Die obere Terrasse muss noch gegossen werden.“

Nava ließ den Krug sinken und goss den Inhalt vorsichtig aus, damit jeder der kostbaren Tropfen den durstigen Boden durchweichte und die Wurzeln der Pflanze erreichte. Bis zur Weinlese dauerte es noch sechs Monate, in denen sie Wasser herschleppen mussten. Sie richtete sich wieder auf und dehnte den Rücken.

In dem kleinen Gehege unterhalb meckerte eine der Ziegen und ein Chor aus heiseren Schreien folgte. „Sie haben auch Durst“, sagte Nava zu ihrem Vater. „Am besten gebe ich ihnen zu trinken, bevor ich das Gemüse gieße.“ Ihr Vater nickte nur, als wäre er zu müde, um zu antworten. Er erschien ihr ebenso gebeugt und dahinwelkend wie seine Weinstöcke. Gestern Abend hatte sie gehört, wie Mama ihm erzählt hatte, dass die Gerstenhalme von der Dürre ganz verkrüppelt und vertrocknet waren und nur wenig Ertrag bringen würden.

„Diese Ernte brauchte ich, um meine Schulden zu bezahlen“, hatte er gesagt. „Jetzt weiß ich nicht, was ich tun soll.“ Es war unmöglich gewesen, ein ganzes Gerstenfeld zu bewässern. Nava wollte ihm nicht noch mehr Sorgen bereiten, aber ihre Ziegen hatten fast kein Futter mehr, die Töpfe mit Getreide waren beinahe leer. Das trockene Gras war bereits bis zu den Wurzeln abgekaut.

„Wir haben kaum noch Gerste für die Ziegen, Abba“, sagte sie und biss sich dabei auf die Unterlippe. „Soll ich sie morgen zum Weiden in die Berge bringen?“

„Da oben ist auch kein Gras. Ich habe die anderen gefragt. Das

Weideland ist genauso tot und vertrocknet wie der Rest des Landes."

„Wir können die Ziegen nicht verhungern lassen."

„Nein. Das wäre grausam."

Sie zögerte, bevor sie fragte: „Und was machen wir dann?" Nava hielt die Luft an und hoffte, er würde nicht beschließen, sie zu schlachten, solange sie noch etwas Fleisch auf den Rippen hatten. Bauernfamilien wie ihre konnten es sich nicht leisten, gefühlsduselig zu sein, was ihre Tiere betraf, aber Nava hatte ihre kleine Herde Milchziegen aufgezogen, seit sie kleine Zicklein gewesen waren.

„Vielleicht müssen wir sie verkaufen", antwortete Abba schließlich.

Sie schluckte ihre Tränen hinunter. Ein Verkauf wäre wohl besser, als sie schlachten zu müssen. „Aber dann haben wir keine Milch mehr oder Joghurt oder Käse."

„Ich weiß. Wenn ich bloß eine Wahl hätte … aber ich musste eine Hypothek auf unser Land aufnehmen und mir Geld leihen, um die Steuern des Königs zu bezahlen und unsere Familie zu ernähren – und einen anderen Weg, meine Schulden zu begleichen, gibt es nicht." Er zeigte auf das Gerstenfeld, das nur einen Steinwurf weit entfernt war. Die zwei Brüder von Nava arbeiteten dort. „Dort wächst nicht einmal genügend Gerste für unsere Familie, geschweige denn genug, um sie zu verkaufen und meine Schulden damit zu bezahlen. Und Malkija ben Rechab kommt heute, um zu holen, was ich ihm schulde."

„Was bedeutet das, eine Hypothek auf das Land aufzunehmen? Dann gehört es doch immer noch uns, oder?"

„Nicht, wenn ich meine Schulden nicht begleiche. Dann wird es Malkija gehören."

Nava ging zu Abba hinüber und schlang die Arme um ihn. Sie drückte ihn fest, bevor sie ihn wieder losließ. Sie liebte seinen vertrauten Geruch nach Erde und Schweiß und frischer Luft. Keiner von beiden sprach, während er ihre Umarmung erwiderte. Dann nahm sie ihren Krug und machte sich erneut auf den Weg zum Brunnen.

Abbas Felder mit Weizen und Gerste begannen direkt am Fuße des am Hang gelegenen Weinbergs. Nava sah in der Ferne ihre Mutter, die gerade wieder vom Brunnen zurückkam und einen vollen Krug auf dem Kopf trug. Hinter ihrem Steinhaus und den Ställen befand sich ein kleiner Olivenhain. Die meisten der Bäume hatten Abbas Vorfahren schon vor dem Exil gepflanzt. Nava liebte dieses schöne, aber einfache Fleckchen Erde und wusste, dass Abba noch viel mehr damit verbunden war. Er war aus Babylon hierher ins Gelobte Land gezogen, um seinen Traum wahrzumachen, das Land seiner Vorväter zu bestellen und Oliven und Trauben von eigenen Bäumen und Rebstöcken zu ernten, um Öl und Wein zu produzieren. Er hatte alles zurückgelassen und war vor dreizehn Jahren mit Rebbe Esras Karawane zurückgezogen. Nava war erst drei Jahre alt gewesen, als sie das Land erreichten, auf dem früher einmal das Haus seiner Vorfahren gestanden hatte, das mittlerweile in Trümmern lag. Unkraut und Disteln hatten die Felder überwuchert. Die Weinstöcke und Olivenbäume hatten so lange keinen Rückschnitt mehr erfahren, dass sie keine Früchte trugen. Navas Eltern und ihre zwei älteren Brüder hatten unermüdlich gearbeitet, um ihr Land wiederzubeleben – und jetzt? Jetzt war der Traum ihres Vaters vertrocknet und verweht wie der Staub, nachdem zum zweiten Mal in Folge die Winterregen ausgeblieben waren.

Nava ging noch einige Male zum Brunnen und goss gerade den letzten Rebstock, als sie ein entferntes Rufen hörte. Sie blickte auf und erkannte selbst von Weitem den großen, schlaksigen Jungen, der den Fußweg von den Feldern seiner Familie zu Abbas Feldern heraufkam. Beim Anblick des Nachbarjungen Dan schlug ihr Herz schneller, so als wäre sie den Hügel hinaufgelaufen. Sie ließ etwas von dem kostbaren Wasser auf ihre Hände tröpfeln und wischte sich damit Staub und Schweiß aus dem Gesicht.

Dan war zwei Jahre älter als Nava und ihr bester Freund, solange sie denken konnte. Ihre Familien waren in derselben Karawane aus Babylon gekommen und hatten Freud und Leid der Reise ebenso miteinander geteilt wie ihr neues Leben im Gelobten Land. Bis vor einem Jahr hatte Nava sich nie Gedanken um ihr Aussehen gemacht, aber seither hatte ihre Freundschaft mit Dan sich in etwas anderes verwandelt. Auf einer Reise zum Passahfest nach Jerusalem hatten Nava und Dan sich den ganzen Weg über unterhalten – und danach war alles anders gewesen. Sie würden irgendwann heiraten, hatte Dan ihr versprochen. Er würde Abba um ihre Hand bitten, sobald er sie versorgen konnte. Aber im Moment konnte sich keine der beiden Familien eine Mitgift oder einen Brautpreis leisten. Dans Vater Jona war genauso arm wie Abba und konnte nicht noch eine Person durchfüttern, wenn sein einziger Sohn heiraten würde.

Nava lächelte, als sie Dan näher kommen sah, mit federndem Schritt und einem Sack über der Schulter. Sein strahlendes Gesicht schien ihr heller zu leuchten als die Sonne. „Was hast du mitgebracht?“, rief sie ihm zu.

„Das wirst du gleich sehen!“, rief er zurück. Sein Grinsen wurde immer breiter.

Schnell leerte Nava ihren Krug und eilte die Stufen am Hang hinunter, um ihm entgegenzulaufen. Ihre abgelaufenen, kaputten Sandalen machten das Laufen beschwerlich, deshalb zog sie sie aus und trug sie den restlichen Weg, obwohl die trockene, steinige Erde ihr in die Füße stach. Sie lachten beide atemlos, als sie sich schließlich trafen. Dan hielt den ausgebeulten Sack hoch. „Ich habe meiner schönen kleinen Nava ein Geschenk mitgebracht.“

„Für mich? Was ist es?“ Der Sack hätte mit Steinen gefüllt sein können, aber Nava hätte Dan trotzdem für das Geschenk geliebt. Er öffnete den Beutel mit einer schwungvollen Bewegung, sie blickte hinein und entdeckte einen reglosen Haufen aus braunen und sandfarbenen Federn. „Sind das Wachteln?“, fragte sie überrascht und erfreut.

„Drei Stück. Für dich und deine Familie.“

„Was ist mit *deiner* Familie? Wir könnten sie doch teilen.“

„Keine Angst, ich habe für meine Leute auch genug gefangen. Einen ganzen Schwarm habe ich in mein Netz getrieben.“

Sie hätte ihn am liebsten umarmt, aber der Anstand verbot das, bis sie verheiratet waren. „Die sind herrlich, Dan. Ich kann es nicht fassen! Bestimmt hast du lange und fleißig gearbeitet, um sie zu fangen.“

„Und geduldig. Aber ich lerne allmählich, geduldig zu sein. Irgendwann werde ich dich heiraten, Nava, und in der Zwischenzeit kann ich dich ja nicht verhungern lassen, oder?“

„Du bist wundervoll!“

Er warf sich den Sack wieder über die Schultern und dann gingen sie gemeinsam zu Navas Haus. „Mama und ich werden die Federn rupfen und die Vögel ausnehmen, damit wir sie heute Abend zubereiten können.“ Wachteln hatten nicht viel Fleisch an ihren kleinen Knochen, aber als Ergänzung in einer Suppe oder einem Eintopf würde es eine leckere Mahlzeit für ihre Familie ergeben. Und die Brühe würde köstlich schmecken. Sie waren beinahe am Haus eingetroffen, als sie aus der entgegengesetzten Richtung einen Mann näher kommen sahen, der auf einem Esel ritt. Nur ein reicher Mann konnte sich ein so schönes, gut genährtes Tier leisten. Abba hatte ihn auch gesehen und verließ seine Arbeit, um vom Weinberg den Hügel hinunter zu seinem Haus zu gehen. Es tat Nava weh, ihren Vater mit gesenktem Haupt und hängenden Schultern zu sehen, als würde er eine schwere Last auf dem Rücken tragen. Der Fremde musste der Mann sein, der Abbas Schulden eintreiben wollte – Schulden, die er nicht begleichen konnte. Die Freude, die noch soeben in Nava emporgestiegen war, als Dan ihr sein Geschenk gezeigt hatte, verschwand.

„Oh nein“, stöhnte sie.

„Der Geier kreist“, sagte Dan leise. „Und ich bin sicher, meinen Vater besucht er als Nächsten.“

„Kennst du ihn?“

„Leider ja. Malkija ben Rechab gehört die Hypothek auf dem Hof meines Vaters.“ Sie liefen weiter und erreichten den Fremden zeitgleich mit Navas Vater.

„Ich wünsche Euch einen guten Tag, Herr“, sagte Abba zur Begrüßung.

Malkija rutschte vom Rücken seines Esels, bevor er antwortete. „Guten Tag. Für die Frühlingszeit ist es bereits sehr warm, nicht wahr?“ Er trug ein Gewand aus feinem weißem Leinen mit einem leuchtend roten Band an Saum, Halsausschnitt und Ärmeln. Der Turban auf seinem dunklen Haar war ebenfalls aus feinstem Leinen.

„Ja, Herr, es ist sehr warm.“ Abba blickte kaum auf, sondern starrte auf seine staubbedeckten Füße. Dann räusperte er sich. „Es tut mir leid, Herr, aber ich kann heute nicht zurückzahlen, was ich Euch schulde. So wie es aussieht, wird meine Gerste wegen des fehlenden Regens kaum Ertrag bringen. Wenn es so weit ist, gebe ich Euch den ganzen Ertrag, aber ich weiß jetzt schon, dass es nicht genug sein wird, um die Schulden zu begleichen."

Es tat Nava in der Seele weh, ihren Vater so zu sehen. Jetzt tat es ihr leid, dass sie darüber geklagt hatte, Wasser schleppen zu müssen. Malkija trat näher, seine dunklen Augenbrauen zusammengezogen, und einen schrecklichen Augenblick lang fürchtete Nava, er würde ihren Vater bedrohen und verlangen, was ihm gehörte. Aber er schüttelte traurig den Kopf und legte eine Hand auf Abbas Schulter. „Ich verstehe, mein Freund. Alle im Bezirk leiden. Wir haben schon so oft um Regen gebetet, nicht wahr? Aber der Heilige muss einen Grund haben, warum er unsere Gebete nicht erhört."

Jetzt wagte Abba es endlich, seinen Blick zu erwidern. „Vielleicht kann ich die Schulden zurückzahlen, wenn ich meine Trauben ernte."

„Ja … vielleicht." Malkija blickte zu den Terrassen hinauf, als würde er die Weinstöcke mit dem Auge eines Experten begutachten. „Wegen der ungewöhnlich harten Bedingungen würde ich ja bis zur Traubenernte warten – aber ich muss dem König seinen Tribut zahlen und außerdem noch die Bezirkssteuern. Und meine Ernte hat unter der Dürre auch gelitten."

Abba kratzte sich am Bart. „Ich habe eine kleine Herde Ziegen. Würdet Ihr sie nehmen, als Teilzahlung meiner Schulden?", fragte er.

Nava schlug sich die Hand vor den Mund und Tränen schossen in ihre Augen. Dan trat näher und legte eine Hand auf ihren Rücken. Er wusste, wie sehr sie ihre kleine Herde liebte. Wenn sie ihn ansah, würde sie in Tränen ausbrechen.

„Brauchst du die Ziegen nicht für die Milch?", fragte Malkija. „Ich will nicht, dass deine Familie hungert."

„Etwas anderes kann ich Euch nicht geben, Herr. Außerdem haben wir kein Getreide mehr, um sie zu füttern. Wenn Ihr sie nicht nehmt, werden die Ziegen sterben."

„Dann nehme ich sie natürlich. Ich werde morgen früh einen meiner Söhne oder meinen Verwalter schicken, um sie zu holen."

„Danke, Herr", sagte Abba. „Ich bin Euch sehr dankbar."

Es gab nichts, was sie sonst noch hätten sagen können. Malkija sah sich nach etwas um, von dem aus er bequemer auf seinen Esel steigen konnte, und führte das Tier zu einem großen Stein. Nachdem er aufgesessen war, wünschte er ihnen allen einen guten Tag und ritt dann den Weg entlang zu Dans Farm.

„Mein Vater kann seine Schulden auch nicht bezahlen", sagte Dan. „Auch unser Land ist an ihn verpfändet."

Abba seufzte schwer. „Wenigstens ist Malkija ben Rechab gütig und verständnisvoll."

„Ich mag ihn nicht", sagte Dan. „Er sagt, wir seien ihm nicht gleichgültig, aber zeigen tut er es nicht. Er hilft keinem von uns. Stattdessen nimmt er immer mehr und lässt unsere Schulden immer höher steigen."

„Er muss auch Steuern bezahlen", sagte Abba.

„Hast du gesehen, wo er wohnt?", fragte Dan. „Ich schon. Und er tut mir kein bisschen leid. Aber mein Vater und du und all die anderen Bauern in unserem Bezirk tun mir leid. Dieser Malkija hat Navas Ziegen einfach so genommen", sagte er und schnipste mit dem Finger.

„Was hätte er sonst tun sollen?", fragte Nava, um ihn zu besänftigen. Sie hatte Dan selten so wütend gesehen.

„Was sonst?", wiederholte er. „Er hätte anbieten können, euch Getreide zu geben, damit ihr eure Herde füttern könnt und auch in Zukunft Milch und Käse habt. Er hat selbst eine riesige Herde. Aber nein. Indem er eure Ziegen nimmt, raubt er euch das Essen aus dem Mund!"

Nava wusste nicht, was sie darauf erwidern sollte. Selbst Abba sah schweigend zu, wie die Gestalt auf dem Esel immer kleiner wurde, während sie sich auf dem Weg hinauf zu Dans Haus entfernte. „Ich muss nach Hause", sagte Dan. „Ich muss dabei sein, wenn unser edler ‚Retter' mit meinem Vater spricht." Er reichte Nava den Sack mit den Wachteln. Sie hatte die Vögel ganz vergessen.

„Danke noch mal für die Wachteln, Dan. Das war lieb von dir."

Er lachte kurz und freudlos. *„Ich will nicht, dass deine Familie hungert"*, ahmte er Malkija nach. „Aber im Gegensatz zu ihm habe ich beschlossen, etwas deswegen zu unternehmen." Er drehte sich um und stapfte davon. Auch Abba wandte sich ab und ging mit schleppenden Schritten zu seinem Weinberg hinauf.

Nava hob ihren Krug auf, um den nächsten Gang zum Brunnen anzutreten. Warum erhörte Gott ihre Gebete nicht?

4

Die Zitadelle von Susa,
April

Nehemias Arbeitstag war beinahe vorbei und die Sonne hing tief am Himmel, als er zum Torhaus der Zitadelle gerufen wurde. Wieder war er erstaunt, seinen Bruder Hanani zu sehen. „Ich bin gekommen, um mich von dir zu verabschieden", sagte Hanani. „Wir brechen morgen sehr früh auf."

Nehemia wurde das Herz schwer. Er hatte nicht gewusst, wie einsam er gewesen war und wie sehr er seine beiden Brüder vermisst hatte. Das war ihm erst durch Hananis Besuch klar geworden. Die Zeit, die er in den vergangenen vier Monaten mit Hanani verbracht hatte, war ein unerwartetes und willkommenes Geschenk gewesen. „Warum geht ihr?", fragte Nehemia. „Eure Petition hat den König doch noch gar nicht erreicht."

„So wie es aussieht, wird sie das auch nie. Die Berater des Königs haben uns versichert, dass wir unsere Steuern bis auf die letzte Münze werden bezahlen müssen, trotz der Dürre zu Hause in Juda."

„Das tut mir leid." Sein Bruder würde morgen abreisen und wahrscheinlich würden sie einander nie wiedersehen. „Hör zu", sagte Nehemia. „Bleib hier im Palast und iss heute mit mir zu Abend. So haben wir eine letzte Chance zu reden, bevor du gehst."

„Das würde ich gerne", sagte Hanani.

„Für heute bin ich mit der Arbeit fertig. Komm mit, ich zeige dir alles." Nehemia führte seinen Bruder vom Torhaus und über den Platz zum königlichen Palast. Riesige Mauern und mit Zinnen versehene Türme ragten hoch über ihnen auf, als sie die Zitadelle betraten. „Weißt du noch, wie wir zu Mordechai gebracht wurden, als wir Kinder waren?“, fragte er.

„Ich erinnere mich nicht mehr sehr gut. Es war Nacht, nicht wahr? Seitdem hat sich bestimmt alles verändert.“

„Das ist wahr. Die Sicherheitsvorkehrungen sind zehnmal strenger, seitdem der Vater des Königs ermordet wurde. Man hat dafür gesorgt, dass der königliche Palast mit doppelwandigen Mauern versehen wird. Er ist nun uneinnehmbar.“ Nehemia führte Hanani durch einige der öffentlichen Bereiche – den großen äußeren Hof, den kleineren mittleren Hof und dann den inneren Hof. „Der Thronsaal des Königs und seine Gemächer sind von diesen öffentlichen Plätzen abgetrennt“, erklärte er. „Der Zugang ist stark beschränkt.“ Nehemia zeigte seinem Bruder den größten Innenhof und die riesige Apadana – eine erhöhte Plattform, die fast viertausend Quadratmeter groß war. Sechs Reihen mit je sechs schlanken Säulen hielten ein Dach aus Zedernholz vom Libanon hoch über ihnen. Jede Säule war ungefähr zwanzig Meter hoch und am oberen Ende mit je zwei in Stein gemeißelten, kunstvoll bemalten Bullen versehen.

„Wozu in aller Welt wird diese Halle benutzt?“, fragte Hanani.

„Für offizielle Zeremonien und Staatsbankette. Beim Neujahrsfest kommen Vertreter aller Provinzen, um dem König Ehre zu erweisen und ihre jährlichen Steuern zu entrichten. Dann sitzt er dort auf dem Podium.“

„Wenn der König darauf aus ist, dass seine Untertanen sich klein und unbedeutend vorkommen, dann hat er das mit dieser riesigen Halle eindeutig erreicht.“

Der Rundgang endete in Nehemias Privatquartier, wo sie zu Abend aßen, Wein tranken und bis spät in die Nacht hinein redeten. Hanani willigte ein, über Nacht zu bleiben, damit er nicht im Dunkeln ins jüdische Viertel von Susa zurücklaufen musste. Weil sie wussten, dass sie diese Gelegenheit zum Reden nie wieder haben würden, kam ihnen die gemeinsame Zeit bitter und süß zugleich vor.

Nehemia schlief nicht gut und erwachte vor Tagesanbruch. Er stand so leise auf, wie er konnte, und ging zum Fenster, das auf das steile Tal im Süden der königlichen Zitadelle hinausging. Der

Frühling war gekommen und er konnte die Läden öffnen, um die milde Luft hereinzulassen. Seit Wochen fastete und betete er, weil ihm die Lage im Gelobten Land Kummer bereitete. Das Essen mit seinem Bruder am Abend zuvor war die erste volle Mahlzeit, die er zu sich genommen hatte, seit Hanani nach Susa gekommen war. Jerusalems Mangel an Sicherheit und Schutz und die damit verbundene Schmach und Schande für Gottes Ruf hatten Nehemia trauern lassen, als wäre ein geliebter Mensch gestorben. Jetzt schloss er die Augen und betete.

„Oh Herr, Gott des Himmels, du großer und herrlicher Gott, der seinen Bund der Liebe mit denen hält, die ihn lieben und seine Gebote befolgen, öffne dein Ohr und deine Augen, um das Gebet zu hören, das dein Diener Tag und Nacht für deine Kinder, das Volk Israel, vor dich bringt. Ich bekenne die Sünden, die wir gegen dich begangen haben, auch ich und das Haus meines Vaters. Wir haben uns dir gegenüber schändlich verhalten. Wir haben deinen Geboten, Befehlen und Gesetzen, die du deinem Diener Mose gegeben hast, nicht gehorcht …"

Nehemia hielt inne und öffnete die Augen, denn ihm wurde bewusst, dass er, auch wenn alles, was er gerade bekannt hatte, der Wahrheit entsprach, doch nicht für sich oder seine Familie sühnen konnte. Der Allmächtige hatte alles Recht, sein Gebet zu ignorieren. Aber Nehemia wusste auch, dass der Gott seiner Vorväter ein mitfühlender und gnädiger Gott war, der Bosheit, Rebellion und Sünde vergab. Er schloss die Augen wieder und fuhr fort.

„Gedenke der Anweisung, die du deinem Diener Mose gegeben hast, als du sagtest: ‚Wenn du untreu bist, werde ich dich unter den Völkern verstreuen, aber wenn du zu mir zurückkehrst und meinen Geboten gehorchst, dann werde ich sie von dort sammeln und an den Ort bringen, den ich als Wohnstatt für meinen Namen ausgewählt habe …'"

Wieder hielt Nehemia inne. Der schwache rosafarbene Schein am östlichen Horizont verschwamm vor seinen Augen, die sich mit Tränen füllten. Bald würde die Sonne aufgehen und Hanani würde zu seiner Frau und seinen Kindern zurückkehren, wo ihre Feinde sie bedrohten, so wie es bei Nehemias Eltern gewesen war. Jerusalem brauchte Mauern und Festungen und Tore wie die hier in Susa.

Wenn er doch nur einen Weg finden könnte, um Jerusalem – und seinen Brüdern – Sicherheit zu geben! Gott hatte sein Volk aus dem Exil befreit, so wie er es durch seine mächtige Hand aus Ägypten befreit hatte. Und doch schien die Erlösung unvollständig, wenn sie weiterhin in Gefahr waren. Erneut schloss er die Augen und betete weiter.

„Sie sind deine Diener und dein Volk, das du durch deine große Macht und deine allmächtige Hand erlöst hast. Oh Herr, höre das Gebet dieses deines Dieners und die Gebete deiner Diener, die deinen Namen anbeten ..."

Als er ein Geräusch hinter sich hörte, drehte er sich um. Sein Bruder stand im Türrahmen, bereits angekleidet. „Was ist los, Nehemia?", fragte er. Nehemia hatte keine Zeit gehabt, sich die Tränen aus dem Gesicht zu wischen. Jetzt fuhr er sich mit beiden Händen über die Augen, während er sich wieder dem Fenster zuwandte.

„Erinnerst du dich an die Nacht, in der Mama und Abba gestorben sind?"

„Natürlich. Wie könnte ich das jemals vergessen?" Hanani trat neben ihn ans Fenster. „Ich weiß auch noch, dass du nicht geweint hast, Nehemia. Nicht ein einziges Mal. Ich dagegen konnte nicht aufhören zu weinen."

„Du warst noch so klein. Viel zu klein, um das zu sehen und zu hören, was wir mit ansehen und anhören mussten."

„Bist du deshalb so traurig? Hat das Purimfest vor zwei Wochen dich an jene Nacht erinnert?"

„Nur indirekt ... Hör zu, du weißt doch, dass ich mich immer dafür verantwortlich gefühlt habe, Ephraim und dich zu beschützen ..."

„Du hast uns das Leben gerettet. Ich weiß nicht, woher du so schnell wusstest, dass wir uns verstecken mussten. Oder wie du dafür gesorgt hast, dass wir still waren." Nehemia erinnerte sich daran, wie Hanani sich gewehrt hatte, als ihm von Nehemia fest der Mund verschlossen worden war. Er würde nie den Holzgeruch der großen Truhe vergessen, hinter der sie sich versteckt hatten, oder den feuchten Geruch der verputzten Wand in der Ecke. Nehemia wischte noch eine Träne fort, ungeduldig mit sich selbst.

„Die ganze Zeit habe ich mir vorgestellt, dass Ephraim und du in Jerusalem sicher und glücklich seid. Dass ich meine Aufgabe erfüllt hatte und ..."

„Nehemia, wir sind erwachsene Männer mit eigenen Familien. Du brauchst nicht mehr für uns zu sorgen."

Er schüttelte den Kopf, unfähig, die Last der Verantwortung, die er für sie empfand, einfach abzulegen. „Seit du mir von der Situation in Juda erzählt hast, muss ich immerzu an Jerusalem denken. Ich habe deswegen gefastet und gebetet und den Allmächtigen gefragt, was ich tun, wie ich helfen kann."

„Dann tut es mir leid, dass ich es dir erzählt habe. Ich wollte dich nicht traurig machen, zumal es auch nichts gibt, was du tun könntest."

„Es *muss* etwas geben. Ich verdiene meinen Lebensunterhalt damit, den König und seine Leute zu beschützen. Ich weiß alles, was man über Sicherheit wissen kann."

„Nehemia, du hast hier eine wundervolle Karriere. Such dir eine gute Frau. Bekommt Kinder."

„Wahrscheinlich würde ich vor Sorge um ihre Sicherheit wahnsinnig werden … Nein, jetzt, wo ich weiß, wie die Lage in Jerusalem ist, kann ich nicht länger hier in Susa im Reichtum leben, ohne daran zu denken und zu trauern. Ich komme einfach nicht über die Tatsache hinweg, dass unsere Landsleute beinahe dreißig Jahre nach Purim immer noch mitten in der Nacht von unseren Feinden ermordet werden. Ich glaube, das empfinden wir beide ähnlich."

Hanani legte eine Hand auf seine Schulter. „Ich sehe, dass die Zeit diese Wunden nicht geheilt hat. Hör zu, Bruder ..."

„Vor allem, Hanani", fuhr Nehemia fort und erhob dabei die Stimme, um die Versuche seines Bruders, ihn zu trösten, zu übertönen. „Vor allem ist Jerusalem *Gottes Stadt*. Sein Wohnort. Er sollte keine Schande für ihn sein. Du hast gesehen, wie herrlich das Haus dieses Königs ist. Sollte das Haus des *himmlischen Königs* nicht Ehrfurcht und Respekt erwecken anstatt Spott? Unsere Feinde sollten zittern bei dem Gedanken, Gottes Volk auszurauben und zu ermorden. Die Instandsetzung unseres Landes, die von allen Propheten verheißen wurde, ist nicht vollkommen, wenn wir immer noch in Angst leben."

„Du hast ja recht, du hast recht. Aber du und ich können nichts dagegen tun."

„Aber was ist, wenn doch? Was ist, wenn der Heilige will, dass ich etwas dagegen unternehme? Vielleicht hat Gott mich aus einem bestimmten Grund zum Mundschenk des persischen Königs gemacht."

„Du meinst, so wie er Esther zur Königin gemacht hat?"

„Jedes Mal, wenn ich den Wein auftrage, bin ich in König Artaxerxes' Gegenwart."

„Aber du setzt dein Leben aufs Spiel, wenn du ihn unaufgefordert um etwas bittest, so wie sie es getan hat."

„Nein. Ich bin kein Höfling. Ich dürfte nie eine offizielle Petition überreichen. Sieh doch, wie erfolglos deine Delegation eure Bitte vorgebracht hat. Ich darf in der Gegenwart des Königs überhaupt nicht sprechen, solange ich nicht angesprochen werde. Aber wenn der Allmächtige mir einen Weg eröffnen würde …"

„Ich verstehe, was du meinst. In dem Fall werde ich dafür beten, dass er dir diesen Weg zeigt."

Draußen wurde der Himmel heller und die Sterne verblassten. Nehemia hörte die vertrauten Morgengeräusche, als der Hof des Königs zum Leben erwachte. „Ich muss gehen", sagte Hanani. „Die anderen Männer in meiner Karawane wollen nach einem schnellen Frühstück aufbrechen, sobald es hell ist."

„Ich begleite dich zu ihnen." Nehemia ging voran durch die Zitadelle, durch das Königstor und über die Brücke in die Unterstadt, wobei er die Menschen und Wagen und Packtiere, an denen sie auf dem Weg vorbeikamen, nicht weiter beachtete. Hananis Karawane hatte bereits alles aufgeladen und war bereit zum Aufbruch. Viel zu schnell war der Zeitpunkt gekommen, an dem er sich von seinem Bruder verabschieden musste. „Ich glaube, diesmal fällt es mir schwerer, dich gehen zu sehen, als beim letzten Mal", sagte Nehemia. Sie umarmten einander, dann blieb er stehen, bis auch das letzte Kamel aus seinem Blick verschwunden war.

Den ganzen Vormittag über kämpfte Nehemia gegen Tränen der Wut und Enttäuschung und Traurigkeit, während er seine Sicherheitspflichten in der Küche und den inneren Räumen des Palastes erfüllte. Hanani hatte recht – angesichts der riesigen Hallen und hohen Säulen des Palastes kam er sich winzig vor. Er war machtlos, ein unbedeutender Mann, der in dem viele Tagereisen entfernten Jerusalem überhaupt nichts bewirken konnte. War es wirklich der

Allmächtige, der ihm dieses Leiden um Jerusalems willen aufs Herz gelegt hatte? Konnte er es wirklich wagen, den König um Erlaubnis zu bitten, damit sie die Mauern von Jerusalem wiederaufbauen konnten? Wenn ja, dann würde Gott ihm den Mut geben müssen zu sprechen … und König Artaxerxes ein Herz, das zuhörte.

5

Jerusalem,
Mai

Chana blickte in den kleinen Bronzespiegel und reichte ihn dann ihrer Schwester. Sie war bereit. Das Spiegelbild, das sie gesehen hatte, war das einer jungen Frau, deren dunkle Augen müde und traurig aussahen. Aber was machte das schon? Die jährlichen Feierlichkeiten zu Schawuot, dem Wochenfest, würden dieses Jahr nicht sehr festlich werden. „Ich verstehe nicht, warum wir uns überhaupt die Mühe machen zu feiern", hatte sie vorhin zu ihrem Vater gesagt. „Alle sagen, dass wir wegen der Dürre kaum eine nennenswerte Getreideernte haben."

„Wir feiern das Fest, weil Gottes Thora es uns befiehlt", hatte er geantwortet. „Mit den Worten seines Propheten: ‚Auch wenn die Olivenernte ausbleibt und die Felder keine Nahrung hervorbringen … so will ich mich doch im Herrn freuen und froh sein in Gott, meinem Retter.' Und deshalb gehen wir zum Tempel hinauf und freuen uns. Getreide oder nicht, der Allmächtige ist immer noch unser Gott. Wir müssen darauf vertrauen, dass er am besten weiß, was gut für uns ist."

Also hatte Chana sich in das winzige Schlafzimmer gezwängt, das sie sich mit ihren Schwestern teilte, und unter ständigem Ineinanderstolpern hatten die Schwestern gebadet und ihre schönsten Kleider angezogen. Jetzt war Chana bereit. Sie wollte gerade die Tür öffnen und in den Hof hinaustreten, um gemeinsam mit ihrem Vater zu warten, als Judith sie zurückhielt. „Bitte hilf mir, diese schrecklichen Haare zu bändigen, Chana!"

„Warum? Deine Haare sehen doch schön aus, wie sie sind – wie eine Löwenmähne."

„Ich will aber nicht wie ein Löwe aussehen. Ich will, dass meine Locken sich benehmen, damit ich *hübsch* aussehe."

Chana stutzte. Das war neu. Ihre neunzehnjährige Schwester hatte sich noch nie die Mühe gemacht, ihr unbändiges Haar zu zähmen, trotz Chanas Bitte, sich die Locken von ihr kämmen zu lassen. „Seit wann machst du dir denn Gedanken über deine Haare? Oder darüber, ob du hübsch aussiehst?"

„Sie will schön aussehen, für den Fall, dass sie Alon ben Harim sieht", sagte Sarah und reichte Judith den Spiegel.

„Sarah! Still!" Eine Röte wie reifende Trauben erschien auf Judiths Wangen, während sie Sarah einen Stoß versetzte. „Du solltest doch nichts sagen!"

„Ach, stell dich nicht so an. Chana wird nicht petzen, oder, Chana? Außerdem ist sie nicht blind. Sie hat bestimmt gesehen, wie du und Alon einander mit großen Kälberaugen angestarrt habt." Sarah setzte eine verliebte Miene auf und tat, als würde sie gleich in Ohnmacht fallen. Judith stieß ihr erneut den Ellenbogen in die Rippen.

Chana schüttelte angesichts ihrer Albernheit den Kopf. „Ich werde dein Geheimnis nicht verraten, Judith. Ich finde es schön, dass du und Alon einander mögt. Komm her und lass mich sehen, was ich mit deinen Haaren machen kann." Judith zog einen niedrigen Hocker durch den Raum und sank darauf nieder. Vorsichtig zog Chana den Holzkamm durch ihre Locken und versuchte, sie zu bändigen. „Ich finde es wunderbar, dass meine wilde mittlere Schwester sich verliebt hat. Und es überrascht mich nicht. Schließlich ist Frühling. ‚Die Blumen beginnen zu blühen, die Vögel zwitschern und überall im Land hört man die Turteltaube gurren.'"

„Seid ihr Mädchen gleich so weit?", rief ihr Vater durch die geschlossene Tür. „Wir wollen doch nicht zu spät kommen." Chana hörte eine leichte Anspannung in seiner Stimme.

„Ja, Abba, einen Augenblick noch", rief Judith zurück. Vor einem Jahr noch wäre Abba allein losgegangen und sie wären ihm den Tempelberg hinaufgefolgt. Aber jetzt ließen er und die anderen Väter und Ehemänner die Frauen nicht mehr allein durch Jerusalem laufen, vor allem nicht nachts.

Sarah ließ sich im Schneidersitz auf dem Teppich nieder, um zuzusehen. „Was ist mit dir, Chana? Hast du dich entschieden, ob du Abbas Freund erlaubst, um dich zu werben? Du weißt schon, ich meine den netten Mann, der uns den Wein gebracht hat."

„*Er heißt Malkija ben Rechab*", scherzte Judith mit tiefer Stimme. „*Er wird gerne Malkija ben Rechab genannt.*"

„Ich habe gar nichts entschieden", erwiderte Chana, während sie an einer verknoteten Locke zog.

„Ich mochte ihn jedenfalls", sagte Sarah. „Er war sehr charmant und freundlich. Wisst ihr noch, er hat uns alle als hübsch bezeichnet."

„Sarah hat recht", bestätigte Judith. „Selbst du musst zugeben, dass er sehr charmant war, Chana … Autsch!" Sie zog eine Grimasse, als Chana noch einen Knoten entfernte.

„Ihr beide scheint euch viel mehr für ihn zu interessieren als ich", sagte Chana. „Vielleicht sollte eine von *euch* ihn heiraten."

„Das können wir nicht", sagte Sarah. „Judith und ich können nicht heiraten, bevor du es tust."

Zum dritten Mal stieß Judith ihre jüngste Schwester an. „Bist du wohl *still*?"

„Ist doch wahr, oder nicht? Abba hat gesagt, es sei Tradition, dass die älteste Schwester zuerst heiraten muss."

Der stickige kleine Raum kam Chana mit einem Mal ganz warm vor. Hinderte sie ihre Schwestern daran zu heiraten? Zum Glück rief Abba sie erneut, bevor sie die Unterhaltung fortführen konnten. „Mädchen …? Ich glaube nicht, dass ihr noch schöner werden könnt, als ihr es schon seid."

Sarah sprang auf und ging hinaus, um ihn zu beschwichtigen, und wenig später gelang es Chana, Judiths Heiligenschein aus Haaren zu bändigen. Aber die Worte ihrer Schwester gingen ihr nicht mehr aus dem Kopf. Dadurch, dass sie so lange brauchte, um über Itzhaks Tod hinwegzukommen, stand sie Judith vielleicht im Weg, wenn sie und Alon sich tatsächlich ineinander verliebten.

Chana hakte sich bei Abba unter, während sie eilig den Hof verließen und den Weg zum Tempel hinaufstiegen. Ihre Schwestern ließ sie vorauslaufen. „Abba", fragte sie, als sie sicher war, dass die anderen sie nicht hören konnten, „ist es wirklich wahr, dass die älteste Schwester zuerst heiraten muss, bevor die jüngeren es können?"

„Nun ja … so ist es normalerweise", sagte er seufzend. „Aber es steht nicht in der Thora als unabänderliches Gesetz. Es ist eher eine Tradition, könnte man sagen."

„Also stehe ich Judith nicht im Weg, wenn sie heiraten will?"

Er blieb stehen, von der Anstrengung bereits ganz außer Atem. „Du weißt doch, wie eigensinnig Judith ist. Sie wird schon einen Weg finden, um zu tun, was sie will. Aber mir macht viel mehr Sorgen, mein Engel, dass die Auswahl an möglichen Ehemännern immer geringer wird, wenn du zu lange wartest."

„Weil sie mich dann zu alt finden?"

„Du musst dich entscheiden, Chana. Willst du heiraten und Kinder haben oder bist du damit zufrieden, allein zu bleiben und niemals Mutter zu sein?"

Während sie sich wieder in Bewegung setzten, dachte sie über Abbas Frage nach. Erst an diesem Morgen, als Judith und sie auf dem Marktplatz eingekauft hatten, war sie stehen geblieben, um einer jungen Mutter mit ihrem Kleinkind zuzusehen. Der Junge war mit unsicheren Beinchen herumgewankt, als würde die Erde sich bewegen. Chana hatte über seine kindliche Freude an allem, was er sah, lächeln müssen. „Guck mal … guck mal!", hatte er gesagt, war immer wieder stehen geblieben und hatte mit seinen knubbeligen Fingern auf das gezeigt, was er entdeckt hatte. Vor einem Jahr hatte Chana sich vorgestellt, wie es sein würde, wenn sie Itzhaks Kind bekam – einen kleinen Jungen mit Itzhaks lockigen Haaren und mit seinen lachenden Augen hatte sie sich ausgemalt. Und an diesem Morgen, als sie den Kleinen beobachtet hatte, hatte Chana sich danach gesehnt, ein eigenes Baby im Arm zu halten.

„Ja, ich möchte heiraten", sagte sie zu ihrem Vater.

„Die traurige Wahrheit ist, dass Männer jüngere Frauen wie Judith und Sarah heiraten wollen, die ihnen viele Kinder schenken können. Ich fürchte, bald werden dir nur noch die sehr alten Männer bleiben – Witwer oder Männer, die niemand anders wollte."

„Du willst mir Angst machen, nicht wahr? Du möchtest, dass ich mir von deinem Ratsfreund Malkija den Hof machen lasse."

„Ich will ehrlich sein, mein Engel. Es würde mich sehr freuen, wenn du Malkija eine Chance gäbest. Er hat immer noch sehr großes Interesse an dir. Was schadet es denn, wenn du dir die Zeit nimmst, ihn ein wenig kennenzulernen? Mehr erwarte ich ja gar nicht. Wenn du ihn nicht magst, werde ich dich nicht zwingen, ihn zu heiraten."

Sarah hatte recht – Malkija war charmant und angenehm. Und er sah auch nicht schlecht aus, trotz seiner krummen Nase. „Schaden wird es wohl nicht, es zu versuchen", sagte sie.

„So kenne ich mein Mädchen! Ich lade ihn noch einmal ein. Diesmal vielleicht zum Sabbatessen? Wie wäre es mit dem kommenden Sabbat?"

Chana wollte Nein sagen, weil es ihr zu schnell ging. Aber dann dachte sie wieder daran, wie Judith sich vor dem Spiegel zurechtgemacht hatte, um für Alon ben Harim schön auszusehen, und gab nach. „Also gut. Diesen Sabbat. Zum Essen."

Am folgenden Freitagmorgen stürzten Sarah und Judith sich zusammen mit Chana in die Vorbereitungen für die Mahlzeit, als wären sie diejenigen, die Malkija ben Rechab beeindrucken mussten. Sarah deckte den Tisch mit den feinsten Tüchern, Judith holte das beste Geschirr heraus und zu dritt planten sie ein Menü aus Suppe, frischem Gemüse und gebratenem Fisch. Es gab lange Diskussionen darüber, was sie anziehen und wie sie ihre Haare frisieren sollten. Sarah begutachtete Chanas Haar besonders kritisch. „Zieh es doch nicht so straff nach hinten. Dadurch siehst du alt und traurig aus."

Ich bin alt und traurig, hätte sie am liebsten gesagt. *Malkija kann ruhig die Wahrheit erfahren.* „Wie soll ich es denn sonst tragen?", fragte sie stattdessen. Ihre Schwester nahm die Sache in die Hand und zog einige Strähnen heraus, damit sie lockig um ihr Gesicht fielen. Chana machte sich nicht einmal die Mühe, das Ergebnis im Spiegel zu überprüfen.

Malkija erschien kurz vor Sonnenuntergang mit Wein für Abba und einem Geschenk für jede der Schwestern. „Nur eine Kleinigkeit, weil ihr euch die ganze Arbeit gemacht habt, für mich zu kochen", sagte er. Chanas Geschenk war ein wunderschön geflochtener Korb mit frischen Feigen; Judith bekam einen hübschen Tonkrug, der mit Honig gefüllt war; Sarah einen Teller mit süßem Gebäck aus Datteln und für Abba hatte er eine Auswahl seiner besten Weine mitgebracht. Chana fragte sich, ob ihr Vater sich nach so viel Großzügigkeit Malkija gegenüber nicht verpflichtet fühlen würde. Würde es ihr am Ende unmöglich sein, einen Heiratsantrag auszuschlagen?

Sie nahmen das ungezwungene Mahl im Hof unterm Sternenhimmel zu sich. Malkija war ein aufmerksamer Essensgast, der die Unterhaltung nie ins Stocken geraten ließ und dafür sorgte, dass alle am Tisch die Gelegenheit hatten, etwas zu sagen und gehört zu werden. Als die Mahlzeit Stunden später vorüber war, begleitete er Chana vor das Tor und stand neben ihr, während sie gemeinsam zum sternenübersäten Himmel hinaufblickten. Ihr Haus stand unweit der Mauer, die einmal Jerusalem umgeben hatte, aber sie konnten leicht über die niedrigen Reste hinüberspähen und die Trümmer der niedergerissenen Wohnhäuser am Westhügel sehen. „Ich frage mich oft, wie dieser Teil der Stadt ausgesehen hat, bevor er zerstört wurde", sagte sie. „Im Mondlicht sieht er immer so unheimlich aus, ein Ort, an dem sich die Schakale tummeln." *Und Diebe und Verbrecher*, fügte sie im Stillen hinzu. Böse Männer wie diejenigen, die Itzhak ermordet hatten.

„Du sollst wissen, wie leid mir tut, was Itzhak zugestoßen ist", sagte Malkija, als hätte er ihre Gedanken gelesen. „Er war ein guter Mann. Ich kannte ihn nicht so gut, wie ich es gerne getan hätte. Ich habe nie gehört, dass jemand schlecht von ihm gesprochen hätte, und das will etwas heißen. Du musst ihn sehr vermissen."

„Ja … das tue ich." Chana blinzelte die unwillkommenen Tränen fort.

„Ich werde nicht über ihn sprechen, wenn es zu schmerzlich ist, aber aus Erfahrung weiß ich, dass es manchmal hilft, über die Lieben zu reden, die wir verloren haben. Wenn jeder auf Zehenspitzen herumläuft und sich scheut, ihren Namen auszusprechen, kann es manchmal so scheinen, als hätten sie nie existiert oder als wären sie nicht mehr wichtig. Aber das sind sie natürlich."

Chana nickte. Sie achtete ihn für seine Weisheit. „Du hast recht. So ist es tatsächlich. Und manchmal kommt es mir vor, als hätten alle Angst, von ihm zu sprechen … Ich habe gehört, dass du deine Frau auch verloren hast."

„Ja. Rebecca starb vor mehr als fünf Jahren am Fieber." Chana meinte zu hören, dass seine Stimme ein wenig zitterte.

„Das tut mir sehr leid", sagte sie.

„Bei uns war es eine Liebesheirat, keine arrangierte Ehe. Sie war meine beste Freundin, meine Gefährtin. Ich glaube, du hast Itzhak auf die gleiche Weise geliebt."

„Ja. Aber wir hatten nicht die Chance zu heiraten."

„Ich frage mich manchmal, ob wir diese Art Liebe nur einmal im Leben erleben können. Oder ob der Heilige uns überraschen und uns ein zweites Mal einen liebenden Gefährten an die Seite stellen kann. Ich weiß es nicht. Aber ich weiß, dass ich es vermisse, Gedanken und Enttäuschungen mit meiner Frau zu teilen. Ich vermisse es, am Ende jedes Tages ihr warmherziges Lächeln zu sehen und sie nachts im Arm zu halten. Und ich habe beschlossen, noch einmal zu heiraten, weil ich glaube, dass ich sonst das Glück, das ich einmal empfunden habe, nie wieder finden werde. Und weil Rebecca sich wünschen würde, dass ich wieder heirate und glücklich bin."

Chana konnte nichts erwidern, so gerührt war sie von seinen Worten. In ihrem Herzen wusste sie, dass auch Itzhak ihr dieses Glück wünschen würde.

„Viele hoffnungsvolle Väter haben mich angesprochen", fuhr Malkija fort. „Und ich habe viele von ihren Töchtern kennengelernt. Aber ich bin ein reicher Mann und es ist schwer zu sagen, ob sie mich als Menschen wahrnehmen oder als wohlhabenden Ehemann mit Bediensteten und einem üppig ausgestatteten Haus. Ich bin sicher, so geht es dir auch, da du eine so reizende Frau bist. Gewiss bin ich nicht der einzige Verehrer, der sich an deinen Vater gewandt hat."

Stimmte das? Hatten andere Männer Abba nach ihr gefragt?

„Wie auch immer", sagte Malkija seufzend, „es ist spät und ich muss nach Hause, so leid es mir tut. Danke für den wundervollen Abend, Chana. Ich habe jede Minute und jeden Bissen genossen."

„Du willst jetzt nach Bet-Kerem zurück? Im Dunkeln?"

„Nein", lachte er. „Für den Weg brauche ich selbst bei Tageslicht eine Stunde, wenn meine Eselin sieht, wohin sie läuft. Sie würde diese steinigen Bergwege im Dunkeln niemals bewältigen. Außerdem ist es gefährlich, nachts draußen unterwegs zu sein. Ich habe hier in Jerusalem ein Haus. Das bewohne ich während der Feiertage oder wenn die Ratssitzungen bis spät in den Abend andauern."

„Danke für deinen Besuch heute Abend, Malkija. Ich kann im Namen von uns allen sagen, dass du uns ein willkommener Gast warst."

Er quittierte ihre Worte mit einer kleinen Verbeugung und sagte: „Ich will noch kurz hineingehen und mich von deinem Vater und deinen Schwestern verabschieden." Sie folgte ihm in den Hof zurück, wo ihre Schwestern den Tisch abgeräumt und das Geschirr zusammengestellt hatten. Abba saß noch immer an seinem Platz am Kopfende des Tisches und nippte an den letzten Schlucken Wein. Er blickte auf, als sie gemeinsam näher kamen, ein hoffnungsvolles Lächeln im Gesicht.

„Schallum, mein Freund, ich danke dir für einen höchst erquicklichen Abend", sagte Malkija. „Beim nächsten Mal müsst ihr alle zu mir nach Bet-Kerem kommen und mit mir und meinen Söhnen essen. Dann zeige ich euch meine Weinberge und die Kellerei."

„Deine Weinberge?", fragte Chana. „Was ist mit der Dürre? Hat sie deine Ernte nicht beeinträchtigt?"

„Natürlich. Alle spüren die Auswirkungen. Wir müssen weiter für Regen beten."

„Wir kommen gerne", sagte Abba und erhob sich von seinem Platz, um Malkija auf die Schulter zu klopfen. „Danke, mein Freund."

„Hervorragend. Ich werde mit meinen Dienern sprechen, damit sie alles vorbereiten, und dann schicke ich euch genauere Informationen."

Als er gegangen war, drehten alle sich zu Chana um, neugierig, wie sie auf den Abend und ihren Gast reagieren würde. Sie wusste nicht, was sie sagen sollte, weil sie keine falschen Hoffnungen wecken wollte – insbesondere nicht bei sich selbst. „Er ist sehr nett", sagte sie schließlich. „Ich bin froh, dass wir ihn eingeladen haben. Und ich freue mich darauf, ihn wiederzusehen."

Sie lag im Bett und schlief schon halb, als Judith flüsterte: „Chana? Bist du noch wach?"

„Ja … was ist denn?"

„Ich will nicht, dass du dich verpflichtet fühlst, Malkija zu heiraten – schon gar nicht um meinetwillen. Es wäre nur … nur so schön, wenn du wieder du selbst wärest, weißt du? … Wenn du wieder glücklich wärest. Abba und Sarah und ich … Wir wollen nur, dass du so wirst wie früher …“

„Bevor Itzhak gestorben ist? Du kannst seinen Namen ruhig aussprechen, Judith.“ Sie dachte an das Gespräch mit Malkija und daran, dass manche Leute Angst hatten, verlorene Angehörige zu erwähnen, obwohl es für die Hinterbliebenen so wichtig war. Malkija verstand das nur zu gut. „Es tut mir leid, dass ich so traurig bin, Judith. Aber es wird mit jedem Tag besser. Heute bin ich glücklicher als gestern oder vorgestern. Und ich glaube, morgen werde ich noch ein bisschen glücklicher sein.“ Sie hoffte, dass es die Wahrheit war.

„Das ist gut. Ich bin froh … gute Nacht.“

„Gute Nacht, Judith.“

6

Die Zitadelle in Susa,
Mai

Beinahe ein Monat war vergangen, seit Nehemia sich von seinem Bruder verabschiedet hatte, aber die Last des Kummers, die er angesichts von Hananis Beschreibung des zerstörten Jerusalems empfand, lag weiterhin schwer auf ihm. An einem warmen Frühlingsmorgen, als der König nach Wein schickte, trug Nehemia ihn selbst zum Thronsaal hinauf, durch die vertraute Folge von Gängen und Kammern und Sicherheitstüren. König Artaxerxes saß auf seinem Thron, seine Königin neben sich, und widmete sich seinen Amtsgeschäften, indem er den Bitten einer endlos scheinenden Prozession von Höflingen lauschte. Während Nehemia den Wein des Königs einschenkte und ihm das Getränk reichte, dachte er an Jerusalem und bat Gott insgeheim, ihm zu zeigen, was er tun sollte.

„Bist du krank, Nehemia?"

Überrascht blickte er auf, aus seinen Gedanken gerissen. König Artaxerxes sprach mit ihm! Nehemias Herz schlug schneller. „Nein, Seine Majestät. Ich bin nicht krank." Noch nie war er in der Gegenwart des Königs traurig gewesen. Es verstieß gegen alle Regeln für Bedienstete, die eigenen Gefühle zu zeigen. Nehemia hatte sogar alle anderen ermahnt, dass sie ihre Gefühle für sich behalten und in der Gegenwart des Königs eine fröhliche Miene zeigen mussten, unabhängig davon, welche persönlichen Probleme sie hatten. Es war die Pflicht eines Dieners, positiv und ermutigend zu sein. Aber heute war Nehemias Herz so schwer gewesen, dass er die Fassade nicht hatte aufrechterhalten können.

„Warum ist deine Miene dann so traurig, wenn du nicht krank bist?“, fragte der König. Nehemias Herz hämmerte noch heftiger in seinem Brustkorb. Die Königin, die neben Artaxerxes saß, sah ebenfalls besorgt aus. Nehemia wusste von Esthers Geschichte, dass eine persische Königin sehr viel Einfluss haben konnte. Aber das Interesse des Königs war so überraschend, so unerwartet, dass er keine Worte fand.

„Das kann nur eine Traurigkeit des Herzens sein“, sagte Artaxerxes.

Nehemia nickte. Sollte er dem König erzählen, dass sein Bruder vor Kurzem nach Jerusalem zurückgekehrt war? Dass er ihn nie wiedersehen würde? Es wäre die Wahrheit. Aber was, wenn dies der von Gott geschenkte Augenblick war, um für Jerusalem einzutreten? Nehemia schickte ein kurzes, stilles Gebet gen Himmel. *Oh Herr, gib deinem Diener heute Erfolg und sei mir gnädig im Angesicht dieses Mannes.* Dann räusperte er sich, um den Kloß der Angst aus seiner Kehle zu vertreiben.

„Seine Majestät ist sehr scharfsinnig“, erwiderte er. „Es ist eine Traurigkeit des Herzens.“

„Sprich weiter …“

Nehemias Knie wurden weich. Könnte der König seine Niedergeschlagenheit als mangelnde Loyalität deuten? Immerhin war es ein unzufriedener Diener gewesen, der Artaxerxes' Vater ermordet hatte. Nehemias Mund fühlte sich an, als hätte er Sand verschluckt, als er antwortete: „Möge der König ewig leben! Warum sollte meine Miene nicht traurig sein, wenn die Stadt, in der meine Väter begraben sind, in Trümmern liegt und ihre Tore vom Feuer zerstört wurden?“

Er achtete sorgfältig darauf, Jerusalem nicht zu nennen. Und er wusste nicht, woher die Idee mit den Gräbern seiner Vorfahren gekommen war, aber er wusste, dass die Perser großen Respekt vor den Grabstätten früherer Generationen hatten. Der König runzelte ein wenig die Stirn und sah Nehemia prüfend an, so als würde er ihn zum ersten Mal wirklich wahrnehmen – als einen Menschen und nicht nur als einen Diener, der im Hintergrund arbeitete. Nehemia versuchte, seine Gedanken zu lesen, aber es gelang ihm nicht. Er wartete mit weichen Knien und dachte an die Worte aus Salomos Sprüchen: *Der Zorn eines Königs ist ein Bote des Todes.*

Es war jetzt still im Thronsaal, die gemurmelten Unterhaltungen der Höflinge verstummten, als hätte jemand einen Gong erklingen lassen. Wie konnte ein bloßer Mundschenk es wagen, seine Gedanken oder Gefühle kundzutun? Nehemia konnte draußen vor den Palastfenstern Vogelgezwitscher und das Rauschen des Windes hören. Ihm war, als hinge er über einem Abgrund, während er auf König Artaxerxes' Antwort wartete. Würde er in den Tod stürzen oder wieder an sicheres Land gezogen werden? *Oh Herr, sei mir gnädig im Angesicht dieses Mannes*, betete er wieder. Sein Schicksal lag nicht in den Händen dieses Königs, sondern in denen seines himmlischen Herrschers.

„Was willst du?", fragte Artaxerxes schließlich.

Noch einmal betete Nehemia still und erwiderte: „Wenn es dem König gefällt und wenn Sein Diener Gnade in Seinen Augen gefunden hat, möge er mich in die judäische Stadt senden, in der meine Vorväter begraben sind, damit ich sie wiederaufbauen kann."

Artaxerxes trank einen Schluck aus seinem goldenen Trinkhorn, bevor er antwortete. Nachdem er so viel Zeit in der Gegenwart des Herrschers verbracht und seine Reaktion auf Hunderte von Anträgen und Bitten gesehen hatte, glaubte Nehemia die Launen und Eigenarten des Königs gut zu kennen. Das Stirnrunzeln des Herrschers schien ihm kein Ausdruck des Zorns zu sein, sondern der Neugier. Trotzdem hielt Nehemia die Luft an.

„Wie lange wird deine Reise dauern und wann wirst du zurückkommen?", fragte der König.

„Ihr meint … es gefällt dem König, mich zu senden?", fragte Nehemia.

„Ja. Es gefällt mir. Du hast mir all die Jahre treu gedient und ich vertraue dir ganz und gar. Ich weiß, dass die Diener, die du aussuchen wirst, um dich zu ersetzen, mir ebenso gut dienen werden, bis du zurück bist."

Nehemia atmete erleichtert aus. Es war ein Wunder! Der Allmächtige hatte sein Gebet erhört. Das unerwartete Lob des Königs machte Nehemia Mut und er überlegte schnell eine Dauer für seine Mission. Aber dann rasten seine Gedanken voraus zu den Gefahren, denen er begegnen würde, und zu den Vorkehrungen, die er treffen musste, damit diese Mission erfolgreich sein konnte. Judas Gegner könnten versuchen, ihn an einer sicheren Ankunft zu hindern. Und Hanani hatte erklärt, dass ihre Feinde schon einmal die Bauarbeiten in der Stadt sabotiert hatten. „Wenn es dem König gefällt“, sagte er, „darf ich dann Briefe an die Statthalter im Land jenseits des Flusses bekommen, damit sie mir Geleit geben, bis ich sicher in Juda bin?“

„Du darfst.“

Es schien ihm immer noch nicht genug. Nehemia erinnerte sich an die Geschichte Jerusalems und daran, dass die Nordseite der Stadt, wo der Tempel stand, feindlichen Angriffen schutzlos ausgeliefert war. Auf der Seite musste er eine befestigte Zitadelle errichten. Und er würde alle Tore Jerusalems wiederaufbauen müssen. „Darf ich auch einen Brief an Asaph, den Verwalter der königlichen Wälder, mitnehmen“, fügte er hinzu, „damit er mir Holz gibt, um daraus Balken für die Tore der Zitadelle in der Nähe des Tempels zu hauen und für die Stadtmauer und für das Haus, in dem ich wohnen werde?“

„Deine Bitten sind gewährt“, erwiderte Artaxerxes. „Ich habe außerdem beschlossen, dich für die Zeit, die du dort bist, zum Statthalter von Juda zu ernennen.“

Statthalter? Das war mehr, als Nehemia zu erbitten gewagt hätte. Er neigte den Kopf. „Danke, Majestät.“

„Ich werde einen Offizier und Kavallerie beauftragen, dich zu begleiten … und, Nehemia – viel Glück.“ Der König nickte seinem Verwaltungsbeamten zu, damit der sich um alles Weitere kümmerte. Nehemia folgte dem Mann aus dem Thronsaal, ganz schwindelig vor Freude und Staunen. Hatte Mose sich so gefühlt, als die Wasser des Roten Meeres sich wundersam vor ihm teilten? Die gnädige Hand des Allmächtigen hatte dies vollbracht! Er hatte Nehemias Gebete erhört.

In den folgenden Wochen arbeitete Nehemia ohne Unterlass und kümmerte sich um die nötigen Vorkehrungen für seine Reise: eine Karawane, um die Vorräte zu befördern, die er brauchte; die offiziellen Vollmachten mit dem Siegel des Königs; die Militäreskorte und schließlich die Einzelheiten der langen Reise mit den entsprechenden Haltepunkten auf dem Weg. Die Entfernung zwischen der persischen Hauptstadt und dem Gelobten Land betrug etwa eintausend Meilen. Wenn die Karawane etwa zwanzig Meilen am Tag zurücklegte, würde die Reise fünfundfünfzig Tage dauern. Nachdem er weitere acht Tage hinzugerechnet hatte, um am Sabbat zu ruhen, kam er auf dreiundsechzig Reisetage bis zu seinem Ziel, Jerusalem. Aber noch während er plante und vorbereitete, fragte sich Nehemia, was er wohl am Ziel seiner Reise vorfinden würde. Waren Teile der Mauer vielleicht noch zu retten oder musste er mit neuen Fundamenten beginnen? Wo sollte er die Steine und Werkzeuge und Arbeiter finden? Er wusste, dass er schnell bauen musste, bevor Judas Feinde die Gelegenheit hatten, seine Bemühungen zu sabotieren oder negative Berichte nach Susa zu schicken, um die Arbeiten aufzuhalten. Wenn der König einmal einen Erlass besiegelt hatte, konnte dieser natürlich nicht mehr rückgängig gemacht werden, aber er konnte einen zweiten Befehl erlassen, der die Wirkungen des ersten aufhob. So hatte es König Xerxes getan, um das Massaker am 13. Adar zu beenden. Oder was wäre, wenn ein neuer König an die Macht käme, bevor Nehemia die Möglichkeit hatte, Jerusalems Mauer zu vollenden? Die persischen Herrscher hatten eine lange, blutige Geschichte der Machtkämpfe und Intrigen.

Trotz all dieser Sorgen konnte Nehemia seine Freude kaum beherrschen. Der Allmächtige hatte Nehemias Gebete treu erhört und ihm viel mehr geschenkt, als er sich jemals hätte träumen lassen. Er sehnte sich danach, die gute Nachricht mit jemandem zu teilen, aber mit wem? Es gab niemanden. Außerdem war es sicher besser, wenn so wenige Personen wie möglich von seiner Mission wussten. Es wäre eine Katastrophe, wenn die Nachricht vor ihm in Juda einträfe.

Als Nehemia eines Abends spät im Bett lag und vor Aufregung nicht schlafen konnte, kam ihm ein neuer Gedanke. Konnte er nach all den Jahren, nach einer Kindheit, die viel zu schnell und schmerzlich geendet hatte, vielleicht endlich einen Sinn darin sehen, dass er in jener längst vergangenen Nacht seine Eltern verloren hatte? War es möglich, dass der Allmächtige Nehemias Schmerz gebraucht hatte, um ihn zu dem Mann zu machen, der er geworden war – und dass der Kummer ihn genau für diesen Zweck vorbereitet hatte?

Zum ersten Mal konnte Nehemia an seine Eltern denken und sich mit ihrem Verlust aussöhnen.

7

Im Bezirk Bet-Kerem,
Juni

Die Sonne war noch nicht über den umliegenden Hügeln aufgegangen, als Nava mit ihren Eltern und ihren beiden Brüdern im Weizenfeld stand und ihre Ernte betrachtete. Die Stängel sahen trocken und dürr aus, die Körner klein, verglichen mit anderen Jahren. Nava erinnerte sich an Weizen, der so üppig gewachsen war, dass sie sich zwischen den dicken Stängeln hindurch kaum einen Weg hatte bahnen können, mit reifen Ähren, die unter ihrem Gewicht die Köpfe hängen ließen. Aber diese von der Dürre getroffene Ernte würde im Vergleich sehr klein ausfallen. Abba brach eine der reifen Ähren ab und kostete davon. Er kaute langsam und Nava konnte die Spannung nicht mehr aushalten. „Ist er gut, Abba? Können wir den Weizen ernten?"

Er nickte. „Er ist so weit." Aber der Ausdruck auf seinem wettergegerbten Gesicht verriet seine Sorge und Enttäuschung. Die ganze Familie war früh aufgestanden, um die Sommerhitze zu meiden, und alle warteten darauf, anfangen zu können. Sobald Abba das Getreide für reif erklärt hatte, begannen er und Navas Brüder, mit ihren Sicheln über das Feld zu gehen, die reifen Ähren zu schneiden und auf den Boden zu legen. Nava und ihre Mutter folgten ihnen und banden die Stängel mit Stroh zu Bündeln zusammen. Es war anstrengend für den Rücken, den ganzen Tag über gebückt auf dem Feld zu arbeiten, aber Nava hatte genug Übung damit, die Garben schnell zu binden, ohne sich die Hände an den rauen Stängeln zu zerkratzen. Sie war froh, dass Abba eine Ernte hatte, die sie einbringen konnten, auch wenn sie nicht üppig war. Vielleicht konnten er und Dans Vater genug Korn ernten, um den Mann, bei dem sie Schulden hatten, zu bezahlen. Und hoffentlich würde genug übrig bleiben, um ihre Familien in den kommenden Monaten zu ernähren – vielleicht sogar so viel, dass sie und Dan heiraten konnten.

Die brennende Sonne stieg schnell am wolkenlosen Himmel auf und es dauerte nicht lange, bis Navas Kleid und Gesicht vom Schweiß ganz feucht waren. Ihre Familie kam gut voran und die geernteten Garben trockneten in der Junisonne. Als sie aufblickte, entdeckte sie zwei Gestalten, die auf Eseln näher kamen. Einer von ihnen war der reiche Mann in dem schneeweißen Turban und dem Leinengewand mit den roten Säumen – der Mann mit der krummen Nase, der vor drei Monaten gekommen war. Der andere war sein Sohn, der am nächsten Tag erschienen war, um ihre Herde Ziegen mitzunehmen. Nava wurde bei dem Anblick der Männer ganz flau im Magen. Auch Abba hatte die beiden gesehen und einen Augenblick lang schien er ein wenig zu wanken. „Setzt euch und ruht euch etwas aus, während ich mit ihnen rede“, sagte er und wischte sich mit dem Unterarm über die Stirn. Nava sah zu, wie er über das Feld auf die Männer zuging, eine Garbe Weizen im Arm, damit sie die Ernte begutachten konnten.

Mit den anderen setzte Nava sich zum ersten Mal an diesem Morgen auf den stoppeligen Boden und trank einen Schluck aus dem Wasserkrug. Ihr Magen knurrte vor Hunger. Sie hatten kurz vor Tagesanbruch ein mageres Frühstück gegessen, aber es hatte nicht ausgereicht, um das Bauchgrimmen zu stillen. Ihre Mutter und ihre älteren Brüder hatten sicher auch Hunger.

Zuerst sah sie aus der Ferne zu, wie der Mann die Körner probierte und Abba auf den Teil des Feldes zeigte, den sie schon abgeerntet hatten. Würde es reichen, um die Schulden zu begleichen? Nava stand auf, weil sie das Warten nicht länger aushielt. „Ich sehe nach, ob sie vielleicht etwas zu trinken möchten oder Wasser für ihre Esel.“

Sie eilte übers Feld, um den Wasserkrug schnell am Brunnen zu füllen. Dann goss sie Wasser in den Trog für die Tiere. Sie bot den Fremden zu trinken an, aber sie lehnten beide ab. Der Sohn war nicht einmal abgestiegen und an Abbas Miene konnte sie sehen, dass das Gespräch nicht gut verlief. Er sah frustriert aus, seine Wangen waren gerötet und seine Stimme klang heiser. „Mehr konnten wir in dieser Dürre nicht erreichen“, sagte er.

„Ich weiß, mein Freund. Aber du musst verstehen, dass ich die Hypothek auf deinen Weinberg und deine Felder halte. Du hast Geld geliehen und sie als Sicherheit benutzt.“

„Und jetzt kann ich mit dieser Ernte die Schulden zurückzahlen.“

„Es tut mir sehr leid, aber deine Weizenernte reicht nicht, um deine Schulden zu begleichen, denn zwei Drittel der Ernte gehören mir ja schon. Das Darlehen war ein Vorschuss auf deine zukünftigen Erträge. Das Drittel, das dir gehört, wird einen Teil des zweiten Kredits zurückzahlen, den ich dir gegeben habe, als du Geld für Nahrungsmittel geliehen hast. Aber nicht den ganzen Kredit.“

„Ich habe Euch meine Herde Ziegen als Rückzahlung gegeben.“

„Ja, das ist wahr. Aber trotzdem ist die Schuld noch nicht ganz beglichen. Es tut mir leid.“

Navas Hand zitterte, als sie versuchte, mehr Wasser in den Trog zu füllen, und es spritzte auf ihre bloßen Füße. Es war nicht gerecht! Nach all ihrer schweren Arbeit reichte es diesem habgierigen Mann noch immer nicht? Sie hätte ihn am liebsten wütend angebrüllt.

„Bitte vergib mir, wenn ich dir das alles nicht richtig erklärt habe, als du mich um die Darlehen gebeten hast“, fuhr der Mann fort. „Und auch, als du dein Land verpfändet hast. Vielleicht habe ich mich nicht klar genug ausgedrückt.“

„Ihr habt es erklärt, aber … aber ich hatte gehofft, mit dieser Ernte wären wir quitt und mein Weizenfeld würde wieder mir gehören.“

„Es tut mir leid, aber ich sehe schon jetzt, dass diese Ernte nicht reichen wird. Wenn deine Gerste genügend Ertrag gebracht hätte, dann wärest du jetzt der Begleichung deiner Schulden bei mir näher. Aber aus welchem Grund auch immer hat der Heilige es auch in diesem Jahr nicht regnen lassen.“

„Ihr sagt, nur ein Drittel dieses Weizens gehört mir?“

„Leider ja.“

„Aber ich werde mein Land nie zurückbekommen, wenn ich die Schulden nicht bezahlen kann. Und wenn ich Euch mein Drittel als Rückzahlung gebe, habe ich nichts zu essen. Dann muss ich mir noch mehr Geld von Euch leihen oder zusehen, wie meine Familie verhungert. Ich sehe schon, dass aus meinen Oliven und Trauben dieses Jahr auch nicht viel wird."

„Ich verlange ja keine Rückzahlung, mein Freund. Schließlich weiß ich, dass die Dürre nicht deine Schuld ist und du so viel arbeitest, wie du kannst. Ich bin mehr als bereit, dein Darlehen zu verlängern, solange es nötig ist. Vielleicht ist die Ernte im nächsten Jahr besser."

Abba fuhr sich mit den Fingern durch das verschwitzte Haar und schüttelte den Kopf. „Selbst wenn es regnet, wird dieser Schuldenkreislauf immer so weitergehen, wenn Ihr mir Jahr für Jahr zwei Drittel meiner Ernte nehmt. Es gibt keinen Ausweg. Ich werde mein Land nie zurückbekommen. Die Schulden werden immer höher, wenn ich nichts habe, womit ich Euch bezahlen kann." Er wehrte den Becher mit Wasser ab, den Nava ihm hinhielt, und sagte: „Jetzt nicht."

Nava litt mit ihm, während er mit seinen Gefühlen kämpfte. Am liebsten hätte sie Krug und Becher hingestellt und sich an ihn geklammert, aber sie fürchtete, er könnte die Tränen vielleicht nicht zurückhalten, wenn sie das tat. „Ich weiß nicht, was ich sonst tun soll", sagte Abba. Lange standen sie auf der Straße, während die Sommersonne auf sie niederbrannte und die Esel mit dem Schwanz Fliegen verscheuchten.

„Hör zu, mein Freund", sagte der Mann leise. „Es gibt noch einen anderen Weg aus dieser Zwickmühle, für die sich einige der anderen Bauern entschieden haben. Aber ich fürchte, es ist eine Entscheidung, die schmerzen wird."

„Was könnte schmerzlicher sein, als mein Land zu verlieren oder meine Familie verhungern zu sehen?"

Der Mann atmete aus. „Ich würde dafür sorgen, dass deine Familie genug zu essen hat, ohne einen weiteren Kredit zu deinen Schulden hinzuzufügen … aber deine Tochter müsste für mich arbeiten und meine Leibeigene werden."

Der Vorschlag war so unerwartet, so entsetzlich, dass Nava das panische Gefühl hatte, nicht mehr atmen zu können. *Eine Leibeigene?*

„Nein!", rief Abba. „Nein! Niemals! Nehmt mich als Sklaven, aber nicht sie. Nein!"

„Wenn ich dich nähme, wer würde dann dieses Land bestellen und im nächsten Jahr die Ernte einbringen? Verstehst du nicht? Das Land gehört praktisch mir, bis die Hypothek bezahlt ist, also arbeitest du doch schon für mich."

„Dann nehmt einen meiner Söhne. Nicht mein kleines Mädchen. Sie ist zu jung."

„Und wie willst du ohne deine Söhne eine gute Ernte erreichen? Um eurer ganzen Familie willen müssen deine Söhne bleiben und dir bei der Landwirtschaft helfen. Deine Tochter wird gut versorgt sein, das verspreche ich dir. Sie wird eine von mehreren Dienerinnen sein, deren Familien in der gleichen Lage sind wie du und ihre Schulden nicht zurückzahlen können. Eigentlich brauche ich keine weitere Dienerin mehr, aber ich mache dir das Angebot aus Freundlichkeit dir und deiner Familie gegenüber."

Jetzt konnte Nava die Tränen nicht länger zurückhalten. Sie liebte ihre Familie und wollte tun, was sie konnte, um den anderen zu helfen – aber von zu Hause fortgehen und für diesen Mann arbeiten? Seine leibeigene Bedienstete werden? Das war unvorstellbar! Und was war mit Dan, den sie heiraten wollte?

Abba legte einen Arm um Navas Schultern. „Was für eine Freundlichkeit ist das, wenn Ihr mein kleines Mädchen zu Eurer Sklavin macht?", fragte er.

„Glaub mir, ich frage mich, wie ich Familien wie deiner in meinem Bezirk helfen kann. Ich habe mit den Priestern und anderen führenden Männern in Jerusalem gesprochen und sie haben mir versichert, dass diese Lösung in solchen Fällen in der Thora vorgeschrieben ist. Es ist nicht meine Idee. Es ist Gottes Gesetz."

„Und wie lange würde Nava Eure Leibeigene sein müssen?"

„Die Dauer der Dienstzeit ist in der Thora mit sechs Jahren angegeben ..."

„Sechs Jahre!"

„Und nicht länger. Danach ist sie frei, selbst wenn du deine Schuld nicht abbezahlt hast."

Nava schlug sich die Hand vor den Mund, um nicht laut aufzuschreien. Sechs Jahre als Sklavin dieses Mannes? Sechs Jahre, bis

Dan und sie heiraten konnten? Das war ungefähr ein Drittel der Zeit, die sie bereits lebte. Es kam ihr wie eine Ewigkeit vor.

„Und wenn ich dieser Abmachung zustimmen sollte, dann ist mein Land immer noch an Euch verpfändet?“, fragte Abba.

„Ja. Es sei denn, du beschließt, das Land zu verkaufen, um alle deine Schulden zu begleichen.“

„Tu es nicht, Abba“, sagte Nava, unfähig, länger zu schweigen. „Du darfst dein Land nicht verkaufen.“

„Wenn ich es täte, würden wir alle mit Sicherheit verhungern.“

Der reiche Mann hob die Hände und trat einige Schritte zurück. „Hör zu, ich verstehe, wie belastend das sein muss. Du musst dich nicht sofort entscheiden. Besprich es mit deiner Familie. Und rede mit einigen deiner Nachbarn, die vor der gleichen schweren Entscheidung stehen. Ich werde morgen wiederkommen.“ Er stieg auf seinen Esel und ritt mit seinem Sohn auf dem Weg zurück, den er gekommen war.

Abba sah ihm nicht nach. Er schleppte sich zum Feld zurück und nahm wortlos seine Sichel, um sich wieder an die Arbeit zu machen. Nava merkte, dass er nicht mehr mit dem Herzen bei der Sache war. Nur ein kleiner Teil der Ernte gehörte ihm? Es kam ihr so ungerecht vor.

„Was ist passiert? Was hat er gesagt?“, fragte Mama ihn.

Abba schüttelte nur den Kopf. „Wir reden später darüber.“

Den restlichen Vormittag über hatte Nava Zeit, über ihre Lage nachzudenken. Während der Schock langsam nachließ, konnte sie die Tränen nicht zurückhalten, wenn sie daran dachte, dass sie sechs Jahre versklavt sein sollte. Aber was blieb ihrer Familie anderes übrig?

Gegen Mittag wurde die Sonne unerträglich und sie unterbrachen ihre Arbeit, um sich in den Schatten des Granatapfelbaumes zu setzen und eine kleine Mahlzeit zu sich zu nehmen. Mit zögerlicher Stimme erklärte Abba allen, was der Mann zu ihm gesagt hatte. Mama vergrub das Gesicht in den Händen und weinte. Navas Brüder machten ihrer Wut mit lauten Protesten Luft. Abba wirkte am Boden zerstört.

„Ich finde, wir sollten das Angebot des Mannes annehmen“, sagte Nava und versuchte, tapfer zu klingen. „Sag ihm, wenn er morgen wiederkommt, dass ich für ihn arbeiten werde.“

„Nava, nein!"

„Ist schon gut, Abba. Ich will dir und Mama helfen. Und so kannst du dein Land behalten. Wir wollen doch nicht, dass dieser schreckliche, habgierige Mann es bekommt. Es gehört dir. Es hat schon unseren Vorfahren gehört."

„Ich weiß, aber es muss einen anderen Weg geben."

Nava wusste, dass es keinen gab. Am Nachmittag kehrten sie alle aufs Feld zurück und arbeiteten bis Sonnenuntergang. Dann ging Abba den Pfad zum Nachbargrundstück entlang, um mit Dans Vater zu sprechen. Er erlaubte Nava nicht, ihn zu begleiten. Der Abend schien nicht enden zu wollen, bis er schließlich zurückkehrte. Sie hörte, wie er das Tor öffnete und schloss, während Mama und sie die Matratzen ausrollten, um schlafen zu gehen. Nava hatte Angst, ihn zu fragen, was er und Dans Vater besprochen hatten, aber Mama tat es. „Was werden unsere Nachbarn tun? Was hast du entschieden?"

Abba schüttelte den Kopf. Nava sah, dass er schluckte und Mühe hatte, die Fassung zu bewahren, als er antwortete. „Wir haben keine Wahl", sagte er heiser. „Wenn Nava bereit ist zu gehen ..." Wieder schluckte er, während er sich ihr zuwandte. „Wenn du bereit bist, das für uns zu tun ..."

Sie ging zu ihm und umarmte ihn fest. Ihr Herz fühlte sich an, als würde es vor Kummer und Schmerz zerbersten. Die nächsten sechs Jahre würde sie eine Leibeigene sein. Irgendwie brachte sie die Worte heraus: „Natürlich bin ich dazu bereit, Abba." Er erwiderte ihre Umarmung, dann machte er sich von ihr los und gab ihr einen Kuss auf die Stirn, bevor er in die Dunkelheit hinausfloh. Ihre Mutter saß mit bedecktem Gesicht da und schluchzte. Nava hockte sich neben sie und schlang die Arme um sie, während sie gemeinsam weinten.

Der Rest der Nacht war wie ein böser Traum. Dies war das letzte Mal, dass sie in diesem Haus, in diesem Bett schlafen würde. Das letzte Mal, dass sie am Morgen aufstehen und die Sonne über diesem wunderschönen hügeligen Land aufgehen sehen würde, auf dem sie ihr ganzes Leben verbracht hatte. Wie sollte sie es ertragen, Dan Lebewohl zu sagen? Von ihm getrennt zu sein? Würde man ihr in den kommenden Jahren erlauben, ihn oder ihre Familie zu besuchen?

Sie schlief nicht. Irgendwann hatte sie alle Tränen vergossen, ihre Augen brannten vom Weinen und ihr Kopf schmerzte. Als es im Zimmer schon langsam heller wurde, hörte sie ein leises, vertrautes Pfeifen vor ihrem Fenster.

Dan.

Sie kleidete sich schnell an und lief auf Zehenspitzen zu ihm hinaus. Sie hatten immer darauf geachtet, ihre Zuneigung zueinander nicht körperlich zu zeigen, bis sie verheiratet waren – doch Dan zog Nava plötzlich in seine Arme und hielt sie ganz fest. Sie genoss den Moment und das Gefühl seiner starken, schützenden Arme um sie. Am liebsten hätte sie ihn nie wieder losgelassen. „Lass uns weglaufen", flüsterte er. „Ich kann den Gedanken, dass du weggehst, nicht ertragen!"

So sehr Nava sich auch danach sehnte, mit ihm zusammen zu sein, sie wusste, dass sie nicht gemeinsam durchbrennen konnten. „Ich muss meiner Familie helfen, Dan. Abba wird sein Land verlieren, wenn ich es nicht tue. Und dann wird meine Familie verhungern."

Seine Arme drückten sie noch etwas fester, doch dann löste er sich von ihr. „Nava, es gibt etwas, dass der reiche Mann dir und deinem Vater nicht erzählt hat. Ich bin gestern Abend nach Jerusalem gegangen und habe selbst mit den Priestern gesprochen ..."

„Das hättest du nicht tun sollen, Dan! Es ist zu gefährlich, nachts allein unterwegs zu sein!"

„Hör mir zu. Die Thora besagt, dass Malkija dich einem seiner Söhne zur Frau geben kann."

„Aber ich bin doch schon dir versprochen."

„Das wird ihn nicht kümmern. Malkija ben Rechab nimmt sich alles, was er haben will, und niemand kann ihn daran hindern. Außerdem ist es nach dem Gesetz zugelassen. Der Priester hat mir erklärt, dass es sein Recht ist, solange er dich als Schwiegertochter behandelt und nicht als Bedienstete. Er könnte dich sogar selbst heiraten."

„Nein. Allein schon der Gedanke ist furchtbar."

„Du wärest reich, Nava, und hättest schöne Kleider und Dienerinnen."

„Aber ich liebe *dich*. Ich will dich heiraten, egal, wie reich oder arm wir sind. Jemand anderen zu heiraten, das ist … ist … das könnte ich nie!"

Dan zog sie wieder in seine Arme. „Ich werde auf dich warten. Und wenn ich dich nicht heiraten kann, werde ich gar nicht heiraten."

„Dürfen wir einander während der Zeit denn wenigstens besuchen?"

„Die Priester sagen, dass es deinem Herrn überlassen bleibt. Du gehörst ihm. Er trifft die Entscheidungen." Dan umarmte sie zärtlich, dann beugte er sich herunter, um sie zum ersten Mal zu küssen. „Dieser Kuss besiegelt, dass du zu mir gehörst", sagte er, als ihre Lippen sich voneinander lösten. Er hatte Tränen in den Augen und auf den Wangen. „Vergiss mich nicht, Nava."

„Dan, warte ..." Aber er wandte sich von ihr ab und sie sah zu, wie er über die Felder nach Hause rannte, als könnte er es nicht ertragen, noch einmal zurückzublicken. Nava sank auf den Boden und weinte leise, so unerträglich waren ihr Kummer und ihre Trauer. Als die Sterne verblassten und der Himmel im Osten heller wurde, hörte sie, wie ihre Familie sich im Haus regte. Nava stand auf und wischte ihre Augen trocken. Wenn ihre Eltern sie weinen sahen, würde es ihnen noch schwerer fallen, sie gehen zu lassen. Ihretwegen musste sie stark sein.

Das Frühstück brachte sie nicht hinunter, so schlecht war ihr vor Angst. Noch bevor ihre Familie mit den Sicheln aufs Feld zurückkehren konnte, erschien Malkijas Sohn. „Mein Vater will wissen, ob du eine Entscheidung getroffen hast", sagte er. Wieder machte er sich nicht die Mühe abzusteigen. Er würde Nava mitnehmen, so wie er ihre Ziegen mitgenommen hatte.

„Meine Tochter hat eingewilligt, Eure Leibeigene zu werden", sagte Abba mit heiserer Stimme. „Aber wenn ich eine Wahl hätte ..." Er fing an zu weinen und konnte den Satz nicht beenden. Nava hatte ihren Vater noch nie weinen sehen. Sie ging zu ihm und umarmte ihn.

„Es ist gut, Abba. Alles wird gut." Sie umarmte auch ihre Mutter, dann nahm sie den Beutel mit ihren wenigen Habseligkeiten. Ihre Sandalen waren wieder auseinandergefallen, deshalb würde sie barfuß gehen müssen, bis sie repariert waren. Als sie zu Malkijas Sohn aufblickte, um ihm zu sagen, dass sie bereit war, sah sie, wie er sie von Kopf bis Fuß musterte. In diesem Moment musste sie wieder daran denken, was Dan gesagt hatte. Vor Angst drehte sich ihr der Magen um. Ihre neuen Herren hatten das Recht, sie zur Frau zu nehmen. Sie hob das Kinn, weil sie ihre Familie nicht ihre Angst sehen lassen wollte. Dann folgte sie dem Esel, als dieser den Weg einschlug, auf dem er gekommen war. Sie war noch nie von ihrer Familie getrennt gewesen, keine einzige Nacht, und sie konnte sich nicht vorstellen, wie es sein würde, ohne sie zu leben. Und ohne Dan.

Warum half der Allmächtige ihnen nicht? Warum erhörte er ihre Gebete um Regen nicht? Sie waren doch sein Volk und dies war sein Land. Abba hatte Babylon verlassen, damit sie alle hier leben und Gott in Jerusalem dienen konnten. Warum ließ er sie jetzt so leiden?

Der Sommertag brach schon in den frühen Morgenstunden viel zu heiß an. Die Lehmstraße war warm unter Navas nackten Füßen, als sie dem dahintrottenden Esel folgte. Sie wagte nicht, sich umzusehen.

8

Samaria, Hauptstadt des Landes jenseits des Flusses

Nehemia stand im Thronsaal von Statthalter Sanballat und ließ die einleitenden Formalitäten und offiziellen Vorstellungen über sich ergehen. Er hatte diesen Prozess in König Artaxerxes' Thronsaal schon unzählige Male miterlebt und verstand, warum das Ritual nötig war, aber trotzdem zehrte es an seiner Geduld. Wie Kinder, die auf der Straße spielen und die Kräfte miteinander messen, würden die versammelten Männer ihre Verbündeten wählen und ihre Feinde taxieren.

„Statthalter Sanballat. Danke, dass du dieses Treffen ermöglicht hast", sagte Nehemia, als er an der Reihe war. Er achtete darauf, den samaritanischen Beamten als ebenbürtiges Gegenüber anzusprechen und in Haltung und Ausdruck keine Unterwürfigkeit zu zeigen. „Und ich danke dir für deine großzügige Gastfreundschaft, die du uns hier in deinem Palast erweist." Er benutzte das Wort *Palast* in dem Bemühen, dem Statthalter zu schmeicheln, aber dieses Gebäude hatte kaum Ähnlichkeit mit den persischen Palästen, in denen er als Mundschenk gedient hatte. Der Raum war nur eine schäbige Kopie einer persischen Versammlungshalle, mit Zedernholz vertäfelt und mit Vorhängen und Teppichen gewärmt. Aber die Stoffe sahen so abgenutzt und verblichen aus, als hätten persische Könige sie ein Dutzend Jahre lang gebraucht und dann entsorgt. Der gesamte Eindruck erinnerte Nehemia an eine alternde Dame der feinen Gesellschaft, die Mühe hatte, den Schein zu wahren, nachdem sie verarmt war. Vom ersten Augenblick an, als er Sanballats Palast betreten hatte, war Nehemia damit beschäftigt gewesen, das

Gebäude unter Sicherheitsaspekten zu begutachten. Er stellte überrascht fest, dass es keinerlei Prüfung standhielt. Ein entschlossener Feind konnte Dutzende Wege finden, die Sicherheitsvorkehrungen zu umgehen und den Statthalter zu ermorden.

Nehemia wandte sich den anderen versammelten Anführern zu und auch ihnen zollte er Respekt, ohne unterwürfig zu sein. „Und es ist sehr entgegenkommend von euch allen, so kurzfristig hier zu erscheinen. Als neuer Statthalter der Provinz Juda ist es ungemein wichtig für mich, meine Amtskollegen kennenzulernen." Am liebsten wäre er direkt nach Jerusalem gereist, um die Sicherheitslücken der Stadt zu untersuchen, aber seine Erfahrung in Politik und Etikette hatte ihn gelehrt, dass er zuerst den Statthaltern der anderen Provinzen einen offiziellen Besuch abstatten musste, um seine Ernennung zu Judas neuem Regenten nachzuweisen und seine rechtmäßige Autorität zu etablieren. Einige Tage, bevor er Damaskus erreicht hatte, hatte er Boten nach Samaria geschickt, die seine Ankunft ankündigen und dieses Treffen mit Judas Nachbarn arrangieren sollten. Jetzt musterte er jeden der anwesenden Männer aufmerksam – die Herrscher der Ammoniter, Edomiter, Aschdoditer, Samaritaner und der arabischen Stämme. Abgesehen von den Samaritanern, die zum Teil vor mehr als zweihundert Jahren von den siegreichen Assyrern im Gelobten Land angesiedelt worden waren, handelte es sich bei diesen Nachbarn um die historischen Feinde seines Volkes. Nehemia hatte keinen Grund zu glauben, dass sich an der feindseligen Haltung irgendetwas geändert hatte. Die heutige Begegnung würde die Willenskraft und Stärke aller Beteiligten auf die Probe stellen.

„Ich bringe euch allen Grüße von König Artaxerxes' Hof", fuhr er fort, „und den ernsthaften Wunsch des Königs, dass wir zum Wohle seines Reiches und der Menschen, die wir regieren, zusammenarbeiten." Nehemia hatte sich die langen Vorstellungen seiner Kollegen angehört in dem Wissen, dass diese Männer in der Lage waren, seine Arbeit zu befördern oder zu behindern. Sanballat, der Anführer der Samaritaner an der Nordgrenze zu Juda, leitete diese Versammlung und die anderen ließen ihm den Vortritt. Er war der älteste der anwesenden Beamten und wirkte auf Nehemia wie ein erfahrener Politiker – schlau, doppelzüngig und entschlossen, nichts von seiner Macht als Herrscher der Provinz, die als „Land jenseits des Flusses“ bekannt war, aufzugeben. Der große, bartlose, korpulente Mann saß auf seinem Thron, die Hände auf dem vorgewölbten Bauch. Sanballats aufwendige Gewänder, die mit purpurnen Säumen und goldenen Kordeln besetzt waren, sahen viel zu warm aus, um sie an einem Sommertag zu tragen. So war eine ganze Reihe von Dienern mit Fächern aus Palmzweigen nötig, um ihn zu kühlen.

„Du bist also der neue Statthalter von Juda?“, sagte Sanballat, als die einleitenden Reden gehalten waren. Nehemia entdeckte einen amüsierten Tonfall in seiner Stimme.

„Ja, der persische Herrscher Artaxerxes hat mich dazu ernannt. Hier sind die Briefe, die er schickt, um meine Ernennung bekannt zu machen.“ Er reichte den Erlass des Königs herum und beobachtete, wie die anderen Anführer reagierten. Der Ammoniter Tobija stand dem Gebiet östlich von Juda, auf der anderen Seite des Jordans, vor. Damit war er Judas nächster Nachbar. Er warf nur einen flüchtigen Blick auf den Brief und gab ihn dann weiter. Tobija war ein beliebter jüdischer Name mit der Bedeutung „der Herr ist gut“. Er sah mit seinem traditionellen Bart, der Kopfbedeckung und den Tasseln an seinem Gewand aus wie ein Jude. Nehemia fragte sich, wie er der Anführer der langjährigen Feinde Israels, der Ammoniter, geworden war, die von Abrahams Neffen Lot abstammten. Tobija war ruhig und selbstbeherrscht und nicht leicht zu durchschauen. Nichts an ihm stach ins Auge, weder Größe noch Gewicht noch seine Gesichtszüge oder Kleidung, so als wollte er sich unter die Menge mischen und keine Aufmerksamkeit auf sich lenken.

Geschem, der Herrscher der vereinigten arabischen Stämme an Judas Südgrenze, schenkte Nehemias Brief noch weniger Beachtung und reichte ihn seinem Gehilfen, damit er ihn las. Geschem herrschte über eine arabische Konföderation, die sich von Ägypten und Arabien bis zum Südrand Judas erstreckte, und genoss so einen Sonderstatus unter dem persischen König. Er war jährlicher Gast bei Hofe. Nehemia erinnerte sich an den bärtigen, dunkelhäutigen Häuptling in seinem fließenden weißen Gewand und der *Kufiya* und hoffte, Geschem würde in ihm nicht den ehemaligen Mundschenk wiedererkennen.

Der edomitische Anführer, dessen Territorium ebenfalls im Süden an die Provinz Juda grenzte, schien Geschem nachzueifern. Nur der Statthalter von Ashdod, im Westen Judas, zeigte Interesse und studierte den Erlass. Diese Männer waren erfahrene Politiker und Nehemia nicht. Aber seine Jahre als Bediensteter an der Seite des Herrschers hatten ihn viel gelehrt, auch wenn er dem König nur den Wein serviert hatte. Vor allem war Nehemia bewusst, dass seine Berufung letzten Endes vom Allmächtigen selbst stammte. Das allein gab ihm den Mut, diesen Männern gegenüberzutreten. Die Hand des Herrn lag auf ihm.

„Ich finde es merkwürdig", sagte Sanballat, während er an einem seiner funkelnden Ringe drehte, „dass wir keine Beschwerden von den persischen Behörden darüber gehört haben, wie ich die jüdischen Gebiete geführt habe, seit euer letzter Statthalter sich zur Ruhe gesetzt hat. Was also ist der Grund dafür, dass man dich geschickt hat?"

Nehemia hatte diese Frage vorhergesehen und ließ sich dadurch nicht aus der Ruhe bringen. „Ich kann nicht behaupten, dass ich die Gedanken des Königs lesen kann. Aber wie der Brief besagt, werde ich von jetzt an die Führung der Provinz übernehmen. Und falls es Fragen in Bezug auf die Echtheit des Briefes geben sollte, ist meine Autorität an der offiziellen persischen Militäreskorte, die mich begleitet hat, deutlich zu erkennen."

Sanballat lächelte kalt. „Niemand hat deine Ernennung bezweifelt. Du brauchst dich also nicht zu entschuldigen."

„Ich erinnere mich nicht daran, um Entschuldigung gebeten zu haben."

„Ich glaube, ich spreche für die anderen ebenso wie für mich selbst", fuhr Sanballat fort, „wenn ich frage, warum König Artaxerxes plötzlich beschlossen hat, dass überhaupt ein Statthalter gebraucht wird. Juda ist ein winziges, unwichtiges Gebiet von geringer wirtschaftlicher Bedeutung."

Nehemia wusste, dass der Samaritaner ihn provozieren wollte, und versuchte, seine Autorität zu schmälern, indem er das jüdische Volk entwertete. Er hatte solche Winkelzüge gelegentlich bei persischen Höflingen beobachtet und wusste, dass er nicht die Beherrschung verlieren durfte. „Da du Juda für so unbedeutend hältst, nehme ich dir gerne die Last ab, es zu regieren."

Sanballat ignorierte Nehemias Bemerkung und sprach weiter. „Vielleicht gibt es schwelende politische oder religiöse Unruhen in Juda, von denen ich nichts wusste. Du bist Jude und ich bin es natürlich nicht. Wurdest du gesandt, um die Gemüter zu beruhigen? Um Unruhestifter auszuschalten?“

„Du weißt sicher viel mehr über schwelende Unruhen als ich. Ich habe Jerusalem noch nicht einmal gesehen und ich habe auch noch nicht mit dem jüdischen Rat und den Priestern gesprochen.“

Tobija, der Ammoniter, übernahm mit einem Mal das Verhör. „Wie du habe auch ich jüdische Vorfahren. Als die babylonische Armee deine Vorväter ins Exil verschleppte, wurde meinen die Strafe erlassen und sie durften in unserem Land zurückbleiben. Während der Allmächtige meiner Familie half zu wachsen und zu gedeihen und sich in der Provinz auszubreiten, kamen wir den belagerten Ammonitern zu Hilfe, die von uns Führung und Orientierung erwarteten. Während du im Exil warst, habe ich eine gute Beziehung zum Volk der Ammoniter aufgebaut. Wir leben zusammen, feiern gemeinsam Gottesdienst und gehen Ehen und Geschäftsbeziehungen miteinander ein.“

Nehemia hatte Mühe, nicht auf Tobijas herablassenden Tonfall zu reagieren – oder auf die Andeutung, seine Vorfahren seien verdienstvoller als die von Nehemia. Was auch immer Tobija sonst glaubte, er befolgte nicht die Thora, wenn er Mischehen mit Ammonitern befürwortete.

„Wir wissen beide“, fuhr Tobija fort, „dass die Judäer auf eine lange Geschichte der Rebellion gegen politische Autoritäten zurückblicken. Die Fanatiker unter ihnen verehren nur den Heiligen und akzeptieren keinen König außer einem Nachkommen von König David. Sie warten auf einen Messias, der sie von den Fesseln der heidnischen Nationen befreit. Vielleicht bist du ja gekommen, um diese Rolle zu erfüllen, Statthalter Nehemia?“

Wieder achtete Nehemia sehr darauf, nicht auf die provozierende Frage zu reagieren. „Wenn ich der verheißene Messias bin, dann hat mir das bislang niemand kundgetan. Die Ernennungsurkunde, die ich mit mir führe, trägt das Siegel des persischen Herrschers, nicht das des Heiligen.“ Er war diese Spielchen leid und wollte endlich die letzten sechzig Meilen seiner Reise nach Jerusalem zurücklegen.

Aber er wagte nicht, irgendeine Schwäche oder Müdigkeit zu zeigen.

Als Nächster übernahm der Araber Geschem die Befragung und begann mit einem ausschweifenden Vortrag über Handelsrouten und Tarifvereinbarungen, um klarzumachen, dass er ein Monopol in der Gewürzbranche hatte. Da er von der Reise müde war, hatte Nehemia Mühe, ihm zu folgen. Wollte Geschem ihm drohen oder war er auf Bestechungsgelder aus? So oder so wagte Nehemia es nicht zu reagieren. Geschem hatte offensichtlich nicht die Absicht, die Kontrolle über diese lukrativen Handelswege aufzugeben – schon gar nicht an einen gerade erst aus der Ferne eingetroffenen Juden.

„Wenn ich mich mit meinen Bezirksvorstehern besprochen habe", sagte Nehemia, als Geschem endlich seine Rede beendet hatte, „bist du zu einem Staatsbesuch willkommen, um Handelsbeziehungen zu besprechen. Aber ich kann dir nicht versprechen, dass die alten Vereinbarungen unverändert bleiben werden. Als Statthalter ist es meine Pflicht, Entscheidungen zu treffen, die dem Wohl meines Volkes dienen, auch wenn sie nicht der Politik der Vergangenheit entsprechen." Geschem antwortete nicht, aber seine Unzufriedenheit war an seinem düsteren Blick zu erkennen, bevor er den Kopf zur Seite drehte, um seine Miene zu verbergen.

„Ich bin neugierig, Nehemia", sagte Sanballat und zog das Gespräch damit wieder an sich, „was genau deine vorige Führungsposition in Susa war. Welche Erfahrung bringst du in unsere Region ein?"

Nehemia formulierte seine Antwort vorsichtig, um nicht zu lügen. „Ich habe dem persischen Herrscher in den vergangenen zehn Jahren persönlich in seiner königlichen Zitadelle in Susa gedient. Dort hatte ich eine höchst vertrauensvolle Stellung inne. König Artaxerxes ist ein weiser und scharfsinniger Herrscher und hätte mich nie zum Statthalter von Juda ernannt, wenn er nicht sicher wäre, dass ich sowohl die Erfahrung als auch die Fähigkeit habe, mein Volk zu führen."

Sanballat stieß ein höhnisches Lachen aus, das seinen umfangreichen Bauch erzittern ließ. „Hör zu, Nehemia, ich glaube, du wirst feststellen, dass das Leben in Juda sich sehr von dem unterscheidet, was du aus Susa gewohnt bist. Du hast in der königlichen Zitadelle gelebt – sieh an! Du musst noch eine Menge darüber lernen, wie wir hier jenseits des Flusses die Dinge regeln. Aber du brauchst deine Amtszeit als Statthalter nicht in völliger Unwissenheit zu beginnen. Meine Berater haben sehr viel Erfahrung und sind gerne bereit, dir zu erklären, wie die Dinge in deinem neuen kleinen Reich laufen. Warum bleibst du nicht einige Tage und lässt dich von ihnen einarbeiten?"

Nehemia musste all seine Beherrschung zusammennehmen, um nicht auf Sanballats herablassende Art oder das Grinsen in seinem Gesicht zu reagieren. „Danke, aber das ist nicht nötig. Du hast selbst gesagt, dass mein kleines Gebiet winzig und unbedeutend ist. Ich bin sicher, ich werde alles, was ich wissen muss, sehr schnell lernen."

„Wie du willst", sagte er achselzuckend. „Aber bleib wenigstens hier, um unsere Gastfreundschaft eine Zeit lang zu genießen. Ich bin überzeugt, in Jerusalem werden die Bedingungen sehr viel rauer sein als hier in Samarien. Vor allem im Vergleich zu Susa."

„Bitte halte mich nicht für unhöflich oder undankbar. Gerne komme ich nach Samarien zurück und nehme dein Angebot der Gastfreundschaft zu einem späteren Zeitpunkt an. Aber du wirst verstehen, dass ich mehr als tausend Meilen gereist bin und gerne mein Ziel erreichen möchte, bevor ich ausruhe."

„Ein anderes Mal dann?"

„Sicher. Ein anderes Mal."

Tobija sah zu, wie Judas neuer Statthalter durch die Tür verschwand, und fragte sich, ob mit diesem Mann auch all seine persönliche eifrige Arbeit und seine politischen Ambitionen im Nichts verschwinden würden. Ohne Vorwarnung war dieser Emporkömmling erschienen und drohte Tobijas sorgfältig vorbereitete politische Strategien und sein Beziehungsnetzwerk, das er sich in langen Jahren in Jerusalem aufgebaut hatte, zunichtezumachen. Tobijas Hände schmerzten, so fest hatte er sie zu Fäusten geballt. Sein Kopf hämmerte, weil er die ganze Zeit die Zähne zusammengebissen hatte, aber er würde weder Sanballat noch irgendeinem anderen zeigen, wie verzweifelt er war. Der samaritanische Statthalter würde wissen wollen, was mit ihm los war, aber Tobija wollte seine lange gehegten Pläne, Juda und Jerusalem seiner ammonitischen Provinz einzuverleiben, nicht offenlegen.

Nach der Versammlung stand Tobija auf dem Hof vor Sanballats Thronsaal und wartete darauf, dass seine Bediensteten ihre Vorbereitungen für die Rückkehr nach Hause beendeten. Da kam einer von Sanballats Dienern auf ihn zu. „Der Statthalter würde dich gerne in seinen Privatgemächern sprechen." Der Diener sprach leise, so dass keiner der anderen Provinzverwalter ihn hören konnte.

„Jetzt?", fragte Tobija.

„Ja, Herr. Bitte folge mir."

Tobija wünschte, er hätte mehr Zeit gehabt, um nach der Begegnung mit Nehemia seine Fassung wiederzugewinnen. Doch wenn er diese Bitte ausschlug, würde das zu viele Fragen aufwerfen. Also folgte er dem Diener zu Sanballats privaten Räumen, wo der Samaritaner und Geschem, der Araber, bereits auf ihn warteten. Das Zimmer war mit gepolsterten Sitzen ausgestattet und auf einem Tisch befanden sich Krüge mit Wasser und Wein sowie Schalen mit Trauben und Datteln. Aber keiner der Männer setzte sich oder aß. Tobija arbeitete seit Jahren eng mit diesen mächtigen Männern zusammen und sah sofort, dass sie von diesem neuen jüdischen Anführer ebenso beunruhigt waren wie er selbst. „Was haltet ihr von Judas neuem Statthalter?", fragte er die anderen beiden.

Sanballat drehte an einem seiner schweren Ringe, die er an den Fingern trug, ein sicheres Zeichen für sein Unbehagen. „Ich finde, Nehemia ist ein Mann, den man schwer einschätzen kann. Keine Anzeichen von eitlem Stolz oder Jähzorn, selbst wenn er provoziert wird. Ich glaube, er wird nicht leicht einzuschüchtern sein."

„Und möglicherweise noch schwerer zu bestechen", fügte Geschem hinzu. Der arabische Anführer schritt am Fenster auf und ab, wobei sein langes Gewand über den abgewetzten Teppich schleifte und seine Kufiya sein Gesicht mit dem dunklen Teint verbarg.

„Jeder hat eine Schwäche", sagte Sanballat, während er seinen Ring abzog und wieder aufsteckte. „Wir kennen Nehemias Schwächen nur noch nicht. Wir überlassen ihm eine gewisse Kontrolle, damit er denkt, er hätte das Sagen ..."

„Es geht nicht darum, ihm die Kontrolle zu *überlassen*", sagte Tobija. „Ihr habt den Erlass, den er bei sich hat, doch gesehen. Er stammt vom König selbst. Nehemia *hat* die Kontrolle über Juda – und das weiß er auch!"

„Ich finde es beunruhigend, dass jemand gekommen ist, um für das Wohl der Juden einzutreten", sagte Geschem. „Sie sind viel leichter zu handhaben, wenn sie führerlos und niedergeschlagen sind."

„Ja, das macht mir auch Sorgen", stimmte Sanballat zu. „Wir haben viel getan, um sie unterwürfig zu halten. Die Tatsache, dass sie jetzt einen Anwalt haben, gefällt mir gar nicht. Und dazu noch einen klugen, wie es scheint."

„Er ist nicht nur der Fürsprecher der Juden", fügte Geschem hinzu, „sondern er behauptet, eng mit dem persischen Herrscher zusammengearbeitet zu haben. Ich war in Susa, aber an diesen Mann kann ich mich nicht erinnern."

„Findet ihr es nicht merkwürdig, dass er so jung ist?", fragte Tobija. „Oder dass er die Haltung und Figur eines Soldaten hat anstatt die eines Diplomaten?"

„Ich will wissen, was er vorhat", sagte Sanballat. „Ich glaube, er ist gefährlich."

„Die ganze Situation ist gefährlich", nickte Tobija. „Seit der letzte Statthalter sich zur Ruhe gesetzt hat, haben wir ein gutes Kräftegleichgewicht hergestellt. Wir haben die Juden im Griff. Sie leben in einem Zustand der Angst und wir können schön von ihnen profitieren."

„Als Statthalter im Land jenseits des Flusses", sagte Sanballat, „habe ich immer noch großen Einfluss. Und ich werde nicht zulassen, dass sich daran etwas ändert. Nehemia wird lernen, sich meiner Autorität unterzuordnen, sonst wird es ihm leidtun."

„Deiner *Autorität*?" Allmählich verlor Tobija die Beherrschung. „Was ist mit dem Erlass des Königs? Er war mit seinem Ring versiegelt. Nehemia ist von jetzt an der Statthalter von Juda, nicht du." Und auch nicht Tobija oder sein Sohn Johanan, den er dazu ausgebildet hatte, um mit ihm zusammen zu regieren. Tobija hatte eigentlich vorgehabt, sich selbst als Retter der Juden zu inszenieren und am Regierungssitz in Jerusalem zu wohnen. Er hatte die Erfahrung und die politischen und religiösen Beziehungen.

Sanballat setzte sich und nahm eine Traube mit Weinbeeren vom Teller. Betont gelassen pflückte er eine nach der anderen ab und schob sie sich in den Mund. „Das spielt keine Rolle. Nehemia kann nicht viel tun, um die Lage der Juden zu ändern. Er wird schon bald merken, dass es sinnvoll ist, mit mir zusammenzuarbeiten – und dass es sehr schmerzlich wird, wenn er es nicht tut. Trotzdem: Bis er das begriffen hat, dürfen wir ihn keinen Moment aus den Augen lassen."

„Was willst du tun, um ihn und seine Aktivitäten im Blick zu behalten?", fragte Geschem. Der Anführer der arabischen Konföderation hatte die Stirn gerunzelt und wirkte kampfeslustig. Tobija wusste, dass es sich lohnte, ihn zum Verbündeten zu haben.

„Ich habe Augen und Ohren in Jerusalem", sagte Sanballat. „Der Enkel des Hohepriesters ist mit meiner Tochter verheiratet. Ihr könnt euch darauf verlassen, dass ich alle Aktivitäten der religiösen Anführer überwache."

„Und mein Sohn Johanan lebt in Jerusalem", fügte Tobija hinzu. „Sein Schwiegervater, ein Mann namens Meschullam, hat einen Sitz im Rat. Sie berichten mir alles, was bei den Ratsversammlungen besprochen wird. Glaubt mir, einige der führenden Männer auf Bezirksebene werden genauso wenig davon halten wie wir, dass ein Außenseiter die Führung übernimmt."

„Mehr noch", ergänzte Sanballat, während er Wein aus dem Krug in einen Becher goss, „meine Heimatstadt Beth Horon liegt nur wenige Meilen nördlich von Jerusalem an einer der Hauptstraßen in die Stadt. Auch dort habe ich Augen und Ohren. Kommt, meine Herren, setzen wir uns und stoßen wir auf unseren fortdauernden Wohlstand an. Entweder wir werden diesen Neuankömmling Nehemia auf unsere Seite ziehen oder wir werden dafür sorgen, dass alles, was er anfängt, zum Scheitern verurteilt ist."

Tobija lehnte den angebotenen Becher ab, weil er wusste, dass der Wein ihm schwer im Magen liegen würde. „Ich will den wahren Grund wissen, warum er ernannt wurde. Judas letzter Statthalter, Esra, war in erster Linie ein religiöser Führer und er hat mit seinem Verbot von Mischehen Verwirrung und Unheil in meinem Volk angerichtet."

„In meinem auch", sagte Sanballat. „Aber diesmal sagt der Erlass des Königs nichts über religiöse Reformen."

„Aber warum schickt er dann einen politischen Anführer? Und wieso jetzt?“, fragte Tobija.

„Das ist die große Frage.“ Sanballat trank einen Schluck Wein und stellte den Becher ab. „Aber wenn Nehemia in einer höchst vertrauenswürdigen Stellung so eng mit König Artaxerxes zusammengearbeitet hätte, wie er es behauptet – warum ist er dann in ein so entlegenes, unterentwickeltes Gebiet geschickt worden? Das ergibt keinen Sinn.“

Noch lange nach Beendigung des privaten Treffens, als Tobija wieder zu seinem Wohnort am anderen Ufer des Jordans zurückgekehrt war, machte er sich Gedanken über Nehemias eigentlichen Plan. Als er seine Ängste nicht länger beschwichtigen konnte, rief er seine engsten Mitarbeiter in seine Räumlichkeiten und vertraute sich ihnen an. „Geht nach Jerusalem zu meinem Sohn Johanan und sagt ihm, dass ich genau wissen muss, warum Nehemia hier ist. Was hat er vor? Warum ist er gekommen? Folgt dem Mann Tag und Nacht und kommt erst wieder, wenn ihr Antworten habt.“

9

Im Bezirk Bet-Kerem:
„Das ist das Haus meines Vaters dort drüben."

Nava blickte von der staubigen Straße auf und sah, dass der Sohn ihres neuen Herrn auf eine Ansammlung stattlicher Steingebäude zeigte, die vor ihnen auf dem Hügel aufragten. Er hatte unterwegs kein Wort gesprochen und auch nicht angehalten oder den gleichmäßigen Trott des Esels verlangsamt, um ihr eine Pause zu gönnen. Aber jetzt blieb Nava mitten auf der Straße stehen und starrte das Gut an, in dem sie die nächsten sechs Jahre verbringen würde. Eine hohe Steinmauer umgab Haus und Stallungen. Terrassenförmig angelegte Weinberge, von Aussichtstürmen bewacht, bedeckten die Hänge. Dutzende Arbeiter brachten auf dem Feld jenseits der Straße die Weizenernte ein. Nava fragte sich, ob man sie auch hierherschicken würde, um mit ihnen zu arbeiten. Sie sah einen Olivenhain, Gemüsegärten, Obstbäume und Weiden. Beim Anblick all dieser Ländereien lief ihr ein Schauer über den Rücken. Warum brauchte Malkija Abbas Farm oder seine Weizenernte, wenn er das alles hier schon besaß?

Der Sohn ihres Herrn hatte nicht angehalten und Nava musste sich beeilen, um ihn einzuholen. Als sie schließlich an einen der Eingänge zu dem eingezäunten Grundstück kamen, war Nava vom steilen Aufstieg ganz außer Atem. Ein Diener eilte ihnen entgegen, um dem Sohn seines Herrn beim Absteigen zu helfen, und führte dann den Esel fort. „Komm mit. Hier entlang", sagte Malkijas Sohn mit einer ungeduldigen Geste. Nava folgte ihm durch ein Labyrinth aus Gebäuden und Höfen, das ganz und gar von den Steinmauern umgeben war. Es gab Ställe für die Tiere, Wohnräume für ihre neuen Herren und ihre Arbeiter, Freiflächen, auf denen Bedienstete die unterschiedlichsten Aufgaben erledigten, mit Heu gefüllte Scheunen und Lagerhäuser, in denen sich Tonbehälter stapelten. Sie entdeckte eine Weinpresse und eine Olivenpresse. Nava beeilte sich, um mit ihrem jungen Herrn Schritt zu halten, der sie durch einen großen Küchenhof mit Öfen und Herden führte und dann in den Freiluftessbereich mit einem Dach aus Spalieren, das mit blühenden Weinstöcken bedeckt war. Konnte der Palast eines Königs herrlicher sein als dies? Sie blickte sich staunend um und wäre beinahe gegen den Rücken des Sohnes geprallt, als dieser abrupt anhielt. Ihr neuer Herr, Malkija ben Rechab, kam heraus und blieb in seinem makellosen weißen Gewand mit verschränkten Armen unter dem Spalierdach stehen.

„Hier ist deine neue Leibeigene, Vater", sagte sein Sohn.

„Danke, Aaron." Malkija musterte Nava, während Aaron im Haus hinter ihm verschwand. Navas Mund fühlte sich unter seinem prüfenden Blick ganz ausgetrocknet an. „Sag mir, wie du heißt", sagte er schließlich.

„Nava."

„Du bist sehr jung."

„Ich bin beinahe siebzehn, Herr." Sie musste unwillkürlich zittern und stellte bestürzt fest, dass dieses Zittern in ihrer Stimme zu hören war.

„Ich vermute, du hast nicht viel Erfahrung damit, in einem Haus zu arbeiten, das so groß und üppig ausgestattet ist wie dieses."

Sie starrte ihn an, zu schockiert, um etwas zu erwidern. Wollte er sie beschämen, weil ihre Familie arm war? Weil sie barfuß und in Lumpen hier angekommen war? Sie hätte ihn am liebsten angebrüllt und ihm gesagt, wie glücklich sie zu Hause gewesen war. Dass es in den bescheidenen vier Wänden ihrer Familie Lachen und Liebe gab und dass diese Dinge im Vergleich zu Gold und anderen Annehmlichkeiten viel mehr wert waren. Aber dann lächelte er, ein schiefes Lächeln, das nur einen Mundwinkel nach oben zog. Überrascht entdeckte sie Güte in seinen Augen. „Du brauchst keine Angst zu haben, Nava. Ich überlege nur, was du hier am besten tun kannst. Welche Arbeiten erledigst du gerne?"

Sie holte tief Luft und atmete langsam wieder aus, um sich zu beruhigen. „Ich habe mich um Abbas Ziegen gekümmert, aber sie gehören jetzt Euch. Ich habe sie jeden Tag gemolken und Joghurt und Käse hergestellt."

Wieder lächelte er. „Dann wirst du das hier auch tun. Penina hat in meiner Küche das Sagen und Schimon hütet meine Ziegen. Du wirst ihnen unterstellt sein und musst jede Arbeit verrichten, die sie von dir verlangen. Verstanden?"

„Ja, Herr."

„Gut. Geh dort drüben durch das Tor, dann findest du Penina im Küchenhof. Sag ihr, ich hätte gesagt, sie soll dir dein Bett zeigen."

„Ja, Herr."

Nava überquerte den Hof mit weichen Knien. Als sie sich dem Tor näherte und eine Frau auf der anderen Seite der Mauer rufen hörte, schlug ihr Herz schneller. „Du hast das Feuer zu heiß werden lassen, du Dummkopf! Habe ich nicht gesagt, dass du aufpassen sollst, wenn du Holz auflegst? Jetzt hast du das Brot des Herrn anbrennen lassen und sein Essen verschwendet! Dieses Brot bekommst du heute Abend und morgen und übermorgen zu essen, ob verbrannt oder nicht!"

Nava schlüpfte durch das Tor in einen riesigen Küchenhof, der doppelt so groß war wie das ganze Haus ihrer Familie. Bedienstete wuschen und hackten an hölzernen Tischen Gemüse oder lasen Linsen und Bohnen aus. Eine Magd mahlte mit einer Handmühle Getreide zu Mehl, eine andere knetete Teig. Die Hitze vom Herd und vom Tonofen schlug Nava quer über den Hof entgegen und sie roch das verbrannte Brot. Über das ganze geschäftige Treiben herrschte die Frau, die zuvor geschimpft hatte. Das musste Penina sein. Ihre Stimme war so laut, dass Nava eine viel größere Frau erwartet hatte, aber Penina war zierlich und dünn wie ein Vögelchen. Sie erinnerte Nava an die kleinen Steinschmätzer, die in Abbas Obstbäumen nisteten. Penina beendete ihre Schimpftirade, indem sie dem unglückseligen Küchenjungen eine Ohrfeige versetzte, die ihn zusammenzucken ließ.

Nava hatte Angst, sich zu rühren oder etwas zu sagen. Sie schloss das Tor hinter sich und ging einige Schritte weiter. Dann wartete sie darauf, dass Penina sich umwandte und sie bemerkte. „Wer bist du denn?“, fragte Penina, als sie Nava schließlich entdeckte.

„Ich heiße Nava. Ich bin heute erst angekommen. Mein Herr hat mich zu dir geschickt.“

„Nicht *noch* eine!“ Sie schnalzte mit der Zunge und schüttelte den Kopf. „Wozu hat er dich hergeschickt? Ich hoffe, du weißt, wie man arbeitet, ich habe nämlich keine Zeit, es dir beizubringen.“

Nava konnte kaum schlucken, so groß war der Kloß in ihrer Kehle. „Herr Malkija sagt, ich soll helfen, mich um die Ziegen zu kümmern. Ich weiß, wie man sie melkt und Käse und Joghurt aus der Milch macht. Und er sagt, wenn ich fertig bin, soll ich dir helfen.“ Entsetzt stellte Nava fest, dass ihr die Tränen kamen. Sie fürchtete, Penina könnte sie anschreien, weil sie weinte. Doch stattdessen wurde die Miene der kleinen Frau sanfter, als sie Nava musterte und ihre zerrissenen Kleider und die nackten Füße bemerkte.

„Zum ersten Mal von zu Hause fort, was?“ Nava konnte nur nicken, während die Tränen über ihr staubiges Gesicht liefen. „Wenn du fleißig bist und tust, was man dir sagt, wirst du gut zurechtkommen … Rachel!“ Sie rief eine hübsche, dunkelhaarige Frau, die gerade Zwiebeln hackte.

Die Frau legte das Messer fort und eilte herüber. „Hier bin ich.“

„Zeig Nava, wo sie ihre Sachen hintun kann. Sie wird neben dir schlafen. Und dann bring sie zum Ziegenstall, damit sie Schimon kennenlernt.“ Nava machte Anstalten, Rachel zu folgen. „Warte!“, rief Penina. „Wo sind deine Schuhe?“

„Hier drin“, sagte sie und hielt ihren Beutel hoch. „Der Riemen reißt immer wieder. Ich könnte sie reparieren, wenn ich ein Stück Leder hätte.“

„Wenn der Stalljunge mit dem Stroh für dein Lager kommt, sag ihm, was du brauchst. In Ordnung, ihr anderen!“, sagte sie und klatschte in die Hände. „Bewegt euch! Ihr könnt unsere neue Magd anglotzen, wenn eure Arbeit getan ist.“

Rachel führte Nava zu einem niedrigen, schmalen Steinhaus mit einer groben Holzdecke und Lehmboden. Drinnen lagen Strohmatratzen ordentlich an der Wand aufgereiht und der Boden sah frisch gekehrt aus. „Wir teilen uns den Raum mit den anderen Mägden“, sagte Rachel. Sie zeigte auf eine Wand mit eingebauten Regalen, in denen sauber gefaltete Decken lagen. „Such dir einen freien Platz und leg deine Decke hinein."

„Ich habe keine Decke mitgebracht. Ich wusste nicht …"

„Dann tu deine anderen Sachen hinein."

Nava durchquerte eilig den Raum und stopfte die Tasche, die sie von zu Hause mitgebracht hatte, in eines der Fächer, dann wandte sie sich wieder zu Rachel um.

Die Frau lächelte. „Armes kleines Ding. Du siehst aus wie ein verängstigtes Lamm. Keine Sorge, dir wird nichts passieren. Penina schreit viel, aber du brauchst keine Angst vor ihr zu haben."

„Arbeitest du schon lange hier?"

„Ungefähr zwei Jahre."

„Ich arbeite, um meinem Vater zu helfen, seine Schulden abzuzahlen."

Rachel nickte. „Mein Mann schuldet ihm auch Geld. Unsere Kinder waren zu jung, um Leibeigene zu werden – unser Sohn war drei Jahre alt, als ich ging, und unsere Tochter fünf. Und deshalb bin ich hier."

„Wer kümmert sich um sie?"

„Die Mutter meines Mannes." Einen Moment lang glänzten Tränen in Rachels Augen, doch sie fasste sich schnell. „Es ist gar nicht so schlimm hier", sagte sie mit einem wenig überzeugenden Lächeln. „Wenigstens haben wir viel zu essen und ein warmes Feuer, wenn es kalt wird. Komm mit, ich zeige dir den Ziegenstall."

Es war ein sehr großer Pferch mit einem Wassertrog und einer Krippe, die mit frischem Heu für die Tiere gefüllt war. Nava entdeckte ihre eigenen Ziegen zwischen all den anderen Tieren. Es schien ihr, als würde sie alte Freunde unter vielen Fremden wiedersehen. „Kommt her …", sagte sie und rief und pfiff nach ihnen. „Kommt her und lasst euch ansehen." Eine Ziege erkannte ihre Stimme und lief zu dem Zaun, an dem Nava stand. Das stoppelige Fell des Tieres kitzelte Navas Wange, als sie die Arme zwischen den Latten hindurchsteckte, um die Ziege zu umarmen. „Sieh dich doch nur an", murmelte sie. „Wie fett du geworden bist! Sie müssen dich hier gut füttern."

„He! Weg von den Ziegen!"

Der Mann, der herbeihumpelte und seinen Schäferstock in Navas Richtung schwang, war weißhaarig und vom Alter verkrüppelt. Sie erinnerte sich daran, dass er Schimon hieß, und erklärte schnell, wer sie war.

„Mein neuer Herr sagt, ich soll dir helfen und mich mit um die Ziegen kümmern", beendete sie ihre Erläuterungen. „Diese und einige von den anderen gehörten einmal mir."

„Hm ... ich könnte schon ein bisschen Hilfe gebrauchen." Seine Stimme glich einem Knurren. „Aber denk dran, dass ich hier das Sagen habe und nicht du. Tu nichts, ohne dass ich es dir sage."

„Ich werde daran denken."

„Heute Morgen sind sie schon gemolken worden. Und gefüttert. Der Junge hat Penina die Milch gebracht."

„Soll ich dann später wiederkommen, wenn es wieder Zeit wird, sie zu melken?"

„Mach das." Er schlurfte davon.

„Schimon scheint mir sehr alt für einen Leibeigenen", flüsterte Nava Rachel zu, als sie zum Küchenbereich zurückgingen.

„Hast du nicht den Ring in seinem Ohr gesehen? Der bedeutet, dass Schimon lebenslang hier ist. Manche Herren werfen ihre älteren Knechte hinaus, wenn sie für die Arbeit zu alt geworden sind. Aber unser Herr findet noch eine nützliche Beschäftigung für sie. Er würde Schimon niemals wegschicken und verhungern lassen."

Nava folgte Rachel durch das Tor und zurück in den Küchenhof, wo ununterbrochen gearbeitet wurde. Rachel kehrte zu ihrem Zwiebelbrett zurück und Nava wollte Penina gerade fragen, ob sie aus der Ziegenmilch Käse machen sollte, als die kleine Frau sich zu ihr umwandte und fragte: „Kannst du nähen?" Nava nickte. „Der Stoffsack da drüben ist für deine Matratze. Ein Stalljunge kommt gleich mit Stroh für die Füllung. Wenn du damit fertig bist, gebe ich dir neue Arbeit."

Zum Glück verging Navas erster Tag wie im Flug. Zwischen dem Nähen ihrer Matratze, dem Käsemachen und dem Melken von Dutzenden von Ziegen zusammen mit Schimon hatte sie keine Zeit, über ihre Familie oder Dan nachzudenken, bis sie am Abend auf ihrem neuen Bett lag. Erst dann krallte sich die Einsamkeit schmerzlich in ihre Brust und schüttelte sie wie ein hilfloses Geschöpf in den Fängen eines Raubtieres. Sie drehte sich zu Rachel um, die auf der Matratze neben ihr lag, und sah im durch das geöffnete Fenster fallenden Mondschein, dass ihre Nachbarin noch wach war. „Rachel? Bekommen wir irgendwann einen Tag frei, um unsere Familien zu besuchen?", flüsterte sie.

„Der Herr gibt uns immer den Sabbat frei. Am Vorabend des Sabbats lässt Penina uns Küchenmägde doppelt so viel zubereiten, damit es genug zu essen gibt. Wahrscheinlich wirst du dich morgens noch um die Herde unseres Herrn kümmern müssen, aber der restliche Tag gehört dir."

„Und dann kann ich nach Hause gehen?"

„Nein … nein, das geht nicht." Rachels Seufzen hallte im Raum wider und legte sich wie ein Nebel auf Nava. „Die meisten von uns wohnen mehr als eine Tagesreise entfernt. Abgesehen davon sagt unser Herr, dass die Straßen viel zu gefährlich sind, als dass wir alleine reisen könnten."

„Du meinst … du hast deinen Mann und deine Kinder zwei Jahre lang nicht gesehen? Vermisst du sie denn nicht?"

Rachels Augen glänzten im Mondlicht vor Tränen. „Mehr, als ich in Worte fassen kann. Aber vielleicht ist es für meine Kleinen besser, wenn sie mich vergessen. Sie haben so furchtbar geweint, als wir Lebewohl sagen mussten. Und sie sind zu jung, um zu verstehen, warum ich sie immer wieder verlassen müsste."

Nava glaubte, sterben zu müssen, wenn sie die Menschen, die sie liebte, sechs Jahre lang nicht sehen könnte. Sie spürte, wie ein Klageschrei in ihrer Brust aufstieg, und vergrub das Gesicht in ihrer neuen Matratze, um ihn zu dämpfen. Das Stroh, das durch den groben Stoff stach, zerkratzte ihre Haut wie mit winzigen Krallen.

10

Jerusalem,
Juli

Drei Tage, nachdem er Sanballats Palast in Samarien verlassen hatte, sah Nehemia zum ersten Mal das Ziel seiner Reise. Jerusalem, die Stadt seiner Vorfahren, lag zu seinen Füßen. Ihm stockte der Atem, als er die Schönheit der Stadt sah – aber auch ihren desolaten Zustand. Überall lagen Trümmerhaufen und verbrannte Steine verstreut. Der gesamte Westhügel sah aus wie eine Geisterstadt mit leeren Gebäuden und unbenutzten Straßen, durch die der Wind heulte. Der Tempel auf dem Berg über der Stadt war eine riesige Enttäuschung. Schlicht und ohne jeden Schmuck hatte er nichts von dem Glanz und der Herrlichkeit der heidnischen Tempel, die er in Susa gesehen hatte.

Unterhalb des Tempelberges lag der winzige Teil der Stadt, der wieder aufgebaut worden war, schutzlos und angreifbar unter dem heißen Sommerhimmel da. Einige zerklüftete Überreste der Stadtmauer standen noch, aber sie waren unbedeutend im Vergleich zu den eingestürzten Abschnitten und den riesigen Lücken, wo einst die Tore gewesen waren. Der Anblick erinnerte Nehemia an den Mund eines alten Mannes mit zu vielen fehlenden und verfaulten Zähnen. Was machte er nur hier? Was konnte ein einziger Mann hier schon erreichen?

Während Nehemia auf den deprimierenden Anblick starrte, trat der Kommandant der persischen Wache neben ihn. „Die Sonne wird bald untergehen, Herr. Wir sollten unser Lager aufschlagen."

„Natürlich, du hast recht", sagte Nehemia, bemüht, seine Fassung wiederzugewinnen. Er zeigte auf das Tal im Westen der bewohnten Stadtteile. „Wir werden dort unten im Mitteltal lagern. Soweit ich weiß, gibt es ein Reservoir oder einen Brunnen im Südwesten der Stadt."

„Gut." Der Kommandant wollte gehen, wandte sich dann aber um, als Nehemia sich nicht rührte. „Kommst du nicht mit, Herr?"

Er schüttelte den Kopf. „Meine Brüder wohnen hier in der Stadt. Die will ich zuerst sehen."

„Meine Männer und ich werden dich dorthin begleiten." Der Perser wollte den anderen ein Zeichen geben, aber Nehemia hielt ihn zurück.

„Das ist nicht nötig. Schlagt ohne mich das Lager auf."

„Das kann ich nicht, Herr. Du bist der vom König ernannte Statthalter und es ist meine Pflicht, dich jederzeit zu beschützen."

Nehemia verstand die Sorge des Kommandanten. Er selbst hatte schließlich die Aufgabe gehabt, König Artaxerxes jederzeit zu beschützen. „Dazu warst du nur verpflichtet, bis wir nach Jerusalem kamen. Und du hast deine Pflicht hervorragend erfüllt. Du und deine Männer können jetzt nach Susa zurückkehren, wenn ihr euch ausgeruht und eure Vorräte aufgefüllt habt."

„Wo sind denn die judäischen Soldaten, die unsere Aufgabe übernehmen?"

Zum ersten Mal sah Nehemia der nackten Wahrheit ins Auge. Als er sich an die Hilflosigkeit und das Schicksal seiner Eltern erinnerte, drehte sich ihm der Magen um. „Es gibt keine."

Der Kommandant legte eine Hand auf das Heft seines Schwertes, als wollte er es ziehen. „Bei der Versammlung in Samarien hatte jeder regionale Anführer seine eigene Schutztruppe. Wo ist deine? Wer wird jetzt für deine Sicherheit zuständig sein?"

Nehemia wollte gerade „Niemand" sagen, aber dann überlegte er es sich anders. „Meine Sicherheit liegt von jetzt an in den Händen des Allmächtigen."

„Das scheint mir leichtsinnig zu sein, Herr ... wenn ich das sagen darf." Der Kommandant sah Nehemia lange an. Dies war nicht das erste Mal, dass sie unterschiedlicher Auffassung waren. Daran gewohnt, zügig zu reisen, verstand der persische Kommandant Nehemias Entscheidung, jeden Sabbat einen ganzen Tag lang zu ruhen, nicht und war auch nicht damit einverstanden gewesen. Doch Nehemia hatte sich nicht umstimmen lassen und diese erste Prüfung seiner Führungsqualitäten bestanden. Wenn er dem Allmächtigen und seinen Gesetzen treu blieb und den Sabbat heiligte, würde Gott ihm helfen, Jerusalems Mauern wiederaufzubauen. Doch das erschien ihm jetzt, wo er im schwindenden Tageslicht auf die Stadt hinuntersah, fast unmöglich.

„Vielleicht bin ich leichtsinnig, Kommandant. Aber wie du gerade selbst gesagt hast, bin ich der Statthalter dieser Provinz. Deshalb ist es meine Entscheidung. Du und deine Männer schlagt das Lager ohne mich auf und ich komme später zu euch. Ich will die Bürger von Jerusalem nicht verängstigen, indem ich mit einem Trupp persischer Soldaten in die Stadt marschiere.“ Nehemia drückte dem Mann die Zügel seines Pferdes in die Hand und zog los in Richtung Stadt, ohne sich noch einmal umzusehen. Er ging die staubige Straße auf eines der riesigen Löcher zu, in dem sich früher ein Tor befunden hatte. Es dauerte nicht lange, bis er merkte, dass er und seine Karawane aus Soldaten bereits Aufsehen erregt hatten. Eine kleine Delegation aus einigen Männern stand am Tor und wartete auf ihn.

„Kommst du in Frieden?“, fragte ihr Anführer. Der Mann knetete seine dicken Hände, als wollte er Wasser aus ihnen wringen.

„Ja. Ja, natürlich komme ich in friedlicher Absicht.“ Nehemia hob die Hände, um zu zeigen, dass er nicht bewaffnet war. „Ich heiße Nehemia ben Hachalja und bin ein Sohn Abrahams, genau wie ihr. Ich suche meine Brüder Ephraim und Hananja. Könnt ihr mir sagen, wo sie wohnen?“ Er beschloss, seine Rolle als ihr neuer Statthalter noch nicht zu offenbaren, weil er sich einen ungestörten Abend mit seiner Familie erhoffte, bevor er diese Nachricht bekannt gab.

„Natürlich. Ich kenne die beiden Söhne von Hachalja sehr gut“, sagte der Sprecher der Gruppe. „Willkommen in unserer Stadt. Ich bin Schallum ben Hallohesch, Verwalter des halben Bezirks von Jerusalem.“ Er versuchte ein freundliches Grinsen, aber es gelang ihm nicht ganz. Kaum war sein Lächeln verschwunden, erschienen die Sorgenfalten wieder in seinem Gesicht. „Und die Soldaten, Herr? Sie sind auch in Frieden gekommen?“

„Sie sind nur eine Eskorte. Keine Sorge, sie werden bald nach Susa zurückkehren. Wenn du mir jetzt zeigst ...?“ Er lächelte die Männer an und fügte hinzu: „Ich will meine Brüder überraschen. Sie wissen nicht, dass ich komme.“

„Ich bringe dich hin“, bot einer der jüngeren Männer an. „Mein Name ist Johanan ben Tobija. Folge mir.“ Sie ließen die anderen mit ihren offenen Fragen zurück und gingen in die Stadt. Nehemia blickte über die Schulter, als sie die abfallenden Straßen der Stadt Davids hinuntergingen, und sah, dass die Männer immer noch zusammenstanden und ihn beobachteten. „Einige von uns hofften, die Soldaten würden bleiben“, sagte der junge Mann auf dem Weg zu Nehemia. „Unsere Stadt ist sehr unsicher geworden. Genau genommen ist der ganze Bezirk Juda nicht mehr sicher. Deine persischen Soldaten könnten helfen, die Gewalt einzudämmen.“

„Es tut mir leid, aber ich habe keine Befehlsgewalt über sie. Und sie haben nicht die Erlaubnis hierzubleiben.“

„Schade.“ Der Mann sagte nichts mehr und nach wenigen Minuten blieben sie fast am Fuße des Hügels in einem tiefer gelegenen Stadtteil stehen. Nehemias Führer zeigte auf ein bescheidenes Steinhaus. „Das ist es.“

„Ich danke dir.“ Er wartete, bis der Mann sich umgedreht hatte und den Berg wieder hinauftrottete. Inzwischen war die Sonne hinter den Hügeln im Westen untergegangen, aber der Himmel leuchtete noch immer hell im Sommerlicht. Nehemia spähte über das Tor in den Hof seines Bruders und sah Hanani und seine Familie, die draußen auf Kissen um einen niedrigen Tisch herum saßen. Sie wollten gerade essen und Hanani brachte mit sanfter Stimme seine beiden Kinder zum Schweigen, die um seine Aufmerksamkeit wetteiferten. Nehemia wollte in dieser familiären, vertrauten Situation nicht stören und sah zu, wie sein Bruder den Segen über dem Brot sprach. Es erinnerte ihn an seine eigene Kindheit mit seinen beiden Brüdern. Bevor Nehemia die Gelegenheit hatte, sie zu unterbrechen, blickte Hanani auf und sah ihn am Tor stehen. Er sprang auf, erschreckte seine Familie damit und hätte beinahe den Tisch umgestoßen.

„Habe ich Visionen? Nehemia?“ Er eilte zum Tor, riss es mit ungeschickten Fingern auf und zog Nehemia in eine stürmische Umarmung. „Ich kann es nicht fassen! Bist du es wirklich?"

„Ja, natürlich bin ich es!", sagte er lachend.

„Aber … wie? Was in aller Welt machst du hier?"

„Ich habe dich vermisst, nachdem du abgereist warst. Da habe ich beschlossen, dir einen Besuch abzustatten."

„Du bist verrückt! Warte, bis Ephraim dich sieht. Er wird es nicht glauben!" Hanani rannte zu der niedrigen Mauer, die seinen Hof vom nächsten trennte, und rief: „Ephraim, komm rüber! Komm und sieh, wer hier ist! Du wirst deinen Augen nicht trauen!"

Gleich darauf erschien Nehemias mittlerer Bruder am Tor seines Hauses nebenan. „Was soll das Geschrei? Wir versuchen in aller Ruhe zu essen und ..." Er erstarrte, als er Nehemia sah. „Ich träume wohl!" Verblüfft sah er seinen Bruder an, bevor er zu ihm lief, um ihn zu umarmen, so wie Hanani es getan hatte. Er bemühte sich nicht, seine Tränen zurückzuhalten, als Nehemia ihn fest drückte und vom Boden hob. „Das ist ein Wunder! Ein Wunder!", keuchte Ephraim. „Ich dachte, ich würde dich nie wiedersehen!"

„Ich weiß. So ging es mir auch. Lass dich ansehen, Ephraim." Er hielt ihn einen Moment lang auf Armlänge von sich. „Du hast dich kaum verändert, seit ich dich das letzte Mal gesehen habe."

„Du auch nicht." Ephraim winkte seine Frau zu sich, die am Tor stehen geblieben war. Ein kleiner Junge klammerte sich an ihr Bein und starrte die Männer mit großen Augen an. „Komm und lerne meinen Bruder Nehemia kennen – er ist dein Onkel! Er ist den weiten Weg von Susa aus der persischen Hauptstadt bis hierher gereist! Nehemia, das sind meine Frau und mein Sohn." Hananis Frau und Kinder waren ebenfalls aufgestanden und warteten darauf, ihm vorgestellt zu werden.

„Man sieht, dass ihr drei Brüder seid", sagte Ephraims Frau. „Ihr seht einander sehr ähnlich."

„Nur dass Nehemia wie eine Steinmauer gebaut ist und wir … na, wir sind nur zwei faule Schreiber", sagte Ephraim lachend.

„Hast du gegessen?", fragte Hananis Frau. „Komm und setz dich zu uns. Wir haben gerade erst angefangen."

Er ließ sich in den Hof führen, wo er etwas zu trinken bekam, während die beiden Frauen einen Platz für ihn deckten und ihre beiden Mahlzeiten zu einer zusammenfügten.

„Was machst du denn hier?", fragte Hanani. „Ich bin außer mir vor Freude, dich zu sehen, aber wie in aller Welt bist du hergekommen? Und was ist mit deiner Karriere im Palast?"

„Gottes Hand lag auf mir, Hanani, und er hat unsere Gebete erhört. Er hat einen Weg gefunden, wie ich mit König Artaxerxes sprechen konnte ..."

„Und du hast deinen Kopf noch?"

„Ja", sagte er lachend. „Meinen Kopf durfte ich behalten. Ich habe ihm erzählt, dass die Stadt unserer Väter in Trümmern liegt und ihre Gräber entweiht sind, und da hat er mir Urlaub gegeben, um hierherzukommen."

„Gott sei gelobt!", murmelte Hanani.

„Das verstehe ich nicht. Die Gräber unserer Väter …?", fragte Ephraim. „Wissen wir überhaupt, wo die sind? Und was willst du mit diesen Gräbern machen, wenn du sie gefunden hast?"

Nehemia musste grinsen. „Na ja, das ist nicht das Einzige, weswegen ich hier bin. Der Herrscher hat mich zum Statthalter von Juda ernannt."

„Was?! Das ist ja unglaublich!"

„Du machst Witze, nicht wahr?", fügte Ephraim hinzu.

„Ich mache keine Witze. Ich habe in Samarien schon mit den Herrschern der angrenzenden Provinzen gesprochen, unter anderem mit Statthalter Sanballat, und ihnen meine offizielle Ernennung zum Statthalter von Juda gezeigt, vom König selbst besiegelt."

„Hast du das gehört, Ephraim? Unser großer Bruder ist der neue Statthalter!"

„Ich bin beeindruckt! Vielleicht sollten wir ihm einen Thron geben statt eines normalen Kissens." Alle drei lachten und einen Augenblick lang schien es, als wären sie in ihre Kindheit zurückversetzt – vor der Tragödie, die ihr ganzes Leben verändert hatte. Inzwischen hatten die Frauen den Tisch gerichtet und alle setzten sich. Nehemia lief das Wasser im Mund zusammen, als sie die Speisen herumreichten und die Teller füllten.

„Wie bist du hergekommen?", fragte Ephraim. „Wie lange hat

die Reise gedauert? Du bist doch nicht den ganzen Weg alleine gereist, oder?“

„Der König hat einen Trupp persischer Soldaten abgestellt, um mich zu begleiten und ...“

„Soldaten! Du machst dich über uns lustig.“

Nehemia schüttelte den Kopf und schöpfte mit seinem Brot eine Portion Linsen. „Wir hatten eine gute Reise und keine Probleme auf dem Weg, deshalb haben wir nur zwei Monate gebraucht. Wir waren viel schneller, als ihr es vor dreizehn Jahren wart, weil wir keine Frauen und Kinder und Haushaltsgegenstände dabeihatten.“

„Oder mehrere Tonnen Gold und Silber“, fügte Hanani hinzu. „Weißt du noch, Ephraim?“ Er nickte, den Mund voller Essen.

„Aber mir ist aufgefallen“, fuhr Nehemia fort, „dass die Landstriche immer ärmer wurden, je weiter wir uns von der persischen Hauptstadt entfernten. Und als wir dann das Land jenseits des Flusses erreicht hatten ... das war so, als würde ich eine andere Welt betreten.“

„Wir hatten zwei Jahre lang keinen anständigen Regen mehr“, sagte Ephraim.

„Das glaube ich. Bei jedem Schritt wirbelte Staub in riesigen Wolken um uns herum auf. Die Felder und Bäume waren davon bedeckt. Und ich habe auch Beweise für die hohen Steuern gesehen, von denen Hanani mir erzählt hat.“ Er wollte nicht daran denken, aber als Judas Statthalter würde es seine Verantwortung sein, sich um diese Dinge zu kümmern, damit sein Volk die Dürre überlebte und sich finanziell erholte. Er schluckte die würzigen Linsen hinunter, die er im Mund hatte. „Mmm, das ist köstlich. Es ist die erste richtige Mahlzeit, die ich seit zwei Monaten zu mir nehme.“

„Greif zu“, sagte Hananis Frau und reichte ihm die Schüssel.

Sie redeten und lachten, während Nehemia das Essen verschlang. Es war beinahe so, als wäre er nie von seinen Brüdern getrennt gewesen. Sie hatten liebenswürdige, hübsche Frauen geheiratet, beide hervorragende Köchinnen. Irgendwie beneidete er seine Brüder um ihr glückliches, sesshaftes Leben. Er sah zu, wie Hanani seinem Sohn über den Kopf strich, als dieser nach dem Essen auf seinen Schoß kroch. Dabei musste er an ihren Vater denken, einen Bären von einem Mann, der mit Nehemia und seinen Brüdern so sanft wie ein Lamm gewesen war. Als es dämmerte und die ersten Lampen angezündet wurden, verspürte Nehemia eine seltsame Unruhe – jedes kleine Geräusch in der dunklen Ferne machte ihn nervös. Nichts stand zwischen den Häusern seiner Brüder und dem düsteren Tal mit den von Trümmern übersäten Hügeln. Ein entschlossener Dieb oder Mörder konnte sich im Schatten anschleichen und ohne Mühe in ihre Häuser eindringen.

Hanani bemerkte, wie er zu den Bergen im Westen hinübersah, als sie mit dem Essen fertig waren. „Und, was hältst du von Jerusalem?“, fragte er.

„Um ehrlich zu sein, musste ich mich nach dem ersten Blick abwenden. Wegen all der Trümmer dort im Westen war es schwer zu erkennen, ob die Stadt aufgebaut oder eingerissen wird.“

„Hanani und ich waren auch erst enttäuscht, als wir mit Rebbe Esra hier ankamen. Wahrscheinlich haben wir uns jetzt daran gewöhnt und bemerken die Zerstörung gar nicht mehr.“

„Das ist die Mischne da drüben“, sagte Hanani und zeigte mit dem Finger. „Das ‚zweite Viertel‘ der Stadt. Es heißt, ursprünglich sei es zur Zeit von König Hiskia erbaut worden, als die Assyrer die nördlichen Stämme angriffen. Jerusalem verdreifachte seine Größe damals wegen all der Flüchtlinge.“

„Jetzt wohnt dort niemand mehr“, sagte Hanani. „Wir sind nicht genug, um all die Häuser zu bewohnen. Jerusalem ist die Stadt der Häuser und Wohnungen inmitten von Trümmern. Der Wiederaufbau konnte die ganze Zerstörung noch nicht ungeschehen machen.“

„Außerdem ist es zu gefährlich, da draußen zu leben“, fügte Ephraim hinzu. „Dort verstecken sich Herumtreiber und Diebe. Achte darauf, dass du nicht nach Einbruch der Dunkelheit ohne deine Eskorte unterwegs bist.“

„Meine Soldaten werden nicht sehr lange bleiben. Wenn sie sich ausgeruht und ihre Vorräte aufgefüllt haben, werden sie nach Susa zurückkehren.“ Er sah, wie seine Brüder einander einen Blick zuwarfen. Das erinnerte ihn an den jungen Mann, der ihn hergebracht hatte. Auch dieser hatte sich gewünscht, die Soldaten würden bleiben. Nehemia sah die riesigen Lücken in Jerusalems Mauern vor sich und zum zweiten Mal an diesem Abend drohte ihn ein starkes Gefühl der Hoffnungslosigkeit zu überwältigen. Nehemia vertraute seinen Brüdern, aber er beschloss, ihnen noch nichts von seinem Plan zu erzählen, diese Mauern wiederaufzubauen. Nicht, bevor er die Gelegenheit hatte, sich das Projekt genauer anzusehen.

„Bleib heute Nacht hier", sagte Ephraim, als Nehemia sich zum Aufbruch bereit machte. „Geh nicht alleine dort hinaus."

Nehemia wollte widersprechen, doch dann wurde ihm bewusst, dass seine Brüder darauf bestehen würden, ihn zu begleiten. Da er sie nicht in Gefahr bringen wollte, verbrachte er seine erste Nacht in Jerusalem im Haus seines Bruders Ephraim.

Am nächsten Morgen gingen die drei Brüder zusammen den Berg hinauf, um zum ersten Mal gemeinsam in Gottes heiligem Tempel zu beten. Ihr Mentor Mordechai hatte dafür gesorgt, dass Nehemia und seine Brüder die Thora studierten, und so war er mit allen Opfern und Gaben und ihren Bedeutungen vertraut. Seine Studien hatten in seiner Vorstellung ein Bild davon entstehen lassen, wie Salomos Tempel in all seiner Herrlichkeit ausgesehen haben musste. Dieser zweite Tempel jedoch war nur ein schwacher Abglanz des einstigen salomonischen Tempels. Die Babylonier hatten die Mauern, die ihn umgaben und schützten, eingerissen und Gold und Bronze gestohlen, mit denen er einst geschmückt gewesen war. Trotzdem hatte Gott beschlossen, genau an diesem Ort seinem Volk zu begegnen.

Nehemias Studien hatten ihn nicht auf die Gefühle vorbereitet, die in ihm aufstiegen, als er zusah, wie das Lamm geschlachtet wurde. Er wusste, dass es für seine Sünden starb und diese Sünden vergeben sein würden, sobald die Rauchsäule zum Himmel aufstieg. Die Freude und Dankbarkeit, die in ihm aufstiegen, waren unbeschreiblich. Als die Gemeinde sich zum Gebet verneigte, stieg auch Nehemias Gebet gen Himmel. *Herr, du hast mir den Auftrag gegeben, Jerusalems Mauern wiederaufzubauen. Deine gnädige Hand ist mit mir gewesen. Hilf mir auch in den kommenden Tagen und Wochen. Ohne dich kann ich es nicht tun.*

An diesem zweiten Tag in Jerusalem besuchte Nehemia Esra. Er traf den weißhaarigen Rebbe hinter seinem Tisch im Tempelarchiv an, beinahe begraben unter Stapeln von Schriftrollen und Tontafeln. Als Nehemia sich vorstellte, blickte Esra von seiner Arbeit auf und begrüßte ihn mit einem Lächeln und einem herzlichen Willkommen. „Das erklärt, warum persische Soldaten im Tal lagern“, sagte Esra. „Ich hatte gehofft, wir würden nicht ein zweites Mal erobert werden, bevor ich die Gelegenheit habe, meine Chroniken zu Ende zu schreiben. Bitte setz dich – wenn du etwas findest, worauf du sitzen kannst – und sag mir, was dich herführt.“

Nehemia räumte einen Stapel Pergament von einem Stuhl und setzte sich, seine Dokumente auf dem Schoß. Er zeigte Esra den Erlass von König Artaxerxes mit seiner Berufung zum Statthalter. „Ich weiß, dass du in der Vergangenheit als Statthalter von Juda gedient hast, Rebbe Esra, und deshalb wollte ich dich fragen, ob du einen Rat für mich hast.“

Esra lehnte sich auf seinem Platz zurück und musterte Nehemia eine Weile. „Ich war in erster Linie ein geistlicher Anführer“, sagte er schließlich, „und ich sollte religiöse Reformen herbeiführen. Keine einfache Aufgabe nach mehr als hundert Jahren im Exil. Babylon hatte die Herzen und Gedanken unseres Volkes auf eine Weise erobert, die viel heimtückischer ist als die Eroberung unseres Landes. Ich bin noch immer nicht sicher, wie dauerhaft die Fortschritte sind, die ich gemacht habe.“

„Mein Auftrag ist politischer und nicht religiöser Natur“, erklärte Nehemia. Wieder beschloss er, seine eigentliche Mission nicht zu offenbaren, bis er die Mauern begutachtet und einen Plan geschmiedet hatte.

„Juda braucht einen starken, entschlussfreudigen Anführer“, sagte Esra. „Aber mach dich auf Widerstand gefasst.“

„Von den Feinden Judas?“

„Von ihnen ganz gewiss. Aber auch von einigen mächtigen Grundbesitzern und Edelleuten unter uns, die dich als Außenseiter betrachten werden, der ihr Recht, das Land und die Stadt zu regieren, beschneiden will.“

Nehemia sah den Rebbe bestürzt an. „Ich hatte keinen Widerstand von unserem eigenen Volk erwartet.“

„Ich bin sicher, dass es den geben wird. Aber wenn du diese Leute erst einmal davon überzeugt hast, dass du das Sagen hast, werden die meisten mit dir zusammenarbeiten.“

Er würde *alle* dazu bringen müssen, mit ihm zusammenzuarbeiten, denn eine so riesige Aufgabe konnte er unmöglich alleine bewältigen. „Auf dem Weg hierher habe ich in Samarien haltgemacht und Statthalter Sanballat, dem Ammoniter Tobija, Geschem, dem arabischen Anführer, und einigen anderen benachbarten Herrschern den Erlass des Königs mit meiner Ernennung gezeigt."

„Das war eine kluge Entscheidung. Aber du darfst unseren heidnischen Nachbarn keine Sekunde lang trauen. Seit dieser kleine Flecken Erde wieder jüdisches Heimatland geworden ist, verbünden sie sich, um zu erreichen, was den Assyrern und Babyloniern und Haman, dem Agagiter, nicht gelungen ist – nämlich dafür zu sorgen, dass auch der letzte Jude wieder von hier verschwindet. Ich empfehle dir, dich an die Worte zu halten, die der Allmächtige zu Josua gesprochen hat, als er der Anführer unseres Volkes wurde: ‚Sei mutig und entschlossen ..."

„‚Lass dich nicht einschüchtern und hab keine Angst!", zitierte Nehemia weiter. „Denn ich, der Herr, dein Gott, bin bei dir, wohin du auch gehst.'"

„So ist es. Gott hat Josua auch gewarnt, sich nicht mit den Heiden zu verbünden und keine Mischehen mit ihnen einzugehen. Das ist immer noch ein sehr guter Rat."

„Danke, Rebbe. Ich bin dir für deine Hinweise sehr dankbar. Und für deine Gebete würde ich dir noch mehr danken." Während er Jerusalems zerfallene Mauern vor sich sah, verspürte Nehemia mit einem Mal ein Gefühl der Dringlichkeit, das ihn auf der Stuhlkante nach vorne rutschen ließ. „Sag mir, wie ich am besten die Unterstützung der jüdischen Anführer und Edelmänner erlangen kann?"

„Richte dich nicht nach ihnen", sagte Esra kopfschüttelnd. „Beziehe Stellung. Führe sie. Die Beamten und die religiösen Leiter haben jeweils ihre eigenen Interessen und sie sind sich darin nicht immer einig. Wenn du eine Gratwanderung zwischen ihnen versuchst und beide Seiten beschwichtigen willst, wirst du nie etwas erreichen. Keine der beiden Gruppierungen war zufrieden, als ich meine Mission verkündete, das Gesetz der Thora durchzusetzen. Aber ich ignorierte sie alle und tat die Arbeit, die Gott mir aufgetragen hatte. Triff deine Entscheidungen und weiche nicht davon ab."

„Das ist gut zu wissen." Nehemia würde nicht um ihre Unterstützung beim Wiederaufbau der Mauern bitten, er würde sie voraussetzen. Einfordern. Und wenn sie sich weigerten, würde er es ohne ihre Hilfe tun.

„Sei vorsichtig, wem du vertraust", fügte Esra hinzu. „Eljaschib, der Hohepriester, ist das Oberhaupt der religiösen Anführer, aber er ist durch Heirat eng mit Statthalter Sanballat verbunden. Manche unserer weltlichen Anführer haben ebenfalls gute Beziehungen zu den heidnischen Nationen um uns herum."

„Glaubst du, diese Männer werden sich als Spione betätigen, mich im Auge behalten und Bericht erstatten?"

„Zweifellos werden sie das."

Nehemia lehnte sich auf seinem Stuhl zurück. „Das ist ein ernüchternder Gedanke."

„Jetzt möchte ich dir eine Frage stellen, wenn ich darf. Warum du, Nehemia ben Hachalja? Warum wurdest du auserwählt, um uns zu führen?"

„Das habe ich mich auch gefragt, als ich gestern Jerusalem zum ersten Mal sah. Ich habe in Susa gelebt und König Artaxerxes als Mundschenk gedient, als mein Bruder Hanani mit der judäischen Delegation erschien. Er erzählte mir von der Lage hier in der Stadt und seitdem wurde ich den Gedanken an Jerusalem nicht mehr los. Ich fing an zu fasten und zu beten und Gott zu fragen, was ich tun sollte, und er ermöglichte es mir, dem König meine Bitte vorzutragen. Artaxerxes beurlaubte mich und ernannte mich zum Statthalter. Und jetzt bin ich hier."

„Fühlst du dich vom Heiligen zu dieser Aufgabe berufen?"

Nehemia ließ sich mit seiner Antwort Zeit. „Ja. Sehr sogar."

„Gut. Dann lass dich durch nichts und niemanden entmutigen oder von deiner Mission abbringen. Wenn der Allmächtige uns einen Auftrag gibt, können wir mit zwei Dingen rechnen – mit Kraft und Weisheit von Gott und mit Widerstand von seinen Feinden. Sei mutig und entschlossen. Meine Gebete werden mit dir sein."

„Danke, Rebbe. Das bedeutet mir sehr viel." Die Last, die Nehemia seit seiner Ankunft in Jerusalem auf den Schultern spürte, hob sich einen Augenblick lang, weil er wusste, dass Esra auf seiner Seite war.

„Und jetzt", sagte Esra und erhob sich von seinem Stuhl, „würde ich mich sehr freuen, wenn du heute mit meiner Familie und mir zu Abend essen würdest."

Die Einladung überraschte Nehemia. Durch seine vielen Pflichten hatte er in Susa kaum die Gelegenheit gehabt, unter Leute zu kommen. „Es wird mir eine Ehre sein."

„Wunderbar. Ich werde meiner Frau Deborah sagen, dass wir einen Gast erwarten."

11

Im Bezirk Bet-Kerem

Jeden Tag ging Navas Herr, Malkija, über sein Anwesen und begutachtete seine Lagerhäuser und Herden, Weinberge und Obstgärten, um sich zu vergewissern, dass die Arbeit genau so verrichtet wurde, wie er es wollte. Er war seinen Bediensteten gegenüber streng, aber nicht grausam. Nava konnte bislang an der Art, wie er sie und die anderen behandelte, nichts aussetzen. Aber er sorgte dennoch dafür, dass alle seine Untergebenen ständig auf der Hut waren, während sie versuchten, ihre täglichen Aufgaben zu erfüllen und dabei seinen hohen Ansprüchen zu genügen. Als Nava an diesem Morgen von ihrer Arbeit aufblickte, sah sie, dass er seine beiden Söhne, Aaron und Josef, auf seine Inspektionsrunde mitgenommen hatte. Sie blieben am Stall stehen, in dem Schimon und sie sich gerade anschickten, die Ziegen zu melken, und der Anblick aller drei Herren machte sie nervös wie einen Spatzen. Schimon humpelte zu den Männern, um sie zu begrüßen, während Nava die erste Ziege zum Melkschemel führte.

„Wie ich sehe, hast du die Herde immer noch nicht aufs Weideland gebracht, Schimon“, hörte sie Malkija sagen.

„Da draußen gibt es nicht genug Wasser und Nahrung für sie. Wir könnten die schwächeren Tiere verlieren.“

„Aber da sie nicht weiden, verbrauchen sie mehr Futter als sonst in dieser Jahreszeit.“

„Das ist wahr, Herr.“

Nava hielt in ihrer Arbeit inne, um zu hören, was ihr Herr als

Nächstes sagen würde. Sie fürchtete bereits seine Antwort. „Wähle die besten Milchziegen aus, Schimon, und schlachte die anderen."

„Natürlich, Herr."

Sie schloss die Augen, während sich ihre Kehle vor Kummer zuzog. Ihre Ziegen gehörten zu den Schwächsten. Da sie unter unwirtlicheren Bedingungen aufgewachsen waren als die Tiere ihres Herrn, gaben sie nicht so viel Milch. Selbst die kleine Freude, die ihre „Freunde" von zu Hause ihr geschenkt hatten, könnte bald verloren sein.

Sie öffnete die Augen wieder, entschlossen, nicht zu weinen, und erledigte schnell ihre Arbeit, wobei sie der Ziege auch noch den letzten Tropfen Milch entlockte. Dann ging sie zur Herde, um eine andere Ziege zu fangen, und band sie an dem niedrigen Schemel fest. Als sie sich setzte, riskierte Nava einen Blick zu ihren Herren und sah, wie Malkija den Jungen rief, der beim Ausmisten der Ställe half. Er war zehn Jahre alt und gerade von einer anderen verzweifelten Familie gekommen, die ihre Schulden nicht bezahlen konnte. Der Junge kam herbeigerannt und stand stumm vor Angst vor seinen Herren.

„Du sollst ‚Hier bin ich' sagen", tadelte Aaron ihn.

„Er ist noch neu, Aaron", beschwichtigte Malkija. „Gib ihm Zeit, diese Dinge zu lernen."

„Deshalb sage ich es ihm ja", wandte Aaron ein. „Von jetzt an wirst du alles stehen und liegen lassen, wenn dein Herr ruft, wirst zu ihm rennen und sagen: ‚Hier bin ich.'"

Die Stimme des Jungen zitterte, als er stammelte: „H-hier bin ich." Nava verstand seine Angst und er tat ihr leid.

„Du hast die Ecken übersehen", sagte Malkija mit freundlicher Stimme. Er zeigte auf eine Stelle, die der Junge vermeintlich gesäubert hatte. „Das ist nicht gut genug. Mach es bitte noch einmal."

„J-ja, Herr." Der Junge stolperte beinahe über seine eigenen Füße, als er davoneilte, um die Schaufel zu holen. Nava stand auf, um die nächste Ziege auszuwählen. Als der Junge an ihr vorbeilief, berührte sie vorsichtig seine Schulter und lächelte so ermutigend, wie sie nur konnte.

„Schimon, das Tier da drüben mit den braunen Flecken … hinkt es?", fragte Malkija. Es war eine von Navas Ziegen. Wie hatte ihr

Herr das Hinken von der anderen Seite des Geheges aus bemerken können?

„Eine der größeren Ziegen hat sie gegen den Zaun gedrückt“, erwiderte Schimon. „Ich behalte sie im Auge.“

„Gut. Du kannst wieder an die Arbeit gehen.“

Schimon führte das nächste Tier zu seinem Melkschemel neben dem von Nava und ließ sich mit einem Grunzen darauf nieder. Er hatte ihr gesagt, dass seine Gelenke ihn jedes Mal schmerzten, wenn er sich setzte oder aufstand. „Was brauchst du so lange, Mädchen?“, sagte er mit seinem üblichen Knurren. Der raue Ton des alten Mannes hatte aber nichts zu bedeuten. Schon nach ihrer ersten Arbeitswoche hatte Nava Schimons sanftes Wesen unter seiner rauen Schale entdeckt. „Du kannst gut mit den Tieren umgehen, Mädchen“, hatte er zu ihr gesagt, und seitdem waren sie Freunde.

„Ich wünschte, unsere Herren würden uns nicht beobachten“, flüsterte sie.

„Beachte sie gar nicht und mach einfach deine Arbeit.“

Sie beugte sich über ihren Milchkübel und ließ die Stirn an der Flanke der Ziege ruhen.

Auf der anderen Seite des Pferchs stellte einer der Söhne ihres Herrn eine Frage, die Nava nicht hören konnte. Aber sie hörte Malkijas Erwiderung: „Für das, was ich besitze, habe ich fleißig gearbeitet. Deshalb will ich, dass meine Söhne aus eigener Erfahrung jeden Aspekt der Arbeit auf diesem Anwesen kennenlernen. Die beiden wichtigsten Dinge, auf die es zu achten gilt, sind Faulheit und Verschwendung. Sie werden uns nicht nur ruinieren, sondern beleidigen auch den Heiligen, der uns hilft, Wohlstand zu erlangen.“

Es bestand kein Zweifel daran, dass Malkijas Anwesen florierte. Sein Reichtum erschien Nava unermesslich. Seine Kleidung war aus der feinsten Wolle und dem glattesten Leinen hergestellt und mit den teuersten Farben gefärbt. Er genoss üppige Mahlzeiten und auch seine Bediensteten aßen gut. Aber seine schärfste Kritik, das hatte Nava bereits festgestellt, bewahrte er sich für Knechte oder Mägde auf, die faul oder verschwenderisch waren.

„Ich werde den Rest des Tages im Weinberg arbeiten“, sagte er zu seinen Söhnen.

„Müssen wir dich begleiten?“, fragte Josef. „Es ist zu heiß da draußen.“

Nava wusste, wie es war, in der brennenden Sonne zu arbeiten – dennoch war sie immer bereit gewesen, ihrem Vater zu helfen.

„Nein, ich will, dass ihr heute mit Schimon bei den Tieren arbeitet. Ich möchte, dass ihr euch mit allem vertraut macht, was er tut, und mit den Tieren, für die er sorgt. Er kann euch eine Menge beibringen.“

„Ja, Vater.“

„Wir versprechen es dir.“

Navas Mund wurde ganz trocken bei dem Gedanken, dass sie den ganzen Tag über beobachtet werden würde, während sie an Schimons Seite arbeitete. Wenige Minuten später ging Malkija zu seinem Weinberg und ließ seine Söhne zurück. Nava hörte sie lachen und flüstern. Sie führten irgendetwas im Schilde. Kaum war ihr Vater nicht mehr zu sehen, kehrten sie dem Stall den Rücken und gingen. „Wage es nicht, unserem Vater davon zu erzählen“, rief Aaron Schimon über die Schulter hinweg zu, während er zum Haus schlenderte, „sonst wird es dir leidtun.“

Ihr Ungehorsam war Nava unbegreiflich. Sie dachte an Dan und ihre eigenen beiden Brüder. Sie würden sich niemals träumen lassen, so etwas zu tun oder ihrem Vater gegenüber so respektlos zu sein. Schimon und sie molken die Tiere zu Ende. Als sie die hölzernen Eimer mit der frischen Ziegenmilch in die Küche zu Penina brachten, hörte Nava Gelächter aus Malkijas Weinkeller heraufdringen. Aaron und Josef erschienen im Eingang zu dem höhlenartigen Keller, jeder mit einem Schlauch gestohlenen Weins. Nava versuchte so zu tun, als hätte sie die beiden nicht gesehen, aber es war zu spät.

„He! Ziegenmädchen“, rief Josef. „Du hast uns nicht gesehen, verstanden?“

„Ja, Herr.“

„Er hat recht“, bestätigte Aaron. „Du hast gesehen, wie dieser nutzlose Ziegenhirte Schimon den Wein unseres Vaters gestohlen hat, nicht wahr?“

Sobald sie verschwunden waren, eilte Nava mit den Milcheimern in den Küchenhof und erzählte Penina, was sie gesehen hatte.

„Tu genau das, was sie gesagt haben, und halte dich da raus“, sagte Penina. „Unser Herr wird immer seinen Söhnen glauben, bevor er dir glaubt."

Rachel, die an Peninas Seite gearbeitet hatte, schob sich neben Nava und sagte mit gesenkter Stimme: „Und die Söhne werden sich an dir rächen, wenn du sie verrätst. Das habe ich schon erlebt."

„Aber Schimon wird zu Unrecht beschuldigt."

„Es wird nicht das erste Mal sein, dass einem von uns so etwas passiert", sagte Penina. „Halte dich raus." Sie ging zu ihrem Herd.

Doch Nava folgte ihr mit der Milch in der Hand. „Würde unser Herr nicht wissen wollen, dass seine Söhne Lügner und Diebe sind? Was für Männer werden sie denn später werden?"

„Er hat sie verwöhnt, seit ihre Mutter gestorben ist, und verschließt die Augen vor ihren Fehlern. Ich warne dich: Halte dich da raus. Und jetzt geh und mach deine Arbeit und kümmere dich um die Milch. Halte den Mund und den Kopf gesenkt."

Als Nava am späten Nachmittag zum Melken wieder zu den Ziegen ging, standen Aaron und Josef an die Wand des Pferchs gelehnt, als hätten sie den ganzen Tag mit den Tieren gearbeitet. Nava hörte, wie ihr Vater sie für ihre fleißige Arbeit lobte, als er nach Hause kam. Dann gingen sie alle zusammen hinein, um zu Abend zu essen. Die äußerliche Vollkommenheit auf dem Anwesen ihres Herrn täuschte – wie eine frische Feige, die von außen saftig und süß erscheint, aber voller Würmer ist, wenn man sie aufschneidet.

Am nächsten Tag wartete Aaron bereits vor dem Ziegenstall, als Nava morgens zum Melken kam. Er sah zu, wie sie ihre Arbeit erledigte, und abends erschien er wieder zur Melkzeit. Am Tag darauf war es genauso und ebenso am nächsten Tag, bis ihr klar wurde, dass er nicht die Tiere beobachtete, sondern sie. Zuerst dachte sie, es wäre eine Art Drohung, um sie einzuschüchtern, weil sie den Diebstahl bemerkt hatte. Und vielleicht war das zu Anfang auch der Grund gewesen. Aber was sie nun in seinen Augen sah, während er jede ihrer Bewegungen mit den Blicken verfolgte, war kein drohender Blick. Der Sohn ihres Herrn starrte sie an, wie ein Vielfraß ein Bankett anstarrt. Nava wusste genau, was Aaron von ihr wollte, und ihre Panik wurde so groß, dass sie nichts mehr essen konnte.

Als Aaron den vierten Morgen in Folge erschien, während Nava sich auf den Melkschemel setzte, zitterten ihre Hände so sehr, dass sie der Ziege überhaupt keine Milch entlocken konnte. Das Tier schien ihre Nervosität zu spüren und wich zurück, wobei sie beinahe den Holzeimer umgestoßen hätte. „Es ist alles gut“, sagte Nava und strich über die Flanke des Tieres. „Du brauchst keine Angst zu haben.“ Sie ballte die Hände zu Fäusten, um das Zittern unter Kontrolle zu bekommen, aber die Milch kam trotzdem nicht, als sie es wieder versuchte. Schimon kam mit der nächsten Ziege und sah, wie sie zu Aaron hinüberblickte.

„Er schon wieder?“ Schimon band seine Ziege fest und schlurfte zu seinem jungen Herrn hinüber. „Braucht Ihr etwas, Herr?“

„Nein. Es macht mir nur Spaß, deine kleine Ziegenprinzessin zu beobachten.“

Voller Angst zog Nava zu heftig an der Zitze. Die Ziege meckerte und trat, sodass der Eimer umfiel und sich etwas von der Milch auf den Boden ergoss. Nava hob den Eimer schnell auf, lehnte dann ihren Kopf an die Ziege und versuchte, nicht zu weinen. Jetzt würde sie Ärger bekommen. Nichts hasste Malkija so sehr wie Verschwendung. „Keine Sorge, Mädchen“, beruhigte Schimon sie, als er sich setzte. „Diese Ziege macht manchmal Zicken.“ Er versetzte dem Hinterteil des Tieres einen Klaps und ließ es zu den anderen laufen.

Später, nachdem das Melken erledigt und Aaron gegangen war, ging Nava zu Schimon, der eine ihrer Ziegen festhielt und vorsichtig ihr verletztes Bein untersuchte. „Es tut mir leid, dass ich heute Morgen die Milch verschüttet habe, aber der junge Herr macht mich nervös, wenn er mich so beobachtet.“

„Beachte ihn gar nicht.“

Penina hatte sie gewarnt, nichts davon zu sagen, was sie gesehen hatte, aber Schimon sorgte für sie wie ein zweiter Vater und Nava konnte ihr Geheimnis nicht länger für sich behalten. „Schimon … es gibt etwas, das du wissen solltest. Ich habe gesehen, wie die Söhne unseres Herrn etwas von seinem Wein gestohlen haben. Sie haben gesagt, ich sollte den Mund halten, also habe ich nichts gesagt. Aber … aber sie haben auch gesagt, wenn Malkija merkt, dass der Wein fehlt, würden sie dich beschuldigen, ihn gestohlen zu haben.“

Schimon stieß sein gewohntes verächtliches Knurren aus. „Ich kenne Aaron seit dem Tag, an dem er geboren wurde. Nachdem seine Mutter tot war, hat sein Vater ihn zu sehr verwöhnt.“

„Ich will nicht, dass du Ärger bekommst. Was soll ich tun?"

„Es gibt nichts, was wir tun können."

„Kann man ihn nicht irgendwie davon abhalten, mich zu beobachten?"

„Bestimmt verliert er bald das Interesse und sucht sich etwas anderes."

Aber kurz darauf stand Aaron im Küchenhof, als Nava die Eimer mit der frischen Milch hinüberbrachte. Er setzte sich auf einen Schemel, um Nava bei der Käseherstellung zuzusehen. Penina hatte ihren Ziegenkäse gelobt und ihr die Verantwortung für diese tägliche Aufgabe übertragen.

„Warum erklärst du mir nicht, was du da machst, Prinzessin?", sagte Aaron. „Schließlich will mein Vater, dass ich alles über sein Gut lerne."

Ihr blieb nichts anderes übrig, als zu gehorchen. „Ich stelle Käse aus Milch her, Herr." Hörte er das Zittern in ihrer Stimme oder sah er, wie ihre Hände bebten? „Diese Schüsseln enthalten Milch in verschiedenen Stadien. Ich prüfe sie jeden Tag, um zu sehen, ob sie für den nächsten Schritt bereit sind."

Er zog seinen Hocker ein wenig näher. „Wie heißt du, Prinzessin?"

Sie wollte es ihm nicht sagen. Ihr Name bedeutete *schön.* „Ich heiße Nava, Herr."

Er lachte und das hässliche Geräusch ließ sie erschauern. „Erzähl mir, was du jetzt machst, schöne Nava."

„Dies ist die Milch von heute Morgen. Ich füge die Kulturen hinzu, die sie gerinnen lässt, dann lasse ich sie bis morgen stehen." Ihre Wangen brannten unter seinen prüfenden Blicken, während sie arbeitete. „Die zweite Schale ist von gestern", sagte sie, nachdem sie die erste mit einem Tuch abgedeckt hatte. Sie nahm ein Messer, um die dickliche Masse zu prüfen, die sich gebildet hatte, und sagte: „Diese Portion ist fertig. Jetzt muss ich die Molke abgießen." Sie nahm eine Tonschüssel mit Löchern und legte ein feines Tuch hinein. Dann stellte sie eine andere Schüssel darunter, um die Molke aufzufangen. Schließlich gab sie die geronnene Milch mit einem Löffel in das Sieb, weil sie nicht sicher war, ob es ihr mit den zitternden Händen gelingen würde, die Masse auszugießen, ohne etwas davon zu verschütten. Als sie fertig war, stand sie ganz still und wartete darauf, dass ihr hämmerndes Herz sich beruhigte.

„Und was jetzt, meine Schöne?", fragte er.

„Jetzt lasse ich den Käse bis morgen abtropfen. Penina verwendet die Molke weiter." Sie holte ein weiteres Sieb hervor. Darin befand sich der bereits abgetropfte Käse vom Vortag, den Nava nun mit den Fingern testete, um festzustellen, wie viel Flüssigkeit noch darin war. „Dieser hier ist fertig. Der Käse braucht nur noch Salz und vielleicht ein paar Kräuter." Sie nahm eine Prise Salz aus dem Beutel und rührte es unter. Dann formte sie den Käse zu einer Kugel und wickelte ihn in frische Weinblätter. Sie war so in ihre Arbeit vertieft, dass sie Aaron einen Augenblick lang vergaß. Als er plötzlich von seinem Hocker aufsprang, erschrak sie. Ohne ein Wort ging er zu Penina, die am Herd stand, und zog sie zur Seite, um mit ihr zu sprechen.

Nava konnte nicht hören, was er sagte, aber nach der Art zu urteilen, wie er in ihre Richtung zeigte, musste es etwas mit ihr zu tun haben. Penina starrte unglücklich auf den Boden. Navas Haut prickelte, als würden tausend Nadeln sie stechen. Sie räumte auf, aber ihre Hände waren ungeschickt, während sie die Eimer und Schüsseln abwusch und alles verstaute. Sie musste etwas falsch gemacht haben. Als sie es schließlich wagte aufzublicken, war Aaron nicht mehr da. Nava war so erleichtert, dass sie auf einen Schemel sank, bis ihre Beine sie wieder trugen.

Schließlich holte sie tief Luft und trug den fertigen Käse zu Penina, die in einem Topf rührte. „Dieser Ziegenkäse ist fertig, Penina. Soll ich ihn heute mit Kräutern würzen oder so lassen, wie er ist?" Die kleine Frau drehte sich um und betrachtete sie so lange, dass Nava fürchtete, sie müsste sich wieder hinsetzen.

„W-was ist? Habe ich etwas falsch gemacht? Ist Herr Aaron böse, weil ich heute Morgen Milch verschüttet habe?"

„Nein, Kleines. Du hast nichts falsch gemacht. Dein einziger Fehler ist, dass du zu hübsch bist." Navas Herz hämmerte schmerzhaft, während sie darauf wartete, dass Penina weitersprach. „Wie es aussieht, bist du dem jungen Herrn aufgefallen, und er will, dass du aus dem Ziegenstall und der Küche abgezogen wirst." Nava schlug sich die Hand vor den Mund, um nicht aufzuschreien. „Du wirst von jetzt an im Haus arbeiten und unsere Herren bei den Mahlzeiten bedienen."

„D-das kann ich nicht … ich weiß nicht, wie das geht. Bestimmt würde ich etwas verschütten und ..."

„Hör zu. Das ist eine Beförderung. Bei Tisch zu bedienen ist eine viel bessere Aufgabe, als in dem stinkenden Ziegenstall zu arbeiten."

Der Hof verschwamm vor Navas Augen, als ihr die Tränen kamen. „Aber ich liebe die Arbeit mit meinen Ziegen. Ich will nicht ..."

„Es spielt keine Rolle, was du willst", sagte Penina scharf. Sie riss Nava den Käse aus der Hand, kehrte ihr den Rücken zu und ging. Nava folgte ihr bettelnd.

„Aber unser Herr hat mich am ersten Tag gefragt, was ich gut kann, und ich habe ihm gesagt, dass ich Ziegen hüten kann. Bitte, kannst du nicht mit ihm sprechen und ihm sagen, dass ich nichts davon verstehe, wie man Mahlzeiten aufträgt?"

„So läuft das nicht. Du sagst kein Wort zu unserem Herrn, es sei denn, er fordert dich dazu auf."

„Aber ich ..."

Penina fuhr zu ihr herum. „Wenn er dir eine Arbeit gibt, dann erledigst du sie – ob es dir gefällt oder nicht."

„Aber wie Herr Aaron mich ansieht … ich habe solche Angst! Es gibt dunkle Ecken und abgelegene Gänge im Haus – und es sind wenige Leute da, die sehen, was geschieht. Was ist, wenn er mir folgt und … und …" Sie schluckte, unfähig, die Worte laut auszusprechen. „Würden alle wegsehen, wie sie es immer tun, und zu viel Angst haben, um mir zu helfen? Du hast selbst gesagt, dass Herr Malkija mir nie glauben würde. Er würde die Lügen seines Sohnes glauben."

Die kleine Frau starrte sie so lange an, dass Nava nicht sicher war, ob Penina sie in den Arm nehmen oder sie wieder anschreien würde. Sie tat keines von beidem. „Ich weiß, wovor du Angst hast", sagte sie schließlich. „Und ich werde nicht lügen und dir sagen, dass du dir keine Sorgen zu machen brauchst." Erneut hielt Nava sich die Hand vor den Mund, als ein Schluchzer entwich. „Aber du bist eine Leibeigene. Du musst tun, was dein Herr sagt. Und seinen Söhnen musst du auch gehorchen."

„Penina … bitte …"

„Zieh deine Schürze aus und geh. Die Haushälterin heißt Ruth. Sie wird dafür sorgen, dass du ein Bad bekommst und dich wäschst, und dann wird sie dir beibringen, was du wissen musst." Nava rührte sich nicht vom Fleck, wie angewurzelt vor lauter Angst und machtlos zu verhindern, was hier geschah. „Wenigstens wirst du nicht mehr nach Ziege riechen. Und du bekommst endlich ein Paar Schuhe, das nicht auseinanderfällt." Noch immer konnte Nava sich nicht bewegen. „Steh nicht so da, Mädchen, sondern geh!"

„I-ich muss Schimon sagen ..."

„Ich sage es ihm. Jetzt geh."

Aber Nava sah, wie Penina sich mit der Hand über die Augen fuhr, als sie sich abwandte.

12

Jerusalem

Der Sommernachmittag war zu heiß, um irgendetwas zu tun, selbst zum Schlafen war es zu warm. Chanas Kleider klebten unangenehm an ihrer Haut, als sie im Hof im Schatten saß und versuchte, den Saum ihres Mantels zu nähen. Mit ihren feuchten Fingern konnte sie kaum die Nadel halten, geschweige denn, sie durch den groben, festen Stoff stechen. Schließlich gab sie auf und warf die Arbeit zur Seite. Nichts schien sich in der reglosen Luft zu bewegen. Selbst die Vögel und Insekten waren still. Deshalb setzte sie sich auf und lauschte, als ein eiliges Klatschen von Sandalen auf dem Kopfsteinpflaster der Straße die Stille durchbrach. Das Geräusch hörte vor ihrem Haus auf. Ihr Vater stürzte in den Hof und ließ das Tor hinter sich weit aufschwingen. Schweiß stand ihm auf der Stirn und lief über sein gerötetes, überhitztes Gesicht. Chana sprang auf.

„Abba, was ist passiert?"

Er grinste. „Nichts, mein Engel. Judith! Sarah! Kommt, kommt! Ich habe eine sehr wichtige Aufgabe für euch!" Chanas Schwestern schlurften aus dem Haus, aus ihrem Mittagsschlaf geweckt, aber Abba sprach so schnell, dass Chana nicht verstand, was er sagte. Etwas vom Kochen für ein großes Bankett. Hatte er einen Sonnenstich? Sie packte seinen Arm, um sein wildes Gestikulieren zu bändigen. „Langsam, Abba, erzähl es uns noch einmal: Wer kommt zum Essen?"

„Der Statthalter von Juda!"

„Statthalter Sanballat? Das kann doch nicht sein."

„Nein, nein. Unser eigener Statthalter."

„Ich dachte, Statthalter Esra wäre im Ruhestand", sagte Sarah. Sie und Judith waren herausgekommen, ohne ihre Sandalen anzuziehen, und Judith musste auf den heißen Pflastersteinen von einem Fuß auf den anderen tanzen.

„Nein, nein, nein. Nicht Esra. Wir haben einen *neuen* Statthalter, Nehemia ben Hachalja."

Judith blinzelte ihren Vater im hellen Sonnenlicht an, ihre wilde Mähne vom Schlaf noch ganz zerzaust. „Seit wann?"

„Er ist vor zwei Tagen angekommen, direkt aus Susa. Rebbe Esra hat ihn den Ratsmitgliedern heute Morgen vorgestellt und uns seine offizielle Ernennung zum Statthalter gezeigt. Sie ist von König Artaxerxes selbst besiegelt. Wir müssen ein Bankett vorbereiten, um ihn in unserem Haus willkommen zu heißen."

„Ich glaube, die Sonne hat dich verwirrt, Abba", sagte Chana. Sie führte ihn zu der Bank im Schatten, auf der sie gesessen hatte. „Du kannst unmöglich erwarten, dass wir für einen so wichtigen Mann eine Mahlzeit zubereiten."

„Vor allem in dieser Hitze", fügte Sarah hinzu.

„Außerdem: Wie kommst du darauf, dass er in unser bescheidenes Haus kommen würde?", sagte Judith. Sie hatte ihrem Vater einen Becher mit Wasser gebracht und fächelte ihm Luft zu, während er einen Schluck trank.

„Weil es bereits ausgemacht ist, meine Engel. Er hat zugesagt, heute Abend mit uns zu essen." Alle drei fingen gleichzeitig an zu protestieren.

„Heute Abend!"

„So kurzfristig?"

„Was sollen wir denn kochen?"

„Wir werden niemals rechtzeitig fertig werden!"

„Refaja wird auch kommen", fügte Abba nach einem zweiten Schluck Wasser hinzu. „Und dazu die drei Männer, die sich bereit erklärt haben, dem neuen Statthalter als Assistenten zur Seite zu stehen, da er offenbar kein Gefolge mitgebracht hat. Ich habe ihnen allen gesagt, sie sollen nach Sonnenuntergang kommen."

Chana unterdrückte ein Stöhnen, als sie den Namen von Itzhaks Vater hörte. Es wurde immer schlimmer. Es war ihr schon immer schwergefallen, in seiner Nähe zu sein und dadurch an den geliebten Mann erinnert zu werden, den sie verloren hatte. Chana rechnete schnell zusammen: neun Personen, für die sie kochen mussten – fünf Gäste und ihre Familie. „Erwarte aber kein großes Bankett, Abba, wenn du uns nur vier Stunden Zeit gibst, um etwas vorzubereiten."

„Ich habe vollstes Vertrauen in euch", strahlte er. „Ihr seid schließlich die Töchter eurer Mutter – möge sie in Frieden ruhen. Jetzt muss ich aber wieder zurück." Er leerte seinen Becher und erhob sich.

„Lauf in dieser Hitze nicht so schnell den Berg hinauf", warnte Judith, aber er winkte nur und eilte ebenso schnell davon, wie er gekommen war. Es war nicht zu ändern. Sie mussten sich der Herausforderung stellen, an diesem glühend heißen Tag in nur wenigen Stunden eine Mahlzeit zuzubereiten.

„Kommt, wir sehen besser nach, was wir in der Vorratskammer haben", sagte Chana und ging voran.

„Mama hätte einen ganzen Monat lang mit Abba geschimpft, wenn er das gemacht hätte, als sie noch lebte", sagte Judith mürrisch, während sie die Deckel von verschiedenen Vorratsbehältern und Tonkrügen nahm, um zu sehen, was sich noch darin befand.

„Aber sie hätte ihm trotzdem ein Festmahl gekocht", sagte Sarah, „also machen wir uns an die Arbeit. Abba zuliebe."

„Wenigstens haben wir einen schönen Weinvorrat von Malkija", sagte Chana und zog heraus, was von dem Geschenk noch übrig war. Sie hatten keine Zeit, ein Lamm oder eine Ziege zu schlachten, geschweige denn, das Tier zu braten, also taten sie, was sie konnten, und bereiteten verschiedene herzhafte Gerichte und Salate und Süßspeisen zu. Chana deckte den Tisch für neun Personen und hatte gerade noch Zeit, sich das Gesicht zu waschen und ein anderes Gewand anzuziehen, bevor Abba und ihre Gäste eintrafen.

Ihr erster Eindruck des neuen Statthalters war, dass er ein sehr attraktiver, aber arroganter Mann war. Er sah ihr nur ganz kurz in die Augen, als Abba ihm jede seiner Töchter vorstellte, dann hob er das Kinn und wandte sich ohne Antwort ab, seine Aufmerksamkeit von einem seiner Begleiter abgelenkt. Die anderen vier Männer unterhielten sich miteinander, während sie sich in den Hof drängten, aber sie bemerkte, dass der Statthalter die Mauern und Türen und Tore musterte, als suchte er nach einem Fluchtweg. Er begutachtete Haus und Hof so gründlich, dass Chana halb erwartete, eine Aufzählung aller Mängel von ihm zu hören. Sie widerstand der Versuchung, ihn daran zu erinnern, dass er sich nicht mehr in Susa befand. Er konnte kaum erwarten, hier so üppig zu speisen. Selbst nachdem sie sich zu Tisch begeben hatten und der Wein von Abba gesegnet worden war, horchte der Statthalter bei jedem Geräusch auf, das aus dem Dunkeln jenseits des Lichtkegels am Tisch kam. Erwartete er, dass jeden Moment jemand aus einem Versteck sprang. Wovor hatte er Angst?

Aber sein schlimmster Fehler war in Chanas Augen, dass er den ganzen Abend mit den anderen Männern über geschäftliche Dinge sprach und Abba und Refaja mit endlosen Fragen bombardierte. Er gab sich überhaupt keine Mühe, sie und ihre Schwester in die Unterhaltung mit einzubeziehen, so wie Malkija es getan hatte. Der Mann langweilte sie nicht nur, sondern machte sie wütend, weil er nicht einmal den Anstand hatte, die Mahlzeit seiner Gastgeberinnen zu loben oder ihnen auch nur zu danken! Der Statthalter besaß weder Charme noch Höflichkeit und hätte genauso gut Sägespäne essen können, so wenig Interesse schenkte er den Gerichten.

Später starrte Chana zum Himmel über dem Hof hinauf und sah zu, wie der Vollmond aufging. Sie wartete darauf, dass der langweilige Abend sich dem Ende zuneigte und der Statthalter sich danach erkundigte, welche Sicherheitsvorkehrungen getroffen worden waren, um die Bürger von Jerusalem zu schützen. Chanas Brust zog sich zusammen. Sie fürchtete, was als Nächstes kommen würde. „Leider wurden keine Sicherheitsvorkehrungen getroffen", sagte Refaja. „Mein Sohn Itzhak wurde von einer Bande Eindringlinge getötet, als sie nachts sein Haus überfielen. Er und Schallums Tochter Chana wollten heiraten." Er zeigte auf sie, die neben Abba saß.

„Ja, mein Bruder hat mir davon erzählt", sagte Nehemia. Er warf Chana lediglich einen flüchtigen Blick zu, bevor er seine Aufmerksamkeit wieder Refaja zuwandte. „Es tut mir leid, dass du deinen Sohn verloren hast. Mein Beileid."

Chana wartete auf ein mitfühlendes Wort wegen ihres Verlusts, aber es kam nicht. Sie konnte nur mit Mühe ein verächtliches

Schnauben unterdrücken, als die Männer weitersprachen, als wäre sie gar nicht da.

„Die Wachen haben nichts genützt. Die Stadt ist zu weitläufig", sagte Abba.

„Und es gab andere Raubüberfälle und Angriffe seit diesem Mord, aber wir konnten die Schuldigen nicht fassen."

„Oder sie daran hindern, wieder zuzuschlagen."

Chana konnte sich nicht mehr beherrschen. „Sag, Statthalter Nehemia, hast du einen Plan, was du gegen die Gewalt unternehmen willst?"

Er sah sie an, als überraschte es ihn, dass sie immer noch da war und sprechen konnte. Er runzelte die Stirn. „Deine Frage ist verfrüht. Ich bin erst vor drei Tagen angekommen." Wieder wandte er sich an Chanas Vater. „Soweit ich weiß, ist die Residenz von Statthalter Esra nicht bewohnt."

„Das stimmt. Seit er und seine Familie ausgezogen sind, steht sie leer – sicher wirst du dort wohnen wollen."

„Sollen wir Bedienstete für dich einstellen?", fragte einer seiner Assistenten.

„Ja, das wäre gut."

Bedienstete! Dienstwohnungen! Wie konnte Nehemia beinahe im selben Atemzug über so triviale Dinge reden und über den Mord an Itzhak? Chana wusste, dass sie unhöflich war, aber sie erhob sich ohne ein Wort vom Tisch und ging ins Haus. Ohne Lampe musste sie sich durch ihr Zimmer tasten, aber sie fand ihr Bett, sank darauf nieder und streifte ihre Sandalen ab. Die Hitze erschwerte das Atmen in der stickigen Dunkelheit und der Schweiß ließ die Kleider schon nach wenigen Minuten an ihrem Leib kleben. Aber alles war besser, als noch einen Moment länger neben Judas arrogantem neuem Statthalter zu sitzen. Sie lauschte dem entfernten Murmeln der Unterhaltung und hoffte, dass ihre Schwestern nicht kommen und sie fragen würden, was los war. Aber sie hatten offenbar bessere Manieren als Chana, denn sie blieben am Tisch sitzen und ertrugen die langweiligen Gespräche und die düstere Ernsthaftigkeit ihres Gastes.

Gerade war sie ein wenig eingenickt, erschöpft von den Vorbereitungen der umfangreichen Mahlzeit, als Abbas laute Stimme sie weckte. Endlich verabschiedete er seine Gäste. Chana blieb, wo sie war. Warum sollte sie sich die Mühe machen, höflich zu sein, wenn der neue Statthalter sich so unverschämt verhalten hatte?

„Ist alles in Ordnung, Chana?", fragte Judith, als Sarah und sie schließlich zu Bett kamen.

„Was war denn mit dir los?"

„Abba hat sich Sorgen gemacht, dass du krank bist." Judith stellte eine Öllampe in die Ecke neben Chanas Bett und setzte sich dann neben sie.

„Du kannst Abba sagen, dass es mir gut geht", sagte sie gähnend. „Ich habe einfach beschlossen, dass ich für diesen Abend genug von unserem neuen Statthalter hatte."

„Hat es dich traurig gemacht, als sie über Itzhak sprachen?", fragte Sarah.

„Nein, es hat mich wütend gemacht!" Chana setzte sich auf. „Er hat mir mit keinem Wort sein Beileid ausgesprochen, nur Itzhaks Vater. Als ich ihm eine Frage gestellt habe, hat er sich nicht einmal herabgelassen, sie zu beantworten – so als wäre es unter seiner Würde, mit jemandem zu sprechen, der so unwichtig ist wie ich."

„Das ist trotzdem keine Entschuldigung dafür, dass du einfach aufgestanden und gegangen bist", sagte Sarah. „Nur weil unser Gast unhöflich war, heißt das nicht, dass du es auch sein solltest."

„Ich bin gegangen, weil mir klar wurde, dass meine Anwesenheit unnötig war und niemand merken würde, wenn ich nicht mehr da bin."

„Du bist nicht zurückkommen, um ihn zu verabschieden, obwohl er der Statthalter ist."

„Und wenn er der Kaiser wäre! Er hat uns kaum wahrgenommen, er hat kein Wort mit uns gesprochen und sich nicht einmal die Mühe gemacht, sich unsere Namen zu merken. Er hat kein Wort des Dankes oder Lobes für die Mahlzeit an uns gerichtet, nachdem wir so viel gearbeitet hatten."

„Er ist auf jeden Fall anders als Malkija ben Rechab, nicht wahr?", sagte Judith. Sie stand auf und zog sich das Gewand über den Kopf. „Weißt du noch, wie charmant er war, als er zum Essen kam?"

Chana erinnerte sich. Der Unterschied zwischen den beiden Männern hätte nicht größer sein können. Und Malkijas Mitgefühl und Verständnis für ihre Trauer hatten sie angerührt. „Jedenfalls werden wir Statthalter Nehemia nach dem heutigen Abend nicht wiedersehen“, sagte sie. „Wenn er erst einmal mit seinem Personal in seine eigene Residenz zieht, wird er sich bestimmt nicht mehr herablassen, in unserem bescheidenen Haus zu speisen. Oder unsere Einladung zu erwidern.“

„Hast du bemerkt, dass er sich beim Essen ständig umgesehen hat?“, fragte Judith. „Als könnte jemand im Schatten lauern und nur darauf warten, ihn anzugreifen? Er hat gar nicht damit aufgehört. Macht er nachts überhaupt die Augen zu?“

„Das ist mir auch aufgefallen“, sagte Chana. „Er kam mir vor wie ein Mann, der so viele Feinde gesehen hat, dass er sich nicht mehr entspannen kann. Und so arrogant, wie er war, ist es kein Wunder, dass er Feinde hat.“

„Selbst wenn er sich ein schwaches Lächeln abgerungen hat“, sagte Judith, „sahen seine Augen traurig aus. Und argwöhnisch.“

„Ihr beide solltet aufhören, über ihn zu tratschen“, sagte Sarah. Sie hatte die Hände in die Hüften gestemmt, so wie ihre Mutter es immer getan hatte, wenn sie mit ihnen schimpfte. „Erstens ist Tratschen nicht recht und zweitens solltet ihr unserem neuen Statthalter ein bisschen Respekt erweisen.“

„Wenn es wahr ist, dann ist es kein Tratschen“, sagte Chana.

Judith kicherte. „Abba wird wütend sein, wenn er herausfindet, dass du gar nicht krank warst, Chana – sondern nur unhöflich.“

Sie seufzte. Abba wurde nur selten böse und er war nicht nachtragend. Aber sie wusste, dass er enttäuscht sein würde, und deshalb bereute Chana, den Tisch verlassen zu haben. „Löschen wir das Licht und gehen wir schlafen. Es war ein langer Tag. All die Arbeit und kein Hauch von Dankbarkeit oder Anerkennung.“

Sie lagen eine Weile schweigend in der Dunkelheit, bevor Sarah sagte: „Aber ihr müsst zugeben, dass er gut aussieht.“

„Ein attraktives Äußeres ohne Wärme oder Anmut ist wie ein goldener Ring im Rüssel eines Schweins.“

„Chana! Du bist schrecklich!“, sagte Sarah.

„Ach, schlaf jetzt.“

13

Jerusalem

Nehemia war jetzt seit drei Tagen in Jerusalem und noch immer hatte er weder die zerstörten Mauern inspiziert noch einen Plan ersonnen, wie er sie wiederaufbauen könnte. Und er hatte auch noch niemandem erzählt, warum er den weiten Weg hierher zurückgelegt hatte und was er plante. An diesem Abend, als er mit den beiden Bezirksverwaltern von Jerusalem zu Abend gegessen hatte, war wieder von dem Mord an dem jungen Bräutigam die Rede gewesen. Und als Schallums Tochter gefragt hatte, was er deswegen zu unternehmen gedachte, hatte die Frage sein Gewissen wie ein Messer getroffen. Dass er keine Antwort darauf gehabt hatte, stieß das Messer nur noch tiefer. Als die Frau endlich vom Tisch aufgestanden war, ohne zurückzukehren, war er ganz erleichtert gewesen.

Jetzt, wo er auf der Straße unter einem sternenübersäten Himmelszelt stand, erkannte Nehemia den wahren Grund, warum er sich über Schallums Tochter geärgert hatte: Wie er hatte auch sie jemanden verloren, den sie geliebt hatte – jemanden, der hilflos und unbewaffnet gewesen war, als er in der Nacht überfallen wurde. Nehemia hatte den Blick abgewandt, weil er den Zorn und Kummer, der sich in ihrem Gesicht spiegelte, nur allzu gut kannte. Sie waren ihm so vertraut wie sein eigenes Antlitz im Spiegel. Er hätte ihr so gerne versprochen, dass er die Mauern Jerusalems wiederaufbauen würde, und wenn er jeden einzelnen Stein mit den eigenen Händen auf seinen Platz setzen musste. Doch er konnte ihre Frage noch nicht beantworten. Er *durfte* noch nicht offenbaren, was Gott ihm aufs Herz gelegt hatte, weil er nicht wusste, wem er trauen konnte.

Rebbe Esra hatte ihn vor feindlichen Spionen unter seinen eigenen Leuten gewarnt.

Der Vollmond war aufgegangen, während sie gegessen hatten, und erleuchtete die Nacht, als er mit seinen jungen Gehilfen Johanan, Rehum und Levi das Haus von Schallum verließ. Der Himmel war beinahe so hell wie in den Stunden vor Tagesanbruch, sodass er die Straße der Bäcker zum Haus seines Bruders leicht finden konnte. Plötzlich blieb Nehemia stehen. Warum sollte er die Mauern nicht jetzt untersuchen, heute Nacht, während die Stadt schlief? Durch den Vollmond war es auf jeden Fall hell genug dafür. „Weiß einer von euch, wo ich ein Maultier oder einen Esel leihen kann?", fragte er die Männer, die ihn begleiteten.

„Natürlich, Statthalter", erwiderte Johanan. „Ich werde dafür sorgen, dass du das Tier gleich morgen früh bekommst."

„Ich brauche das Maultier sofort. Es gibt etwas, das ich noch heute Nacht tun muss. Da draußen." Er zeigte über die Mauerreste hinweg. Er würde nicht bis zum Morgen warten. Jetzt wollte er die Trümmer besichtigen, während niemand ihn dabei sah. Lieber hätte er seine Brüder mitgenommen, weil er wusste, dass er ihnen vertrauen konnte. Aber nachdem er gerade erst an die Gefahren erinnert worden war, beschloss er, sie nicht an diesem Unterfangen zu beteiligen. Schließlich war er nach Jerusalem gekommen, um sie und ihre Familien zu beschützen.

Seine Gehilfen reagierten nicht. Vielleicht glaubten sie, sich verhört zu haben. Nehemia kam der Gedanke, dass die Männer Angst haben könnten. „Ihr müsst mich nicht begleiten", sagte er zu ihnen. „Ich brauche nur ein Reittier."

„Mein Schwiegervater Meschullam hat ein Maultier", sagte Johanan schließlich. „Er wohnt beim Rosstor, am Hügel Ofel. Das ist nicht weit von hier."

„Ausgezeichnet. Ich wäre dankbar, wenn ich mir das Tier von ihm leihen könnte." Nehemias Anspannung wuchs, als sie den Hügel Ofel hinaufstiegen und das Haus erreichten, das gleich unterhalb vom Tempelberg stand. Johanan gelang es, die schlafende Familie zu wecken, ohne sie zu sehr zu erschrecken. Das Maultier, das im Hof des Hauses – in Sicherheit vor Dieben – angebunden war, wurde schnell für Nehemias Ritt bereit gemacht. Es hatte einen langen, breiten Rücken, kräftige Beine und einen Widerrist, der bis zu Nehemias Kinn reichte. Er strich über die elegante weiche Schnauze und wusste, warum sein Besitzer ein so feines Reittier versteckte.

„Ihr müsst mich nicht begleiten“, wiederholte er, als seine Gefährten das Maultier hinausführten und ihm beim Aufsteigen halfen.

„Wohin gehst du, Herr?“, fragte Rehum.

Er beschloss, ihnen zu vertrauen. „Ich will mir Jerusalems Mauern näher ansehen. Oder vielmehr, was davon übrig ist. Mein Plan ist, einmal um die Stadt herumzureiten.“ Zu seinem Erstaunen stellte er fest, dass keiner von ihnen nachfragte und alle drei sich bereit erklärten mitzukommen.

„Durch das Taltor kann man am einfachsten reiten, Herr, wenn du dort beginnen willst“, sagte Johanan.

„Meinetwegen.“ Nach einiger Zeit verließen sie die Stadt durch das schemenhafte Loch, an dessen Stelle sich einst das Tor befunden hatte. Nehemia vermutete anhand der Trümmer, dass es ein breites Kasemattentor gewesen war, mit Kammern für die Wächter und wahrscheinlich einem Wachturm darauf. Einer nach dem anderen bahnten sie sich einen Weg hindurch, weil die breite Straße von riesigen, herabgestürzten Steinen versperrt war. So kamen sie in das zentrale Tal, das westlich des Höhenzugs von Jerusalem verlief.

Vor ihnen, auf dem Berg im Westen der Stadt, lag der Teil, den sein Bruder *Mischne* genannt hatte – der Teil der Stadt, der von der babylonischen Armee zerstört und nicht wieder aufgebaut worden war. Nehemia konnte sehen, dass der riesige Bereich früher von Mauern umgeben gewesen war, die einen Halbkreis um die jetzt zerstörten Häuser bildeten. Diese Mauern hatten sich direkt an die Mauern angeschlossen, die den Tempel Davids umgaben. Es hatte allerdings keinen Sinn, sie jetzt wiederaufzubauen, obwohl die doppelten Mauern Jerusalems verwundbare Westseite wunderbar geschützt hätten. Doch niemand lebte mehr in den Trümmern der *Mischne*.

Nehemia blickte zum Vollmond hinauf, während sein Maultier stetig vorantrabte. Keine Mauer würde jemals stark genug sein, um sein Volk zu schützen, wenn der Heilige nicht auf seiner Seite war. Selbst wenn Nehemia alles in seiner Macht Stehende tat, um die leibliche Sicherheit seines Volkes zu gewährleisten, würden seine Bemühungen wertlos sein, wenn die Menschen Gott nicht treu blieben. Buße und Wiederaufbau mussten Hand in Hand gehen.

Vor dem Tor beschloss Nehemia, sein Reittier an der Mauer entlang in Richtung Süden zu lenken, wobei er langsam genug ritt, damit die anderen drei Männer ihm folgen konnten. Er kam an einem langen zerstörten Mauerabschnitt vorbei, der hangabwärts verlief und keine Öffnungen für Tore aufwies. Insekten schwirrten in der staubigen Nacht, verstummten aber beim Klang der Schritte. Die trockene Luft ließ die Haare auf Nehemias Armen zu Berge stehen. Er sah zertrampelte Erde und die Überreste von Lagerfeuern an den Stellen, wo seine persische Eskorte gelagert hatte, bevor sie nach Susa zurückgekehrt war. „Wie heißt das Reservoir in diesem Tal?“, fragte er.

„Königsteich, Herr. Er befindet sich an der südlichsten Spitze der Stadt. Gleich wirst du das Gewässer wahrscheinlich besser sehen können.“

Nehemia sah, welche enorme Aufgabe vor ihm lag. Nicht nur, dass die eingefallenen Mauern nutzlos waren – das Durcheinander aus herabgestürzten Steinen bildete ein massives Hindernis, sodass er mit seinem Maultier nicht zum Fuß der Mauer durchdringen konnte. Es würde für die Bauleute schwierig sein, zwischen diesen Steinquadern im Königsteich hindurchzuwaten. Und wenn sie anfingen, die Steine zu bewegen, würde es ein äußerst gefährlicher Arbeitsplatz sein. Ein entschlossener Feind konnte jedoch über die Trümmer klettern und die Stadt betreten.

Nehemia ritt zum Fuß des Hanges, wo das Wasser des Königsteichs im Mondlicht glitzerte. Als er die nächste klaffende Lücke erreichte, an der sich früher einmal ein Tor befunden hatte, hielt er erneut sein Maultier an. Die Trümmer bedeckten eine riesige Fläche und er sah, dass die Mauer um die Mischne einst an dieser Stelle auf die Stadtmauer getroffen war.

„Dies wurde das Misttor genannt“, erklärte einer der Männer ihm. Seine Stimme klang unnatürlich laut, als sie die tiefe Stille der Nacht durchbrach.

„Und ist das dort unten das Hinnomtal?“, fragte Nehemia.

„Ja, Herr.“

Der Ort, an dem Menschen ihre Kinder dem Götzen Moloch geopfert hatten. Kein Wunder, dass die Zerstörung dieser Stadt vom Allmächtigen zugelassen worden war. Nehemia trieb sein Maultier an.

Er hatte sehen wollen, ob die Mauer repariert und verstärkt werden konnte oder ob sie so schwer beschädigt war, dass er ganz von vorne anfangen musste. Jetzt, wo er genauer hinsah, stellte er erleichtert fest, dass die Fundamente an den meisten Stellen in einem guten Zustand waren. Darauf würde er bauen können. Einige Teile mussten nur abgestützt und verstärkt werden. Andere, die nur noch halb so hoch waren wie ursprünglich, konnten vielleicht repariert werden. Aber an vielen Stellen war die Mauer so tief eingestürzt, dass das Maultier einfach darüber hätte hinwegschreiten können, wenn der Weg nicht von zerbrochenen Trümmern verbrannter Steine übersät gewesen wäre. Diese Abschnitte würde er von Grund auf erneuern müssen. Und er musste alle Tore ersetzen. Nicht ein einziges war mehr übrig, denn das Holz war im Feuer bei der großen Zerstörung Jerusalems verbrannt.

Nehemia umrundete die südlichste Ecke der Stadt und ritt das Kidrontal hinauf in Richtung Quelltor. Die dunkle Silhouette der Hügelkette, die als Ölberg bekannt war, ragte im Osten auf der anderen Seite des Tales auf. Aber Nehemia kam nicht weit, denn so viele Trümmer versperrten ihm den Weg, dass sein Reittier nicht zwischen ihnen hindurchlaufen konnte. Das Tier scheute und weigerte sich, über die Steine zu klettern. Also stieg Nehemia ab, ging zu Fuß weiter und kletterte über die Trümmer, um die Mauer zu begutachten. Dabei war er sich der Gefahr durch Vipern und Skorpione, die sich in den Ritzen versteckten, deutlich bewusst. Auf halbem Weg blieb er stehen, zu erschöpft, um weiterzugehen, und betrachtete im Mondschein den vor ihm liegenden langen Abschnitt der eingestürzten Mauer. „Warum gibt es hier viel mehr Geröll?“, fragte er sich laut.

„Hier auf der Ostseite waren mit Steinen abgestützte Terrassen angelegt, weil der Hang so steil ist“, erwiderte Johanan. „Aber die Terrassen sind im Feuer zusammengebrochen.“

„Und Unwetter und Regen und die Zeit haben ihnen den Rest gegeben, vermute ich.“ Die eingefallenen Terrassen waren den Hang hinuntergerutscht, sodass Nehemia nicht weitergehen konnte. Hier würde es noch schwieriger als auf der Westseite sein, die Steine zu bergen und die Mauer wiederaufzubauen. Vom Tempelberg aus hatte Nehemia die steilen Hänge hier im Osten der Stadt schon bemerkt. Zusammen mit dem tief eingeschnittenen Kidrontal waren sie früher ein natürlicher Schutz vor Feinden gewesen. Aber jetzt nicht mehr. Jerusalems Feinde konnten die Hänge nun ganz einfach erklimmen, indem sie über die Geröllhalden kletterten.

Er ging zu der Stelle zurück, an der er das Maultier angebunden hatte. Seine Begleiter halfen ihm in den Sattel. Nehemia zog an den Zügeln, um das Tier zu wenden. „Gehen wir zurück", sagte er zu den Männern. Als sie wieder beim Taltor ankamen, ritt Nehemia daran vorbei in Richtung Norden und den Hang zum Tempelberg hinauf. In diesem Teil der Stadt zählte er unterhalb vom Tempel mindestens vier weitere Tore. Wo diese Tore gewesen waren, erkannte er an den Lücken in der zerstörten Mauer und den Überresten der eingestürzten Türme. Wieder musste er stehen bleiben, als der Pfad zu sehr von Geröll übersät war und das Maultier nicht weiterkam. Die Tatsache, dass er das Dach des Tempels im Mondschein erkennen konnte, machte ihn wütend. Zu den Schutzmauern um Jerusalem sollte auch eine Befestigung um den heiligen Tempel herum gehören.

Schließlich drehte Nehemia um und kehrte durch das Taltor wieder in die Stadt zurück. Es hatte mehrere Stunden gedauert, die Stadt zu umrunden, und seine Männer sahen müde aus. Sie halfen ihm von seinem Maultier und er ging mit ihnen zu dem Besitzer des Tieres, um es zurückzugeben. Anschließend standen sie auf der mondbeschienenen Straße vor Ephraims Haus zusammen.

„Ich habe bislang keinem der Priester oder Edelleute oder Beamten erzählt, weswegen ich hergekommen bin", sagte er. „Und ich verlasse mich darauf, dass ihr drei diese Information für euch behaltet, bis ich sie offiziell verkünde … Aber ich habe vor, Jerusalems Mauern wiederaufzubauen." Er sah Überraschung und ungläubiges Staunen und vielleicht sogar Zweifel in ihren Mienen.

„Es wird eine ungeheure Aufgabe sein, Herr", sagte Johanan. „Es wird Jahre dauern ..."

„Nein, das wird es nicht. Es darf keine Jahre dauern. Jahre haben wir nicht dafür. Wir müssen die Mauern schnell wiederaufbauen, bevor unsere Feinde versuchen, uns daran zu hindern."

„Glaubst du wirklich, das ist möglich?“, fragte Johanan.

„Ja. Und es wird geschehen – mit Gottes Hilfe. Gute Nacht, meine Herren.“

Als Nehemia später in dieser Nacht im Bett lag und zu schlafen versuchte, schien ihm das Ausmaß seiner Mission überwältigend. Jedes Mal, wenn er die Augen schloss, sah er Lawinen von herabstürzenden Steinen vor sich; Steine, die so schwer waren, dass ein Mann sie nicht heben konnte; Steine, die verrutschen und einen Mann unter ihrem ungeheuren Gewicht begraben konnten. Trotz seiner vollmundigen Worte seinen Begleitern gegenüber war er von seiner mitternächtlichen Begutachtung entmutigt.

Aber sein Zorn war größer als seine Mutlosigkeit. Zorn darüber, dass er Jerusalem in einem solchen Zustand vorfand. Zorn darüber, dass die Ruinen Gottes Ruf schädigten, weil es aussah, als wäre er machtlos, sein Volk zu schützen. Ja, die Aufgabe schien unmöglich. Aber Nehemia diente einem Gott, der Unmögliches möglich machte.

Er erhob sich aus dem Bett und stellte sich ans Fenster, das zum Tempelberg hinausging. Von hier aus war der Tempel trotz Mondlicht nicht zu sehen, aber Nehemia schloss die Augen und hob die Hände im Gebet.

„Herr, du hast mir einen Weg gezeigt, wie ich dem König meine Bitte vortragen konnte. Du hast mir seine Gunst geschenkt. Jetzt bitte ich dich: Hilf mir! Hilf mir, diese Mauer wiederaufzubauen und deine Stadt und dein Volk und deinen heiligen Tempel vor unseren Feinden zu schützen. Möge Jerusalems Mauer ein Zeugnis deiner unermesslichen Gnade werden.“

14

Jerusalem

Chana war alles andere als erpicht darauf, ihr gutes Leinengewand anzuziehen. Der Stoff würde auf ihrer Haut kratzen, die ohnehin schon vom Schweiß juckte. Wenigstens musste Chana an diesem Abend weder Feuer machen noch eine Mahlzeit kochen. Nach einem drückend heißen Tag ging die Sonne endlich unter, aber der Abend versprach kaum Abkühlung. Sie würden sich auf ihrem Weg zu Malkijas Anwesen in Bet-Kerem beeilen müssen, um das Tageslicht so gut wie möglich auszunutzen, bevor die Dunkelheit hereinbrach und das Reisen gefährlich wurde. Zum Glück aber schickte Malkija ihnen einen Wagen und Reittiere und mehrere treue Diener für die Reise. Nach dem Abendessen würden Chana und ihre Familie als Gäste in seinem Haus bleiben.

Sie wandte sich an ihre Schwestern, die in der Hitze so erschlafft wirkten, als hätten sie gar keine Knochen mehr im Leib. Sie hatten sich in den dürftigen Schatten zurückgezogen, den das Dach im Hof spendete. „Es scheint mir, als würde ich schmelzen", sagte Judith.

„Jetzt kommt. Wir müssen uns waschen und umkleiden. Malkijas Diener werden bald hier sein und Abba auch. Dann müssen wir bereit sein. Habt ihr überlegt, was ihr über Nacht mitnehmt?" Keine ihrer Schwestern rührte sich. Sie sahen einander an, als hätten sie ein Geheimnis. „Worauf wartet ihr? Kommt schon, wir müssen uns umziehen."

„Wir kommen nicht mit, Chana", sagte Judith. „Wir bleiben zu Hause."

Das kann nur ein Scherz sein, dachte Chana. „Nein, tut ihr nicht. Wir haben doch Malkijas Einladung angenommen – er erwartet uns!“

„Genau genommen erwartet er nur dich und Abba.“

Chana trat näher, stellte sich vor die beiden hin und blickte auf sie hinunter. Gleich würden die beiden über ihre ungläubige Miene zu lachen beginnen. Aber keine ihrer Schwestern lächelte. „Wenn das ein Witz sein soll, dann ist er nicht lustig. Wir haben keine Zeit für solche Späße.“

„Es ist wahr, Chana“, sagte Judith. „Sarah und ich bleiben zu Hause, damit Malkija sich nicht um so viele Personen kümmern muss. Dann hast du mehr Zeit, ihn besser kennenzulernen.“

„Sei nicht albern. Ihr könnt nicht alleine hierbleiben.“

„Wir werden nicht allein sein. Abba hat entsprechende Vorkehrungen getroffen. Das war seine Idee.“

„Geh einfach und genieß die Zeit“, fügte Sarah hinzu.

Chana fühlte sich, als hätte ihr jemand einen Schlag versetzt. „Warum habt ihr mir das nicht eher erzählt?“ Aber sie kannte die Antwort bereits. Wenn sie es ihr gesagt hätten, wäre sie niemals damit einverstanden gewesen, allein zu reisen und der Mittelpunkt von Malkijas Aufmerksamkeit zu sein. Es war einem Brautwerben zu ähnlich, aber sie war sich immer noch nicht sicher, ob sie Malkija oder irgendjemand anderem erlauben wollte, um sie zu werben. Doch jetzt war es zu spät, um einen Rückzieher zu machen. Sie musste ihren eigenen Rat befolgen und sich schnell fertig machen. Nur mit Mühe beherrschte sie den Drang, wie ein kleines Kind mit dem Fuß auf den Boden zu stampfen. „Ich bin wütend auf euch beide“, sagte sie und stapfte in ihr Zimmer.

Ihr erster Ausflug nach Bet-Kerem ließ sich nicht gut an. Sie riss sich die Kleider vom Leib und warf sie auf den Boden. Dann spritzte sie sich Wasser ins Gesicht. Schlüpfte in ihr kratziges Leinenkleid. Zog den Kamm durch ihre Haare. Erst als sie ihre zornige Miene im Spiegel sah, riss sie sich zusammen. Die Trauer nach Itzhaks Tod war eine Sache, aber Selbstmitleid war etwas ganz anderes – ein hässliches Gefühl. Und sie war kurz davor, darin zu ertrinken. Gerade noch rechtzeitig hob sie den Kopf aus dem gefährlichen Wasser, holte tief Luft und stieß einen Seufzer aus – im gleichen Moment, als sie Abba nach Hause kommen hörte. Wenige Minuten später trafen Malkijas Bedienstete ein.

Mehrmals auf der fast einstündigen Reise war Chana versucht gewesen, mit ihrem Vater zu schimpfen. Sie wollte ihm sagen, wie wütend sie darüber war, dass er sie überhaupt zu dieser Esseneinladung gedrängt und es dann auch noch so eingefädelt hatte, dass Malkija ihr seine ungeteilte Aufmerksamkeit widmen konnte. Aber am Ende schwieg sie doch. Abba liebte sie. Er wollte nur das Beste für sie und er glaubte wirklich, dass Malkija ihre letzte Chance sein könnte, glücklich zu werden. Sie erreichten das Haus ihres Gastgebers, als der Himmel im Westen schon dunkler wurde. Aber was sie im Dämmerlicht von dem Anwesen noch erkennen konnte, war herrlich. Ordentlich in Terrassen gepflanzte Weinstöcke bedeckten die umliegenden Hügel. Von der Anhöhe aus, auf dem sein riesiges Steinhaus stand, konnte sie Ackerland und entfernte Täler sehen. Malkija begrüßte sie am Tor und führte sie kurz durch die Kellerei. Dann zeigte er ihnen seine Ställe und Lagerhäuser und Tiere sowie die schönen Gästezimmer, in denen sie und ihr Vater übernachten würden. Der Stolz auf seinen Besitz erhellte sein ganzes Gesicht und Chana kam es so vor, als ob er noch nie so gut ausgesehen hätte wie in diesem Moment.

„Ich hoffe, ihr werdet euch heute Abend entspannen und die Zeit genießen", sagte er. „Meine Bediensteten haben ein Fest für euch vorbereitet."

Es war tatsächlich ein Fest. Sie aßen in einem wundervollen Innenhof unter einem von Wein berankten Spalierdach. Die Luft in den Hügeln von Bet-Kerem war angenehmer und etwas kühler als in Chanas stickigem Haus in Jerusalem. Malkijas Söhne, Aaron und Josef, gesellten sich zum Essen zu ihnen. Chana stellte erleichtert fest, dass sie älter waren, als sie gedacht hatte – vielleicht sechzehn und siebzehn. Sie brauchte sich also keine Sorgen darüber zu machen, dass sie ihnen eine Mutter sein musste, wenn sie beschloss, Malkija zu heiraten. Die beiden waren eindeutig aus dem Alter heraus, in dem sie eine Mutter brauchten.

Malkijas Zuhause war das schönste Haus, das sie jemals gesehen hatte. Auch ein so extravagantes Mahl hatte sie noch nie zu sich genommen. Das Essen war eines Königs würdig. Doch während sie an Malkijas Tisch saß, von seinen aufmerksamen Dienerinnen bewirtet wurde und seine köstlichen Speisen aß, beschloss sie, sich von seinem Reichtum nicht blenden zu lassen. Die Verheißung großen Wohlstands ohne Liebe schien ihr leer. Als sie ihre opulente Umgebung betrachtete, kam ihr ein Gedanke und sie sprach ihn aus. „Es ist kaum zu glauben, dass es solchen Wohlstand überhaupt noch gibt, obwohl die Dürre schon so lange anhält."

„Chana hat recht. Wie schaffst du das?", fragte Abba.

„Ich habe das Glück, genügend Arbeiter zu haben, die meine Weinberge und Gärten bewässern. Auf meinem Grundstück befinden sich mehrere Quellen und ein kleiner Teich, aus denen ich Wasser beziehe."

„Außerdem hast du das Glück", sagte Chana, „dass du Wachtürme in deinen Weinbergen hast und eine Mauer um dein Haus. Und Diener, die dich bewachen." Malkija und seine Söhne würden nicht mitten in der Nacht ermordet werden, während sie versuchten, ihren Besitz zu schützen, so wie es Itzhak ergangen war.

„Mir ist bewusst, dass ich vorsichtig sein muss", sagte er. „Überall um uns herum gibt es heidnische Siedlungen. Ich würde es mir nie verzeihen, wenn einer meiner Söhne oder meiner Bediensteten auf meinem Anwesen verletzt würde. Ihre Sicherheit ist mir sehr wichtig."

Das Gespräch bei Tisch drehte sich um verschiedene Themen, darunter auch die Thora. Es beeindruckte Chana, wie viel Malkija über das Gesetz wusste. Der ganze Abend war so angenehm, dass sie ihn und ihren liebenswürdigen Gastgeber unwillkürlich mit dem langweiligen Abend verglich, den sie kürzlich mit dem ungehobelten Statthalter verbracht hatte. Den einzigen Hinweis darauf, dass Malkijas Anwesen vielleicht doch nicht vollkommen war, sah Chana in dem traurigen Blick eines der Dienstmädchen. Die Magd war jung, vielleicht so alt wie Sarah, und hatte unter ihrem formlosen Kleid eine schlanke, anmutige Figur. Chana erkannte den Kummer in den Augen des Mädchens und die Trauer und Melancholie an den hängenden Schultern. Die junge Frau betrat und verließ den Essbereich mit gesenktem Kopf, wenn sie Essen auftrug, das Kinn auf die Brust gedrückt. Dann bemerkte Chana noch etwas. Malkijas älterer Sohn Aaron folgte mit den Blicken jeder Bewegung des

Mädchens, so wie ein Raubtier seine Beute beobachtet. Das Mädchen schien seine Blicke zu spüren und neben der Traurigkeit sah Chana auch Angst. Hier stimmte etwas nicht.

Als die Mahlzeit beinahe vorüber war, beugte ein Diener sich zu Malkija und flüsterte ihm etwas ins Ohr. „Es tut mir leid", sagte er und erhob sich. „Wenn ihr mich bitte kurz entschuldigen wollt? Ich muss mich um diese Angelegenheit kümmern. Ich komme gleich wieder."

„Natürlich", erwiderte Abba und setzte seine Unterhaltung mit Malkijas jüngerem Sohn fort. Chana erhob sich leise vom Tisch und folgte der hübschen Magd, als diese den Raum mit einem Tablett voll Geschirr verließ. „Entschuldige bitte", rief sie, als sie sich dem Küchenhof näherte. „Kann ich dich einen Moment sprechen?"

Das Mädchen wandte sich um, die Angst unverkennbar. „Meint Ihr mich?"

„Ja. Wie heißt du?"

„Nava. Habe ich etwas falsch gemacht?" Das Tablett mit den Tellern zitterte sichtbar in ihren Händen.

„Nein, gar nicht. Hör zu, Nava. Vielleicht geht es mich nichts an, aber du scheinst sehr unglücklich zu sein. Kannst du mir sagen, was dir fehlt?"

„Mir fehlt nichts." Sie starrte auf ihre Füße hinunter, ihre Antwort alles andere als überzeugend.

„Wirst du in diesem Haus schlecht behandelt?"

„Nein, nein. I-ich diene noch nicht lange am Tisch meines Herrn, deshalb ist alles noch neu für mich ... Ich wollte vor seinen Gästen keinen Fehler machen."

Das erklärte vielleicht Navas Angst, aber nicht ihren Kummer. Chana beschloss nachzuhaken. „Ich werde ehrlich zu dir sein und ich hoffe, du wirst mich dafür achten und mir gegenüber auch offen sein. Mein Vater hofft, eine Ehe zwischen mir und deinem Herrn arrangieren zu können. Malkija scheint sehr freundlich zu sein und sein Haus ist schön und gut organisiert, aber manchmal kann der Eindruck täuschen. Ich will keinen Fehler begehen und in eine Familie einheiraten, in der andere misshandelt werden."

„Ich werde nicht misshandelt." Noch immer blickte Nava nicht auf. Chana wartete und fragte sich, ob das Mädchen noch mehr sagen würde. Ihre Geduld wurde belohnt, als Nava sie endlich ansah und sagte: „Ich liebe einen Mann in meinem Heimatort. Er heißt Dan. Wir wollen heiraten, aber jetzt müssen wir warten, weil ich als Leibeigene verkauft wurde, um die Schulden meines Vaters zu begleichen." Eine Träne entwich zwischen den Wimpern und rann über ihre Wange, aber sie konnte sie nicht fortwischen, weil sie das Tablett in den Händen hielt. Sie neigte den Kopf, um sich mit der Schulter übers Gesicht zu wischen. „Ich vermisse ihn. Und ich vermisse mein Zuhause und meine Familie."

„Das tut mir sehr leid", sagte Chana. „Ich habe gehört, dass manche in unserem Volk wegen der Dürre zu Sklaven wurden, aber …" Sie beendete den Satz nicht. Es tat ihr in der Seele weh, den Beweis für solche Armut in diesem jungen Mädchen direkt vor sich zu sehen. „Es ist nicht die Schuld meines Herrn", sagte Nava schnell. „Wenn er nicht so freundlich gewesen wäre, mich als seine Leibeigene zu nehmen, wäre unsere Familie verhungert."

„Du wurdest als Magd verkauft, damit sie essen können?"

„Ja. Jetzt werden sie wenigstens genug zu essen haben, bis die Dürre vorüber ist."

„Für wie lange wurdest du verkauft, Nava?"

„Sechs Jahre. Oder bis Abbas Schulden bezahlt sind." Sie biss sich auf die Lippe, um nicht zu weinen. „Aber mein Vater schuldet meinem Herrn viel Geld und die Ernte war schlecht. Ich weiß nicht, wie er das alles jemals zurückzahlen soll. Abba arbeitet so schwer und er liebt sein Land so sehr – aber es gehört ihm nicht mehr. Es ist an meinen Herrn verpfändet."

„Wie lange bist du schon als Leibeigene hier?"

„Etwas länger als einen Monat."

Chana konnte sich nicht vorstellen, sechs Jahre lang von ihrer Familie getrennt zu sein, aber sie verstand Navas Kummer, weil sie den Mann, den sie liebte, nicht heiraten konnte. „Danke für deine Offenheit", sagte sie. Chana wollte schon zum Tisch zurückkehren, als ihr wieder einfiel, wie Aaron das Mädchen beobachtet und wie ängstlich sie dreingeblickt hatte. „Hast du Angst vor Malkijas Sohn Aaron?", fragte sie.

Nava zögerte lange, bevor sie schließlich antwortete. „Manchmal … wenn Herr Aaron mich beobachtet … ja, dann habe ich

Angst. Ich will ihn nicht heiraten. Aber die Thora sagt, dass mein Herr oder einer seiner Söhne das Recht hat, mich zu seiner Frau zu machen."

„Bist du sicher, dass die Thora dich zwingen würde, jemanden zu heiraten, den du nicht liebst?"

Nava nickte. „Ich bin sicher. Dan hat die Priester danach gefragt. Aber ich würde lieber arm sein und Dan heiraten, als den Rest meines Lebens hierzubleiben, auch wenn mein Herr reich ist."

Chana erkannte das Dilemma des Mädchens. Sie hätte Nava gerne geholfen, aber sie wusste nicht, wie. Wenn sie Malkija heiraten sollte, könnte sie vielleicht irgendwann einschreiten, aber nicht jetzt, nicht heute Abend. „Ich kann verstehen, warum du traurig bist und Angst hast. Aber bis jetzt hat niemand dir etwas getan, oder? Und dein Herr ist gut zu dir?"

„Er ist streng. Und er will, dass alles auf eine bestimmte Weise gemacht wird, seine Weise. Aber er war nie unfreundlich."

„Es ist gut, das zu wissen. Danke." Wieder wandte sie sich zum Gehen, um ins Esszimmer zurückzukehren, doch dann sprach Nava mit ängstlicher Stimme.

„Bitte, wartet! Sagt niemandem, dass ich mich bei Euch beklagt habe, bitte! Ich bin meinem Herrn sehr dankbar, weil er unserer Familie hilft. Es ist nicht seine Schuld, dass ich Leibeigene bin, aber …"

„Aber was, Nava?"

„Ich verstehe nicht, warum der Allmächtige das alles geschehen lässt. Warum erhört er unsere Gebete nicht und schenkt uns Regen, damit Abbas Felder wieder Frucht bringen? Nichts von all dem wäre geschehen und ich wäre nicht hier, wenn Gott unsere Gebete erhört hätte. Und es wäre doch einfach für ihn, Regen zu schicken, oder nicht? Hat der Allmächtige nicht auch den Regen in seiner Hand? Aber … aber ich bete nicht mehr zu ihm. Warum soll ich mir die Mühe machen, wenn doch alle meine Gebete unerhört bleiben?"

In ihren dunkelsten Augenblicken verspürte Chana oft die gleiche Bitterkeit gegen Gott, von der Nava sprach. Itzhak war am Leben gewesen, als sie ihn gefunden hatten. Zwei Tage lang hatte er noch gelebt und Chana hatte gebetet und Gott angefleht, sein Leben zu verschonen. Aber Gott hatte nicht geantwortet – es war ihm gleichgültig gewesen. Itzhak war gestorben. „Es tut mir schrecklich leid, was du durchmachen musst, Nava. Ich wünschte, ich könnte dir versprechen, dass Gott deine Gebete erhören und dein Schicksal ändern wird. Aber ich weiß selbst, wie es ist, wenn der Allmächtige nicht zu hören und kein Interesse zu haben scheint. Danke für deine Ehrlichkeit. Und dafür, dass du mir vertraut und dich mir anvertraut hast.“ Chana wollte gehen, aber erneut hielt Nava sie zurück.

„Bitte, wartet! Wenn Ihr meinen Herrn heiratet … könnt Ihr mir und Dan vielleicht irgendwie helfen? Oder meinem Vater?“

„Ich weiß es nicht. Im Moment bin ich noch nicht bereit, jemanden zu heiraten, auch nicht deinen Herrn.“ Aber Nava hatte eine gute Frage gestellt. Wie viel Einfluss würde sie in diesem Haus wirklich haben – bei einem Mann, der streng war und immer seinen Willen haben wollte? Das musste Chana herausfinden.

„Ach, da bist du, Chana.“ Sie hörte Malkijas Stimme hinter sich und wandte sich um. „Wir haben uns schon gefragt, was mit dir passiert ist … Du hast meinen Gast nicht belästigt, oder?“, fragte er Nava.

„Nein, Herr.“

„Dann hast du sicher etwas zu tun. Geh.“

„Ja, Herr.“ Nava neigte den Kopf und eilte mit dem schweren Tablett in die Küche.

„Es ist meine Schuld, Malkija, nicht ihre. Ich hatte eine Frage und wollte dich nicht damit belästigen.“

„Es ist keine Belästigung. Du kannst mich fragen, was immer du willst.“

„Es ist nichts … Nava war sehr freundlich und hilfsbereit.“ Chanas Wangen wurden vor Verlegenheit ganz warm. Sie suchte krampfhaft nach einem Weg, das Thema zu wechseln. „Sieh mal, ist der Mond nicht schön?“

„Das ist er. Komm, ich möchte dir den Blick von meinem Dach aus zeigen.“ Seine Hand lag auf ihrem Rücken, als er sie die Steintreppe hinaufführte und ihr die atemberaubende Aussicht zeigte. Sanfte Hügel erstreckten sich in alle Richtungen und Chana konnte das schmale Band der Straße sehen, die von Jerusalem kam und sich zwischen den Hügeln hindurchschlängelte. Die silbergrauen Blätter von Malkijas Olivenbäumen raschelten leise in der Brise unter ihnen. Es war das erste Mal, dass Chana mit ihm ganz allein war.

Seine Ausstrahlung war nicht zu leugnen. Er schien sie näherzuziehen wie ein Fischer, der seinen Fang einholt. Doch sie wusste nicht, warum sie instinktiv bemüht war, sich aus seinem Netz zu befreien.

„Es ist herrlich hier oben, Malkija. Vielen Dank für diesen wundervollen Abend. Du hast ein schönes Zuhause und alles ist so gut organisiert."

„Aber ...?"

„Was meinst du?"

„Ich höre noch immer ein Zögern in deiner Stimme. Du scheinst nicht davon überzeugt zu sein, dass du hier mit mir glücklich sein könntest." Sie antwortete nicht, aber ihr Herz schlug schneller. „Ich merke, dass du misstrauisch bist. Ist es etwas, das ich gesagt oder getan habe?"

„Nein, du warst wundervoll und charmant und großzügig und ..."

„Verschwende ich meine Zeit, indem ich unsere Beziehung vorantreibe?"

Sie konnte ihn nicht ansehen. „Ich weiß es wirklich nicht."

„Sag mir, was ich als Nächstes tun sollte."

Sie suchte in ihrem Herzen nach einer Antwort, bevor sie zu ihm aufblickte. „Du hast mir gesagt, dass du wieder heiraten möchtest, weil du glaubst, dass du nur dann glücklich werden kannst. Aber um ehrlich zu sein, habe ich Angst, mich noch einmal zu verlieben. Ich habe Angst, mein Herz all dem Schmerz und Kummer zu öffnen, die ich empfunden habe, als Itzhak starb. Ich glaube nicht, dass ich das noch einmal ertragen könnte."

Er legte seine Hand auf ihre, die auf der steinernen Brüstung lag. „Aber gab es nicht auch Freude? Hat Itzhak dich nicht glücklich gemacht?"

„Doch, natürlich."

„Wenn du die Tür vor dem Schmerz verschließt, verwehrst du dir auch die Möglichkeit der Freude."

„Da hast du wohl recht."

„Sag, Chana, bist du glücklich?"

Sie erinnerte sich daran, dass sie die Traurigkeit des Dienstmädchens erkannt hatte, weil sie so sehr ihrer eigenen Trauer glich. „Nein ... ich bin nicht recht glücklich."

„Möchtest du es denn sein?"

Ja. Sie war die Decke der Trauer leid, die auf ihr lag, sie niederdrückte und erstickte. Die Trauer, die sie launisch sein ließ und ihr Tag für Tag die Freude raubte und ihre Tränen aufsog. Ja. Sie wäre sehr gerne wieder glücklich. Aber sie glaubte nicht, dass dies ohne Itzhak möglich war.

„Glaub mir, ich verstehe, warum du Angst hast, noch einmal zu lieben", fuhr Malkija fort. „Aber wärest du bereit, dich mit Zufriedenheit zu begnügen? Mit Freundschaft? Ich glaube, wir könnten beides miteinander finden, weil unsere Geschichten so ähnlich sind. Wir verstehen den Verlust des anderen auf eine Weise, wie nur wenige andere es tun. Und wir verstehen beide, dass unsere Lieben immer einen riesigen Teil unseres Herzens besitzen werden."

Sie hätte ihn gerne gefragt, ob er sich auch so durcheinander und verlassen fühlte und dem Allmächtigen grollte, weil dieser ihm den liebsten Menschen genommen hatte – aber das tat sie nicht. Er wartete auf ihre Antwort. „Ja", sagte sie schließlich. „Ja, ich glaube, ich könnte hier mit dir Zufriedenheit finden." Es war die Wahrheit.

Malkija lächelte. „Und was wäre der nächste Schritt? Für dich und mich?"

Chana spürte Panik in sich aufsteigen, als er sein Netz an Land zog, auch wenn Malkija außerordentlich gütig und verständnisvoll war. „Vielleicht können wir noch etwas mehr Zeit miteinander verbringen, um einander besser kennenzulernen."

Er hob ihre Hand, umschloss sie mit beiden Händen und drückte sie sanft, bevor er sie wieder losließ. „Gut. Ich werde geduldig sein und dir noch etwas Zeit geben." Er lächelte sein schiefes Lächeln und führte sie die Treppe hinunter und zurück ins Haus.

15

Im Bezirk Bet-Kerem

Der Lärm draußen ließ Nava aus dem Schlaf hochfahren. Laufschritte. Stimmen. Rief jemand da ihren Namen? Mit hämmerndem Herzen lauschte sie in der Dunkelheit.

„Nava! Nava, hilf mir!“

Es klang wie Dans Stimme. Sie setzte sich auf und sah sich um, während sie sich fragte, ob sie träumte. Aber Rachel und einige der anderen Frauen waren ebenfalls wach. Eine von ihnen stand auf und zündete eine Lampe an.

„Nava, wo bist du?“, rief die entfernte Stimme.

Es war tatsächlich Dan!

Nava sprang voller Panik von ihrem Lager und streifte sich mit zitternden Fingern ihre Kleider über. In der schwülen Sommernacht war es nicht einfach, sich anzukleiden, und ihre Tunika verdrehte sich hoffnungslos, während die Angst in ihrem Herzen raste. Mehrere Minuten vergingen, bevor sie fertig war, dann rannte sie mit bloßen Füßen hinaus, weil sie nicht noch mehr Zeit verlieren wollte. Die Rufe kamen aus dem Zentrum des Anwesens, nahe der Küche. Auch andere Bedienstete waren aufgewacht und eilten mit ihr dorthin. Jemand hatte eine Fackel entzündet. Und da stand Dan mitten im Hof ihres Herrn und rief und kämpfte, um sich loszureißen, während zwei kräftige Männer ihn bei den Armen hielten und versuchten, ihn fortzuzerren.

„Dan! Ich bin hier!“, schrie Nava. Verzweifelt versuchte sie, sich einen Weg zwischen den Umstehenden hindurchzubahnen, um zu ihm zu gelangen. Aber jemand packte sie von hinten und riss sie zurück.

„Bleib hier, Mädchen. Halte dich da raus." Schimon, ihr Freund aus dem Ziegenstall.

„Lass mich los! Das ist Dan! Sie tun ihm weh!" Aber er ließ sie nicht los, so sehr sie auch bettelte. „Ich muss ihm helfen, Schimon. Bitte!"

„Bleib hier und warte auf unseren Herrn. Er wird die Sache klären."

Endlich erschien Malkija, noch dabei, den Gürtel um sein Gewand zu schließen. Seine Sandalen waren offen und schlappten bei jedem Schritt. Nava hatte ihn noch nie so zornig gesehen. „Was soll der Lärm? Was ist hier los? Ihr stört meine Gäste."

„Wir haben einen Dieb dabei ertappt, wie er in Euer Anwesen eingebrochen ist, Herr."

„Ich bin kein Dieb! Ich habe doch erklärt, dass ich nur ..." Dan schrie vor Schmerzen auf, als einer der Männer, die ihn hielten, ihm den Arm umdrehte und ihm damit das Wort abschnitt.

„Die Beweise sagen etwas anderes, Herr. Er ist die Mauer hinaufgeklettert, um einzudringen. Wir haben ihn dabei erwischt, wie er auf dem Gelände herumgeschlichen ist."

„Ich bin gekommen, um Nava zu sehen. Sie wird euch sagen, dass ich kein Dieb bin. Sie kennt mich."

„Wer ist Nava? Von wem redet er?", fragte Malkija. Nava wollte gerade antworten, aber Schimon hielt ihr mit seiner schwieligen Hand den Mund zu, sodass sie sich nicht verständlich machen konnte.

„Still, Mädchen!" Sie wehrte sich, aber er ließ nicht locker. Der junge Herr Aaron war ebenfalls aufgewacht und stand mit allen anderen draußen. Er zeigte von der anderen Seite des Hofes her auf Nava.

„Das ist Nava. Sie ist dein Dienstmädchen, Vater." Alle wandten sich zu ihr um. Nun endlich nahm Schimon die Hand von ihrem Mund.

„Dan ist mein Freund von zu Hause", sagte sie. „Ich kenne ihn schon mein ganzes Leben lang – er ist kein Dieb."

„Vielleicht arbeiten sie zusammen, Herr", sagte einer der Männer, die Dan festhielten. „Kann doch sein, dass sie ihn von drinnen mit Informationen versorgt."

„Ich habe nichts gestohlen und Nava auch nicht", rief Dan. Wieder drehte der Mann Dan auf dem Rücken den Arm um. Dan verzog vor Schmerzen das Gesicht, sprach aber mit zusammengebissenen Zähnen weiter: „Ich bin nur gekommen, um zu sehen, ob es Nava gut geht."

„Bitte sag es ihnen, Rachel", flehte Nava. Ihre Freundin aus der Küche stand neben ihr. „Sag ihnen, dass ich neben dir geschlafen habe. Wir sind gleichzeitig aufgewacht, weißt du noch? Ich bin keine Diebin." Aber Rachel wich zurück, zu verängstigt, um etwas zu sagen. Würde denn niemand sie und Dan verteidigen?

„Du hattest kein Recht, über meine Mauer zu klettern", sagte Malkija. „Oder im Dunkeln auf meinem Grundstück herumzuschleichen. Das ist Hausfriedensbruch."

„Ich habe versucht, Nava zu finden, damit ich mit ihr sprechen kann. Ich wusste nicht, dass es eine Mauer gibt oder dass das Tor verschlossen wird. Ich arbeite den ganzen Tag mit meinem Vater auf dem Feld, deshalb konnte ich erst nach Einbruch der Dunkelheit herkommen. Es hat länger gedauert, als ich dachte, und alle schliefen schon."

Nava dachte an die Gefahr, in die Dan sich begeben hatte, um sie zu sehen, indem er nachts den ganzen Weg von zu Hause bis hierher gelaufen war. Sie liebte ihn mehr, als sie es jemals für möglich gehalten hätte. Plötzlich trat eine der umstehenden Personen vom Rand in den Lichtschein der Fackel. Nava erkannte die Frau, mit der sie früher am Abend gesprochen und die behauptet hatte, sie würde vielleicht Navas Herrn heiraten. „Malkija, warte", sagte sie. „Darf ich etwas sagen?"

Nava wurde schlecht. Was, wenn die Frau ihrem Herrn sagte, wie unglücklich sie war?

„Natürlich, Chana", sagte Malkija. „Diese Unannehmlichkeiten tun mir sehr leid. Und bitte entschuldige, dass wir dich geweckt haben. Nach dem, was deinem Verlobten zugestoßen ist, muss diese Situation für dich sehr beängstigend sein."

„Ich hatte keine Angst", wischte sie seine Befürchtungen mit einer Handbewegung beiseite. „Hör zu, ich habe vorhin mit Nava gesprochen und sie hat mir erzählt, dass sie zu Hause einen Freund hat. Also weiß ich, dass es stimmt. Vielleicht ist er wirklich gekommen, um sie zu sehen."

Aaron schaltete sich ein, bevor sein Vater antworten konnte. „Hast du nicht gesagt, dass neulich Wein gefehlt hat, Vater?"

„Dan hat ihn nicht genommen!", versuchte Nava zu rufen. „Ihr wisst doch, wer –" Wieder hielt Schimon ihr die Hand auf den Mund.

„Sei still", knurrte er. „Wenn du Herrn Aaron beschuldigst, bekommst du noch mehr Schwierigkeiten."

Wieder ergriff die Frau namens Chana das Wort. „Mir scheint, es müsste einfach herauszufinden sein, ob dieser junge Mann die Wahrheit sagt. Haben die Wachen bei ihm gestohlenen Wein gefunden, als sie ihn gefasst haben? Oder bei Nava?"

„Und, habt ihr?", fragte Malkija die Männer, die Dans Arme festhielten.

„Nein, Herr. Wir haben nichts gefunden."

„Geht und durchsucht die Sachen des Mädchens", befahl Malkija. Er wandte sich an Chana, während zwei seiner Diener davoneilten. Seine Stimme klang sanft, als er mit ihr sprach. „Aus meinem Lager ist Wein verschwunden. Ich hatte schon befürchtet, dass es Diebe sind, also habe ich meine Wachen angewiesen, besonders aufmerksam zu sein."

„Wir haben das Recht, unseren Besitz zu schützen", sagte Aaron. Er funkelte Dan mit erhobenem Kinn an, die Arme vor der Brust verschränkt. Vor dem heutigen Abend hatte Nava den jungen Herrn Aaron gefürchtet, aber in diesem Augenblick hasste sie ihn.

„Was ist, wenn er die Wahrheit sagt?", fragte Chana. „Was, wenn er kein Dieb ist?"

„Er hatte trotzdem nicht das Recht, in unser Haus einzubrechen", sagte Aaron, bevor sein Vater etwas erwidern konnte. „Er sollte für sein Eindringen bestraft werden."

„Ich wollte doch nur Nava sehen. Das ist die Wahrheit, ich schwöre es!", sagte Dan. An der Art, wie er atmete, konnte Nava erkennen, dass er Schmerzen hatte. Die Männer taten ihm weh.

„Kannst du es einem jungen Mann verübeln, dass er das Mädchen sehen will, das er liebt, Malkija?", fragte Chana. „Ich hoffe, du wirst gnädig mit ihm sein."

Malkija wandte sich wieder an Dan, die Stirn in Zornesfalten gelegt. „Ist Nava deine Frau? Seid ihr einander versprochen?"

„Wir sind zu arm, um zu heiraten ..."

„Dann hast du kein Recht, mit ihr zusammen zu sein, vor allem mitten in der Nacht. Selbst wenn du kein Dieb bist, zeugt dein eigenes Geständnis von deinem Vergehen."

„Aber ich liebe sie ..."

„Sie gehört jetzt zu uns", sagte Aaron und machte einen Schritt auf Dan zu. „Vergiss sie."

„Was meinst du damit: ‚Sie gehört zu uns'?", fragte Chana.

„Das steht in der Thora", erwiderte Aaron. „Sie ist unsere Leibeigene."

„Geh wieder schlafen, meine Liebe. Bitte." Malkija legte eine Hand in Chanas Rücken und versuchte, sie ins Haus zurückzuschieben. „Wir sprechen morgen früh darüber."

„Ich weiß, was in der Thora steht", rief Dan. „Deshalb musste ich mich davon überzeugen, dass es Nava gut geht."

Bevor Malkija antworten konnte, kamen die Männer zurück, die Navas Zimmer durchsucht hatten. „Wir haben nichts gefunden, Herr."

„Du kannst einen Menschen nicht ohne Beweise verurteilen", sagte Chana. „Es sollte zwei Zeugen geben. Bitte lass den jungen Mann mir zuliebe gehen."

Nava hielt die Luft an, während Malkija sich Zeit ließ, um eine Entscheidung zu treffen. „Verschwinde von meinem Grund und Boden", sagte er schließlich zu Dan. „Und lass dich nicht noch einmal hier blicken. Wenn du es tust, wirst du bestraft." Die beiden Männer zerrten Dan zum nun geöffneten Tor, schoben ihn hindurch und verriegelten das Tor wieder hinter ihm. „Und jetzt geht alle hinein und schlaft weiter", sagte Malkija.

Schimon drehte Nava herum und schob sie in Richtung Schlafsaal. „Warte, warte. Ich will unserem Herrn erklären ..."

„Du hast gehört, was er gesagt hat, Mädchen. Zurück ins Bett." Sie versuchte, ihm Widerstand zu leisten, aber für einen alten Mann war Schimon sehr stark. An der Tür, wo Penina stand und wartete, ließ er sie los. Der Raum, in dem Nava und die anderen Frauen schliefen, sah verwüstet aus.

„Warum hört mir denn niemand zu, Penina? Warum darf ich es nicht erklären?“

„Du erklärst gar nichts, solange der Herr dich nicht fragt. Kein einziges Wort – verstanden?“

„Warum ist es denn falsch, die Wahrheit zu sagen? Ich weiß, wer den Wein in Wirklichkeit gestohlen hat und ...“

Penina packte sie bei den Schultern und schüttelte sie. „Du hättest beinahe das Leben deiner ganzen Familie zerstört, ist dir das klar? Und wofür? Ich habe dir doch gesagt, dass unser Herr dir niemals glauben wird, wenn du etwas Schlechtes über seine Söhne sagst.“

„Aber die Frau, die bei unserem Herrn zu Besuch ist, würde mir glauben.“

„Vielleicht. Vielleicht auch nicht. Bist du bereit, dieses Risiko einzugehen?“ Nava wollte etwas erwidern, aber Penina unterbrach sie. „Du willst über die Wahrheit reden? Hier ist die Wahrheit, also hör gut zu: Wenn unser Herr dich hinauswirft, hat deine Familie keine Möglichkeit zu überleben. Was machen sie dann? Dein Vater wird sein Land verlieren und sie werden verhungern – das wird passieren. Und es wird deine Schuld sein – deine und die des dummen Jungen, der hier eingebrochen ist, um dich zu sehen.“

Nava wusste, dass Penina recht hatte.

„Geh schlafen und vergiss ihn. Dieser Teil deines Lebens ist vorbei.“

Unmöglich. Nava könnte Dan niemals vergessen. Sie half den anderen Frauen, das Zimmer aufzuräumen und die Matratzen zu richten, dann legte sie sich auf ihr Bett. Dan hatte sein Leben riskiert, um herzukommen – und jetzt konnte er nicht noch einmal zurückkehren. Nava sah ihn vielleicht niemals wieder und sie wusste nicht, ob sie das ertragen würde. Jetzt verstand sie, warum Rachel nicht nach Hause reiste, um ihren Mann und ihre Kinder zu treffen. Nachdem sie Dan an diesem Abend wiedergesehen hatte, erschien ihr der Schmerz ihrer Trennung nur noch schlimmer.

Die Bitterkeit, die sie ihren Herren entgegenbrachte, umgab ihr Herz wie eine giftige Ranke. Nava hatte versucht, sie auszureißen, aber in dieser Nacht war sie nur größer und stärker geworden, gewässert von ihren Tränen.

16

Jerusalem

Nehemia breitete die Rolle Pergament, die vor ihm auf dem Tisch lag, aus und legte ein Tongewicht auf jede Ecke, damit es flach liegen blieb. Er und seine Assistenten hatten diese Karte von Jerusalem an dem Tag angefertigt, nachdem sie die Mauern inspiziert hatten. „Jetzt, wo ich weiß, was getan werden muss, müsst ihr ein Treffen mit den jüdischen Anführern und Adligen für mich organisieren“, sagte er zu ihnen und strich über das Schriftstück. „Ich will ihnen meinen Plan so bald wie möglich erläutern. Die Arbeit muss sofort beginnen, wir dürfen keine Zeit verschwenden.“

„Ich werde sie sofort zusammenrufen, Statthalter“, sagte Johanan. Der junge Mann hatte sich als der kompetenteste der drei Gehilfen erwiesen und schien besonders eifrig. Er versuchte Nehemias Bedürfnisse zu erkennen und war immer darauf bedacht, Einzelheiten zu erfahren. „Sollen sie hierher in die Residenz des Statthalters kommen?“

Seine Residenz. Nehemia fühlte sich immer noch unbehaglich hier. Ein kleineres Haus hätte ihm genügt, so wie die Kammer, die er als Mundschenk des Königs bewohnt hatte. Eigentlich brauchte Nehemia nicht mehr als ein Schlafzimmer und diesen Arbeitsplatz, an dem er und seine drei Assistenten zusammenkamen. Aber die Bediensteten, die eingestellt worden waren, um für ihn zu kochen und ihn zu bedienen, brauchten natürlich auch Zimmer. Sie hatten schnell einen Wohn- und Schlafbereich für ihn hergerichtet und ihm eine Liste der Vorräte gezeigt, die ihm als Statthalter zustanden – Ochsen, Schafe, Geflügel, Wein. „All dieses Essen brauche ich nicht“, hatte er zu ihnen gesagt. „Ich werde mich nicht von Haushaltsdingen ablenken lassen. Alles soll einfach gehalten werden." Seine Priorität war es gewesen, diesen Plan der Stadtmauern und Tore anzufertigen und dann die Arbeit in kleinere, besser zu bewältigende Abschnitte zu unterteilen.

„Die Ratskammer am Ende des Ganges ist der übliche Versammlungsraum, nicht wahr?", fragte er Johanan.

„So ist es. Wir sollten die Zusammenkunft in drei Tagen abhalten, wenn du willst, dass alle führenden Männer aus den Bezirken kommen. Es wird einen Tag dauern, die Nachricht zu überbringen, und sie brauchen einen Tag, um hierherzukommen."

„Vielleicht sind sie mit ihren Äckern beschäftigt, Herr", sagte Levi.

Nehemia blickte zu Levi auf und runzelte die Stirn. „Man hat mir gesagt, dass hier schon lange Dürre herrscht und dass es nicht viel zu ernten gibt."

„Das stimmt, Herr, aber einige der reicheren Landbesitzer sind nicht so schwer getroffen wie die Kleinbauern."

„Was sollen wir den Edelleuten sagen, wenn sie sich nach dem Zweck der Versammlung erkundigen?", fragte Johanan.

„Sagt ihnen, dass sie es erfahren werden, wenn sie hier sind. Ich weiß, dass unsere Feinde früher oder später dahinterkommen, was wir machen – aber wenn es nach mir geht, lieber später."

„Wir werden deine Nachricht gleich überbringen, Herr."

Die drei Männer waren schon fast zur Tür hinaus, als Nehemia sie zurückhielt. „Wartet! Die Priester sollten bei der Versammlung auch dabei sein. Richtet dem Hohepriester von mir aus, er soll dafür sorgen, dass so viele Leviten und Priester wie möglich kommen. Ich bin sicher, sie wollen sich an den Arbeiten beteiligen, vor allem wenn sie erfahren, dass ich auch die Mauern der Tempelzitadelle reparieren und befestigen will."

„Aber wenn wir die Priester und Leviten einladen, Herr, wird deine Ratskammer für all diese Leute zu klein sein."

Levi hatte recht. Nehemia hatte den langen, schmalen Raum gesehen, in dem der Rat tagte. „Gibt es einen anderen Ort, der groß genug ist, Levi?"

„Es gibt einen Platz, wo früher das Wassertor war. Wäre das eine Möglichkeit?"

Nehemia dachte einen Moment lang nach und versuchte sich daran zu erinnern, wie der Platz aussah. Es war ein großer, freier Bereich, aber die Trümmer, die man beiseitegeschoben hatte, lagen noch immer in riesigen Haufen darum herum. „Zu deprimierend", entschied er. „Wenn wir vom zerstörten Wassertor auf die Berge von Steinen sehen, wird uns unsere Aufgabe zu überwältigend erscheinen."

„Wenn ich das sagen darf, Herr: Die Aufgabe scheint jetzt schon überwältigend." Der junge Mann namens Rehum hatte Nehemias Vision immer noch nicht begriffen. Nehemia hätte ihn gerne ersetzt, aber es gab keinen anderen, der seine Stelle einnehmen konnte.

„Wenn du mit *mir* sprichst, darfst du sagen, dass die Aufgabe dir überwältigend erscheint, aber sag es zu niemand anderem. Diese Art negatives Denken ist unser Verderben, bevor wir überhaupt angefangen haben."

„Tut mir leid, Statthalter."

„Aber was ist mit dem äußeren Vorhof des Tempels? Ist dort genug Platz für uns alle?"

„Mehr als genug, Herr. Während des Passahfestes versammeln sich dort Tausende von Menschen."

Tausende von Menschen. Nehemia hatte vor einigen Tagen, am neunten Tag des Monats Aw, an dem der Zerstörung des Tempels gedacht wurde, gesehen, wie sie zum Vorhof geströmt waren. Ihr Wunsch, Gottes Vergebung zu erlangen, hatte ihn tief berührt. „Das Volk! Hervorragend!", sagte er und unterdrückte dabei den Drang, laut zu rufen. „Wir werden die anderen auch alle einladen. Für sie ist es keine Pflichtveranstaltung, aber wenn sie meine Verlautbarung hören wollen, sind sie willkommen."

„Was für einen Sinn hat es, das Volk einzuladen?", fragte Johanan.

„Der Mangel an Schutz in dieser Stadt führt dazu, dass sie in Angst leben. Ich will, dass sie sich genauso dafür begeistern, die Mauern wiederaufzubauen, wie ich es tue. Sollten die Anführer vor dem Gedanken zurückscheuen, hilft das Volk mir vielleicht auch ohne sie."

„Wir können dafür sorgen, dass die Versammlung im äußeren

Tempelvorhof stattfindet“, sagte Levi. „Im Anschluss an eines der täglichen Opfer.“

„Ausgezeichnet. Gott hat uns vor sechzig Jahren geholfen, das Unmögliche zu vollbringen und seinen Tempel wiederaufzubauen, nicht wahr? Wir können auf das fertige Gebäude zeigen als ein Beispiel für das, was wir zu erreichen vermögen, wenn der Allmächtige auf unserer Seite ist.“

„Dann müssen wir aber eine Menge Leute informieren, Herr – Anführer, Edelmänner, Priester, Laien …“

„Also fangt besser an.“

Drei Tage später hatte Nehemia ein flaues Gefühl im Magen, als er die riesige Menge betrachtete, die sich nach dem Morgenopfer im Vorhof des Tempels versammelt hatte. Diese Menschen kannten ihn nicht. Er war kein bewährter Anführer. Würden sie auf ihn hören? Konnte er sie davon überzeugen, dieses Projekt in Angriff zu nehmen? In den vergangenen Jahren hatte er König Artaxerxes regieren sehen und wusste, dass die Menschen einem überzeugenden Anführer bereitwillig folgten. Einem, der entschlossen war. Ansteckend. Charismatisch. Nehemia war nichts von alledem. *Aber die Hand des Herrn, meines Gottes, liegt auf mir.*

Er hatte die Edelleute und Beamten und Bezirksvorsteher angewiesen, vorne Platz zu nehmen, direkt vor seinem Podest, weil er sicher sein wollte, dass sie kein Wort verpassten. Außerdem wollte er sehen, wie sie auf seine Ankündigung reagierten. Einige der Männer erkannte er – Schallum und Refaja aus dem Bezirk Jerusalem. Malkija, den Verwalter des Weinanbaugebietes westlich von Jerusalem. Er sah auch, dass Eljaschib, der Hohepriester, gekommen war. Und Rebbe Esra. Der Rebbe wusste nicht, was Nehemia vorhatte, aber er würde dem Projekt gewiss seine Unterstützung zusichern.

Nehemia blickte zum wolkenlosen Himmel hinauf, dessen Farbe in der Sommersonne schon ganz verblasst war. Er hatte gefastet und gebetet, um sich auf diese offizielle Bekanntmachung vorzubereiten, und der Geruch des morgendlichen Opfers, der in der regungslosen Luft hing, schürte seinen Hunger. Er wischte sich Schweißperlen von der Stirn und wartete, bis alle außer ein paar Nachzüglern vor ihm versammelt waren. Dann hob er die Hand, um die Menge zum

Schweigen zu bringen. Er würde seine Rede ohne umständliche Begrüßungen oder lange Vorreden beginnen.

„Ihr seht, in welchen Schwierigkeiten wir uns befinden: Jerusalem liegt in Trümmern und seine Tore wurden vom Feuer verzehrt. Die Stadt des Allmächtigen, der Ort, an dem er seinem Volk begegnen will, ist eine Schande – vernachlässigt und schutzlos. Unsere Feinde können auf die Zerstörung dieses Ortes zeigen als sichtbares Zeichen für das Urteil des Allmächtigen. Und genau das symbolisieren diese eingestürzten Mauern. Am neunten Tag dieses Monats, vor mehr als 120 Jahren, zerstörte der Feind Gottes heiligen Tempel wegen unserer Sünde. Wir haben gerade erst gefastet, um dieses tragischen Tages zu gedenken.

Aber jetzt hat Gott uns in unser Land zurückgebracht. Er hat uns unsere Sünden vergeben und uns wiederhergestellt. Die Stadt Jerusalem sollte als Zeugnis für seine Güte und Gnade dienen und nicht als Zeichen seines Gerichts." Nehemia machte eine dramaturgische Pause. Alle sahen ihn aufmerksam an. „Kommt, lasst uns die Mauern Jerusalems wiederaufbauen, dann werden wir nicht länger in Schande leben. Lasst sie uns wiederaufbauen, damit die Völker sehen, dass Gott mit uns ist."

Ein Murmeln aufgeregter Stimmen lief durch die Menge. Er wartete, bis die Stimmen wieder verstummt waren. „Ich weiß ohne jeden Zweifel, dass die gnädige Hand meines Gottes auf mir liegt und dass er uns helfen will, diese Aufgabe zu bewältigen. Er hat bereits meine Gebete erhört und mir die Gelegenheit gegeben, mit dem persischen Herrscher über diese Stadt zu sprechen. Und Gott hat mir die Gunst des Königs geschenkt, sodass ich meine Bitte vorbringen konnte. König Artaxerxes hat mir sogar Ermächtigungsschreiben mitgegeben, die ich den Statthaltern der angrenzenden Provinzen zeigen kann, falls sie versuchen, uns aufzuhalten. Er hat mir außerdem einen Brief für Asaph, den Verwalter der königlichen Wälder, gegeben, der Holz für die Balken und Tore liefern wird. All diese Dinge zeugen davon, dass der Heilige mit uns ist, unsere Gebete erhört und zu unseren Gunsten wirkt. Nichts kann uns davon abhalten, die Mauer wiederaufzubauen."

Wieder lief eine Welle der Erregung durch seine Zuhörerschaft, diesmal lauter. Aber einige der Anführer schienen nicht überzeugt.

Er zeigte auf den Hohepriester, der vor ihm stand. „Hast du eine Frage, Eljaschib?"

„Es war ein riesiges Unterfangen, den Tempel wiederaufzubauen. Es hat mehrere Jahre gedauert. Was meinst du, wie viele Jahre es dauern wird, um die Mauer fertigzustellen?"

„Ich gehe davon aus, dass wir in einigen Monaten fertig werden, nicht erst in Jahren. Ich habe einen Plan ..."

„Aber Statthalter", unterbrach ein Ratsmitglied namens Meschullam ihn. „Du kannst unmöglich alles, was du brauchst, in wenigen Monaten zusammenbringen – Arbeiter, Werkzeuge, Material, Ausrüstung, Gerüste. Sicher wird es mindestens ein Jahr oder noch länger dauern, eine Mauer wiederaufzubauen, die mehrere Meilen lang ist."

„So viel Zeit haben wir nicht. Unsere Feinde haben in der Vergangenheit immer wieder versucht, unsere Bauvorhaben zu stören. Diesmal dürfen wir das nicht zulassen."

„Selbst ohne Widersacher kann die Aufgabe unmöglich in einigen Monaten bewältigt werden", sagte Meschullam.

„Ich habe vor, die Arbeit in kleinere Projekte aufzuteilen und für jeden Abschnitt einen Leiter zu ernennen. Der wird die ihm zugeteilte Arbeit einschätzen und entscheiden, was zu tun ist. Ich habe bereits eine vorläufige Inspektion durchgeführt. Die Fundamente der Mauer sehen gut aus, vor allem in den Abschnitten, wo die Mauer auf Fels gebaut wurde. Einige Teile der Mauer müssen vom Fundament aus ganz neu aufgebaut werden. Andere Abschnitte sind reparaturbedürftig, aber ansonsten intakt. Und ich habe mehrere Stellen gesehen, die lediglich befestigt und verstärkt werden müssen, um sie wieder sicher zu machen. Die Tore müssen natürlich ganz neu angefertigt werden. Die Anführer jedes Bauabschnitts werden dafür verantwortlich sein, ihre eigenen Freiwilligen und Werkzeuge und Materialien zu beschaffen. Und sie werden auch dafür zuständig sein, die Arbeiten zu überwachen. Die erfahrenen Architekten und Ingenieure und Baufachleute werden als Berater dienen."

„Unsere Feinde werden mit Sicherheit versuchen, uns daran zu hindern", rief der Bezirksverwalter von Mizpa. „Das haben sie früher auch getan."

„Das stimmt. Deshalb müssen wir so schnell wie möglich sein, damit das nicht wieder geschieht. Hört zu: Das Wichtigste – und der Schlüssel zu unserem Erfolg – ist, dass wir zusammenarbeiten. Wir alle müssen begreifen, wie wichtig dieses Vorhaben ist, wie dringlich. Und wir müssen wie *ein Mann* daran arbeiten, das Ziel zu erreichen. Der Allmächtige hat mir eine Tür geöffnet. Wir müssen voller Glauben hindurchgehen und darauf vertrauen, dass er uns Erfolg schenkt."

„Was du von uns verlangst, hat noch nie jemand verlangt", sagte Refaja, einer der Bezirksverwalter von Jerusalem.

„Du irrst dich. Es gibt einen vergleichbaren Fall – die Erbauung der Stiftshütte. Mose bat das ganze Volk um Mithilfe, um sie zu erbauen. Niemand wurde besteuert oder gezwungen, etwas zu geben. Und alle – Junge und Alte, Männer und Frauen, Reiche und Arme – brachten, was sie hatten, und gaben es Gott. Einige konnten nur wenig geben – Holz oder Garn oder Gewürze. Andere konnten kostbare Dinge beisteuern – Gold, Silber und Edelsteine, um den Brustpanzer des Hohepriesters herzustellen. Aber egal, wie groß oder klein, alles, was das Volk gab, wurde zusammengefügt, um die Aufgabe zu erfüllen. Es kamen sogar so viele Gaben zusammen, dass Mose den Menschen sagen musste, sie sollten nicht noch mehr heranbringen. Die Stiftshütte wurde zügig nach Gottes Plan errichtet. Und zu seiner Ehre. Auch Jerusalems Mauer wird vollendet werden."

Nehemia spürte die wachsende Begeisterung der Menge. Das Volk würde ihn unterstützen, dessen war er sicher. Aber es gab noch etwas, das sie wissen mussten. „Jerusalems Mauer ist ganz real, aber sie ist auch ein Symbol", sagte er. „In gewisser Weise haben wir die Mauer selbst zerstört, indem wir uns auf Götzen verließen, anstatt auf Gott zu vertrauen. Wir haben sie zerstört, indem wir Gottes Sabbat entheiligt haben. Indem wir die Gesetze ignoriert haben, die er uns gegeben hat und die uns sagen, wie wir leben sollen. Diese Ruinen sind ein Bild dessen, was wir aus unserer Beziehung mit dem Allmächtigen gemacht haben – wir haben sie zerstört. Es wird Zeit, auch die Fundamente unseres Glaubens zu reparieren und unseren Bund mit Gott zu erneuern. Zeit, seine Gesetze und Gebote wieder in Kraft zu setzen und nach ihnen zu leben. Es wird uns nichts nützen, lediglich diese Mauer aus Steinen wiederaufzubauen, wenn wir nicht auch unser Leben mit dem Allmächtigen wiederaufbauen, mit *ihm* im Mittelpunkt."

Er hielt inne, um sich ein Rinnsal aus Schweiß vom Gesicht zu wischen. „Gott sieht uns als *ein* Volk – die Kinder Abrahams. Er hat uns gemeinsam ins Exil geschickt und er hat uns auch zusammen wieder herausgeführt. Vergessen wir unseren Groll und die Unterschiede, die uns trennen – Arme und Reiche, Edelleute und Bauern, Priester und Laien –, und lasst uns zusammen als sein auserwähltes Volk arbeiten. Um dieses Werk zu vollbringen und die Mauer wiederaufzubauen, bin ich aus Susa hergekommen. Und ich werde es tun, so wahr mir Gott helfe … und mit eurer Hilfe!"

Jubel brach aus. „Fangen wir gleich heute an!", rief jemand.

„Ja!"

„Lasst uns loslegen!"

Nehemia wartete, bis die Rufe verebbten. Er musste unwillkürlich lächeln. „Ich hatte gehofft, dass ihr das sagen würdet."

„Wie sollen wir anfangen?", fragte Schallum, einer der Bezirksverwalter von Jerusalem.

Nehemia gab seinen Gehilfen ein Zeichen, den Plan hochzuhalten. „Ich habe diese Karte von der Stadt gezeichnet. Der nächste Schritt ist, dass sich Bauleiter und Freiwillige melden und jeder einen Teil der Mauer übernimmt – in der Nähe eurer Häuser oder eurer Arbeitsplätze oder wo immer ihr wollt. Dann versammelt ihr eure Leute, damit wir so bald wie möglich mit der Arbeit beginnen können."

Nehemia trat von dem Podest, während um ihn herum aufgeregte Stimmen schwirrten. Ihm war, als würden ihm Flügel wachsen, mit denen er fliegen konnte – und am liebsten wäre er sofort zu einem Stück der zerstörten Mauer gelaufen und hätte angefangen, Steinquader aufeinanderzuschichten.

„Nehemia!", rief jemand. Er drehte sich um und sah, wie seine beiden Brüder sich breit grinsend durch die Menge schoben. „Warum hast du uns nicht erzählt, was du vorhast?", fragte Ephraim und schlug ihm auf den Rücken.

„Ich wollte euch überraschen."

„*Deshalb* bist du also gekommen", sagte Hanani. „Um Jerusalem wiederaufzubauen."

„Ja, und zusammen wird es uns gelingen.“ Er fühlte sich furchtlos, unbesiegbar. Er hatte keinen Zweifel, dass Gott mit ihm war. Zum ersten Mal in seinem Leben war er von einer solch unaussprechlichen Freude erfüllt, dass er am liebsten getanzt hätte. „Kommt und arbeitet für mich, ihr zwei. Zieht mit euren Familien in mein Haus. Ihr könnt meine engsten Mitarbeiter sein.“

Hanani lachte. „Wir sind Schreiber und keine Bauleute.“

„Das spielt keine Rolle. Ich brauche vor allem Männer des Glaubens. Männer, die nicht den Mut verlieren. Sie haben mir drei Gehilfen gegeben, aber ich bin nicht so ganz glücklich mit ihnen.“

„Ich bin dabei“, sagte Ephraim. „Bis zum Ende.“

„Ich auch.“ Hanani legte einen Arm um Nehemias Schultern und drückte sie.

Die Mauer lag noch immer in Trümmern und die Aufgabe, die vor ihnen stand, war gigantisch. Und einen Moment lang fragte sich Nehemia, ob er wirklich die Fähigkeiten hatte, die er für seine Mission brauchen würde. Er hatte mit eigenen Augen gesehen, welch riesige Aufgabe da vor ihm lag: Es waren tonnenweise Geröll zu entfernen und viele, viele Meter zerstörter Mauern wiederaufzubauen, ganz zu schweigen davon, Tausende ungelernte Arbeiter in eine kompetente Bautruppe zu verwandeln. Und das alles würde er tun müssen, bevor seine Feinde die Gelegenheit hatten, ihn aufzuhalten. Aber trotz seiner Zweifel und Ängste wusste Nehemia, dass der Allmächtige mit ihm war. Und er hätte nie gedacht, dass er so glücklich sein könnte.

Teil II

Euer Volk wird wiederaufbauen, was seit Langem in Trümmern liegt, und wird die alten Mauern wieder errichten. Man nennt euch dann ‚das Volk, das die Lücken der Stadtmauer schließt' und ‚Volk, das die Ruinen bewohnbar macht'.

Jesaja 58,12

17

Jerusalem

Chana nahm einen faustgroßen Teigklumpen aus der Schüssel und rollte ihn gedankenverloren in den Händen, um eine Kugel daraus zu formen. Den ganzen Morgen lang hatte sie schon über die Rede des Statthalters und über seine Entschlossenheit nachdenken müssen, Jerusalems Mauer wiederaufzubauen. Wenn er nur ein Jahr früher gekommen wäre, hätte seine Mauer Itzhak vielleicht das Leben gerettet! Dann wäre sie jetzt eine verheiratete Frau und hielte vielleicht ein Kind auf dem Arm. Die Begeisterung, die sie an dem Morgen verspürt hatte, als Nehemia seinen Plan erklärte, ließ ihr immer noch einen Schauer über den Rücken laufen. Die Gemeinschaft würde als *ein* Volk zusammenarbeiten. Jeder Mann in Jerusalem hatte sich freiwillig gemeldet, um zu helfen. Auch sie sehnte sich danach, an diesem großen Werk Anteil zu haben.

Während sie den Teig zwischen den Händen flach klopfte, hielt sie plötzlich inne. Ihre Arbeit war mit einem Mal vergessen, als ihr eine Idee kam. Sie bewegte die Idee in Gedanken hin und her und fragte sich: „Was wäre, wenn?“ und: „Warum nicht?“. Und allmählich wurde aus der kleinen Saat einer Idee eine Gewissheit, was sie tun musste.

„Chana!“ Eine ihrer Schwestern warf über den Hof hinweg mit einer Pistazie nach ihr und das Geschoss verfehlte nur knapp ihren Kopf. „Dein Brot brennt an!“

Sie ließ den ungebackenen Teig in die Schüssel fallen und riss schnell das qualmende Fladenbrot von dem heißen Stein. Zu spät. Die verkohlte Unterseite war schwarz wie die Nacht.

„Was ist denn heute Morgen nur mit dir los?“, fragte Judith. „Du sitzt hier, aber mit den Gedanken könntest du genauso gut in Susa sein.“

„Ich habe über etwas nachgedacht“, sagte Chana.

„Über deine Verlobung mit Malkija?“

„Nein. Nicht darüber.“ Obwohl sie sich gut vorstellen konnte, in seinem schönen Haus zu leben und den Luxus zu genießen, Bedienstete zu haben, sodass sie an heißen Sommertagen wie diesem kein Brot backen musste. Sie nahm den neuen rohen Teigfladen und legte ihn auf den heißen Stein, entschlossen, diesmal aufzupassen. „Ich werde euch von meiner Idee erzählen, aber ihr müsst versprechen, dass ihr nicht lachen werdet. Und ihr dürft Abba nichts davon sagen, bis ich so weit bin, es ihm zu erzählen. Versprochen?“

„Das klingt aber spannend“, sagte Judith. Sarah und sie ließen ihre Arbeit liegen und eilten zu Chana, die neben dem Herd hockte. „Versprochen.“

„Ich habe über die Rede nachgedacht, die der Statthalter neulich gehalten hat, und über seinen Plan, die Mauer wiederaufzubauen.“

„Das war wirklich aufregend, nicht wahr?“, sagte Sarah. „Ich habe noch nie eine so gute Rede gehört.“

„Ja, sie war sehr begeisternd“, gab Chana zu. „Ich hatte nicht erwartet, dass Statthalter Nehemia mich beeindrucken würde, aber ich muss zugeben, dass er es getan hat. Als er zum Essen hier war, hat er sich so abweisend verhalten, aber seine Rede war leidenschaftlich und ansteckend. Ich glaube, er hat unser Volk so wach gerüttelt, wie kein anderer Anführer seit Mose es getan hat.“

„Jeder Mann in Jerusalem meldet sich freiwillig, um zu helfen“, sagte Judith.

„Und was ist jetzt deine Idee?“, fragte Sarah.

„Ich werde Abba fragen, ob ich ihm beim Wiederaufbau seines Mauerabschnitts helfen kann.“

„Was?!“ Judith sah sie an, als wäre sie verrückt geworden. Auch Sarah starrte sie mit offenem Mund an.

„Abba ist für das Stück zwischen dem Turm der Öfen und dem Taltor zuständig und muss Freiwillige finden. Ich werde mich als Freiwillige melden.“

„Du hast ja früher schon verrückte Ideen gehabt", sagte Judith, „aber eine Mauer zu bauen? Das ist selbst für dich unerhört."

„Warum? Ich finde es völlig einleuchtend. Alle jungen Männer in der Stadt haben sich gemeldet, um ihren Vätern zu helfen, aber Abba hat keine Söhne, die ihm helfen könnten. Ich will ihn unterstützen und meinen Beitrag leisten."

„Du meinst, du willst richtig arbeiten?", fragte Judith. „Steine schleppen … und eine Mauer bauen?"

„Ja. Genau das meine ich. Seht mal, als Statthalter Nehemia das Beispiel von der Stiftshütte angeführt hat, sagte er, alle hätten ihren Beitrag geleistet – Männer und Frauen, junge und alte Menschen. Warum sollen Frauen nicht auch an diesem Bauvorhaben mitwirken?"

„Vielleicht hast du recht", sagte Judith. „Ich finde, es wäre wundervoll, als ein Volk gemeinsam zu arbeiten, so wie der Statthalter es beschrieben hat."

„Dann will ich auch helfen", sagte Sarah. „Aber ich glaube nicht, dass Abba es uns erlauben wird."

Chana seufzte und drehte das runde Brot um, damit es von der anderen Seite gebacken wurde. „Das fürchte ich auch. Aber ich werde ihm sagen, dass es in der Thora einen vergleichbaren Fall gibt. Wir werden einfach wie Zelofhads Töchter."

„Wie wer?"

„Das erkläre ich euch später. Abba wird jeden Augenblick nach Hause kommen und ich will nicht, dass er etwas mitbekommt. Wenn wir gegessen haben und er guter Laune ist, werde ich ihm von meiner Idee erzählen. Bis dahin dürft ihr nichts sagen."

Ihr Vater kam wenige Minuten später vom Abendopfer zurück und Judith eilte ihm entgegen, einen Becher mit kaltem Wasser in der Hand. Sarah brachte eine Schüssel mit Wasser, damit er seine Füße waschen konnte. Beim Essen gaben sie ihm großzügige Portionen und füllten seinen Weinbecher ein zweites Mal. Chanas Schwestern bedienten ihn so königlich, dass sie Angst hatte, er könnte Verdacht schöpfen. Schließlich schob er seinen Teller fort und lehnte sich mit zufriedener Miene auf seinem Stuhl zurück. „Ihr Mädchen wirkt heute Abend besonders fröhlich", sagte er. „Selbst du, Chana."

„Das bin ich auch, Abba."

Sie wollte gerade mit der Rede beginnen, die sie sich zurechtgelegt hatte, als er sagte: „Gut. Kann ich dann etwas mit dir besprechen?"

Einen Moment lang war sie aus den Konzept gebracht, aber sie sagte: „Natürlich, Abba."

„Würdet ihr beide uns bitte einen Augenblick allein lassen?", bat er Judith und Sarah. Sie gingen ins Haus, aber Chana wusste, dass sie jedem Wort lauschen würden.

„Malkija hat mich heute wegen einer Verlobung gefragt. Er möchte eine *Ketubba* unterschreiben. Was sagst du dazu, mein Engel?"

„Ich ... ich brauche noch etwas Zeit."

„Chana. Er hat sehr viel Geduld mit dir, aber es ist nicht recht, ihn noch länger warten zu lassen. Wenn du kein Interesse hast, ist es an der Zeit, ihn freizugeben, damit er sich woanders nach einer Ehefrau umsehen kann."

Abba hatte recht. Sie hatte keinen Grund, noch länger zu zögern. Sie bewunderte Malkija und glaubte, dass sie mit ihm ein zufriedenes Leben führen konnte. Sie konnte sich in seinen Haushalt einbringen. An dem Abend, als sie bei ihm zu Gast gewesen waren, hatte sie gesehen, dass er eine Frau brauchte – jemanden, der für die Bediensteten eintrat und ihn dazu anhielt, barmherzig zu sein. Außerdem könnte sie die schmerzlichen Erinnerungen an die Vergangenheit zurücklassen, wenn sie aus Jerusalem fortzog. Vielleicht würde sie in den schönen Hügeln von Bet-Kerem Heilung finden. Möglicherweise sogar Freude. Und vielleicht würde der Allmächtige sie eines Tages mit einem Kind segnen.

„Ich werde einer Verlobung zustimmen, Abba –"

„Wunderbar! Das ist eine wunderbare Neuigkeit, mein Engel! Du wirst es nicht bereuen."

„Aber noch nicht. Es gibt etwas, das ich vorher tun muss, denn ich befürchte, Malkija wird es nicht erlauben, wenn wir erst verlobt sind."

„Was denn?"

„Ich will dir helfen, die Mauer wiederaufzubauen."

„Du willst mir helfen? Was meinst du damit?"

„Ich habe die Rede des Statthalters gehört, Abba. Er hat recht, unsere Stadt ist eine Schande. Ich will helfen, deinen Teil der Mauer zu reparieren. Ich möchte an deiner Seite beim Wiederaufbau mitarbeiten. Judith und Sarah auch."

Abba lachte, aber es war ein nervöses, freudloses Lachen. „Ist das ein Scherz, mein Engel?"

„Nein. All die anderen Anführer haben Söhne, die mit ihnen arbeiten können, und ich möchte mit dir arbeiten."

„Sei vernünftig, Chana. Wie kann ich so etwas zulassen? Ich habe eine Führungsposition inne ..."

„Das ist doch umso mehr ein Grund, uns helfen zu lassen. Du wirst ein Vorbild sein. Wie können Männer sich weigern zu helfen, wenn der Bezirksverwalter von halb Jerusalem drei Töchter hat, die ihren Beitrag leisten? Es wird sie alle beschämen."

„Ich fürchte, *ich* werde derjenige sein, der beschämt wird – und ihr drei ebenso. Es ist Männerarbeit, die Mauer wiederaufzubauen. Es ist auf keinen Fall eine Beschäftigung für Frauen."

„Und was ist mit den Töchtern Zelofhads? Erinnerst du dich an die Geschichte? Zelofhad hatte keine Söhne, also hat Mose eingewilligt, dass seine Töchter seinen Teil des Landes erben. Wir sind für dich wie Söhne und wollen Anteil haben an dem, was das Volk tut."

„Ich glaube nicht, dass es dasselbe ist, Chana."

In ihrer Verzweiflung offenbarte sie ihren innersten Beweggrund. „Weißt du, wenn ich nur diese eine Sache tun könnte – Steine auf eine Mauer setzen und eine Festung bauen, um Mörder wie die Männer fernzuhalten, die Itzhak umgebracht haben –, dann kann ich seinen Tod vielleicht verwinden. Dann bin ich auch bereit, Malkijas Heiratsantrag anzunehmen."

„Willst du mich erpressen, mein Engel?"

Sie brachte ein kleines Lächeln zustande. „Wenn es nötig ist."

„Und was ist, wenn Malkija sieht, dass die Frau, die er heiraten möchte, wie ein einfacher Tagelöhner an der Mauer arbeitet? Hast du einmal daran gedacht? Er wird außer sich sein. Und ich könnte es ihm nicht einmal verübeln, wenn er dann seine Meinung über dich ändert."

„Dann ist es vielleicht besser, wenn er *jetzt* erfährt, wie ich bin, bevor wir verlobt sind. Es ist besser, wenn er weiß, dass ich einen eigenen Willen habe und mich nicht scheue, ihn zu äußern. Wenn er es unerhört findet, dass ich meinem Vater helfen und meine Stadt wiederaufbauen will, dann will ich ihn nicht heiraten."

„Ich muss darüber nachdenken."

Die Tür zum Haus öffnete sich und Judith und Sarah kamen herausgestürzt wie ein Wasserschwall aus einem Krug, weil sie nicht mehr an sich halten konnten. „Bitte erlaube es uns, Abba, bitte", sagte Judith.

„Du willst auch mit an der Mauer bauen, Judith? Wirklich? Was wird Alon denken? Ich dachte, du interessierst dich für ihn?"

„Es ist mir egal, was er denkt. Oder alle anderen."

„Ich will auch helfen", sagte Sarah.

„Sarah? Mein kleines Engelchen? Haben deine Schwestern dich dazu überredet?"

„Überhaupt nicht. Ich finde es aufregend. Endlich kann ich etwas anderes tun, als nur den ganzen Tag zu kochen und Hausarbeiten zu verrichten. Es wird Spaß machen, Teil einer so großen Sache zu sein."

Abba nahm Chanas Hände in seine. „Wie willst du mit diesen zarten Händen die schweren Steine heben? Ich kann doch nicht einfach zusehen, wie deine Finger verletzt und wund werden."

„Es muss doch noch viele andere Arbeiten geben außer dem Steineschleppen. Das Wichtigste ist, dass wir dabei sind, an deiner Seite, zusammen mit den anderen Arbeitern, und unseren Beitrag leisten."

„Bitte sag nicht Nein", flehte Judith. „Bitte lass uns mitmachen."

„Ja, bitte, Abba", wiederholte Sarah.

Chana konnte sehen, wie unentschlossen er war. Er ließ ihre Hände los und rieb sich mit den Fingern den Nasenrücken. „Das ist nicht fair", sagte er. „Ihr wisst, dass ich meinen Mädchen nichts abschlagen kann."

„Dann tu es nicht. Sag einfach Ja."

„Alle in der Provinz Juda helfen", sagte Judith.

„Vielleicht jeder *Mann*. Ich wage zu behaupten, dass meine Töchter die einzigen Frauen sein werden."

„Darauf solltest du sehr stolz sein", sagte Chana.

Abba stöhnte resigniert. „Ich muss verrückt sein, aber … ich werde versuchen, etwas zu finden, was ihr tun könnt. Aber nur ..."

„Danke, Abba!" Sie fielen über ihn her und umarmten ihn und küssten seine Wangen.

„Aber nur auf Probe", sagte er, während er vergeblich versuchte, sie abzuwehren. „Vielleicht könnt ihr meinen Arbeitern etwas zu essen oder Wasser bringen …"

„Oder vielleicht ein paar kleine Steine wegräumen?", fragte Chana.

„Wir werden sehen."

Chana lachte und gab ihm noch einen Kuss. Zum ersten Mal seit langer Zeit war sie wirklich glücklich.

„Und was ist jetzt mit Malkija?", fragte er, als sie endlich aufgehört hatten, ihn zu drücken und zu herzen. „Kann ich ihm wegen der Heirat eine Antwort geben? Bist du so weit, dass ich die Ketubba aufsetzen kann?"

„I-ich glaube, du und Malkija könnt die Ketubba aufsetzen. Solange unsere Verlobung erst dann in Kraft tritt, wenn wir geholfen haben, die Mauer wiederaufzubauen." Aber trotzdem spürte Chana noch ein winziges nagendes Unbehagen angesichts der Endgültigkeit ihrer Entscheidung.

18

Samarien

Tobija hatte viel Zeit, über seinen nächsten Schritt nachzudenken, als er seine ammonitische Hauptstadt früh am Morgen verließ, um zu Pferde die lange Reise nach Samarien anzutreten. Sein neuer Feind Nehemia hatte sich als gefährlicher erwiesen, als Tobija sich hätte träumen lassen. Mit einem einzigen politischen Geniestreich hatte Judas neuer Statthalter angestoßen, dass Jerusalems Mauern wiederaufgebaut wurden, indem er das Feuer von Nationalstolz und religiösem Eifer entzündet und damit die tief gespaltene Bevölkerung vereint hatte.

Wegen der langen Dürre war es einfacher als sonst, den Jordan zu durchqueren. Als Tobija judäisches Gebiet betrat, brannte sein Zorn so heiß wie die Sommersonne. Dieses Gebiet sollte ihm gehören und nicht Nehemia! Er hatte viele Jahre und viel Arbeit investiert, um sich bei den judäischen Anführern und Priestern einzuschmeicheln. Er hatte versucht, Judas viele Wirtschafts- und Sicherheitsprobleme lösen zu helfen. Sein Ziel war es gewesen, eine Allianz zwischen Juda und Ammon zu bilden, mit ihm selbst als Anführer. Aber jetzt war er nicht mehr der Retter, auf den sie gewartet hatten – Nehemia war es.

Tobija wusste, dass er Hilfe brauchte, um die Provinz von dieser neuen Bedrohung zu befreien. Seine Verbündeten, Sanballat und Geschem, mussten inzwischen auch davon erfahren haben, dass Nehemia Jerusalem befestigte. Wenn nicht, musste Tobija sie warnen. Anschließend, auf dem Heimweg, würde er heimlich einen Besuch in Jerusalem machen, um mit den mächtigen Adligen zu sprechen, die er im Rat und unter den Priestern kannte. Sicher begrüßten nicht alle in Juda ihren neuen Statthalter und seine Ambitionen mit offenen Armen.

Als Tobija und sein kleiner Trupp Männer den Palast von Sanballat auf einem Hügel Samariens erreichten, hatte die Hitze ihn beinahe völlig erschöpft. Aber er verschwendete keine Zeit, sondern wollte sich gleich mit seinen Verbündeten beraten. „Warum hast du die dringende Nachricht geschickt, dass du mit Geschem und mir sprechen willst?“, fragte Sanballat, nachdem seine Diener sie zu ihrer privaten Unterredung allein gelassen hatten. „Es ist wohl etwas Ernstes, wenn du uns so schnell nach unserer letzten Zusammenkunft wiedersehen willst?“ Das Gesicht des samaritanischen Anführers sah gerötet und überhitzt aus, obwohl die Diener ihm ständig mit Palmzweigen Luft zufächelten. Tobija fragte sich, ob der korpulente Mann angesichts der Neuigkeiten einen Herzschlag erleiden würde.

„Es ist ernst. Ich habe zwei meiner Männer zu meinem Sohn nach Jerusalem geschickt mit dem Auftrag, Judas neuem Statthalter zu folgen. Johanan ist es sogar gelungen, zu einem von Nehemias Assistenten ernannt zu werden. Sie haben herausgefunden, was er vorhat und warum er nach Jerusalem gekommen ist.“ Tobija wartete, um zu sehen, ob sie es schon wussten. Offenbar nicht. Tobijas Gewand klebte an seinem verschwitzten Rücken, als er sich auf seinem Platz vorbeugte. „Nehemia hat Pläne erstellt, um Jerusalems Mauer wiederaufzubauen. Das Volk steht hinter ihm und die Arbeiten werden sofort beginnen.“

„Er befestigt die Stadt?“, fragte Geschem. „Warum?“

„Sei doch nicht naiv“, sagte Sanballat. „Warum bauen Anführer Mauern und Zitadellen? Er will Freiheit. Macht. Wirtschaftliche Unabhängigkeit.“

„In den Briefen aus Susa, die Nehemia uns gezeigt hat, stand nichts davon, dass eine Festung gebaut werden soll, oder?“, fragte Tobija. Jetzt wünschte er, er hätte die Schreiben sorgfältiger gelesen, anstatt seine Missachtung dadurch zu zeigen, dass er sie ignorierte. „Aber da er genau das tut, hintergeht er König Artaxerxes ganz offensichtlich.“

„Das sehe ich auch so“, stimmte Sanballat zu. „Der persische König konnte nicht wissen, was Nehemia vorhatte, sonst hätte er es nie zugelassen. Eine befestigte Stadt ist der erste Schritt in Richtung Rebellion, eine Notwendigkeit für eine unabhängige Nation. Wir müssen umgehend eine Nachricht zu König Artaxerxes schicken."

„Was haben deine Informanten sonst noch erzählt?", fragte Geschem. Seine Wut war an seiner düsteren Miene ebenso zu erkennen wie an seinem unaufhörlichen Auf- und Abgehen. Er hatte sich von seinem Stuhl erhoben, als Tobija seine Neuigkeiten verkündet hatte, beunruhigt darüber, wie eine unabhängige Provinz Juda sein Handelsmonopol gefährden würde.

„Wie es scheint, hat Nehemia am Tempel vor allen Anführern und Priestern und Laien eine Rede gehalten", fuhr Tobija fort. „Mein Sohn sagt, er hat sie in seinen Bann gezogen und sie motiviert, ihm zu helfen. Sein riesiges Bauvorhaben konnte sich vor Freiwilligen kaum retten. Alle machen mit."

„Ihre Begeisterung wird die Hitze nicht überdauern", sagte Sanballat. In dem lächerlichen, mit Verzierungen überladenen Gewand, das er selbst an den heißesten Tagen zu tragen pflegte, schien er sich selbst nicht wohlzufühlen. Aber trotz der großspurigen Worte des Samaritaners merkte Tobija, dass der Mann sich Sorgen machte. Beide Männer waren beunruhigt. „Wenn diese Sommerhitzewelle endet, wird der Regen beginnen", fuhr Sanballat fort. „Während der Regenzeit werden sie die Arbeiten unterbrechen müssen. Und dann wird es Zeit, dass die Leute nach Hause zurückkehren, um ihre Felder zu pflügen und ihre Saat auszubringen. Danach wird es mit der Begeisterung der Massen nicht mehr weit her sein. So etwas hält selten lange an."

Tobija schüttelte den Kopf. Er wünschte, er könnte Sanballats Zuversicht teilen. Seine Verbündeten hatten, anders als er, nicht Berichte aus erster Hand über diesen charismatischen neuen Statthalter gehört. „Nehemia erweist sich als sehr redegewandter Anführer", erklärte Tobija ihnen. „Er hat alle in Juda davon überzeugt, dass die Mauer in wenigen Monaten aufgebaut werden kann. Sie feuern ihn an und geben ihm ihre volle Unterstützung."

„*Monate*?" Geschem lachte verächtlich. „Unmöglich. Ich war in Jerusalem und habe das Ausmaß der Zerstörung gesehen. Kein einziges Tor ist mehr vorhanden."

„Geschem hat recht“, sagte Sanballat. „Außerdem: Wie soll Nehemia sich das Material, das er braucht, überhaupt leisten können?“

„Er behauptet, er hätte ein Schreiben von König Artaxerxes an den Verwalter der königlichen Wälder, das ihm erlaubt, so viel Holz zu schlagen, wie er will.“

Geschem schnaubte wütend. „Dieses kleine Detail hat Nehemia vergessen zu erwähnen, als er hier war.“

„Wo will er denn eine Mannschaft aus erfahrenen Bauleuten finden?“, fragte Sanballat. „Die meisten Judäer sind Farmer und Schafhirten.“

„Er hat das ganze Volk aufgefordert, sich freiwillig für die Arbeit zu melden.“

„Amateure? Was wissen sie schon über den Bau einer Stadtmauer? Der erste heftige Wind wird diese Mauer umwehen.“

„Ich glaube, du übersiehst etwas Wichtiges“, sagte Tobija. „Es spielt keine Rolle, wie er die Mauer wiederaufbauen will. Es ist beunruhigend, dass er sich erst seit einer Woche in Jerusalem befindet, aber schon jetzt die volle Unterstützung der Massen hat. Irgendwie hat er sie dazu gebracht, ihre Meinungsverschiedenheiten zu vergessen und zusammen an einem gemeinsamen Projekt zu arbeiten. Einem riesigen, unmöglichen Projekt. Das zeigt, dass wir es hier mit einem Führungsgenie zu tun haben. Und dann ist es kein großer Schritt mehr, sich vorzustellen, dass er das Volk davon überzeugt, der verheißene Messias zu sein.“

„Abgesehen von *einer* Sache“, wandte Sanballat ein. „Er hat ihre wirtschaftlichen Probleme nicht gelöst. Wie will er für all die Kosten aufkommen, die mit dem Wiederaufbau der Mauer verbunden sind? Das Volk kann keine höheren Steuern aufbringen, also werden sie die Tribute einstellen müssen – entweder die an unsere Provinzschatzkammern oder an Persien. Oder beides.“

„Aber es ist gleichbedeutend mit Rebellion, keine Tribute zu zahlen“, sagte Tobija. Mit einem Mal wurde ihm bewusst, dass seine eigene politische Macht aufgrund der engen Verbindungen, die er zwischen seinem Volk und Juda gepflegt hatte, ebenfalls in Gefahr war, wenn der persische König mit Gewalt reagierte. Er schloss die Augen, als er an den möglichen Sturz seines persönlichen kleinen Reiches dachte. Sie mussten Nehemia aufhalten!

„Ich glaube, wir müssen Jerusalem einen offiziellen Besuch abstatten", sagte Sanballat.

„Und wozu das?", fragte Tobija missmutig und ließ sich auf seinem Platz zurückfallen. „Hast du einen Plan?"

„Die Menschen kennen mich als ihren Statthalter, seit Esra sich zurückgezogen hat. Diesen Neuankömmling kennen sie noch nicht. Nehemia hat sich noch nicht bewährt, trotz seiner aufrüttelnden Rede. Wir müssen die Menschen dazu bringen, dass sie sich das mit diesem Bauvorhaben noch einmal überlegen. Wir werden ihnen aufzeigen, wie dumm diese Idee und wie unglaubwürdig ihr Anführer ist."

„Das heißt, wir sagen ihnen, dass die Idee lächerlich ist und sie Vergeltungsmaßnahmen der persischen Regierung fürchten müssen?", fragte Geschem. „Werden sie sich darum scheren?" Er sah skeptisch aus.

„Wir werden die Saat des Zweifels und der Entmutigung aussäen und dann warten, dass sie aufgeht", sagte Sanballat. „Das gemeine Volk hat genug Probleme ohne diesen Emporkömmling von einem Statthalter, der sie auffordert, noch mehr zu tun. Wir werden ihnen deutlich machen, dass eine so ungeheure Aufgabe ohne eine Menge Leute und Geld nicht zu bewältigen ist. Höheren Steuern wird das Volk niemals zustimmen. Wenn wir Judas neuen Herrscher lächerlich machen, werden die Leute erkennen, was für ein Narr er ist."

„In der Zwischenzeit", sagte Geschem, „müssen wir eine Delegation nach Susa schicken und König Artaxerxes berichten, was Nehemia macht."

Sanballat zog eine Grimasse. „Das könnte riskant sein. Was ist, wenn Nehemia tatsächlich die Erlaubnis des Königs hat? Ich glaube, wir sollten besser warten und uns Nehemias Dokumente noch einmal ansehen. Finden wir heraus, ob er wirklich ermächtigt ist, die Mauer wiederaufzubauen."

„Während ich euch beiden zugehört habe, sind mir einige Gedanken gekommen", sagte Tobija. „Vielleicht gibt es noch etwas anderes, was wir tun können, um Nehemias Beliebtheit ein schnelles Ende zu bereiten. Im Augenblick hat er die Unterstützung der einfachen Leute, aber diese Dürre hat Tausende von ihnen in die Armut gestürzt. Der Abgrund zwischen Reichen und Armen wird mit jedem Tag breiter und tiefer, weil immer mehr Bauern ihren Besitz verpfänden und Schulden machen müssen. Es wird nicht viel nötig sein, um einen Aufruhr anzuzetteln, Arm gegen Reich. Und Spaltung und Hass würden Nehemias Bauvorhaben mit Sicherheit zum Stillstand bringen."

„Wird sich das nicht rächen?", fragte Geschem. „Schließlich gehören wir auch zu den Wohlhabenden."

„Das spielt keine Rolle", sagte Tobija. „Solange die Unruhen Nehemias Popularität gefährden. Das Problem wird er nicht lösen können, es sei denn, er hat sehr viel Führungserfahrung, und das glaube ich nicht. Er wird es nicht schaffen, sein Projekt wieder auf Kurs zu bringen, weil es ihm niemals gelingen wird, die Reichen und die Armen gleichermaßen zu besänftigen. Und die Dürre kann er nicht beenden – und auch nicht die hohen Steuern, die die Perser verlangen."

„Kannst du die richtigen Feuer legen, um einen solchen Aufruhr auszulösen, Tobija?", fragte Sanballat. „Hast du in Juda die nötigen Beziehungen?"

„Ja, die habe ich tatsächlich." Er lächelte, weil er die Tatsache genoss, dass Sanballat ausnahmsweise einmal auf ihn angewiesen war. Der samaritanische Herrscher würde in Tobijas Schuld stehen, wenn diese Sache vorüber war. „Ja, ich weiß sehr wohl, welche Feuer ich schüren muss. Und mein Sohn ist genau am richtigen Platz, um das zu tun."

„Gut. Dann verlassen wir uns auf dich. Und derweil statten wir drei Nehemia einen Staatsbesuch ab."

19

Im Bezirk Bet-Kerem

Das Abendessen war eine üppige Angelegenheit mit mehreren Gängen gewesen. Nava war von dem langen Arbeitstag, an dem sie ihren Herrn und seine hochgestellten Gäste bedient hatte, ganz erschöpft. Während sie zwischen Küche und Speisesaal hin und her gelaufen war, um Platten und Tabletts mit Essen aufzutragen, hatte sie immer wieder Gesprächsfetzen mit angehört und so erfahren, dass die Männer aus Jerusalem gekommen waren und sie und Navas Herr ein Bauvorhaben planten. Es klang so, als würde es ein gewaltiges Unterfangen werden.

Irgendwann erhoben Malkija und seine Gäste sich vom Tisch und gingen auf die obere Terrasse, um die kühle Brise dort zu genießen und unterm Sternenhimmel Wein zu trinken. Nava nahm ein Tablett und eilte hinaus, um den Tisch abzuräumen, damit sie hoffentlich bald schlafen gehen konnte. Als sie sah, dass der junge Herr Aaron nicht mit den anderen gegangen war, wäre sie beinahe stehen geblieben und umgekehrt. Er saß noch immer auf seinem Platz, wo er es sich auf Kissen bequem gemacht hatte, und beobachtete jetzt jede ihrer Bewegungen. Sie wagte nicht, sich zurückzuziehen. Schnell stapelte Nava so viel Geschirr, wie sie gefahrlos tragen konnte, auf ihr Tablett und hob es hoch, um in die Küche zurückzugehen und dort zu bleiben, bis er gegangen war.

„Nava", sagte er, bevor sie entkommen konnte. „Stell das Tablett ab und komm her."

Ihr Herz hämmerte schmerzhaft, als sie sich umblickte und sah, dass sie alleine waren. Sie musste gehorchen. Die Teller schepperten, als sie mit zitternden Händen das Tablett auf den Tisch stellte. Sie ging um den Tisch herum und blieb vor ihm stehen, so wie sie es gelernt hatte. „Hier bin ich." Wo waren die anderen Dienstmädchen, die ihr helfen sollten? Seit sie dem Haushaltspersonal zugeteilt worden war, hatte Nava darauf geachtet, nie alleine zu arbeiten, vor allem, wenn Aaron in der Nähe war. Doch jetzt war sie mit ihm allein.

„Sieh mich an, Nava." Sie hob den Blick vom Boden zu ihm auf. Er hatte beim Essen viel Wein getrunken, seine Augen wirkten trübe und seine Worte klangen undeutlich. „Warum magst du mich nicht?", fragte er.

„Ich … ich verstehe nicht … Ihr seid mein Herr … ich arbeite für Euren Vater ..."

„Du weißt genau, was ich meine", knurrte er, sodass Nava die Haare auf den Armen zu Berge standen. Ihr Herz schlug noch schneller. „Ich habe bemerkt, dass du mir aus dem Weg gehst, und ich will wissen, warum."

Sie konnte kaum atmen. Während sie krampfhaft überlegte, was sie sagen sollte, starrte sie wieder auf den Boden. „Dienstboten wie ich sollen sich im Hintergrund halten und ..."

„Du lügst! Und weißt du, woran ich das sehe? Du guckst wieder auf den Boden, obwohl ich gesagt habe, dass du mich ansehen sollst." Sie hob das Kinn. „So ist es besser. Also, findest du mich nicht attraktiv, Nava, meine Schöne? Dein Name passt übrigens gut zu dir. Sehr gut sogar. Ich könnte dich vernaschen wie eine üppig gefüllte Obstschale."

Die Angst trieb ihr die Tränen in die Augen. Sie ließ sie über die Wangen kullern, ohne sie fortzuwischen. „Ich liebe den Mann, der neulich nachts über die Mauer geklettert ist, um mich zu sehen. Er heißt Dan. Wir werden heiraten, wenn mein Dienst hier zu Ende ist und ..."

Aarons unfreundliches Lachen schnitt ihr das Wort ab. „Du gehörst die nächsten sechs Jahre lang uns, Nava. Es wäre dumm von dir zu glauben, dass dein heißblütiger junger Mann so lange warten wird. Ich weiß, dass *ich* es nicht täte. Genau genommen will ich nicht mal mehr eine Nacht warten." Er erhob sich, während er sie mit den Blicken langsam von Kopf bis Fuß musterte. Nava spürte eine Gänsehaut und trat einen Schritt zurück. Ihre Tränen liefen jetzt schneller. Er konnte tun, was er wollte, und sie konnte ihn nicht daran hindern.

„Bitte, Herr … ich habe Eure Frage beantwortet. … Kann ich jetzt weiterarbeiten?"

„Ich habe dich gefragt, ob du mich attraktiv findest, aber diese Frage hast du noch nicht beantwortet."

Was konnte sie sagen? Sie traute sich nicht, ihm zu sagen, dass seine Doppelzüngigkeit sie abstieß, egal, wie er aussah. Wenn doch nur der Erdboden sich auftun und sie verschlingen würde! Als ihre Knie gerade drohten, unter ihn nachzugeben, hörte sie die Stimme der Haushälterin hinter sich.

„Warum brauchst du so lange, Nava? Dieser Tisch sollte längst abgeräumt sein – oh. Tut mir leid, Herr Aaron. Ich wusste nicht, dass Ihr noch hier seid. Braucht Ihr etwas, Herr?"

„Ich brauche Nava." Er sprach so leise, dass nur sie ihn hören konnte.

„Wie bitte, Herr?", fragte die Haushälterin. Nava nutzte die Störung, um das Tablett zu nehmen und in die Küche zu fliehen. Als die Haushälterin, die Ruth hieß, kurz darauf zurückkam, saß Nava schluchzend auf dem Fußboden neben dem Arbeitstisch, weil ihre Knie sie nicht länger trugen. „Was ist mit dir los?", fragte Ruth. „Was ist da drinnen geschehen?"

„Nichts ist geschehen … aber … aber ..."

„Und warum arbeitest du dann nicht?" Die Haushälterin war eine kräftige, breitschultrige Frau mit rundem Gesicht und dickem schwarzem Haar, das von grauen Strähnen durchzogen war. Oft trug sie eine Gerte bei sich und Nava hatte gesehen, dass sie faule oder trödelnde Dienstboten damit geschlagen hatte. Aber Nava hatte mehr Angst vor Aaron als vor Ruth.

„Herr Aaron beobachtet mich immer und versucht, mit mir allein zu sein und … und ich habe schreckliche Angst vor ihm, Ruth. Ich weiß, was er will, und … und ich fürchte mich so!"

„Du dummes Mädchen. Hör auf zu heulen. Steh auf." Sie packte Navas Arm und zog sie auf die Beine. „Weißt du denn nicht, dass er das Recht hat, jede Leibeigene, die er will, zu seiner Frau zu nehmen?"

„Ja, das weiß ich. Deshalb habe ich ja solche Angst!"

„Wenn er dich will, dann ist das gut. Du wärest die Herrin dieses Hauses. Das ist doch kein Grund zu jammern und zu weinen."

„Aber ich liebe ihn nicht. Ich liebe einen anderen und will nicht ..."

„Wach auf, Nava. Du bist eine Leibeigene – und eine *Frau* noch dazu. Du stehst ganz unten in der Kette. Es kümmert keinen, was du willst und was nicht. Wenn ich die Chance hätte, unseren Herrn zu heiraten und in diesem Haus zu herrschen, ich würde sie nutzen, das kannst du mir glauben."

„Aber er wird mich nicht heiraten, Ruth. Ich habe gesehen, wie Herr Aaron ist. Ich habe gehört, welche Lügen er erzählt. Wenn er erst einmal seinen Spaß mit mir hatte, wird er leugnen, dass es jemals geschehen ist. Niemand wird mir glauben. Und keiner der anderen Dienstboten wird für mich eintreten und Herrn Malkija die Wahrheit sagen."

Ruth wandte sich ab und fing an, das Geschirr von dem Tablett zu nehmen und neben der Wasserschüssel zu stapeln, damit es gespült werden konnte. Nava wartete, dass sie etwas sagte, aber es war, als hätte Nava nie gesprochen. „Bitte hilf mir, Ruth. I-ich weiß nicht, was ich machen soll."

„Was den jungen Aaron betrifft, könntest du recht haben. Jeder weiß, wie er ist." Sie nahm einen Teller und spülte ihn im Wasser ab, dann reichte sie ihn Nava zum Abtrocknen. „Aber selbst wenn er seinen Spaß hat und sich weigert, ehrenhaft zu sein, könnte es deine Freiheit bedeuten. Willst du nicht nach Hause zu deiner Familie? Sechs Jahre sind eine lange Zeit."

„Nicht um diesen Preis." Wieder liefen die Tränen, als sie sich vorstellte, sie müsste Dan sagen, dass sie keine Jungfrau mehr war. „Ich liebe einen Mann in dem Ort, aus dem ich komme."

„Diesen Dummkopf, der hier eingebrochen ist und alle geweckt hat?"

„Ja. Und er wird mich vielleicht nicht heiraten wollen, wenn ..."

Ruth seufzte und ließ die nächsten Teller ins Wasser fallen, dass es spritzte. „Das ist Pech, aber ich kann nichts dagegen tun." Sie zeigte auf den Stapel Geschirr, den sie bereits abgewaschen hatte. „Fang an abzutrocknen. Ich möchte noch vor Tagesanbruch schlafen gehen."

„Kannst du nicht dafür sorgen, dass ich nie mit ihm allein bin? Dass immer jemand mit mir zusammenarbeitet? Und dass ich nachts nicht allein zu meinem Zimmer zurückgehen muss? Bitte, Ruth!"

Sie seufzte wieder. „Ich werde es versuchen. Aber mehr kann ich dir nicht versprechen."

„Danke." Nava war nur unwesentlich erleichtert.

„Du bist schon komisch, Nava. Die meisten Mädchen, die so hübsch sind wie du, würden ihre Schönheit zu ihrem Vorteil einsetzen. Sie würden sich den Aufmerksamkeiten unseres gut aussehenden jungen Herrn nicht widersetzen, sondern sie nutzen, um etwas zu erreichen. Ich bewundere dich dafür, dass du nicht so bist. Und ich wünsche dir Glück. Du wirst es brauchen."

„Warum sagst du das?"

„Wenn Aaron so ist wie unser Herr, wird er bekommen, was er will, so oder so. Herr Malkija bekommt es jedenfalls immer."

Nava schlief kaum, weil sie immer wieder zitternd und weinend aus Albträumen hochschreckte. Am nächsten Morgen, als ihr Herr alle Dienstboten im Haupthof zusammenrief, hatte sie immer noch Mühe, ihre Fassung wiederzugewinnen. Selbst die Wachen und Feldarbeiter und Schafhirten waren diesmal herzitiert worden, dazu auch alles Personal aus Küche und Haushalt. Die Bediensteten drängten sich im Innenhof nahe den Ziegenställen.

„Ich habe etwas zu verkünden", begann Malkija. „Judas neuer Statthalter, Nehemia ben Hachalja, hat Pläne gemacht, um die Mauer um Jerusalem wiederaufzubauen. Er bittet jeden gesunden Mann in der Provinz, sich freiwillig zu melden und ihm zu helfen, sodass die Arbeit schnell erledigt werden kann."

Nava war am Passahfest und zu anderen Feiern mit ihrer Familie nach Jerusalem gereist und hatte die auf eine große Länge eingestürzte Mauer um die Stadt gesehen. Wie sollten sie diesen Trümmerhaufen aus verbrannten Steinen und Geröll wiederaufbauen – und dann noch schnell? Ihr schien es, als würde diese Arbeit Jahre dauern. Und war es nicht gefährlich, diese riesigen Steinberge zu bewegen? Sie fragte sich, ob Dan sich wohl freiwillig gemeldet hatte. Und ob ihr Vater und ihre Brüder auch helfen würden.

„Ich werde die Arbeiten am Misttor an der Südspitze der Stadt beaufsichtigen“, erklärte Malkija ihnen. „Das bedeutet, das Geröll muss weggeräumt werden, dann müssen wir das Mauerwerk und die Stützen wiederherstellen, das Torhaus und den Turm neu errichten und die Türen und Riegel des fertigen Tores einsetzen. Von euch werden alle außer den wichtigsten Arbeitern, zum Beispiel einer Handvoll Wachen und genug Männern, um die Tiere zu versorgen, mit mir nach Jerusalem gehen und mir beim Wiederaufbau des Tores helfen. Zusätzlich werde ich Küchen- und Haushaltspersonal brauchen, das sich um meine Arbeiter kümmert. Penina und Ruth – ich überlasse es euch zu entscheiden, wer hierbleibt und wen ihr entbehren könnt.“

Nava hörte Flüstern um sich herum, während alle sich umsahen und sich fragten, wer bleiben und wer gehen würde. Als eine der neuesten Dienstboten würde sie wahrscheinlich hierbleiben und die Arbeiten verrichten müssen, die niemand tun wollte.

„Ich werde jede Woche zum Sabbat nach Hause kommen“, sagte Malkija mit lauter Stimme über das Murmeln hinweg. „Während ich fort bin, werden meine Söhne Aaron und Josef mein Anwesen beaufsichtigen.“

Seine Worte ließen Nava vor Schrecken erschauern. Wenn Herr Malkija und die meisten anderen Dienstboten fort waren, würde sie überhaupt keinen Schutz mehr haben. Sie musste dafür sorgen, dass sie zu denen gehörte, die nach Jerusalem gingen.

Sobald ihr Herr alle wieder an ihre Arbeit geschickt hatte, rannte Nava los, um die Haushälterin anzuflehen. Alle anderen wollten auch mit ihr sprechen, manche, um hierbleiben zu dürfen, andere, weil sie mit nach Jerusalem wollten. Nava musste warten, bis auch die letzte Magd mit ihr gesprochen hatte. Dann eilte sie hinter Ruth her.

„Du auch?“, sagte Ruth, als sie Nava sah. „Was willst du?“

„Bitte, Ruth! Ich kann nicht hier in Bet-Kerem bleiben, wenn Herr Aaron die Aufsicht hat. Du weißt, was dann passieren wird.“

„Der Herr und seine Gäste warten auf ihr Frühstück. Nimm die Platte dort und stell sie auf den Tisch, bevor das Essen ganz kalt wird.“

Nava nahm die Platte und folgte Ruth in den Essbereich. Malkija und seine Gäste saßen bereits dort, aber Nava stellte erleichtert fest, dass Aaron nicht dabei war. Sie stellte die Platte in die Mitte, wo alle sie erreichen konnten, und auf dem Weg zurück in die Küche, um die anderen Speisen zu holen, bettelte sie mit leiser, aber eindringlicher Stimme weiter.

„Bitte hilf mir. Du kannst dafür sorgen, dass ich mit nach Jerusalem gehen kann."

„Der Herr will sicher erfahrenere Dienstboten bei sich in Jerusalem haben. Vielleicht muss er andere hohe Herren bewirten oder sogar den Statthalter."

„Bitte, Ruth! Ich tue alles, was du sagst, aber bitte, bitte lass mich nicht hier bei dem jungen Herrn zurück. Bitte!"

„Es reicht, Nava!"

Sie fragte sich, ob sie zu weit gegangen war und Ruth verärgert hatte. Aber einen Augenblick später murmelte die Haushälterin: „Mal sehen, was ich tun kann."

Nava wünschte, sie würde noch an die Macht der Gebete glauben. Dann würde sie darum beten, weit, weit fort von Bet-Kerem zu sein, weit fort von der Gefahr. Aber warum sollte sie sich die Mühe machen? Der Allmächtige schien ihre Gebete doch nie zu erhören.

20

Jerusalem

Die Sonne fing gerade an, den Himmel über dem Ölberg zu erhellen, als Nehemia mit seinen Brüdern von der Residenz des Statthalters zu dem freien Platz in der Nähe des Taltores ging. Heute würde er die Bauleiter für die verschiedenen Abschnitte anweisen, damit sie anfangen konnten, die Mauer wiederaufzubauen. Er hatte es so eilig, endlich zu beginnen, dass seine Brüder Mühe hatten, mit ihm Schritt zu halten, während sie durch die stillen Straßen der schlafenden Stadt hinter ihm den Hang hinunterliefen.

„Musstest du in Susa auch immer so früh morgens aufstehen?“, fragte Hanani und gähnte laut.

„Selbst die Sonne ist so vernünftig, nicht so früh aufzugehen“, fügte Ephraim hinzu. „Du solltest dir ein Beispiel an ihr nehmen.“

„Wir müssen das Tageslicht so gut wie möglich ausnutzen“, erwiderte Nehemia. „Ich habe meine Bauleiter gebeten, sich vor dem Morgenopfer zu versammeln, damit wir rechtzeitig fertig sind und anschließend zum Tempel hinaufgehen können. Wenn wir gleich nach dem Opfer anfangen zu bauen, können wir eine Menge schaffen, bevor die Hitze allen die Kraft raubt.“ Er verlangsamte seine Schritte ein wenig, damit sie mitkamen. Ihm war bewusst, dass er viel von ihnen verlangte. Seine Brüder und ihre Familien waren zu ihm in die Residenz des Statthalters gezogen, damit sie eng mit ihm zusammenarbeiten konnten. Als Nehemia sie an diesem Morgen geweckt hatte, waren die Sterne noch am Himmel zu sehen gewesen. Sie hatten schnell etwas gegessen, hatten dann ihre Sachen genommen und waren losgelaufen, aber die Augen seiner Brüder waren noch ganz klein vom Schlaf.

„Sind die Karten und Listen bereit?", fragte er sie.

„Ja, mein Herr und Meister", sagte Hanani mit aufgesetzt ernster Miene.

„Tut mir leid", sagte Nehemia. „Ich habe mich in Susa daran gewöhnt, Leute herumzukommandieren."

„Das kannst du wirklich gut", murmelte Ephraim.

„Ich musste es tun. Das Leben des Herrschers hing davon ab. Und jetzt steht die Sicherheit Jerusalems auf dem Spiel."

„Achte nur darauf, dass du nicht eifriger bist als der Allmächtige", sagte Ephraim, „und beschließt, dich selbst zum König zu ernennen."

Als sie das Taltor erreichten, ungefähr in der Mitte der westlichen Stadtmauer, war die Sonne über den Gebirgszug gekrochen und wärmte schon bald darauf die Luft. In den Häusern ringsum regten sich die Menschen. Der Duft von Herdfeuern und das Geräusch der Handmühlen erfüllte die Luft, mit denen Frauen Mehl mahlten, um Brot zu backen. Hinter dem Taltor lagen um den Platz herum Geröllberge, aber er beschloss, sich davon nicht entmutigen zu lassen. Bald würden alle diese Steine verschwunden sein, wenn es Gottes Wille war, und das reich verzierte Torhaus würde neu erbaut werden.

„Ich habe beschlossen, unsere Projektzentrale hier draußen einzurichten", erklärte er seinen Brüdern. „Es ist ein kleiner Platz, aber er ist gut geeignet, um die Arbeiten zu überwachen, da er von den meisten Mauerabschnitten aus gut zu erreichen ist."

„Das ist sehr gerecht von dir, Nehemia", sagte Hanani mit einem freudlosen Lachen. „So muss jeder bergauf gehen, um mit dir zu sprechen – diejenigen, die am Fuß des Berges arbeiten, müssen klettern, um mit dir zu sprechen, und diejenigen, die in der Nähe des Tempels arbeiten, müssen klettern, *nachdem* sie mit dir gesprochen haben."

„Es geht darum, dass es für *mich* praktisch ist, nicht für sie", sagte Nehemia. „Damit ich schnell vor Ort sein kann, wo immer ich gebraucht werde."

„Und schnell bist du, das muss ich zugeben", sagte Ephraim.

Er rang nach ihrem flotten Marsch noch immer ein wenig nach Luft.

Einer nach dem anderen trafen die anderen Anführer ein, traten zwischen den Häusern hervor wie Schatten im frühen Morgenlicht. Seine drei Gehilfen, Rehum, Johanan und Levi, gehörten zu den Ersten, die sich zu ihm gesellten. Von den dreien wirkte jedoch nur Johanan wach und aufmerksam. Wieder wünschte Nehemia, er hätte gründliche Nachforschungen über diese drei Männer anstellen können, bevor er sie in seine Pläne einweihte, so wie er es in Susa getan hätte, aber dazu war keine Zeit gewesen. Stattdessen hatte er sich auf das Urteil der Beamten verlassen müssen, die ihm diese Männer empfohlen hatten. Aber dass er seinen Brüdern vertrauen konnte, wusste er ohne jeden Zweifel. Deshalb war er froh, dass sie eingewilligt hatten, an seiner Seite zu arbeiten.

Als die letzten Bauleiter eintrafen, warf die Sonne schon ihre Strahlen über den Ölberg. Es war Zeit zu beginnen. „Dies ist für uns alle ein aufregender Tag“, sagte Nehemia. „Ihr habt euch freiwillig gemeldet, um einen Teil der Mauer zu übernehmen oder eines der zehn Tore wiederaufzubauen. Diejenigen von euch, die Holz brauchen, müssen mit meinem Bruder sprechen.“ Ephraim hob die Hand, damit jeder wusste, wer gemeint war. „Er ist für die Beschaffung von Holz aus den Wäldern des Königs einige Meilen südlich von Jerusalem zuständig. Aber er wird Wagen und Ochsengespanne und Maultiere brauchen, um das Holz herzuschaffen. Also wenn jemand von euch Wagen oder Gespanne entbehren kann, dann lasst es Ephraim bitte wissen. Ich hoffe, ihr hattet inzwischen die Gelegenheit, euren zugeteilten Abschnitt der Mauer zu begutachten, und habt angefangen, eure Arbeiter zu organisieren“, fuhr Nehemia fort.

„In meinem Bezirk haben sich ganz viele Leute gemeldet.“

„Bei mir auch.“

„Gut.“ Er wartete, bis Hanani ihm den Plan gereicht hatte. „Heute Morgen will ich diesen Plan mit den Abschnitten und den zuständigen Bauleitern mit euch durchgehen, damit ihr wisst, wer neben euch arbeitet, und damit ich euch kennenlernen kann. Ich fange mit der Nordseite der Stadt beim Tempelberg an und gehe dann die Mauer entlang in Richtung Westen. Der erste Bauleiter ist

Eljaschib, der Hohepriester, der sich um die Wiederherstellung der Tempelzitadelle kümmern wird."

„Meine Priesterkollegen und ich, wir haben uns verpflichtet, den Abschnitt der Mauer vom Schaftor bis zur Westspitze zu übernehmen", sagte Eljaschib, „dazu den Turm der Hundert und den Turm des Hananel."

„Ausgezeichnet. Ich weiß, dass es dir und deinen Männern viel abverlangt. Die Babylonier haben die Zitadelle und ihre Tore beinahe vollständig zerstört, als sie die Stadt eroberten, also wird es eine ungeheure Aufgabe sein, sie wiederaufzubauen. Wir brauchen Türme und eine verstärkte Mauer, weil dieser Teil immer noch der unsicherste ist. Wir alle wissen, dass unsere Feinde normalerweise aus dieser Richtung angreifen. Und wie ich sehe, habt ihr euch auch bereit erklärt, das Schaftor zu reparieren und neue Türen zu bauen?"

„Ja, Statthalter. Die Schafe für das tägliche Opfer kommen durch dieses Tor, deshalb will ich es für diesen heiligen Zweck weihen. Mein Großvater, Jeschua ben Jozadak, kam mit der ersten Gruppe Exilanten, die mit Serubbabel zurückkehrten. Er wäre überglücklich, wenn er sehen könnte, dass diese Tore und Befestigungen wiederaufgebaut werden."

„Hat dein Großvater nicht beim Wiederaufbau des Tempels mitgeholfen?"

„Ja. Und als der erste Hohepriester gedient."

Nehemia las weiter die Namen auf seiner Liste vor, wobei er zuerst den jeweiligen Namen des Mannes nannte und sich dann sein Gesicht genau einprägte. Er war froh über seine Tätigkeit als Mundschenk, durch die er gelernt hatte, sich Namen und Gesichter zu merken. Das Leben des Königs hatte von seiner Fähigkeit abgehangen, jeden Palastbediensteten auf den ersten Blick zu erkennen, um Eindringlinge sofort zu entlarven. Als er den Namen Meschullam, Sohn des Berekia, las, kam er ihm bekannt vor. Nehemia versuchte sich daran zu erinnern, warum.

„Ich bin Meschullam. Und zusätzlich zur Reparatur eines Teils der Westmauer werde ich gegenüber von meinem Haus an der Ostseite Reparaturen vornehmen."

„Sehr gut." Jetzt erkannte Nehemia ihn. Er hatte in der Nacht, als er die Mauer inspiziert hatte, das Maultier dieses Mannes ausgeliehen. „Und ich sehe, dass die Männer aus Tekoa als Nächste aufgeführt sind ... aber ich habe hier keinen Namen dessen, der die Aufsicht über diesen Abschnitt hat."

„Wir haben ihn noch nicht ausgewählt, Statthalter", sagte einer der Freiwilligen. „Unsere hohen Herren haben sich vor ihrer Pflicht gedrückt und sich geweigert, mit anzupacken. Sie verachten körperliche Arbeit."

„Wo liegt Tekoa?"

„Sechs Meilen südlich von Bethlehem und elf Meilen von Jerusalem entfernt. Wir schämen uns für unsere Adligen, Herr, aber wir sind sehr stolz darauf, dass wir der Heimatort des Propheten Amos sind. Wir haben uns gemeldet, um doppelte Arbeit zu leisten und noch einen Teil auf der gegenüberliegenden Seite der Stadt zu befestigen, nahe der Mauer am Ofel."

„Möge der Allmächtige eure Arbeit belohnen. Ihr seid für euer Engagement zu loben, gerade angesichts der Tatsache, dass eure Anführer ein so schlechtes Vorbild sind." Während Nehemia weiter die Namen verlas, stellte er überrascht fest, dass die Vorsteher von Gibeon und Mizpa sich gemeldet hatten, um an den Reparaturen mitzuwirken. Beide Städte waren Statthalter Sanballat unterstellt und Mizpa war ein wichtiges samaritanisches Verwaltungszentrum. Nehemia widerstand dem Drang, die beiden Beamten zu befragen und herauszufinden, wem ihre Loyalität in Wirklichkeit galt. Stattdessen nahm er sich vor, die beiden genau zu beobachten. Als er auf seiner Liste weiter die Stadt umrundete, stieß er erneut auf einen Namen, den er kannte. „Refaja, Verwalter des halben Bezirks von Jerusalem, wird den nächsten Abschnitt wiederaufbauen."

„Ja, gerne", sagte Refaja. „Wenn die Mauer vor einem Jahr gebaut worden wäre, dann könnte mein Itzhak noch leben."

Nehemia wendete sich schnell wieder seiner Liste zu, doch die traurigen Augen von Itzhaks Verlobter tauchten vor seinem geistigen Auge auf. Er hatte im Haus ihres Vaters Schallum mit ihr zu Abend gegessen. Verstand die Frau jetzt, warum er ihre Frage damals nicht beantwortet hatte? Er las die Namen von vier weiteren Männern vor, die jeder einen Teilabschnitt der Mauer im Westen beaufsichtigen würden. Dabei sah er, dass Schallum, der Vater der jungen Frau, sich für die Arbeiten zwischen dem Turm der Öfen und dem Taltor gemeldet hatte. „Hanun und die Bewohner von Sanoach werden das Taltor gleich hier hinter uns wiederherstellen", fuhr Nehemia fort. „Das wird eine anspruchsvolle Aufgabe sein, Hanun. Eine wichtige Aufgabe. Und wie ich sehe, hast du dich auch gemeldet, um die Mauer bis zum Misttor wiederaufzubauen. Das ist ein langes Stück. Hattest du Gelegenheit einzuschätzen, was zu tun ist?"

„Ja, Statthalter. Die ursprüngliche Mauer wurde auf einem steilen Felshang errichtet, der noch intakt ist. Wir müssen nur drei oder vier Fuß in der Höhe aufbauen."

„Trotzdem danke ich euch für eure Bereitschaft, eine ungeheure Aufgabe in Angriff zu nehmen. … Damit sind wir beim Misttor angelangt. Eine große Herausforderung, wenn man bedenkt, dass es eines der Haupttore Jerusalems ist und an einem Knotenpunkt liegt, wo Hinnom- und Kidrontal sich kreuzen. Ich sehe, dass Malkija ben Rechab, Bezirksvorsteher von Bet-Kerem, dieses Tor wiederaufbauen wird."

„Ja, Statthalter Nehemia. Ich bin Malkija. Wir sind uns neulich begegnet."

„Ich erinnere mich." Malkija war Nehemia sehr sympathisch gewesen und hatte einen scharfsinnigen Eindruck gemacht. Offensichtlich war er sehr reich, was Nehemia an seiner feinen Kleidung, den vielen Bediensteten und dem edlen Wein, den er Nehemia als Begrüßungsgeschenk überreicht hatte, erkennen konnte.

„Ich habe deine Baufachleute bereits um Rat gefragt", sagte Malkija mit einem schiefen Grinsen. „Und sie haben mir gesagt, wie ich am besten vorgehe und welche Art Tor ich bauen soll. Ich werde eng mit ihnen zusammenarbeiten."

„Sehr gut. Dein Tor und der nächste Abschnitt bis zum Quellentor sind für den Schutz der Südseite Jerusalems ausgesprochen wichtig. Der Königsteich liegt auch in diesem Abschnitt. Hast du schon entschieden, was du damit machen willst?"

„Ja. König Hiskia hat den Teich gebaut, damit er für die neuen Siedler in der Mischne zugänglich ist. Aber da dort niemand mehr wohnt, habe ich vor, den Zugang von außen zu versperren, indem ich im Westen eine Mauer errichte."

„Ausgezeichnet. Danke. Jetzt kommen wir zu dem langen Stück Mauer im Osten der Stadt, oberhalb vom Kidrontal. Ich hatte die Gelegenheit, sie mir mit unseren Ingenieuren anzusehen. Wir sind zu dem Schluss gekommen, dass der mittlere Teil der alten Mauer zu gründlich zerstört wurde und dass es zu viel Geröll von den Befestigungen gibt, um sie wiederaufzubauen. Die Stützen wurden über einen Zeitraum von vielen Jahren errichtet – und wir haben nicht mehrere Jahre Zeit. Stattdessen werden wir eine neue Mauer weiter oben am Hang bauen und die steile Klippe und das Geröllfeld zu einem Teil unserer Verteidigungslinie machen. Das bedeutet, dass die Stadt kleiner sein wird als vor der Zerstörung durch die Babylonier. Einige Häuser, die schon wiederaufgebaut wurden, werden anschließend außerhalb der Mauer stehen."

Er wischte sich den Schweiß von der Stirn, während die Männer sich untereinander austauschten. Die Sonne war über den Gebirgszug geklettert und schien ihm direkt in die Augen, als er die versammelten Anführer ansah. „Weil die Klippe eine große Schwierigkeit darstellt und wir die neue Mauer von Grund auf hochziehen müssen, habe ich die Ostmauer vom Quellentor an in deutlich kleinere Abschnitte eingeteilt." Er sah wieder auf seine Liste und verlas die Namen der entsprechenden Bauleiter bis zum Haus der Helden. „Was ist das Haus der Helden eigentlich?", fragte er.

„Die Tradition besagt, dass es auf die Zeit von König David zurückgeht und als Kaserne und Waffenlager für seine legendären ‚streitbaren Helden' diente. Aber die Überreste werden dann außerhalb der Mauer sein, die du errichten willst."

„Ich verstehe. Das ist schade, aber im Moment haben wir nicht viel Verwendung für ein Waffenlager oder eine Kaserne." Nehemia las weiter und verband mit jedem Namen ein Gesicht. Er stellte erleichtert fest, dass sich auch viele Priester und Tempeldiener gemeldet hatten, um die Mauerteile wiederaufzubauen, die an ihre Häuser grenzten. Selbst Händler wie Goldschmiede und die Zunft der Kaufleute beteiligten sich an diesem Vorhaben. „Ich glaube, das sind alle", sagte er, als er wieder beim Schaftor im Norden angekommen war. „Ich danke euch."

Am Stand der Sonne konnte Nehemia erkennen, dass das Morgenopfer bald beginnen würde, aber eines wollte er noch sagen. „Ich weiß, dass es Zeit wird, diese Besprechung zu beenden, damit wir zum Tempel gehen können. Doch vorher möchte ich noch betonen, wie wichtig es ist, mit den Männern zusammenzuarbeiten, die rechts und links von euch die Reparaturen durchführen. Jeder Mauerabschnitt muss eng mit den anderen daneben verbunden sein", sagte er und schob die Finger beider Hände ineinander, um es zu verdeutlichen. „Und natürlich müssen die Mauern auch nahtlos an die Tore anschließen. Eine senkrechte Fuge würde die Mauer schwächen, so wie Streit und Missgunst und Neid unsere Gemeinschaft schwächen. Meine Herren, wir müssen wie *ein Mann* zusammenarbeiten, zum Wohl des ganzen von Gott auserwählten Volkes."

Als Nehemia sich zu seinen Brüdern und seinen drei Assistenten umwandte, um den Weg zum Tempel hinauf anzutreten, war er voller Euphorie. Doch er erstarrte, als er Ephraims sorgenvolle Miene sah. „Was ist? Habe ich etwas vergessen?"

„Du solltest das hier lesen. Es ist heute Morgen aus Samarien eingetroffen. Einer deiner Diener hat es gebracht, während du mit der Liste beschäftigt warst." Ephraims Blick nach zu urteilen war es keine gute Nachricht.

„Erzähl mir, was darin steht. Hast du es gelesen?"

Ephraim nickte. „Statthalter Sanballat wird in zwei Tagen zu einem offiziellen Staatsbesuch eintreffen, zusammen mit Tobija, dem ammonitischen Herrscher, und dem Araber Geschem."

„Sieh an." Nehemia atmete hörbar aus. „Das hat ja nicht lange gedauert. Der samaritanische Statthalter hat offenbar von unserem Bauvorhaben gehört. Ich frage mich, ob wir einen Spion in unserer Mitte haben ... So oder so, gehen wir", sagte er und schlug gemeinsam mit den anderen den Weg zum Tempel ein. „Jetzt werden wir die Hilfe des Allmächtigen mehr denn je benötigen."

„Welche Anweisungen soll ich dem Personal geben, was die Vorbereitungen für diesen Besuch betrifft?", fragte Ephraim.

„Sag ihnen, sie sollen nur das Notwendigste planen. Ich kann mir weder die Zeit noch die Kosten leisten, diese Männer zu unterhalten. Wenn sie uneingeladen hereinplatzen, während ich zu tun habe, können sie kaum eine königliche Bewirtung erwarten."

„Werden sie nicht beleidigt sein?", fragte Hanani.

„Das ist mir ziemlich gleichgültig. Unsere Arbeit an der Mauer ist viel wichtiger. Trotz dieser neuerlichen Ablenkung kommen wir gut voran. Jeder Teil der Mauer und jedes Tor hat eine fähige Bauaufsicht. Einige Männer haben sich mehr aufgeladen, als sie schaffen können, und einige wenige, wie die hohen Herren aus Tekoa, haben mich enttäuscht, weil sie sich gar nicht beteiligen. Aber ich glaube, wir werden die Arbeit trotzdem schnell vollenden. Ich bin sehr froh."

„Glaubst du, Statthalter Sanballat und die anderen werden versuchen, uns am Wiederaufbau der Mauer zu hindern?", fragte Hanani.

„Zweifellos. Aber es wird ihnen nicht gelingen. Es ist *Gottes* Werk, Jerusalems Mauer aufzubauen. Von jetzt an werden diejenigen, die versuchen, die Arbeiten zu behindern, sich mit dem Allmächtigen anlegen. Dann sind sie nicht nur unsere Feinde, sondern auch seine."

21

Jerusalem

Nava blieb alle paar Schritte stehen, als sie den Tempelberg hinaufstieg, und suchte in der Menschenmenge nach einem vertrauten Gesicht. In der vergangenen Woche war sie jeden Morgen zum Opfer gegangen und erkannte viele Personen wieder, zum Beispiel die alte Frau mit dem zerschlissenen Tuch, die weinte, wenn sie betete; die Gruppe junger Thoraschüler, die ihrem Rebbe folgten wie Küken einer Henne; und den neuen Statthalter, Nehemia, der nie einen Gottesdienst ausließ. Aber allmählich gab Nava die Hoffnung auf, Dan oder ihren Vater und ihre Brüder unter den Gläubigen zu entdecken.

Der Haushälterin ihres Herrn hatte sie es zu verdanken, dass man sie nach Jerusalem mitgenommen hatte, damit sie in Malkijas Stadthaus arbeitete. Die Einwohnerzahl der Stadt war so stark angewachsen, wie es nur während der jährlichen Pilgerfeste vorkam, weil aus jeder Ecke der Provinz Hunderte von Männern kamen, um Jerusalems Mauer wiederaufzubauen. Überall war der Bau zu sehen und zu hören und die Geräusche drangen sogar bis in die Küche ihres Herrn, in der Nava tagsüber arbeitete. Von Sonnenaufgang bis -untergang ertönten die Baugeräusche, denn nur während der täglichen Opfer und am Sabbat ruhten die Arbeiten.

Nava war sich sicher, dass Dan sich freiwillig für die Arbeit gemeldet hatte. Vielleicht halfen Abba und ihre Brüder auch. Ihr Herr leitete die Reparaturen am Misttor, für die er Leute aus Bet-Kerem mitgebracht hatte. Doch sie bezweifelte, dass Dan oder Abba für ihn arbeiten würden. Wo waren sie also?

Als sie oben am Ende der Treppe angekommen war, blieb sie stehen, um sich eine Atempause zu gönnen und sich umzusehen. Die frühe Morgenluft fühlte sich bereits warm an. Dann eilte sie zu einer Gruppe junger Arbeiter, die zusammenstanden und sich unterhielten. „Entschuldigt", sagte sie. „Woher kommt ihr?"

„Bet-Zur", sagte einer von ihnen.

„Habt ihr einen jungen Mann namens Dan ben Jona aus Bet-Kerem gesehen?" Die Männer schüttelten den Kopf und Nava ging weiter. Die Menschen, die sie in der letzten Woche gefragt hatte, waren aus der ganzen Provinz Juda angereist. Sie hatte Arbeiter aus Orten wie Mizpa und Tekoa und Gibeon getroffen. Wann immer ihr Herr Gewürze oder frischen Fisch oder etwas anderes vom Markt brauchte, erklärte Nava sich bereit zu gehen. Dabei nahm sie jedes Mal einen anderen Weg, in der Hoffnung, Dan zu treffen. Anstatt zu frühstücken, ging sie jeden Morgen zum Tempel und suchte ihre Familie und Dan und seine Angehörigen. Sie sollten doch erfahren, dass sie hier war und sich hin und wieder mit ihnen treffen konnte.

Während die Priester das Lamm opferten und auf den Altar legten, suchte Nava weiter die Menge ab. Manchmal sang der Levitenchor, aber auch viele der Leviten hatten sich freiwillig gemeldet, um Teile der Mauer auszubessern. Sie sah zu, wie ein Priester mit einer besonderen Zange und einem Feuerbecken eine glühende Kohle vom Altar nahm und sie in den Tempel trug, den nur die Priester betreten durften. Dies war der Zeitpunkt, an dem sie beten sollte – während der Duft des brennenden Weihrauchs zum Himmel aufstieg. Nava war immer noch nicht davon überzeugt, dass der Allmächtige ihre Gebete hörte, aber sie hatte nichts zu verlieren. So schloss sie die Augen und flüsterte die Worte, die sie jeden Morgen betete. *Bitte hilf mir, Dan und meine Familie zu finden.*

Als der Gottesdienst vorüber war, eilte sie mit all den anderen Gläubigen zur Treppe, wobei sie wieder die Gesichter in der Menge absuchte. Keiner der anderen Dienstboten ihres Herrn ging zum Morgenopfer und so wagte sie nicht, zu lange fortzubleiben. Weil es weniger Dienstboten gab und viele Arbeiter bekocht werden mussten, arbeitete Nava hier mehr als in Bet-Kerem. Malkijas Haus war klein, aber trotzdem sehr üppig ausgestattet. Es hatte schöne vertäfelte Wände und kostbare Teppiche auf dem Boden. Abgesehen von den Arbeitern, die jeden Tag versorgt werden mussten, lud ihr Herr auch gerne wichtige Persönlichkeiten ein, wann immer er konnte. Manchmal dauerten solche Mahlzeiten mit mehreren Gängen bis tief in die Nacht hinein.

Nava hatte den Hof schon halb überquert, als sie plötzlich Dans Gesicht in der Menge aufblitzen sah. Hatte sie sich das eingebildet? Nachdem sie so viele Tage gehofft und gesucht hatte, konnte es doch sein, dass sie lediglich das sah, was sie sehen wollte. Sie schlängelte sich zwischen den anderen Gläubigen hindurch, die sich viel zu langsam bewegten, und reckte den Hals. Es war tatsächlich Dan! Er stand an der Treppe, die vom Tempelberg hinunterführte. Wenn er weitergegangen wäre, hätte sie ihn verpasst. Aber er war stehen geblieben, aus irgendeinem Grund zur Seite gegangen, und jetzt wandte er den Kopf in ihre Richtung.

„Dan!“, schrie Nava. Es war ein Wunder! Aber da der Vorhof voller Menschen war, hörte und sah er sie nicht. Er rechnete ja auch nicht damit, sie hier zu sehen. Mit den Ellenbogen drängte sie sich durch den Menschenfluss und rief seinen Namen, ohne auf die strengen Blicke und das wiederholte „Pst!“ der Menschen um sie herum zu achten. „Dan! Warte, Dan!“

Als er seinen Namen hörte, blickte er auf. Er erstarrte, als er Nava sah. Er rührte sich nicht, rannte nicht zu ihr, wie sie es erwartet hatte, und einen schrecklichen Augenblick lang fragte sie sich, ob er eine andere gefunden hatte. Vielleicht hatte er beschlossen, dass er nicht sechs Jahre lang auf sie warten wollte, so wie der junge Herr Aaron es vorhergesagt hatte. Aber als sie ihn erreichte, sah sie die Liebe in seinen Augen, als er ihren Namen flüsterte. Da wusste sie, dass keine ihrer Befürchtungen zutraf. Dan liebte sie. „Nava … bist du es wirklich?“

„Ja! Ich dachte, ich würde dich niemals finden“, sagte sie völlig außer Atem.

„Und ich dachte, ich würde dich nie wiedersehen.“ Seine Stimme klang erstickt und es dauerte einen Moment, bis er weitersprechen konnte. Sie konnte sehen, dass er sie am liebsten in den Arm nehmen und küssen wollte, wie er es an dem Morgen getan hatte, als sie von zu Hause weggegangen war. Und sie hätte auch so gerne die Arme um ihn geschlungen, doch sie wagte es nicht, vor allem nicht im Vorhof des Tempels, umgeben von so vielen Menschen. „Geht es dir gut, Nava? Das war alles, was ich wissen wollte, als ich damals nach Bet-Kerem gegangen bin, um dich zu sehen. Behandeln sie dich gut?"

Nava zögerte, unsicher, ob sie ihm von Aaron erzählen sollte oder nicht. Dan konnte nichts gegen den Sohn ihres Herrn unternehmen und sie wusste, dass er sich nur Sorgen machen würde. „Ja. Ich werde gut behandelt."

„Haben die Söhne dieses Mannes dich angefasst? Ich weiß nicht, wie sie einer schönen Frau wie dir widerstehen können, aber ..."

„Seine Söhne sind in Bet-Kerem, aber ich arbeite hier in Jerusalem. Du brauchst dir keine Sorgen zu machen."

Daran, wie die Anspannung seiner Schultern nachließ, konnte sie seine Erleichterung erkennen. „Sollten sie dir jemals etwas antun, werde ich sie töten. So einfach ist das."

„Du brauchst dir keine Sorgen zu machen, Dan." Sie legte eine Hand auf seinen Arm, um ihn zu besänftigen, und wieder war der Drang, ihn zu halten und seine Arme um sich zu spüren, so übermächtig, dass sie die Hand schnell wieder zurückzog.

„Wohin gehst du? Kann ich dich begleiten?", fragte Dan.

„Ich muss zu Malkijas Haus zurück. Es liegt auf dem Hügel Ofel." Sie gingen gemeinsam die Treppe hinunter. Die Menschenmenge drückte sie gegeneinander und Nava genoss die Wärme seines Armes an ihrem.

„Ich werde hier arbeiten, während Malkija hilft, die Mauer wiederaufzubauen. Bist du auch nach Jerusalem gekommen, um beim Bau zu helfen?"

„Ja. Sie haben Freiwillige gesucht. Und da es wegen der Dürre auf Abbas Farm nicht viel zu tun gibt, habe ich beschlossen herzukommen."

„Arbeitest du mit den anderen Männern aus Bet-Kerem am Misttor?"

„Nein. Mit deinem Herrn will ich nichts zu tun haben. Ich helfe auf der Ostseite der Stadt bei der neuen Mauer, die oben auf dem Kamm gebaut wird."

„Das ist wunderbar! Vielleicht können wir uns häufiger sehen. Ich darf jeden Morgen hierher zum Morgenopfer gehen." Sie waren am Fuß der Treppe angekommen und Nava zeigte nach links. „Malkija wohnt in dieser Straße in der Nähe des Statthalters. Komm mit, dann zeige ich es dir."

Jetzt, wo nicht mehr so viele Menschen um sie herum waren, nahm Dan ihre Hand. Seine Hand fühlte sich warm und schwielig und wunderbar vertraut an. „Ich weiß nicht, was schlimmer ist, Nava: dich überhaupt nicht zu sehen oder mit dir zusammen zu sein und dich nicht in den Arm nehmen zu können."

„Ich weiß. Mir geht es genauso." Sie drückte seine Hand. „Ich bin so froh, dass ich dich gefunden habe."

„Weißt du, ich bin heute zum Tempel gekommen, um zu beten. Bisher war ich noch bei keinem Opfer, seit ich in der Stadt bin, aber heute wollte ich für unsere Zukunft beten. Es könnte einen schwachen Hoffnungsschimmer für uns geben."

„Ich könnte etwas Hoffnung gebrauchen."

„Es gibt eine unterschwellige Strömung der Unruhe, die sich zu unseren Gunsten auswirken könnte. Ein Mann namens Johanan, der eine sehr hohe Position in der Regierung des neuen Statthalters innehat, war neulich bei unserer Baustelle. Er hat auch andere Baustellen besucht und mit all den armen Familien wie unserer gesprochen. Er sagt, wir müssten gute Chancen haben, von Statthalter Nehemia angehört zu werden, wenn wir vor dem Tempel demonstrieren. Johanan ist auf unserer Seite, Nava. Er ist gegen all die reichen Landbesitzer, die unsere Ländereien mit Hypotheken belegen und uns als Leibeigene versklaven. Er hilft dabei, dass wir uns nach der Arbeit treffen und organisieren, damit wir dem Statthalter als Gruppe gegenübertreten können. Johanan sagt: Wenn wir uns weigern, an der Mauer zu arbeiten, solange der Statthalter uns nicht hilft, dann zwingen wir ihn dazu, etwas gegen die habgierigen Männer wie Malkija zu unternehmen."

„Bitte tu nichts, was dich in Schwierigkeiten bringt, Dan. Was ist, wenn Johanan sich irrt und der Statthalter sich nicht für euch einsetzt?"

„Reiche Männer wie dein Herr müssen aufgehalten werden. Unsere beiden Familien sind nicht die einzigen, die leiden. Dasselbe geschieht überall in der Provinz, wo andere reiche Landbesitzer sich Höfe und Ernten unter den Nagel reißen und Kinder versklaven."

„Schhh! Jemand wird dich hören." Sie waren jetzt kurz vor dem Haus ihres Herrn und sie blieb stehen und senkte die Stimme. „Ich weiß, wie arm unser Volk ist. Die meisten Frauen, mit denen ich zusammenarbeite, sind aus dem gleichen Grund Leibeigene wie ich. Meine Freundin Rachel musste ihren Mann und zwei kleine Kinder verlassen und sie kann sie nicht einmal besuchen. Aber was soll ein Protest nützen?"

„Wenn wir alle die Arbeit an der Mauer einstellen, wird der Statthalter uns bemerken. Außerdem können wir die Lage unmöglich schlimmer machen, als sie schon ist, oder? Vielleicht hört der Statthalter ja wirklich auf uns und unternimmt etwas."

„Bitte sei vorsichtig, Dan. Malkija ist ein sehr mächtiger Mann. Du hast ihn schon einmal verärgert, als du in sein Haus eingedrungen bist. Ich glaube nicht, dass er beim nächsten Mal so nachsichtig sein wird."

„Das ist mir egal. Ich hasse ihn. Und ich habe keine Angst vor ihm."

„Ich muss gehen. Malkijas Haus ist das letzte in dieser Straße. Du gehst jetzt besser, denn du darfst nicht riskieren, dass jemand dich sieht und erkennt."

„Können wir uns morgen wieder am gleichen Ort treffen? Vor dem Opfer?"

„Ja. Ich werde da sein. Aber Dan, versprich mir, dass du vorsichtig sein wirst."

„Das werde ich. Ich liebe dich, Nava."

„Ich liebe dich auch." Sie zog ihre Hand aus seiner und rannte den restlichen Weg zum Haus. Wenn sie noch einen Augenblick länger in seiner Nähe bliebe, würde sie sich nicht mehr beherrschen können und ihn stattdessen umarmen und sein geliebtes Gesicht mit Küssen bedecken.

22

Jerusalem

Chana packte das Brot, das sie gerade gebacken hatte, in einen der Tragekörbe und bedeckte es mit einem sauberen Tuch. „Seid ihr so weit?", fragte sie ihre Schwestern. „Ich glaube schon", sagte Judith. „Wir können immer noch nach Hause laufen, wenn wir etwas vergessen haben."

Chanas Nerven waren angespannt. Heute würden sie endlich damit beginnen, Jerusalems Mauer wiederaufzubauen. Sie hatte den ganzen Vormittag über kaum stillsitzen können, während sie darauf wartete, dass die Fladenbrote auf dem heißen Stein langsam braun wurden. Sie und ihre Schwestern waren vor Vorfreude ganz außer sich gewesen, als sie dieses Mittagessen für Abba und seine Arbeiter zubereitet hatten. Chana hoffte, dass er seine Meinung nicht geändert hatte und ihnen immer noch erlaubte, anschließend zu bleiben und mitzuarbeiten.

„Das ist alles", sagte Sarah. Sie nahm einen der Wasserkrüge, die sie an diesem Morgen an der Quelle gefüllt hatten, und balancierte ihn auf dem Kopf. „Geh du voran, Chana."

„Meinst du, die Arbeiter wissen, wie schwer es uns gefallen ist, an einem so glühend heißen Tag all dieses Essen zuzubereiten und Brot zu backen?", fragte Judith. „Die Pflastersteine sind fast so heiß wie der Backstein."

„Ich bin sicher, die Arbeiter wissen, wie heiß es ist", sagte Sarah. „Es muss schrecklich sein, ohne jeden Schatten da draußen zu arbeiten und all die schweren Steine zu schleppen."

„Wir werden bald feststellen, wie es ist", sagte Chana. „Wenn ihr wollt, könnt ihr beide gehen, nachdem wir das Essen gebracht haben, aber ich habe vor zu bleiben und mitzumachen."

„Ich bleibe auch", sagte Judith. „Es sei denn, Abba hält sein Versprechen nicht."

„Das würde er nie wagen!"

Chanas Arme schmerzten, als sie mit der schweren Last von ihrem Haus aus die Straße der Bäcker hinunterging. Wenige Minuten später kam sie an dem Arbeitsplatz des Statthalters beim Taltor vorbei, wo eine Traube Männer um einen Tisch herum stand und sich unter einem Dach aus Binsen beriet. Noch bevor sie die Stadt durch das Tor verließ, konnte sie Rufe und Ächzen und das Geräusch von Werkzeugen in der Ferne hören, das gleichmäßige Hin und Her einer Säge, mit der jemand Holz schnitt. Die Straße führte gleich hinterm Tor bergab in das steile Tal. Chana und ihre Schwestern mussten sich umdrehen, um den ihnen zugeteilten Abschnitt zu sehen. Er fing links neben dem Tor an und zog sich in nördlicher Richtung den Berg hinauf bis zum Turm der Öfen. Die gezackten Überreste der Mauer hatten nicht einmal mehr die Hälfte ihrer ursprünglichen Höhe und ein Trümmerfeld übersäte den Hang darunter. Aber was Chana wie angewurzelt stehen bleiben ließ, waren die Arbeiter. Sie hatten ihre Tuniken in der Hitze abgelegt und arbeiteten mit nichts als ihrer Unterwäsche bekleidet. Ihre nackten Oberkörper glänzten vor Schweiß. Sie fuhr im gleichen Moment herum, um den Blick abzuwenden, wie ihre Schwestern es taten.

„Vielleicht sollten wir nicht hier sein", sagte Sarah. „Diese Männer sind … unanständig gekleidet!"

Chana fragte sich, ob ihre Wangen ebenso rot waren wie die von Sarah. „Nein, kommt", sagte sie und drehte sich wieder um. „Wir haben doch alle schon mal eine nackte Männerbrust gesehen, oder nicht?"

„Aber nicht so viele auf einmal!", sagte Judith. Sie hatte sich wieder umgewandt und starrte die Männer mit großen Augen an.

„Wir suchen Abba und sehen die Männer gar nicht an", sagte Chana. „Hör auf zu glotzen, Judith! Es gehört sich nicht, andere Menschen anzustarren – egal, wie viel sie tragen."

„Oder wie wenig", sagte Sarah.

Abba rief eine Mittagspause aus, als er Chana und ihre Schwestern kommen sah. Die Männer versammelten sich schnell, dankbar für Essen und Wasser. Sie setzten sich in einem Kreis auf den Boden und reichten den Korb mit Brot herum, während die Schüsseln mit gekochten Linsen, würzigen Kichererbsen, gehacktem Gurkensalat und gerösteten Auberginen in die Mitte gestellt wurden, sodass jeder mit seinem Brot davon nehmen konnte. Während sie aßen, begutachtete Chana die Baustelle, weil sie nicht stillsitzen konnte. Es war nicht einfach, zu dem langen Stück Mauer vorzudringen, weil der Hang so steil war und überall heruntergefallene Steine lagen. Sie konnte die Stellen erkennen, an denen die Männer den ganzen Morgen damit beschäftigt gewesen waren, einen Bereich direkt am Fuß der Mauer freizuräumen. Den ordentlich aufgetürmten Steinen nach zu urteilen hatten andere Arbeiter das Material nach Größe sortiert. In der Nähe lagen Holzstämme und daneben die Sägen, mit denen die Männer sie zerteilten. Sie hoffte, dass die Arbeiter schnell aßen und an ihre Aufgabe zurückkehrten, damit sie sich ihnen anschließen konnte.

„Danke für das Essen, meine Engel“, sagte Abba, als die Männer fertig waren und die Körbe und Schüsseln leer auf dem Boden standen. Er legte eine Hand auf Chanas Rücken und die andere auf Judiths, um sie sanft zum Tor zurückzuschieben. „Ihr habt euch nach all dem Kochen einen langen Mittagsschlaf verdient.“

Chana schüttelte seine Hand ab. „Ich habe nicht die Absicht, mich auszuruhen, Abba. Ich bleibe hier, um zu arbeiten.“

„Ich auch“, sagte Judith.

„Du hast es versprochen, weißt du noch? Also gib uns etwas zu tun.“

„Ich … aber … ihr …“ Er war so durcheinander, dass Chana am liebsten gelacht hätte. Er war der Verwalter von halb Jerusalem und brachte kein Wort heraus. Unter anderen Umständen hätte er ihr leid getan, aber sie würde nicht nachgeben.

„Versprochen ist versprochen.“

„Wie konnte ich nur zulassen, dass ihr mich dazu überreden konntet?“, fragte er und zog an seinem Bart.

„Es spielt keine Rolle, Abba. Du hast uns dein Wort gegeben. Sag uns, was die anderen machen, dann sehen wir, wo wir helfen können.“

„Also … sobald wir einige der Steine von der Mauer fortgeräumt haben, werden wir ein Gerüst errichten. Dafür wird dort drüben das Holz geschnitten. Wie du siehst, kämpfen wir gegen den Hang, deshalb können Steine und Gerüst leicht ins Rutschen kommen. Das ist gefährliche Arbeit, weshalb es mir lieber wäre, wenn ihr nach Hause ginget und …"

„Wir werden nicht dort stehen, wo es gefährlich ist", sagte Chana. „Was muss sonst noch getan werden?"

Er zögerte und sagte dann: „Wir müssen einen Kran bauen und verankern und anschließend müssen wir ihn mit Tauen versehen, um die größeren Steinquader auf die Mauer zu hieven. Auch das ist eine gefährliche Arbeit, denn wenn eines der Seile reißen sollte …"

„Du wirst uns nicht abschrecken, Abba. Wofür sind all diese Werkzeuge?"

Sie merkte, dass er allmählich die Geduld verlor, aber weil er ihr Vater war, antwortete er trotzdem. „Die Hebel benutzen wir, um die Steine hochzustemmen, damit wir Seile darumbinden und sie mit dem Kran hochheben können. Die Schubkarren sind für die leichteren Steine. Die Meißel und Schneidewerkzeuge sind dazu da, die rauen, abgebrochenen Kanten zu glätten, damit die Steine besser zusammenpassen."

„Und wie werden sie dann die eigentliche Mauer bauen? Sie können doch nicht einfach all diese Trümmer aufschichten, oder?" Chana hoffte, wenn ihr Vater weitersprach, würde er sich daran gewöhnen, dass sie und ihre Schwestern hier waren.

„Nein, es gibt ein System. Die größten Steine werden zuerst gesetzt, der Breite nach, und dann klemmen wir die kleineren dazwischen, zusammen mit dem Mörtel, bis eine feste Schicht entsteht. Aus den Schnüren und Tongewichten dort drüben fertigen wir Lotleinen und Schnurwaagen an. Jede Schicht Steine muss im Lot und in der Waage sein, damit die Mauer fest steht. Ist sie es nicht, wird die Mauer einstürzen."

„Es ist also wichtig, dass alles stimmt", sagte Chana.

„Sehr wichtig. Wir haben das Glück, dass die Fundamente in unserem Abschnitt in Ordnung sind. Das heißt, wir müssen keine Gräben für neue Fundamente ausheben, wie sie es an der Ecke im Nordosten tun müssen."

Abba hatte ihn „unseren" Abschnitt genannt. Chana lächelte still in sich hinein. Er wurde langsam weich. Während ihrer Unterhaltung hatte sie sich bereits umgeschaut, um zu sehen, welche Aufgaben Judith, Sarah und sie übernehmen konnten. Die einfachste Arbeit schien ihr das Sortieren von Steinen zu sein, wobei sie und ihre Schwestern diejenigen nehmen würden, die sie leicht heben konnten, um sie auf eine Seite zu legen. Sie band das Tuch um ihre Haare fester, sodass sie wie ein Pferdeschwanz auf ihren Rücken hingen. Sobald Abba durch die Frage eines Arbeiters abgelenkt war, bahnte sie sich einen Weg durch das Geröll zu der Stelle, an der die Männer die Steine sortierten. Sie war klug genug, Abba nicht um Erlaubnis zu fragen. Warum sollte sie ihm die Gelegenheit geben, sie aufzuhalten? Judith und Sarah folgten ihr eilig den Berg hinauf.

„Seid vorsichtig, meine Engel!", rief er ihnen nach, als er sah, was sie taten.

„Das ist überhaupt nicht schwer, Abba", rief Chana zu ihm hinunter, als sie den nächsten Stein auf den Haufen warf, den sie begonnen hatte.

„Wir sind stärker, als du denkst, Abba", versicherte Judith ihm.

„Ihr Mädchen müsst aufpassen wegen der Schlangen", warnte einer der Arbeiter Chana, als sie sich bückte, um den nächsten Stein aufzuheben. Sie ließ den Stein überrascht fallen und er traf gleich neben ihrem Fuß auf. Aber sie würde sich weder von Schlangen noch von den anderen Arbeitern entmutigen lassen. „Danke für die Warnung", sagte sie und lächelte den Mann an.

Alles an dieser Arbeit hätte Chana eigentlich zur Flucht nach Hause veranlassen müssen – die brennende Hitze, ihr schmerzender Rücken, weil sie den ganzen Nachmittag vornübergebeugt stand, oder wie die rauen Steine ihre Hände zerkratzten und aufschürften. Der Arbeiter hatte recht gehabt, was die Schlangen betraf. Sie schrie unwillkürlich auf, als sie eine zwischen den Steinen neben ihrem Fuß entdeckte. Und doch war Chana so glücklich wie schon lange nicht mehr. Sie wusste, dass die Arbeit an Jerusalems Mauer eine heilende Wirkung auf sie besaß. Sie wehrte sich gegen Itzhaks Mörder. Diese würden sich nie wieder in die Stadt schleichen können. Keine andere Frau würde die sinnlose Trauer erleiden müssen, die sie selbst erlebt hatte.

„He, Chana!“

Sie blickte auf, um zu sehen, warum Judith sie gerufen hatte. Das wilde Haar ihrer Schwester umgab ihr strahlendes Gesicht wie ein Heiligenschein. „Was ist, Judith?“

„Du singst wieder!“

Es stimmte, stellte Chana fest. Sie hatte beim Arbeiten angefangen zu singen.

23

Jerusalem

Nehemia stand tief unten im Graben für das Fundament, den seine Arbeiter an der Nordost-Ecke der Mauer ausgehoben hatten, als der Bote eintraf. „Wir haben die Statthalter der Provinzen und ihr Gefolge gesehen", sagte der Mann keuchend. „Sie sind ungefähr eine Meile von hier auf der Straße nach Damaskus."

Nehemia unterdrückte ein Stöhnen. Er würde seine Arbeit ruhen lassen und sich um diesen Staatsbesuch kümmern müssen. Seine Brüder, seine Gehilfen und alle jene Männer, die in seinem Rat saßen, würden ihre Arbeit ebenso unterbrechen müssen. Viele dieser Ratsmitglieder überwachten einen Mauerabschnitt oder ein Tor. Nehemia war es gar nicht recht, dass er sie von ihrer Arbeit abziehen musste. Aber er musste sich ans Protokoll halten. „Ist es eine große Delegation?", fragte er.

„Sieht so aus. Sie haben Soldaten dabei."

„Also gut." Er klopfte sich den Staub von den Händen und reichte Hanani, der oben stand, die Hand, damit dieser ihm half, aus dem Graben zu klettern. „Sag meinen Mitarbeitern, sie sollen zum Jeschanator gehen und sie begrüßen", sagte er zu dem Boten. „Ich komme gleich." Dann wandte er sich wieder an die Männer, die den Graben aushoben, und sagte: „Ich müsst ihn noch tiefer machen. Der Boden ist wegen der Dürre eingefallen. Wenn es dann endlich regnet, wird die Erde anschwellen und dann könnten die Fundamente verrutschen. Ausdehnung und Zusammenziehen sind in unserem Klima ja an der Tagesordnung, deshalb müssen die Fundamente tief sein."

„Ja, Herr."

Er sah, wie Hanani seine schmutzige, verschwitzte Tunika musterte. „Soll ich dir ein sauberes Gewand bringen lassen, *Statthalter?*", fragte er grinsend.

„Es ist wahrscheinlich besser, wenn ich mich umziehe. Danke." Er betrachtete das geschäftige Treiben um sich herum, das Durcheinander aus Gerüstteilen und Seilen und Werkzeugen, und wäre am liebsten geblieben. Die Geräusche des Fortschritts – rufende Arbeiter und hämmernde Meißel – waren Musik in seinen Ohren.

„Du weißt, dass du unmöglich verbergen kannst, was wir hier machen", sagte Hanani.

„Das würde ich auch nicht, selbst wenn ich könnte."

Sein Bruder ging, um zusammen mit dem Boten die Ratsmitglieder und Bezirksvorsteher darüber zu informieren, dass die Delegation bald vor den Toren stehen würde. Nehemia wusch sich schnell Gesicht und Hände mit Wasser und zog sein sauberes Gewand an, das gerade rechtzeitig eintraf, damit er am Tor stehen und die Gäste in Empfang nehmen konnte. Sanballat führte natürlich den Zug an, in der drückenden Sommerhitze viel zu aufwendig gekleidet in seinem schweren, verzierten Gewand. Der Schweiß lief ihm über das runde Gesicht, das so rot war wie seine Robe. Zwei Pferde waren nötig, um ihn und seinen Wagen zu ziehen, während Tobija, der Ammoniter, und der Araber Geschem zu Pferde saßen. Eine Schar von Lastenträgern und Dienern umschwärmte sie und wirbelten auf der ausgetrockneten Straße Staubwolken auf. Sanballat hatte außerdem eine Eskorte aus Kavallerie und Infanteristen mitgebracht, was Nehemia als Versuch wertete, ihn einzuschüchtern. Er war unbeeindruckt.

„Willkommen", sagte er und zwang sich zu lächeln. „Ich hatte gehofft, euer erster Besuch könnte warten, bis wir nicht mehr ganz so beschäftigt sind. Wir ihr seht, stecken wir mitten in einem großen Bauvorhaben."

„Was macht ihr denn da?", fragte Sanballat und deutete auf das Gerüst, das das Jeschanator umgab. Er stellte sich dumm. Jeder, der Augen im Kopf hatte, konnte sehen, was sie taten, auch wenn die Arbeiten am Tor unterbrochen worden waren, damit die Delegation ohne Gefahr passieren konnte.

„Die Mauern von Jerusalem müssen repariert werden", erwiderte Nehemia. Auch er konnte sich dumm stellen. „Ich habe beschlossen, dass die Monate zwischen dem Ende des Sommers und dem Beginn der Winterregen eine gute Zeit sind, um die Arbeiten durchzuführen. Aber folgt mir doch bitte. Ich habe meinen Versammlungssaal für euren Besuch vorbereitet. Meine Ratsherren und Bezirksvorsteher werden sich gleich zu uns gesellen."

„Ich glaube, ich möchte vorher etwas von deiner Arbeit sehen."

Nehemia hatte diese Bitte erwartet und eine Antwort parat. „Ihr könnt gleich hier am Jeschanator sehen, was wir machen. Aber ich fürchte, es wird nicht möglich sein, eure Delegation an einen anderen Bauabschnitt zu lassen. Wir sind noch in den frühen Stadien des Baus und auf den meisten Baustellen liegt sehr viel Geröll herum. Das Jeschanator ist eine Ausnahme, weil es all die Jahre benutzt wurde. Hier entlang, bitte."

Sanballat rührte sich nicht. „Ihr baut die Mauer um Jerusalem wieder auf." Es war eine Aussage, keine Frage.

„Ja. Das tun wir."

Sanballat lachte laut auf. Dann drehte er sich in seinem Wagen um und wandte sich an seine Begleiter und die samaritanische Armee, die ihn begleitet hatte. „Habt ihr das gehört? Was glauben diese erbärmlichen Juden eigentlich, was sie da tun? Werden sie die Mauer wiederherstellen? Werden sie Opfer bringen, um göttliche Hilfe zu erhalten? Werden sie an einem Tag fertig werden? Können sie aus diesem Haufen Trümmer die Steine wieder zum Leben erwecken – verbrannt, wie sie sind?"

„Seht euch nur an, was sie bauen!", fügte Tobija mit einem spöttischen Grinsen hinzu. „Wenn auch nur ein Fuchs dort hinaufklettert, stürzt ihre Mauer ein!"

Nehemia gab seinen Gehilfen ein Zeichen und ging weiter, sodass seinen Gästen nichts anderes übrig blieb, als ihm zu folgen. Aber den ganzen Weg zu seiner Residenz betete er im Stillen zum Allmächtigen. *Herr, unser Gott, hör doch, wie sie sich über uns lustig machen! Strafe sie für ihren Spott! Sorge dafür, dass ihnen ihr ganzer Besitz genommen wird und sie in ein fremdes Land verschleppt werden. Vergib ihnen nicht, vergiss niemals, welches Unrecht sie uns angetan haben! Denn sie haben die verspottet, die Jerusalem wiederaufbauen.*

Es schien eine Ewigkeit zu dauern, bis die drei Anführer sich frisch gemacht und ihre Plätze in der Ratskammer eingenommen hatten, und noch länger dauerten alle förmlichen Vorstellungen und Willkommensgrüße. Nehemia konnte seine Ungeduld kaum beherrschen und hätte all das gerne ausgelassen, wenn es möglich gewesen wäre. Als Sanballat endlich auf den Grund seines Besuchs zu sprechen kam, wiederholte er die Frage, die er schon gestellt hatte. „Was macht ihr hier?" Dann fügte er aufrührerisch hinzu: „Rebelliert ihr etwa gegen den König?"

Nehemia hatte Mühe, sich zu beherrschen. „Das ist eine äußerst ernste Beschuldigung. Warum sollte ich gegen König Artaxerxes rebellieren? Er unterstützt dieses Vorhaben doch."

„Aber weiß er wirklich, was du hier in diesem verschlafenen Winkel seines Reiches anstellst?" Sanballat erhob sich von seinem Stuhl, sodass das Holz erleichtert stöhnte, und wandte sich dann an die Mitglieder des Rates. „Nehemia ist neu in unserer Region und versteht nicht, welche gefährlichen Folgen die Befestigung dieser Stadt hat. Aber ich bin sicher, ihr, meine Herren, versteht es. Und ihr wisst auch, dass ihr zusammen mit eurem Anführer als Verräter hingerichtet werdet, wenn der König von euren subversiven Aktivitäten erfährt."

Nehemias Kiefer schmerzte, so heftig musste er die Lippen zusammenpressen, um nicht hitzig zu antworten. Wenn irgendwelche Ratsmitglieder Zweifel an seiner Autorität hatten, dann bestärkte der korpulente samaritanische Statthalter sie darin. Nehemia wartete einen Moment, um sich zu beruhigen, bevor er sprach, denn zwei Dinge wusste er mit Sicherheit: König Artaxerxes *war* auf seiner Seite und die letztendliche Berufung zu diesem Projekt war durch Gott erfolgt und nicht durch Menschen. Er brauchte auf Sanballats lächerliche Anschuldigungen nicht zu antworten. Stattdessen sagte er einfach: „Der Gott des Himmels wird uns Erfolg schenken."

Sanballat grinste spöttisch. „Nehmen wir einmal an, dass Tobija und Geschem und ich dir glauben – und König Artaxerxes glaubt auch, dass du ehrenhafte Absichten hast. Wie willst du eine so riesige Aufgabe bewältigen?"

„Einen Stein nach dem anderen."

Sanballat lachte laut auf und löste damit eine Welle höhnischen Gelächters in seinem Gefolge aus. Selbst Geschem, der Araber mit der sonst so steinernen Miene, lachte verächtlich mit den anderen. Auch der Ammoniter Tobija wechselte wieder einmal seine Stimmung wie ein Chamäleon seine Farbe, um sie der von Sanballat anzupassen. Er lachte leise und verdrehte die Augen. Tobija war sonst der stillste von den drei Herrschern, der am wenigsten großspurige. Aber Nehemia wusste aus Erfahrung, dass die Ruhigsten oft die Gefährlichsten waren.

„Sollen wir etwa glauben", fragte Sanballat, „dass du ein professioneller Architekt und Bauexperte bist, Nehemia? Hast du Qualifikationen, die du uns vorenthalten hast?"

„Wenn die Mauer fertig ist, werdet ihr sehen können, wie qualifiziert ich bin."

„Wo willst du denn so viele Bauarbeiter mit Erfahrung hernehmen?", fragte Geschem mit herablassendem Tonfall und skeptischer Miene.

„Die Männer aus Juda werden den Wiederaufbau durchführen."

Nehemias Bemerkung löste noch mehr Gelächter aus, diesmal lauter. „Deine Mauer wird nicht viel taugen, wenn Bauern und Kaufleute die ganze Arbeit machen", sagte Tobija.

„Er hat recht", bestätigte Sanballat. „Wenn du willst, dass deine Mauer Schutz bietet, muss sie richtig gebaut und nicht bloß zusammengestückelt werden." Er wandte Nehemia den Rücken zu und sprach wieder zu den Bezirksvorstehern. „Euer Statthalter verschwendet eure Zeit. Die Zeit eurer Leute. Sie sollten lieber tun, was sie können – Weizen und Gerste und Oliven anbauen und Schafe hüten."

Nehemia hob die Hände, um das kichernde Gelächter und die Beleidigungen zu unterbinden, die auf Sanballats Äußerung folgten. „Da du offensichtlich nicht glaubst, dass wir es schaffen, warum machst du dir dann solche Sorgen? Warum die lange Reise hierher? Warum versuchst du uns davon abzubringen, etwas zu tun, das du ohnehin für unmöglich hältst?"

Sanballat verschluckte sich an seinem Lachen und sank wieder auf seinen Platz, die Hände vor dem dicken Bauch gefaltet. „Als Statthalter des Landes jenseits des Flusses ist es meine Pflicht, dich zu warnen, dass die Perser dein Verhalten höchstwahrscheinlich für rebellisch halten werden."

„Unsinn. Ihr habt meine Berufungsurkunde von König Artaxerxes gesehen. Oder habt ihr sie nicht gründlich gelesen?" Nehemia sah Geschem an, der das Dokument kaum beachtet hatte.

„Meine Berater haben es angesehen", sagte Geschem. „Und sie erinnern sich nicht daran, etwas über die Befestigung Jerusalems darin gelesen zu haben."

Er hatte recht. Der Brief sprach nicht ausdrücklich davon. Aber bei seiner Bitte an König Artaxerxes hatte Nehemia seine Absichten sehr deutlich gemacht: „*Wenn es dem König gefällt und wenn Sein Diener Gnade in Seinen Augen gefunden hat, möge er mich in die judäische Stadt senden, in der meine Vorväter begraben sind, damit ich sie wiederaufbauen kann.*" König Artaxerxes hatte Nehemias Bitten allesamt gewährt.

„Möchtet ihr das Schreiben des Königs an Asaph, den Verwalter seiner Wälder, sehen?", fragte er. „Darin befielt der König Asaph, mir Holz zu geben, damit ich Balken für die Tore und für die Zitadelle beim Tempel und für die Stadtmauer herstellen kann."

Sanballat antwortete nicht, sondern wandte sich wieder an die versammelten Ratsmitglieder. „Hört zu, meine Herren. Schallum ... Refaja ... Malkija ... Wir haben in der Vergangenheit gut zusammengearbeitet und ich weiß, dass ihr auch mit Tobija enge Beziehungen pflegt. Ihr seid keine Narren. Jetzt, nachdem ihr Zeit hattet, darüber nachzudenken, erkennt ihr doch sicher, wie sinnlos dieser Plan ist. Bestimmt seht ihr, welcher Narr der Mann ist, der euch zu einem so gefährlichen Vorhaben überredet hat. Der Versuch, Meilen um Meilen dieser Stadtmauer wiederaufzubauen, ist eine schreckliche Verschwendung von Zeit und Arbeitskraft, die ihr in diesen wirtschaftlich schwierigen Zeiten besser einsetzen könntet."

Nehemia hatte genug gehört. „Wenn das Ziel eurer Delegation ist, mich zu verspotten und meine Arbeit zu untergraben, dann erkläre ich euren offiziellen Besuch hiermit für beendet. Guten Tag." Er wäre gegangen, aber Sanballat erhob sich von seinem Platz, um ihn aufzuhalten.

„Du vergisst, dass ich die Provinz Juda regiert habe, bevor du aus dem Nichts aufgetaucht bist. Ich könnte dir behilflich sein. Und Tobija ebenfalls, der dieses Land und seine Menschen viel besser kennt als du."

„Das habe ich nicht vergessen. Die Provinz Juda ist unter deiner Herrschaft und den hohen Steuern, die du verhängt hast, verarmt."

„Ich habe die Dürre nicht verursacht, Statthalter Nehemia. Diese Menschen liegen mir am Herzen und ich will nur ihr Bestes – du aber offensichtlich nicht."

Tobija erhob sich ebenfalls, um sich dem Angriff anzuschließen. „Deine Entscheidung hat Auswirkungen auf das ganze Land jenseits des Flusses, darunter auch die Provinz, der ich vorstehe. Sanballat, Geschem und ich haben alle ein Interesse an dem, was in Juda geschieht."

„Wir Judäer sind *Gottes* Diener", erwiderte Nehemia. „Und wir werden weiter an der Mauer bauen. Aber ihr drei habt keinen Anteil an Jerusalem und auch keinen Anspruch oder irgendwelche historischen Rechte darauf."

„Wie kannst du es wagen!", schrie Sanballat.

„Ich wage es, weil König Artaxerxes mich zum Statthalter von Juda ernannt hat. Ich mache die Arbeit, die er und mein Gott mir aufgetragen haben. Du und alle anderen, die sich mir in den Weg stellen, lehnen sich gegen Gott auf."

„Dein Gott hat zu dir gesprochen und dir aufgetragen, diese Mauer zu bauen?", spottete Tobija. „Du hast Nerven! Für wen hältst du dich eigentlich? Für Mose? Oder den Messias? Nur sie können behaupten, von Gott gehört zu haben." Tobija wandte sich an den Hohepriester. „Eljaschib, werden du und deine Priesterkollegen solche Gotteslästerung hinnehmen? Euer Statthalter hat gerade gesagt, er hätte eine direkte Offenbarung von Gott empfangen!"

Nehemia wartete Eljaschibs Antwort nicht ab. Er ging zur Tür und wandte sich dort noch einmal um. „Ihr könnt gerne bleiben und die Mahlzeit genießen, die meine Bediensteten für euch zubereitet haben. Aber ich habe keine Zeit mehr für euch und euren Hohn. Ich habe zu tun. Der Gott, dem ich diene, wird uns Erfolg schenken."

Er hörte das aufgeregte Summen von Stimmen hinter sich, als er den Raum verließ. Sein Gehilfe Johanan eilte ihm nach. „Du hast Statthalter Sanballat und die anderen beleidigt“, flüsterte er auf dem Weg den Gang hinunter. „Ich habe ihn noch nie so wütend gesehen.“

„Ich bin *auch* wütend. Er hat meine Gastfreundschaft ausgenutzt, um mich und meine Arbeit lächerlich zu machen.“

„Er ist ein mächtiger Mann. Ich würde mich in Acht nehmen, wenn ich du wäre.“

Nehemia wusste, wie gefährlich das, was er gerade getan hatte, sein konnte. Aber er würde niemals zugeben – nicht einmal vor seinen Mitarbeitern oder seinen Brüdern –, dass er Angst hatte. In Persien war er sorgfältig auf die Sicherheit des Königs bedacht gewesen – nie aber auf seine eigene. Wann immer er aus König Artaxerxes' Becher trank oder sein Essen kostete, wusste Nehemia, dass sie vergiftet sein könnten und dass er vielleicht den Tod finden würde, während er seinen König beschützte. Die Notwendigkeit ständiger Wachsamkeit war manchmal nervenaufreibend gewesen. Aber jetzt war vielleicht sein eigenes Leben unmittelbar bedroht. Wenn sie sich heimlich verbündeten, um ihn zu töten – würde die Arbeit an der Mauer fortgesetzt werden oder wäre das Volk zu ängstlich, um weiterzumachen?

„Dieser Besuch wird nicht der letzte Versuch sein, uns aufzuhalten“, sagte er zu Johanan. „Er ist erst der Anfang. Sie werden nicht aufgeben, bis wir mit dem Bau aufhören, aber das habe ich nicht vor.“

Ephraim und Hanani holten ihn wenige Minuten später ein. „Das war ein meisterhafter Auftritt“, sagte Ephraim. „Du hast keinen Zoll nachgegeben.“

„Es war ein Unentschieden“, sagte Nehemia. „Sie werden auch nicht nachgeben.“

„Und was jetzt?“, fragte Hanani. „Was sollen wir jetzt tun?“

Nehemia blieb auf dem Gang seiner Residenz stehen. Ihm war sehr wohl bewusst, dass ihr Haus keineswegs sicher war. „Wir müssen beten – und zwar unaufhörlich –, dass der Allmächtige uns hilft. Und dass er die Beleidigungen unserer Feinde auf sie selbst zurückfallen lässt.“

„Wir beten, Nehemia. Morgens und abends.“

„Gut. Und wahrscheinlich sollten wir uns Waffen zulegen.

Überleg dir etwas, Hanani. Es kann sein, dass wir sie irgendwann brauchen. In der Zwischenzeit müssen wir Tag und Nacht wachsam sein. Aber jetzt machen wir uns wieder an die Arbeit. Ich habe genug Zeit mit diesen Männern verschwendet."

24

Jerusalem

Chana sah zu, wie die Bauarbeiter eine waagereche Schnur über der obersten Steinreihe spannten, um dafür zu sorgen, dass die neue Konstruktion im Lot und in der Waage war. „Mit einem Lot zu arbeiten, ist genau die Art Präzisionsarbeit, die ich übernehmen kann“, sagte sie zu ihrem Vater. „Und ich weiß, dass ich es besser machen werde als deine unbeholfenen Arbeiter.“ Das Sortieren von Steinen war zuerst interessant gewesen, aber jetzt wollte Chana eine neue Herausforderung. Bei jeder Gelegenheit, die sich ihr bot, lag sie Abba in den Ohren und folgte ihm über die Baustelle, mit einer Schnur in der Hand, an der ein Tongewicht baumelte. „Lass es mich doch versuchen, Abba. Ich weiß, dass ich es kann.“

Schließlich gab er nach. Während Chana zum ersten Mal auf das Gerüst hinaufkletterte, stand er unten, um sie aufzufangen, falls sie herunterfiel. Das Gerüst war wackelig und der Aufstieg gefährlich, aber sie zeigte ihr Unbehagen nicht, während sie vorsichtig hinaufkletterte. Die Mauer ragte von einem so steilen Hang empor, dass ihr von der Höhe ganz schwindelig wurde, aber was sie tun musste, begriff sie im Handumdrehen. Als die Woche zu Ende war, hatte Abba erkannt, welch ein gutes, scharfes Auge sie hatte. Er protestierte nicht mehr, wenn sie auf dem Gerüst hinauf- und hinunterstieg und auf der sechs Fuß hohen Mauer herumkroch, um dafür zu sorgen, dass die Bauleute sie im Lot und in der Waage errichteten. Sie genoss es, auf einer geraden Reihe neu gesetzter Steinquader zu stehen und über die Mischne und die Hügel Judas dahinter zu blicken.

Ihre Schwester Judith kletterte auch auf dem Gerüst auf und ab und erwies sich als Expertin, wenn es darum ging, genau den richtigen Stein zu finden, der in die Fugen zwischen die größeren Steine passte. Sarahs Lieblingsbeschäftigung war es, die größten Steinblöcke zu begutachten und die zu finden, die nicht zu verbrannt oder zerbrochen waren. Dann zeigte sie den Arbeitern, welche Kanten behauen werden mussten, damit die Steine genau zusammenpassten. Sogar noch im Schlaf hörte Chana die ständigen Geräusche von Hämmern und Meißeln und Schleifen und Klopfen. Und sie schlief jede Nacht so gut, wie sie es seit einem Jahr nicht mehr getan hatte.

An diesem Morgen war Chana mit dem Lot in der Hand das Gerüst bereits halb hinaufgestiegen, als sie hinter sich Rufe hörte. „He! He! Halt! Was machst du da? Komm da herunter!"

Sie drehte sich um und sah Statthalter Nehemia unter ihr stehen. Schnell überzeugte sie sich davon, dass ihre Röcke die Beine bedeckten. „Sprichst du mit mir?", fragte sie.

„Natürlich spreche ich mit dir! Was glaubst du, was du da oben zu suchen hast?"

„Ich überprüfe diese Lage Steine, um mich zu vergewissern, dass sie im Lot ist."

„Nein, nein, nein! Komm herunter und verlass diesen Bereich auf der Stelle! Und ihr – ihr beide müsst auch gehen!", sagte er, als er Judith und Sarah erblickte.

„Warum?", fragte Chana.

„Warum!" Nehemia war so entrüstet, dass er fast kein Wort herausbrachte. Chana rührte sich auf ihrer Leiter nicht von der Stelle. „Weil diese Arbeit gefährlich ist! Frauen haben hier nichts zu suchen!"

„Wir sind uns der Gefahren sehr bewusst. Wir arbeiten seit dem ersten Tag hier."

„Wer ist der Leiter dieser Baustelle?", fragte er und sah sich um.

„Unser Vater, Schallum ben Hallohesch. Ich habe gehört, dass du in deiner Rede sagtest, jeder Abschnittsleiter sei dafür verantwortlich, seine eigenen Freiwilligen zu wählen, Statthalter. Unser Vater hat uns ausgesucht. Wir haben seine Erlaubnis, hier zu sein."

„Wo ist Schallum? Ich muss mit ihm reden. Und in der Zwischenzeit kommst du da *herunter*!“ Chana rührte sich noch immer nicht. Nehemia sah stark und wütend genug aus, dass er sie mit seinen kräftigen Armen packen und nach Hause tragen könnte, wenn sie von der Leiter stieg.

„Abba ist zu Ephraim ben Hachalja gegangen, um mehr Holz zu bestellen“, sagte Sarah zu ihm. Sarah sah aus, als hätte Nehemia sie eingeschüchtert, so wie man es erwarten würde. Für Judith galt dasselbe. Sie hatte aufgehört, Steine zu sammeln, und stand jetzt am Fuß des Gerüsts.

„Jemand soll gehen und ihn suchen“, befahl Nehemia. „Sagt ihm, ich muss auf der Stelle mit ihm reden. Und ihr drei – geht nach Hause!“ Er legte eine Hand auf Sarahs Schulter und schob sie ein Stück vor sich her. Chana kletterte die Leiter hinunter.

„Sag uns nicht, was wir tun sollen, Statthalter. Dies ist auch unsere Stadt. Unser Erbe.“

„Ich kann das nicht zulassen. Was werden die Leute sagen, wenn sie durchs Taltor kommen oder mich an meinem Arbeitsplatz besuchen und sehen, dass *Frauen* hier arbeiten? Ich befehle euch, nach Hause zu gehen, wohin ihr gehört.“

„Kennst du nicht die Geschichte von Zelofhads Töchtern?“, fragte Chana, die Hände in die Hüften gestemmt. „Die steht in der Thora. Der Allmächtige sagte, dass Töchter ein Recht auf das Erbe ihres Vaters haben, wenn er keine Söhne hat.“

„Wovon redest du da? Das ergibt doch überhaupt keinen Sinn!“ Er stand da, als wollte er sich mit ihr prügeln. Chana schlang einen Arm um den Pfosten des Gerüsts, weil sie sicher war, dass er sie jeden Augenblick über seine Schulter werfen und nach Hause tragen würde. Judith und Sarah – diese Feiglinge – wichen langsam vor ihm zurück und gingen den Hang hinunter zum Tor.

„Warum widersetzt du dich mir und den Bräuchen und … und jeglicher Vernunft? Ist es Sturheit oder was? Warum gehst du nicht wie jede normale Frau nach Hause?“

Seine Beleidigungen machten sie wütend und sie konnte die Worte nicht zurückhalten: „Ich war mit einem Mann verlobt, Itzhak ben Refaja ...“

„Ich kenne die Geschichte. Er wurde ermordet.“

„Aber du hast offensichtlich keine Ahnung, wie es ist, jemanden zu verlieren, den man liebt. Oder wie es ist zu wissen, dass mit besserem Schutz ..."

„Du irrst dich. Ich weiß beides."

„Dann solltest du auch wissen, wie schwierig es ist, Gott nicht zu zürnen. Wie unmöglich es manchmal ist, weiter an seine Güte zu glauben." Chana wusste, dass sie Gedanken heraussprudeln ließ, die sie noch nie mit jemandem geteilt hatte; Gedanken, die sie besser für sich behalten sollte. Aber nachdem sie ein winziges Fenster zu ihrem Herzen geöffnet hatte, konnte sie nicht mehr aufhören. „Ich gehe zum Tempel und bete Gott an, weil es von mir erwartet wird. Manchmal gelingt es mir, an einen liebenden Gott zu glauben, aber oft kann ich es auch nicht. Heute Morgen haben wir die Worte gesungen: ‚Seine Liebe währet ewiglich.' Aber das kann ich nicht erkennen. In mir ist noch immer so viel Wut, dass ich Itzhaks Mörder mit meinen eigenen Händen töten könnte. Ich weiß, dass mein Hass Gott nicht gefällt und dass dieses Gefühl in meinem Herzen nichts zu suchen hat, wenn ich in Gottes Bethaus stehe. Aber was soll ich mit diesen Gefühlen anfangen? Wo soll ich damit hin?"

Nehemia antwortete nicht. Er starrte sie an, offenbar fassungslos angesichts ihres Ausbruchs. Chana ließ das Gerüst los und trat einen Schritt auf ihn zu. „Die Männer, die Itzhak getötet haben, wurden nie gefunden, nie zur Rechenschaft gezogen. Und deshalb benutze ich alle meine Wut dazu, diese Mauer zu bauen. Ich weiß, dass sie Itzhak nicht zurückbringt, aber vielleicht hält sie den nächsten Mörder ab. Sie könnte einer anderen Frau den Kummer ersparen, jemanden zu verlieren, den sie liebt."

Er schwieg lange, bevor er sagte: „Trotzdem kann ich es nicht zulassen. Du bist eine Frau."

„Danke, dass du das bemerkt hast. Aber du kannst mich nicht aufhalten."

Sie standen einander gegenüber und keiner von beiden gab nach. Sie musste aufblicken, um ihn anzusehen, weil sie ihm nur bis zum Kinn reichte. Alle Arbeiter sahen und hörten zu. Nehemia war der Statthalter und sie nur eine Frau – Grund genug, dass sie ihm gehorchen und nach Hause gehen müsste. Aber das tat sie nicht.

„Diese Diskussion ist noch nicht beendet", sagte er schließlich.

Dann wandte er sich um und stapfte davon in Richtung Tor, vorbei an Judith und Sarah. Chana blickte ihm nach. Nach dieser Auseinandersetzung waren ihre Knie so weich, dass sie an diesem Tag sicher nicht mehr auf das Gerüst klettern würde.

Nehemia bebte immer noch vor Zorn, als er durch das Taltor schritt und sich zu seinem Arbeitsplatz in der Stadt zurückbegab. Er würde Schallum suchen und ihm unverblümt sagen, was er von seiner frechen, respektlosen Tochter hielt. Was war das für ein Vater, der seine Kinder nicht unter Kontrolle hatte? Schallum hatte es nicht verdient, Bezirksvorsteher von Jerusalem zu sein, wenn er zu schwach war, seine Tochter daran zu hindern, dass sie ihm auf der Nase herumtanzte. Nehemia trat in den Schatten des Binsendaches über dem großen Tisch, der als Feldzentrale diente, aber dort traf er nur seinen Bruder Hanani an.

„Wo ist Ephraim?", fragte er. Das Mädchen hatte gesagt, ihr Vater sei gegangen, um mit ihm zu reden.

„Ich weiß nicht. Ich habe Ephraim seit heute Morgen nicht mehr gesehen."

„Schallum ben Hallohesch und seine Töchter – kennst du sie?", fragte Nehemia.

„Ich kenne Schallum, den Vorsteher des halben Bezirks von Jerusalem. Und mir ist bewusst, dass er Töchter hat, aber ich kenne sie nicht. Warum?"

„Er hat drei davon und sie arbeiten allesamt an der Mauer. Ich habe sie selbst vor wenigen Minuten gesehen. Frauen, die Steine schleppen und auf dem Gerüst herumklettern und mit Lotschnüren arbeiten!"

„Wirklich?" Die Tatsache, dass Hanani seine Belustigung kaum verbergen konnte, machte Nehemia nur noch wütender.

„Unsere Feinde machen sich ohnehin schon über uns lustig. Ich bin nur froh, dass sie diese drei Frauen nicht gesehen haben, als sie zu ihrem Staatsbesuch hier waren. Schallums Bauabschnitt befindet sich gleich neben dem Taltor. Es ist unerhört!"

Als Hanani einen Schritt zurückwich, wusste Nehemia, dass er sich beruhigen musste. Er nahm die Wasserkelle und tauchte sie in den Krug. Dann trank er gierig davon. Als er die Kelle ein zweites Mal gefüllt hatte, goss er sich das Wasser über den Kopf. Diese Frau hatte ihn so zornig gemacht, wie er schon lange nicht mehr gewesen war. „*Du hast offensichtlich keine Ahnung, wie es ist, jemanden zu verlieren, den man liebt*“, hatte sie ihm vorgeworfen. Aber Nehemia wusste genau, wie sie sich fühlte. Auch wenn die Männer, die seinen Vater getötet hatten, dafür bestraft worden waren, war Nehemias Wut noch immer da, genau wie ihre. Doch ihm war nie der Gedanke gekommen, dass es Gott missfallen könnte, wenn er im Tempel anbetete, während er diesen Groll hegte. Und so ungern er es zugab, er verstand ihre Motivation, an der Mauer zu arbeiten. Hatte er nicht dasselbe getan und seine Wut als Energie genutzt, um zur Position des Mundschenks aufzusteigen und die Sicherheit des Königs zu gewährleisten? „*Ich benutze alle meine Wut dazu, diese Mauer zu bauen*“, hatte sie zu ihm gesagt. Ging es ihm nicht ebenso? Auch er wurde doch zu einem guten Teil von seiner Wut dazu getrieben, Jerusalems Mauer wiederaufzubauen.

Nehemia schob einige Zeichnungen auf dem Arbeitstisch hin und her, während er an ihr Geständnis dachte, dass sie Gott zürnte. Nehemia war auch zornig, wenn er ehrlich war. Gott hatte seine Eltern nicht beschützt und deshalb hatte Nehemia diese Aufgabe übernommen und versuchte, jeden zu beschützen, den er liebte. Da kam ihm noch ein Gedanke. Was, wenn Sanballat und Tobija recht hatten und Gott ihm gar nicht den Auftrag gegeben hatte, die Mauern wiederaufzubauen? Was, wenn er nur durch die Kraft seines eigenen dickköpfigen Willens den König gebeten und den Erlass erwirkt hatte? Diesen Gedanken schob er jedoch schnell zur Seite, so wie die Pläne auf dem Tisch. Natürlich hatte er von Gott gehört. Die Hand des Allmächtigen lag auf ihm.

„Weißt du, was mich am meisten aufgeregt hat?“, fragte Nehemia seinen Bruder. „Sie hat sich geweigert, mit der Arbeit aufzuhören und nach Hause zu gehen. Selbst als ich es ihr befahl. Es war, als würde sie mich verspotten.“

Hanani fuhr sich mit der Hand über den Mund und tat so, als streiche er über seinen Bart. In Wirklichkeit musste er sein Lächeln verbergen. „Sie muss eine teuflische Frau sein, wenn sie dich dazu bringt, die Beherrschung zu verlieren. Als Sanballat, Tobija und Geschem dich verhöhnt haben, bist du wunderbar ruhig und gelassen geblieben."

„Ich würde mich jederzeit lieber mit Sanballat streiten. Er ist vernünftiger als sie."

„Wie sieht denn diese Frau aus, die es wagt, dem Statthalter von Juda zu trotzen?"

Er wollte Hanani nicht erzählen, dass sie unverschämt attraktiv war – die Art Frau, die man beschützen und versorgen wollte. Schon an dem Abend, als er in ihrem Haus gegessen hatte, war ihm aufgefallen, wie hübsch sie und ihre Schwestern waren. Aber er hatte sich gezwungen, sie zu ignorieren, weil er wusste, dass es falsch war, Frauen so anzusehen.

„Und das ist noch ein Grund, Hanani. Diese Frauen werden die Männer, die versuchen, ihre Arbeit zu machen, nur ablenken."

„Ich verstehe." Hanani bemühte sich immer noch, ein Lächeln zu unterdrücken. „Das beantwortet wohl meine Frage."

„Da du diese Angelegenheit für so amüsant hältst, werde ich es dir überlassen, dich um das Problem zu kümmern."

„*Mir*? Warum?"

„Weil ich eine Mauer bauen muss. Ich kann nicht noch mehr Zeit mit diesem Problem verschwenden. Such Schallum und sag ihm, er soll seine Töchter nach Hause schicken. Sie dürfen nie wieder an der Mauer bauen."

25

Jerusalem

Alles Betteln und Flehen ihres Vaters konnte Chana nicht umstimmen. So müde sie von der Arbeit des Tages war, stritt sie doch weiter mit Abba, als sie beim Abendessen saßen, fest entschlossen, am nächsten Tag zur Mauer zurückzukehren. „Wir schaffen dort wirklich etwas, Abba, das weißt du. Und wir machen unsere Sache gut. Die anderen Arbeiter haben sich an uns gewöhnt. Sie akzeptieren uns und sind dankbar für unsere Hilfe. Du kannst uns jetzt nicht verbieten weiterzumachen, nur weil Nehemia ein Problem damit hat."

„Er ist der Statthalter, Chana. Unser Anführer. Wir müssen die Herrschenden, die Gott uns gibt, respektieren."

„Selbst, wenn sie im Unrecht sind? Wo steht in der Thora, dass Frauen keine Mauern bauen können? Nirgends! Das ist nur sein eigenes lächerliches Vorurteil. Warum erklärst du ihm nicht, dass er sich irrt?"

„Ich finde, wir alle brauchen Zeit, um uns zu beruhigen, Chana. Morgen ist der Tag, an dem die Vorbereitungen für den Sabbat getroffen werden. Ich glaube, es ist besser, wenn ihr Mädchen zu Hause bleibt und unsere Mahlzeit kocht. Morgen wird die Arbeit an der Mauer früh enden, damit die Männer zu ihren Familien zurückkehren können. Und ihr müsst mehr Essen kochen für diejenigen von unseren Arbeitern, die zu weit entfernt leben, um nach Hause zu reisen."

„Und wenn der Sabbat zu Ende ist? Was ist dann?", fragte Chana.

„Darüber sprechen wir, wenn es so weit ist, und nicht früher."

Sie willigte ein, zu Hause zu bleiben und zusammen mit ihren Schwestern und den neuen Mägden, die sie eingestellt hatten, das Sabbatmahl vorzubereiten. „Aber nach dem Sabbat gehe ich wieder hin“, sagte sie am nächsten Morgen zu Judith und Sarah, als sie die Asche aus dem Herd entfernte, um mit dem Kochen zu beginnen. Der feine Staub färbte ihre Hände grau. „Ich werde meine Arbeit an der Mauer nicht aufgeben!“

„Mir gefällt die Arbeit auch“, sagte Judith, während sie mit ihrer Handmühle Getreide zu Mehl mahlte. „Aber ich will nicht, dass Abba böse wird. Ich streite nicht gerne mit ihm.“

„Ich auch nicht“, sagte Sarah. Sie war bereits am Königsteich gewesen und hatte den schweren Krug mit Wasser bergauf getragen, damit sie kochen konnten. „Wir können immer noch helfen, indem wir Abbas Arbeiter bekochen. Das ist doch auch ein wichtiger Beitrag, nicht wahr?“

„Natürlich. Aber die neuen Mägde können das genauso gut. Du hast die Arbeit an der Mauer doch ebenso geliebt wie ich, oder? Wir sollten nicht gezwungen werden, damit aufzuhören.“ Chana brach eine Handvoll Zweige entzwei, legte sie auf die warmen Kohlen und blies dann darauf, um das Feuer in Gang zu bringen. „Nehemia ist ein Tyrann, der den starken Mann markiert und Abba unter Druck setzt, damit er nachgibt. Der Statthalter sollte nicht so viel Macht haben. Wir verstoßen schließlich nicht gegen irgendein Gesetz, indem wir arbeiten. Ich werde nicht aufhören, bis er mir ein Gesetz zeigt, in dem steht, dass ich es tun muss.“

Später an diesem Vormittag hatte Chana gerade alles Brot gebacken, das sie für den Sabbat brauchen würden, als ein Bote von Malkijas Haus erschien. „Mein Herr bittet darum, dass Ihr ihm heute Abend in seinem Haus in Jerusalem beim Sabbatmahl Gesellschaft leistet.“

„Wir alle vier?“, fragte sie. Ihre Essensvorbereitungen waren in vollem Gange und sie fragte sich, was sie mit all dem Fisch machen sollten, den sie auf dem Markt erstanden hatten.

„Herr Malkija bittet Euch, diesmal allein zu kommen.“

Chana wusste nicht, was sie sagen sollte. Sarah stieß sie mit dem Ellenbogen an. „Sag ihm, dass du natürlich kommen wirst, Dummerchen.“

„Abba muss Malkija erzählt haben, dass du mit dem Ehevertrag einverstanden bist", fügte Judith hinzu.

„Habe ich das gesagt?", fragte Chana. Sie war immer noch so wütend, weil der Statthalter sie herumkommandiert hatte, dass sie sich kaum daran erinnern konnte, was sie gesagt hatte.

„Ja, als du versucht hast, Abba zu überreden, uns an der Mauer arbeiten zu lassen", sagte Judith. „Wie konntest du das vergessen?"

Der Bote wartete auf eine Antwort. Chana holte tief Luft, um sich zu beruhigen. „Bitte sag Malkija, dass ich gerne heute mit ihm zu Abend esse."

„Gut. Ich werde vor Sonnenuntergang wiederkommen, um Euch zu seinem Haus zu begleiten."

Die Essensvorbereitungen halfen Chana, eine Zeit lang nicht an die Mauer und die unvernünftigen Forderungen des Statthalters zu denken. Als der Diener am Abend kam, um sie den Berg hinauf zu Malkijas Jerusalemer Haus zu geleiten, war sie gut gelaunt. Doch als sie an der Residenz von Statthalter Nehemia vorbeiging, die nahe bei Malkijas Haus lag, stieg Chanas Zorn wieder in ihr auf. Hatte der Statthalter vielleicht Malkija um Hilfe gebeten, damit er sie davon überzeugte, ihre Arbeit aufzugeben? Der Gedanke machte sie wütend.

Gerade noch rechtzeitig besann sie sich darauf, dass sie Malkijas Gast war. Sie musste ihren Zorn ablegen und freundlich zu ihrem Gastgeber sein, der bereits an der Tür stand, um sie willkommen zu heißen. „Chana! Willkommen in meinem Heim in der Fremde. Ich freue mich sehr, dass du heute Abend kommen konntest."

Die meisten Häuser in Jerusalem waren von den aus dem Exil zurückgekehrten Bewohnern schnell wiederaufgebaut worden, ohne dass man viele Gedanken daran verschwendet hatte, ob sie schön aussahen. Aber Malkijas Haus war eine Ausnahme, denn es war geschmackvoll und fachmännisch gebaut. Es mochte klein sein, aber es war ebenso luxuriös wie sein Anwesen auf dem Land. Die Innenwände waren nicht nur verputzt, sondern mit Zedernholz verkleidet. Der Steinfußboden war in eleganten Mustern gelegt worden und mit teuren, importierten Teppichen bedeckt. Malkija hatte viele Dienstboten, die ihn bedienten. Chana erkannte einige von ihnen wieder, darunter auch das junge Mädchen namens Nava.

„Die Sonne wird gleich untergehen", unterbrach Malkija ihre

Gedanken. „Wirst du mir die Ehre erweisen und die Sabbatlichter anzünden, Chana?“ Das tat sie, während sie den Segen sprach und Gott für das Gebot dankte, am Sabbat zu ruhen. Als sie und Malkija sich an seinen reich gedeckten Tisch setzten, stellte sie überrascht fest, dass sie sein einziger Gast war. Malkija hielt zwei Laibe Brot hoch und sprach den Segen, dann tat er dasselbe für den Wein. Als er fertig war und sie mit dem ersten Gang begannen, konnte Chana sich nicht länger beherrschen.

„Darf ich dir eine Frage stellen, Malkija?“

„Natürlich.“ Sein Lächeln war so warm und ehrlich und sie hasste sich in diesem Moment dafür, dass sie ihn der Verschwörung mit dem Statthalter verdächtigte. Aber sie musste es wissen.

„Weißt du, dass meine Schwestern und ich Abba beim Wiederaufbau seines Mauerabschnitts geholfen haben?“

Er grinste und seine ebenholzfarbenen Augen funkelten im Kerzenlicht. „Ja. Ganz Jerusalem spricht darüber.“

„Was sagen die Leute denn?“

Er trank einen Schluck Wein und stellte den Becher ab. „Es gibt unterschiedliche Meinungen. Die meisten finden es unerhört. Einige bewundern euch, weil ihr so stark und patriotisch seid, und vergleichen euch mit Königin Esther.“

„Und welcher Meinung schließt du dich an?“

„Beiden. Ich stimme zu, dass euer Verhalten unerhört ist und wahrscheinlich sehr gefährlich. Als ich hörte, dass du auf Leitern und Gerüsten herumkletterst, habe ich mir solche Sorgen um deine Sicherheit gemacht, dass ich beinahe gekommen wäre und dich selbst gebeten hätte, damit aufzuhören. Dann wurde mir bewusst, dass dein Vater sich ebensolche Sorgen um deine Sicherheit macht und dich und deine Schwestern niemals in Gefahr bringen würde. Am meisten macht mir jedoch zu schaffen, dass die Leute über euch reden und schlecht von euch denken, weil sie euch und eure Motive nicht kennen.“

„Der neue Statthalter gehört zu diesen Leuten.“

„Das habe ich auch gehört. Andererseits hast du Temperament, Chana, und das gefällt mir. Mit einer Frau, die nie etwas Neues ausprobiert, die zu ängstlich ist, um das Haus zu verlassen, oder keine eigene Meinung hat, wäre es mir schnell langweilig.“

„Dann hast du mit Statthalter Nehemia offensichtlich nichts gemein. Ich bin froh, dass du dich durch mein ‚unerhörtes' Benehmen und meine Überzeugungen nicht bedroht fühlst. Und danke, dass du den Mut hattest, mich hierher einzuladen, obwohl die ganze Stadt über mich tratscht."

„Ich habe dich heute nicht hierher eingeladen, um über deine Arbeit an der Mauer zu reden, Chana." Er wandte den Blick ab, so als wäre er mit einem Mal schüchtern, und der Höcker auf seiner gebogenen Nase war im Profil besser zu sehen. „Dein Vater hat mir gesagt, du hättest eingewilligt, mich zu heiraten."

Ihre Schwester Judith hatte recht gehabt. Abba hatte seinen Teil der Abmachung gehalten und ihr erlaubt zu arbeiten, und jetzt musste sie ihren Teil erfüllen. Plötzlich war auch Chana verlegen. „Ja, ich habe eingewilligt."

„Darüber bin ich sehr froh", sagte er mit einem breiten Grinsen. „Ich verspreche, dass ich dein Glück zu einem meiner höchsten Ziele im Leben machen werde."

„Ich hoffe, ich kann dich auch glücklich machen."

„Das hast du schon, indem du Ja gesagt hast. Meine Hoffnung für heute Abend war, dass wir ein Datum bestimmen können, an dem dein Vater und ich die Ketubba unterschreiben. Und dass wir festlegen, wann die Hochzeit sein soll. Es gibt keinen Grund, zwischen den beiden Anlässen lange zu warten, oder? Ich habe schon ein Haus, das für dich bereit ist."

Eine plötzliche Erinnerung überkam sie mit einer Welle der Traurigkeit: Itzhak war ermordet worden, als er gerade ein Haus für sie eingerichtet hatte. Sie wandte den Blick von Malkija ab und starrte auf ihre Hände, die von der Arbeit zerkratzt und schwielig waren. „Nein, es gibt keinen Grund. … Aber ich möchte gerne die Mauer fertig bauen, bevor wir heiraten."

„Wenn du mich lässt, werde ich ein Dutzend Dienstboten schicken, die deinen Platz einnehmen und sie für dich bauen. Aber ich habe das Gefühl, das würde dir nicht gefallen."

„Du hast recht, das würde es nicht."

Er grinste schief. „Darf ich dann wenigstens ein paar Helfer schicken, damit ihr schneller fertig werdet?"

Bei dem Gedanken, die Kontrolle über ihr Leben zu verlieren, spürte Chana ein zunehmendes Gefühl der Panik. Sie konnte sich nicht daran erinnern, dass sie sich wie ein Fisch im Netz gefühlt hatte, als sie sich mit Itzhak verlobt hatte. Aber ihn hatte sie geliebt und Malkija liebte sie noch nicht. Sie fragte sich, ob sie es jemals tun würde. „Mir gefällt die Arbeit sehr", sagte sie vorsichtig. „Ich möchte nicht aufhören. Und danke für das Angebot, aber ich brauche keine Hilfe."

Er beugte sich vor, mit einem Mal ernst. „Ich weiß, aber ich brauche *deine* Hilfe, Chana. Das habe ich festgestellt, als du mich in Bet-Kerem besucht hast, in der Nacht, als der junge Mann eingebrochen ist. Du hast dir die Zeit genommen, ihm zuzuhören und herauszufinden, was geschehen war. Meine Frau hat das auch getan. Rebecca hat auf unsere Bediensteten geachtet und ihnen zugehört, sich um ihre Belange gesorgt und sie beschützt. Ich fürchte, das macht im Moment niemand, vor allem nicht jetzt, wo ich nicht zu Hause bin, sondern in Jerusalem arbeite. Und ich glaube, du würdest das wunderbar machen. Du hast ein gutes Herz und eine resolute Art. Ich weiß, dass du für mich und meinen Haushalt ein Gewinn sein wirst. Und dass wir gut zusammenarbeiten werden."

War das bloße Schmeichelei oder glaubte Malkija es wirklich? Er sah aus, als meinte er es ernst. Chana hatte gesehen, wie gut sein Anwesen organisiert war, und sie fragte sich, ob sie dort wirklich eine Aufgabe und einen Platz finden würde.

„Ich habe überlegt", fuhr er fort, „dass wir den Ehevertrag jetzt unterzeichnen könnten und die Hochzeit dann stattfindet, wenn die Mauer fertig ist. Unser Statthalter scheint davon überzeugt zu sein, dass wir die Arbeit in einigen Monaten vollenden können, nicht erst in einigen Jahren."

Chana wusste, dass eine Verlobung ebenso verbindlich war wie eine Hochzeit. Sie würde als Malkijas Ehefrau gelten und er würde Abba ersetzen als derjenige, der Entscheidungen für sie traf. „Würdest du mich daran hindern weiterzubauen, wenn wir verlobt sind?"

Malkija lachte. „Ich wüsste nicht, wie ich dich daran hindern sollte, und ich würde es auch gar nicht versuchen wollen." Er lächelte schief und streckte den Arm über den Tisch, um ihre Hand zu ergreifen. „Chana, ich verspreche dir, dass ich dich niemals zu etwas zwingen werde, was du nicht tun willst."

Ihr kam ein neuer Gedanke und sie holte tief Luft. „Wirst du jetzt für mich eintreten, damit ich weiterarbeiten kann? Statthalter Nehemia setzt Abba unter Druck und will ihn zwingen, Judith und Sarah und mich nach Hause zu schicken. Aber an der Mauer zu arbeiten, hat diese schreckliche Last der Trauer von mir genommen, die ich im vergangenen Jahr mit mir herumgetragen habe. Ich kann nicht recht erklären, wie frei und wie … wie glücklich es mich macht, an der Seite meines Vaters zu arbeiten und etwas so Festes und Dauerhaftes zu erschaffen wie diese Mauer. Verstehst du, was ich meine?"

„Du willst, dass ich meinen Einfluss geltend mache, um Statthalter Nehemia davon zu überzeugen, dass er einen Fehler macht?"

„Ja. Würdest du das tun? Du hast gesagt, die Ehe sei ein Zusammenarbeiten. Und wenn wir verlobt sind, dann darfst du entscheiden, was ich tun kann und was nicht, und nicht der Statthalter."

„Wenn es dich glücklich macht, Chana, dann ja. Ich werde mein Möglichstes tun, um ihn zu überzeugen."

Ihre Zweifel verschwanden, als sie ihre Finger zwischen seine schob. „Dann will ich dich auch glücklich machen, Malkija. Wir können uns verloben, sobald du und Abba es arrangieren könnt."

Ihre Verlobung fand vor einer kleinen Versammlung aus Familienmitgliedern, Freunden und Kollegen von Abba und Malkija statt. Zum Glück war der Statthalter nicht eingeladen worden, aber der Hohepriester Eljaschib war gekommen. Malkija bestand darauf, die Feier in seinem Jerusalemer Domizil abzuhalten, sodass seine Bediensteten das ganze Essen vorbereiteten. Chana war nicht sicher, wie er es geschafft hatte, aber Malkija hatte sein Versprechen gehalten und seinen Einfluss dazu benutzt, um dafür zu sorgen, dass sie und ihre Schwestern weiter an der Mauer arbeiten durften.

Während sie einem der Stadtältesten lauschte, als dieser die Ketubba verlas, die Abba und Malkija aufgesetzt hatten, fühlte sie sich ruhelos. Die beiden Männer hatten gutmütig um Mitgift und Brautgeschenk gefeilscht, sodass Chana sich gefühlt hatte wie eine Melone auf dem Markt. Der fertige Vertrag würde ebenso verbindlich sein wie das Trauversprechen selbst. Nur eine Scheidung oder der Tod konnte diesen Vertrag beenden. Als Chana und Itzhak ihre Verlobung gefeiert hatten, war sie so überglücklich und aufgeregt gewesen, dass sie die Tränen nicht hatte zurückhalten können. Es gab keine logische Erklärung dafür, dass sie diesmal bei dem Ritual so nervös war, keinen Grund, den sie hätte nennen können. Malkija war ein guter Mann, der nach den Geboten der Thora lebte. Er behandelte seine Dienstboten gut. Er konnte sie mehr als gut versorgen. Und er hatte Chana gesagt, dass er nicht versuchen würde, sie zu ändern oder zu etwas zu zwingen, was sie nicht wollte. Er sagte, ihr Temperament gefalle ihm. Nach Itzhaks Tod war es gewesen, als hätte ihr Leben angehalten – vielleicht konnte sie jetzt wieder anfangen zu leben.

Sie sah zu, wie Malkija und Abba die Ketubba vor den anwesenden Zeugen unterzeichneten. Dann schenkte Malkija seinen besten Wein in einen Becher und reichte ihn ihr. Chana nahm ihn aus seiner Hand und trank daraus. Sie waren einander versprochen.

Jubelrufe und Glückwünsche erfüllten den Raum. Malkija grinste breit und Chana erwiderte es mit einem Lächeln. Abba schien ebenso froh zu sein wie Malkija. Und doch … und doch fragte Chana sich immer noch, ob sie das Richtige tat. Waren es Schuldgefühle, weil sie versuchte, ohne Itzhak glücklich zu sein? Weil sie seinem Gedächtnis untreu war und dem Schwur, den sie bei ihrer Verlobung mit ihm geleistet hatte?

Malkija hob seinen Wein und wandte sich an die Anwesenden. „Bitte nehmt euch von dem Essen, das meine Dienstboten zubereitet haben – oder besser gesagt: *unsere* Dienstboten. Es sind jetzt auch deine Bediensteten, Chana. Wir freuen uns sehr, dass ihr dieses wunderbare Ereignis mit uns feiert. Genießt es!“

Die nervöse Anspannung raubte Chana den Appetit. Sie konnte nichts essen. Stattdessen stand sie am Rand und beobachtete, wie ihre Gäste sich um die Platten mit Essen drängten und ihre Becher mit Malkijas berühmtem Wein füllten. Als sie ein vorsichtiges Zupfen am Ärmel spürte, drehte sie sich um und sah Nava, das Dienstmädchen. „Herzlichen Glückwunsch, Herrin“, sagte sie schüchtern. „Ich wünsche Euch viele glückliche Jahre mit meinem Herrn.“

„Danke, Nava. Ich hoffe …" Aber das Mädchen eilte davon, als Malkija sich näherte.

„Kann ich dich einen Augenblick entführen, Chana?", fragte er. „Ich glaube, unsere Gäste sind im Moment alle beschäftigt." Sie folgte Malkija hinaus auf einen kleinen Balkon mit Blick auf den Ölberg auf der anderen Seite des Tals und auf den sternenübersäten Himmel über ihren Köpfen. „Wie geht es dir bei alldem?", fragte er.

„Alles ist wunderschön, Malkija. Deine Dienstboten haben sich sehr viel Mühe gegeben."

„Darf ich dir etwas Persönliches sagen?"

„Natürlich."

„Während dieser ganzen Zeit habe ich mich manchmal ein bisschen … schuldig gefühlt. Anders kann ich es nicht beschreiben. Ich hatte das Gefühl, dem Andenken an meine Frau untreu zu sein. Vielleicht kennst du dieses Gefühl." Bevor Chana antworten konnte, fuhr er schnell fort: „Aber heute Abend ist mir etwas klar geworden. Wenn es andersherum gewesen wäre und ich anstelle von Rebecca gestorben wäre, dann hätte ich ihr für ihre Zukunft nichts als Glück gewünscht. Ich hätte nicht gewollt, dass sie den Rest ihres Lebens trauert. Und mir ist bewusst geworden, dass es ihr Andenken oder meine Liebe zu ihr in keiner Weise schmälert, wenn ich dich heirate und mit dir glücklich bin. Ergibt das einen Sinn?"

„Ja. Und danke, dass du es mir erzählt hast." Die Tatsache, dass er sie verstand und die gleichen gemischten Gefühle hatte wie sie, beruhigte sie.

„Komm, wir gehen besser zurück", sagte er. Er nahm ihre Hand, als sie zu den anderen gingen, und Chana stellte fest, dass ihr Appetit zurückgekehrt war. Jetzt konnte sie die Feier und die Segens- und Glückwünsche der anderen genießen.

Später an diesem Abend, als die Feier sich dem Ende zuneigte, machte Chana sich auf die Suche nach ihrem Vater, wobei sie sich verlief und in einem Gang in der Nähe der Dienstbotenkammern endete. Als sie sich umwandte, um den Weg zurückzufinden, hörte sie ein Gespräch zwischen dem Hohepriester und dem Stadtältesten, der ihre Ketubba verlesen hatte.

„Was für ein geschickter Schachzug von Malkija, Schallums

Tochter zu heiraten", sagte Eljaschib. „Diese Eheschließung wird ihn noch einflussreicher machen, als er schon ist."

„Ja, und es war schlau von ihm, so schnell zu handeln, bevor ein anderer Verehrer die Chance hatte, das Mädchen zu heiraten und Schallums Bezirk für sich zu beanspruchen."

„Malkija ist ein kluger Politiker. Man kann sicher sein, dass alles, was er tut, seinen Interessen dient."

Chanas Knie wurden weich. War dies der Grund, warum Malkija so auf die Verlobung gedrängt hatte? War er nur deshalb charmant und aufmerksam gewesen, weil er sie heiraten und Abbas Bezirk erben wollte? Sie fühlte sich betrogen. Manipuliert. Sie hatte einen schrecklichen Fehler begangen, indem sie eingewilligt hatte, Malkija zu heiraten. Doch jetzt war es zu spät, um es sich anders zu überlegen.

„Warum versteckst du dich hier?", fragte Abba, als er sie fand. „Du siehst müde aus, mein Engel. Komm, wir suchen deine Schwestern und gehen heim." Chana folgte ihnen wie in einem Traum, als sie den Berg hinunterliefen. Abba bemerkte ihre Tränen erst, als sie zu Hause ankamen. „Was ist denn los?", fragte er. „Ich hoffe, das sind Freudentränen und keine Reue."

„Ich war so blind", sagte Chana und wischte die Tränen fort. „Ich habe all die charmanten Dinge geglaubt, die Malkija zu mir gesagt hat – darüber, wie gut wir zusammenpassen und dass wir gemeinsam Zufriedenheit finden können. Aber vorhin habe ich gehört, was der Hohepriester gesagt hat. Nun ist mir klar, wie naiv ich gewesen bin. Unsere Verlobung ist nichts als ein Griff nach der Macht. Malkija heiratet mich, damit er deinen Bezirk erben kann. Deshalb hat er auf die Ketubba gedrängt, nicht wahr?"

„Chana … Chana … jetzt beruhige dich, mein Engel. Malkija würde sich niemals zu einer lebenslangen Verbindung mit dir verpflichten, wenn er nicht deinem Charme erlegen wäre."

„Aber was ist, wenn das alles nur gespielt war? Eljaschib sagte, mich zu heiraten, sei ein kluger politischer Schachzug von Malkija."

„Natürlich ist es das. Und auch ein kluger Schachzug von mir. Eine Verbindung mit Malkija nützt uns ebenso viel wie ihm. Er ist einer der reichsten Männer in der Provinz. Mit ihm als Ehemann wirst du nie wieder arbeiten müssen. Denk an deine Kinder, Chana, und was sie haben werden. Und wenn diese Ehe Malkija auch nützt, weil er dadurch sein Land oder seinen Reichtum vergrößert ..."

„Oder seine Macht?", fragte sie bitter.

„Ja, oder seine Macht – dann ist das eine hervorragende Regelung für uns alle. Hör mal, du bist eine kluge Frau, Chana. Du weißt, wie und warum Ehen arrangiert werden. Jeder Vater in Juda versucht, die bestmögliche Partie für seine Tochter zu finden, die ihr und ihrer ganzen Familie nutzen wird. Warum überrascht dich das so?"

„Ich weiß nicht ... weil ... weil meine Verlobung mit Itzhak ganz anders war. Ihm war die Macht egal, er hat mich geliebt. Es war dumm von mir zu glauben, bei Malkija wäre das auch so und er hätte Interesse an *mir* und nicht an dem, was er durch die Heirat mit mir gewinnt."

„Ich bin sicher, dass Itzhak dich geliebt hat, mein Engel. Aber er wusste auch sehr gut, dass er eines Tages der Vorsteher von ganz Jerusalem werden würde, wenn er dich heiratet. Er hätte beide Hälften des Bezirks geerbt – meine und die seines Vaters. Davon hat er doch immer gesprochen, weißt du nicht mehr? Er hat damit angegeben, dass er König sein würde und eure Kinder kleine Prinzen."

Zum zweiten Mal an diesem Abend schien Chana alle Kraft zu verlassen. Sie musste sich setzen. „Das ... das war ein Scherz ..."

„Vielleicht hat er es wie einen Scherz behandelt, aber Itzhak wusste genau, welche Macht und Stellung er durch die Heirat mit dir erlangen würde. Er wollte diese Dinge ebenso sehr, wie Malkija sie sich wünscht. In dieser Hinsicht unterscheiden die beiden Männer sich nicht – außer, dass Malkija nur einen halben Bezirk von Jerusalem erben wird."

Sie vergrub das Gesicht in den Händen und ließ den Kopf auf ihren Schoß sinken. Wie hatte sie nur so dumm sein können, dass sie durch ihre Liebe zu Itzhak blind gewesen war für seine anderen Motive? Chana dachte an all die Monate, die sie verschwendet hatte, indem sie um ihn getrauert hatte. Sie dachte daran, dass sie beinahe aufgehört hatte zu leben, und sie kam sich wie eine Närrin vor. Doch jetzt war sie eine noch größere Närrin, weil sie Malkija vertraut und sich von seinem Charme und seinem Mitgefühl hatte blenden lassen. Sie hatte ihm geglaubt, als er gesagt hatte, er verstehe, wie sie sich fühlte.

Abba versuchte, ihr Verständnis für Itzhak und Malkija zu wecken, aber sie wollte es nicht hören. „Ich will nicht mehr darüber reden, Abba. Bitte, ich muss jetzt allein sein."

Sie war Malkija versprochen. Ihre Verlobung war so verbindlich wie die Eheschließung. Chana konnte den Vertrag nicht mehr auflösen, ohne alles aufs Spiel zu setzen, darunter auch den guten Ruf ihres Vaters. Der Skandal einer Scheidung würde auch Judith und Sarah schaden. Und Chana würde jede Chance verspielen, jemand anderen zu heiraten und Kinder zu haben. Sie würde die Ehefrau von Malkija ben Rechab werden und ihm zu noch mehr Macht verhelfen. Es gab nichts, was sie dagegen tun konnte.

26

Jerusalem,
August

Nehemia stand zum Morgenopfer im Tempelvorhof und seine Gebete waren die gleichen, die er jeden Tag sprach, seit er in Jerusalem eingetroffen war: Er bat den Allmächtigen um Hilfe dabei, die Mauer schnell wiederaufzubauen, um seine Weisheit, die richtigen Entscheidungen zu treffen, und um Unterstützung gegen die Feinde. Die Temperaturen waren in der Nacht gefallen und die Morgenluft fühlte sich so kühl an wie schon seit mehreren Wochen nicht mehr, weil ein erfrischender Bergwind wehte. Er dankte dem Allmächtigen, dass die lange Hitze endlich vorbei war. Bei kühlerem Wetter würden die Arbeiten schneller voranschreiten.

Nachdem er „Amen" geflüstert und die Augen geöffnet hatte, ließ Nehemia sofort den Blick über seine Umgebung schweifen. Seine Ausbildung hatte ihn gelehrt, sein Umfeld ständig zu beobachten, jede kleine Einzelheit zu bemerken und schnell zu erkennen, wenn etwas anders oder ungewohnt aussah. Das war ihm zur zweiten Natur geworden. Als er sich an diesem Morgen umblickte, bemerkte er, dass etwas nicht stimmte. Nehemia wusste nicht, was es war, aber die Atmosphäre schien anders. Er spürte, dass die Luft irgendwie aufgeladen war – so als wäre ein Unwetter im Anzug, obwohl der Himmel wolkenlos blau erschien. Die Arbeiter, die sich im Vorhof versammelt hatten, wirkten unruhig und abgelenkt, sodass sie dem priesterlichen Ritual nur halbherzig folgten. Gruppen von Männern standen zusammen und flüsterten, ihre Mienen mürrisch und voller Zorn. Keiner von ihnen schien sich auf den Tempeldienst oder den Priester zu konzentrieren, der gerade den Segen zum Abschluss des Morgenopfers sprechen wollte. Bildete Nehemia sich das ein oder beobachteten die Männer ihn?

Er wandte sich um und bemerkte noch etwas, das nicht stimmte. Normalerweise kam nur eine Handvoll Frauen und Kinder zum Morgenopfer, aber heute füllten sie den äußeren Vorhof. Hunderte von ihnen. Er beugte sich zu seinem Bruder Hanani und flüsterte: „Irgendetwas geht hier vor. Hast du eine Ahnung, was?"

„Was meinst du?" Die Sinne seines Bruders waren nicht so gut geschult wie die von Nehemia.

„Sieh dich um, Hanani. Das Opfer ist vorbei, aber keiner geht. Und es sind mehr Menschen hier als sonst, auf jeden Fall mehr Frauen und Kinder. Ich glaube nicht, dass ich mir einbilde, wie sie mich beobachten."

Hanani blickte sich um und sog scharf die Luft ein. „Du hast recht. Was sollen wir machen?"

„Ruhe bewahren."

Zum ersten Mal, seit seine Eskorte persischer Soldaten nach Susa zurückgekehrt war, wünschte sich Nehemia, sie hätten es nicht getan. Seit Sanballat und die anderen Provinzherrscher Jerusalem verlassen hatten, waren seine Brüder hinter den Kulissen tätig gewesen, um Schwerter und Speere und andere Waffen zu beschaffen. Sie hatten ein Lager voller Waffen gefunden, die von den Kämpfen am 13. Adar vor beinahe dreißig Jahren übrig geblieben waren. Viele dieser Waffen mussten repariert oder neu geschärft und die Bogen frisch bespannt werden. Nehemia hatte alle Schmiede, die er finden konnte, mit der Arbeit beauftragt, die Waffen wieder funktionstüchtig zu machen. Er wollte seine Arbeiter bewaffnen für den Fall, dass es eine feindliche Bedrohung gab. Jetzt, als er die unruhige Menge sah, die sich im Vorhof versammelt hatte, war er froh, dass er es noch nicht getan hatte.

Er flüsterte ein stilles Gebet, dann wandte er sich an seinen Bruder. „Gehen wir. Zur Treppe." Vielleicht entsprang die Unruhe, die er spürte, nur seinen eigenen Gedanken. Aber sobald er sich anschickte zu gehen, schoben sich Männer, Frauen und Kinder in die Mitte des Hofes und versperrten ihm den Weg.

„Wir möchten mit dir reden, Statthalter Nehemia." Der Sprecher hatte die kräftige Figur eines Arbeiters und das gebräunte Gesicht und die schwieligen Hände eines Mannes, der es gewohnt war, schwer zu arbeiten.

„Natürlich. Worum geht es?" Er antwortete freundlich und höflich, sehr darauf bedacht, weder Angst noch Aggression zu zeigen.

„Wir haben ein Problem, Statthalter. Auch, wenn wir bis jetzt alle bereitwillig geholfen haben, die Mauer wiederaufzubauen, weigern wir uns, noch einen Tag länger zu arbeiten, bis du uns anhörst und uns hilfst."

Das war Bestechung. Erpressung. Nehemia sollte sich eigentlich auf ihre Strategie nicht einlassen. Er sollte sie auffordern, den üblichen Weg zu gehen und ihre Bitte vorzubringen, ohne ihm zu drohen. Aber er wusste auch: Wenn er jetzt nicht zuhörte, verlor er möglicherweise kostbare Arbeitstage. Nehemia brauchte alle diese Männer auf seiner Seite, selbst wenn ihre Methoden ihn ärgerten. „Was ist denn euer Problem?" Er verschränkte die Arme vor der Brust, entschlossen, keine Emotionen zu zeigen. *Die Hand Gottes, des Herrn, liegt auf mir.*

„Wir brauchen deine Hilfe, um eine große Ungerechtigkeit in unserer Provinz zu beenden ..."

Noch bevor der Mann den Satz ganz ausgesprochen hatte, brach der ganze Hof in Aufruhr aus und alle riefen durcheinander.

„Wir verlieren unsere Häuser, unseren Lebensunterhalt!"

„Wir wollen unsere Kinder zurück!"

„Und unser Land!"

„Wir brauchen Lebensmittel!"

„Wir verhungern!"

Frauen weinten, während sie zerlumpte, unterernährte Kinder vor ihm hochhielten. Aber Nehemia hatte Mühe, in dem Gewirr so vieler wütender Stimmen dem Kern ihres Protests zu folgen. Er sah seinen Bruder an und dann wieder die Menge und konnte nichts tun, als die Hände zu heben, um sie zum Schweigen zu bringen. Die Gefühle und Stimmungen waren so aufgewühlt, dass er ein Gebet für Hananis Sicherheit flüsterte, weil er Angst hatte, die Menge würde ihn zu Tode trampeln, wenn die Menschen vorwärtsdrängten.

„Ich bin bereit, euch anzuhören", rief er. „Aber ihr müsst einer nach dem anderen sprechen. Wenn hier ein Aufstand ausbricht, ist niemandem gedient.“ Obwohl Nehemia um Ruhe und Ordnung bat, dauerte es mehrere Minuten, bis die lärmenden Proteste verebbten. Schließlich verstummten die wütenden Stimmen. „Einer soll für euch alle sprechen.“ Es folgten gemurmelte Unterredungen und dann trat der Mann, der zuerst gesprochen hatte, erneut vor.

„Die Dürre ist verheerend. Wir und unsere Söhne und Töchter sind sehr zahlreich. Damit wir essen und überleben können, brauchen wir Getreide!“ Wieder fingen alle an durcheinanderzurufen. Während Nehemia wartete, trat ein zweiter Mann vor.

„Wir sind Landbesitzer und arbeiten, um unsere Familien mit dem Land zu ernähren, das vor dem Exil unseren Vorfahren gehörte. Aber wir müssen unsere Felder, Weinberge und Häuser verpfänden, um während der Hungersnot Getreide zu kaufen.“

„Außerdem“, fügte der erste Sprecher hinzu, „mussten wir Geld leihen, um die Steuern zu bezahlen, die der König auf unsere Felder und Weinberge erhebt.“

Während lauter Protest gegen den König und seine hohen Steuern ertönte, beugte Hanani sich zu Nehemia und flüsterte: „Unsere Delegation nach Susa hat erfahren, dass der persische König jedes Jahr zwanzig Millionen Dareikon an Steuern eintreibt. Nichts davon kommt jemals den Provinzen zugute.“

Als die Menge sich wieder beruhigt hatte, fragte Nehemia die Männer: „Von wem habt ihr Geld geliehen? Wer besitzt die Hypotheken für euer Land?“ Er erwartete zu hören, dass sie Schulden bei persischen Regierungsbeamten wie Sanballat und Tobija hatten. Die Antwort der Menschen entsetzte ihn.

„Unsere eigenen Brüder!“

„Die hohen Herren, die sich durch unser Unglück bereichert haben!“

„Die reichen Adligen in deinem eigenen Rat!“

„Ist das wahr?“, flüsterte Nehemia seinem Bruder zu, während er darauf wartete, dass die Rufe verstummten.

„Ich weiß es nicht“, sagte Hanani achselzuckend.

„Obwohl wir vom selben Fleisch und Blut sind wie unsere Landsleute“, fuhr der Mann fort, „und obwohl unsere Kinder genauso gut sind wie ihre, müssen wir unsere Söhne und Töchter den Männern als Sklaven überlassen, denen wir unser Eigentum verpfändet haben."

„Einige unserer Töchter sind bereits versklavt", fuhr der zweite Mann fort, „aber wir sind machtlos, weil unsere Felder und Weinberge anderen gehören."

„Das kann nicht sein", sagte Nehemia – nicht, weil er an den Worten der Demonstranten zweifelte, sondern weil er nicht glauben wollte, dass seine jüdischen Brüder ihr eigenes Volk versklavten.

„Frag sie!", rief ein junger Mann. „Frag Männer wie Malkija ben Rechab, wie viele unserer Kinder seine Leibeigenen sind!"

„In Babylon wurden unsere Familien wenigstens nicht auseinandergerissen", rief eine weinende Frau.

Nehemia konnte nichts erwidern. Der Aufschrei und die Beschuldigungen des Volkes machten ihn wütend. Er sah die Verzweiflung in den Augen der Menschen vor ihm und dachte an das üppige Mahl zurück, das er in Malkijas Jerusalemer Haus genossen hatte. Er bezweifelte nicht, dass die protestierende Menge die Wahrheit sagte. „Es macht mich sehr zornig, von diesem Missbrauch zu hören", sagte er, als er sich endlich verständlich machen konnte. „Ich hatte keine Ahnung, dass es so ist. Jeder, der Hunger leidet, kann heute Nachmittag zu meinem Haus kommen und ich werde euch und euren Familien zu essen geben. Ich werde meine Knechte anweisen, die Lager für euch zu öffnen. Von jetzt an steht ihr unter meinem Schutz. Mein Tisch wird euer Tisch sein."

„Das ist aber nur heute", rief jemand. „Was ist mit der Befreiung unserer Söhne und Töchter aus der Sklaverei?"

„Gebt mir Zeit, eine Lösung zu finden. Ich werde mich wieder mit euch treffen, sobald ich Antworten für euch habe."

„Wir arbeiten nicht an deiner Mauer, bis du etwas unternimmst!" Wieder war das Geschrei so groß, dass die Menge ihn nicht hören würde, selbst wenn er versuchen sollte, sie umzustimmen. Er gab Hanani ein Zeichen, ihm zu folgen, dann schob er sich durch die Menge, um nach Hause zu gehen. Nehemia hielt gerne einen Sicherheitsabstand zu anderen um sich herum. Deshalb spürte er nun, wo er sich zwischen den aufgebrachten Menschen hindurchdrängen musste, so etwas wie Panik in sich aufsteigen. Seit der Nacht, in der er und seine Brüder sich hinter ein Möbelstück gezwängt hatten, um ihr Leben zu retten, hasste Nehemia enge Räume.

Als er den Fuß der Tempeltreppe erreicht hatte, atmete er schwer und war in Schweiß gebadet, aber froh, wieder Platz um sich herum zu haben. „Genau darauf haben unsere Feinde gehofft, Hanani. Sie wollen, dass die Arbeiten aufhören. Sie wollen, dass unser Volk sich zu tief entzweit und nicht weiter zusammenarbeitet."

„Was willst du jetzt tun?"

„Das weiß ich noch nicht ... Hör zu, du musst meine Lager öffnen, wie ich es gerade versprochen habe. Und wenn es eine Lösung für dieses Problem gibt, muss sie in der Thora zu finden sein. Ich werde in der Zwischenzeit mit Rebbe Esra reden und hören, ob er mir raten kann. Ich weiß, der Allmächtige gebietet, dass wir den Armen helfen."

Aber als er bei Esras Haus eintraf, erfuhr er voller Bestürzung, dass der Rebbe noch nicht vom Morgenopfer zurückgekommen war. Hatte es einen Aufstand gegeben, nachdem Nehemia gegangen war? War Esra, der frühere Statthalter, darin verwickelt worden? Nehemia wartete und ging unruhig auf und ab, bis Esra schließlich erschien. „Tut mir leid", sagte der Rebbe. „Ich habe beschlossen, beim Tempel zu warten, bis die Menschenmenge sich auflöst."

„Du hast also gehört, was heute Morgen dort geschehen ist?"

„Das habe ich."

„Und stimmt es, was sie sagen? Nutzen die wohlhabenden Grundbesitzer wirklich die Hungersnot aus, um noch reicher zu werden? Zwingen sie ihre Brüder, ihr Land zu verpfänden und ihre Kinder in die Sklaverei zu geben, um genug zu essen zu haben?"

„Ich bezweifle nicht, dass es wahr ist. Die Dürre ist verheerend."

Nehemia musste tief Luft holen und langsam wieder ausatmen, um sich zu beruhigen. „Und was sagt die Thora dazu? Deshalb bin ich hier, Rebbe. Ich will veranlassen, dass diese unerhörten Methoden auf der Stelle beendet werden, aber ich brauche Rückendeckung vom Gesetz."

„Setz dich doch bitte", sagte Esra. „Ich könnte selbst einen Stuhl vertragen." Nehemia gehorchte, aber er blieb auf der Vorderkante des Stuhls sitzen, während er auf Esras Antwort wartete. „Was die verarmten Männer und Frauen betrifft, die kein Land besitzen und nichts zu essen haben“, begann der Rebbe, „steht in der Thora, dass wir ihnen gegenüber nicht hartherzig und knauserig sein sollen, sondern freigebig. Wir sollen großzügig geben und es ohne Groll tun. Gott sagt, dass es immer Arme im Land geben wird. Deshalb befiehlt er uns, unseren bedürftigen Brüdern gegenüber barmherzig zu sein.“

„Also ist es ein Gebot.“

„Ja. Was nun die Männer betrifft, die eigenes Land besitzen, so erlaubt die Thora, dass ihr Eigentum in Zeiten der Not gepfändet wird. Aber nach sieben Jahren muss die Schuld erlassen werden.“

„Auch, wenn sie nicht beglichen wurde?“

„Ja. Die Thora schreibt vor, dass der Mann, der das Darlehen gegeben hat, keine Zahlung von einem israelitischen Landsmann verlangen darf. Er muss jede Summe erlassen, die sein Bruder ihm schuldet, aber erst nach sieben Jahren.“

„Das ist eine lange Zeit. Können wir diese reichen Männer zwingen, den Menschen das Land schon eher zurückzugeben?“

„Ich fürchte nicht. Wir können nur an sie appellieren, barmherzig zu sein. Über diejenigen, die durch die Umstände gezwungen wurden, Geld zu überzogenen Zinsen zu leihen und ihre Kinder in die Sklaverei zu verkaufen, sagt die Thora ganz eindeutig: ‚Wenn ihr jemandem aus eurem Volk Geld, Lebensmittel oder irgendetwas anderes leiht, dann nehmt keine Zinsen!‘ Jeder, der im Moment Zinsen von seinen jüdischen Landsleuten verlangt, verstößt gegen das Gesetz.“

„Dann werde ich dafür sorgen, dass diese Praxis sofort eingestellt wird.“

„Was die Söhne und Töchter der Armen betrifft, die versklavt werden, so verbietet die Thora unserem Volk, Mitjuden als Sklaven zu halten. Ich bezweifle, dass dies irgendwo der Fall ist. Aber das Gesetz erlaubt uns, unsere Kinder oder uns selbst als Leibeigene zu verdingen, wenn wir arm werden. Aber nur für sechs Jahre. Im siebten Jahr müssen sie wieder frei sein.“

„Sechs Jahre?“

„Ja. Und wenn sie am Ende freigelassen werden, sollen sie nicht mit leeren Händen fortgehen müssen. ‚Gebt ihnen reichlich von dem mit, was der Herr euch geschenkt hat‘, heißt es in der Thora. ‚Schafe und Ziegen, Getreide und Wein.‘“

„Das heißt, niemand verstößt gegen das Gesetz, wenn diese Kinder die nächsten sechs Jahre lang Leibeigene bleiben?“

„Das stimmt. Aber ich glaube, unser barmherziger Gott will, dass wir einander Mitgefühl erweisen.“

„Das glaube ich auch. Und genau aus diesem Grund habe ich vor, all jenen Männern, die während dieser Hungersnot gedeihen und die Armen ausbeuten, zu sagen, dass sie damit aufhören müssen.“

„Ich würde sie auch daran erinnern“, sagte Esra, während er sich mit der Hand über den weißen Bart strich, „dass das Exil die Folge von genau diesem Missbrauch war – von Ungerechtigkeit, der Unterdrückung der Schwachen durch die Starken und mangelndem Gehorsam gegenüber der Thora.“

„Das werde ich tun.“ Nehemia erhob sich. Er konnte es kaum erwarten, mit den Reformen zu beginnen. „Danke für deine Hilfe, Rebbe. Ich werde so schnell wie möglich eine Versammlung einberufen und die Schuldigen für ihre Vergehen zur Rechenschaft ziehen. Wirst du mich unterstützen und das, was ich sage, mit Gottes Gesetz belegen?“

„Natürlich. Meine Gebete begleiten dich, Nehemia – wie immer.“

27

Jerusalem

Nava stand ganz hinten im Tempelvorhof bei all den anderen Frauen und wartete an der Stelle, an der sie Dan treffen wollte. Sie hatte schreckliche Angst um ihn gehabt, als er nach vorne gegangen war, um zu den anderen Männern zu treten und Statthalter Nehemia zur Rede zu stellen. Jetzt war er in Sicherheit. Der Statthalter hatte ihre Bitten angehört. Nava stand auf Zehenspitzen und versuchte, über die Köpfe der anderen hinwegzusehen, während sie nach Dan Ausschau hielt. Endlich entdeckte sie ihn, als er sich an den anderen vorbeischob und auf sie zukam. Sie lachte vor Erleichterung und Freude laut auf.

„Dan, das war unglaublich! Du warst wunderbar!" Sie nahm seine Hände und drückte sie ganz fest. Ihr Herz sehnte sich nach dem Tag, an dem sie einander in Augenblicken wie diesem um den Hals fallen konnten. Sein gebräuntes Gesicht strahlte vor Glück.

„Hast du gehört, was der Statthalter gesagt hat, Nava? Er ist wütend über das, was die reichen Adligen tun. Er will eine Lösung finden."

„Ich hoffe, er hilft uns."

„Ich auch. Vielleicht hat dieser Albtraum bald ein Ende. Vielleicht kannst du nach Hause kommen und wir können heiraten."

„Dan, ich wage fast nicht zu hoffen, dass sich etwas ändert."

„Reiche Männer wie Malkija werden wahrscheinlich nicht so leicht aufgeben. Aber wir sind uns alle einig, nicht weiter an der Mauer zu arbeiten, bis wir Hilfe bekommen. Der Statthalter wird uns helfen müssen, wenn er seine Mauer vollenden will."

„Ich bin spät dran, Dan. Ich muss zurück zum Haus. Geh mit mir.“ Sie eilten zur Treppe, wobei sie sich weiter an den Händen hielten, um nicht voneinander getrennt zu werden. Die Menge schob sich langsam weiter, denn die Männer hatten es nicht eilig. Schließlich würden sie heute nicht an die Arbeit gehen. Nava und Dan bahnten sich einen Weg um sie herum.

„Malkija und die meisten anderen reichen Edelleute waren wahrscheinlich heute im Tempel“, sagte Dan, als sie am Fuß der Treppe angekommen waren. „Wenn sie gehört haben, was der Statthalter gesagt hat, stecken sie bestimmt die Köpfe zusammen und suchen nach einem Weg, all ihr Geld und ihre Dienstboten zu behalten.“

„Vielleicht kann ich hören, was mein Herr sagt, während ich das Essen auftrage“, sagte Nava. „Und es gibt noch mehr gute Neuigkeiten, seit wir uns das letzte Mal gesehen haben. Neulich hat mein Herr sich mit der netten Frau namens Chana verlobt, die dich verteidigt hat, als du nachts auf dem Anwesen warst. Sie ist sehr freundlich. Wenn ich nach Bet-Kerem zurückgehe, weiß ich, dass ich sie um Hilfe bitten kann, wenn ...“ Nava verstummte voller Entsetzen. Beinahe hätte sie die Wahrheit über den jungen Herrn Aaron ausgeplaudert.

„Wenn was?“, fragte Dan.

„Wenn … wenn Herr Malkija zu streng ist.“

Dan blieb mitten auf der Straße stehen und hielt sie fest. „Du wolltest eigentlich etwas anderes sagen, nicht wahr?“

„Bitte … ich bin schon zu spät dran. Ich muss mich beeilen.“

„Nava, wir haben einander noch nie angelogen. Sag mir die Wahrheit. Was verschweigst du mir?“

„Nichts.“ Es war die Wahrheit, weil mit dem jungen Herrn nichts passiert war – noch nicht.

Dan hielt sie bei den Schultern und wartete, bis sie ihn ansah. „Wir haben versprochen, dass wir immer ehrlich zueinander sein werden – erinnerst du dich?“

Sie nickte. Sie erinnerte sich auch daran, dass Dan gedroht hatte, Malkija und seine Söhne zu töten, falls sie ihr jemals etwas antaten. Und das würde er auch tun. Sie musste seine Angst besänftigen. „Weißt du, seit du mir erzählt hast, dass mein Herr und seine Söhne das Recht haben, mich zur Frau zu nehmen, habe ich schreckliche

Angst, dass das passieren könnte und ich dich vielleicht niemals heiraten kann."

„Schon der Gedanke daran macht mich wahnsinnig."

„Die Verlobte meines Herrn ist sehr verständnisvoll. Ich habe ihr erzählt, dass ich dich liebe, und ich glaube, sie würde alles tun, um mich vor einer Zwangsehe zu bewahren. Mein Herr hört auf sie. Das hat er auch damals getan, als du eingebrochen bist, weißt du noch? Das ist alles, was ich sagen wollte."

„Warum hast du dann mitten im Satz aufgehört."

Nava überlegte schnell. „Weil ich dich nicht an die Söhne meines Herrn erinnern wollte. Ich will nicht, dass du dir Sorgen machst. Bitte, Dan. Jetzt muss ich wirklich zurück an die Arbeit. Noch bin ich nicht frei, weißt du." Sie lächelte, weil sie wusste, dass er ihrem Lächeln nicht widerstehen konnte und dass er sie glücklich sehen wollte. Als sie noch ein Dutzend Schritte von Malkijas Haus entfernt waren, blieb sie noch einmal stehen. „Du kommst besser nicht weiter mit, falls jemand dich sieht. Morgen treffen wir uns wieder." Sie wandte sich um und rannte den restlichen Weg zum Hintereingang vom Haus ihres Herrn.

Die Stirn der Haushälterin lag in Zornesfalten, als sie Nava an der Tür in Empfang nahm. „Wo warst du?" Sie war älter als die Haushälterin auf dem Anwesen in Bet-Kerem und nicht damit einverstanden gewesen, dass Ruth eine so junge und unerfahrene Magd wie Nava geschickt hatte, um im Jerusalemer Haus ihres Herrn zu arbeiten. Nava tat alles, um sie zufriedenzustellen, weil sie Angst hatte, nach Bet-Kerem zurückgeschickt zu werden, wenn sie auch nur einen einzigen Fehler machte. Dann würde sie Dan nicht mehr jeden Tag sehen können, aber vor allem wäre sie dann wieder Aarons Annäherungsversuchen ausgesetzt. „Ich wollte schon einen Suchtrupp losschicken", sagte die Frau. „Dachte, du wärest weggelaufen."

„Ich würde niemals weglaufen", sagte Nava. „Ich bin so spät, weil es beim Tempel heute eine Demonstration gab und so viele Leute da waren, dass sie mir den Weg versperrten. Ich hatte Mühe, überhaupt durchzukommen. Es tut mir schrecklich leid."

„Was denn für eine Demonstration?"

Nava zögerte, unsicher, wie viel sie sagen sollte. Die Haushälterin war eine Angestellte, keine Leibeigene. Sie würde ihre Arbeit, den Haushalt zu führen und die ganzen Arbeiter zu beköstigen, niemals schaffen, wenn alle Leibeigenen befreit wurden. „Einige der Bauern in der Gegend haben den Statthalter wegen der Dürre um Hilfe gebeten. Sie sagen, sie werden nicht weiter an der Mauer arbeiten, bis er etwas gegen die Hungersnot unternimmt." Während sie sprach, nahm Nava einen Besen und begann mit ihrer üblichen morgendlichen Aufgabe, den Boden zu fegen, die Küche zu putzen und das Frühstücksgeschirr abzuwaschen. Vielleicht würde die Haushälterin ihr verzeihen, dass sie sich verspätet hatte, und nicht zu viele Fragen stellen, wenn sie besonders fleißig war. Die Frau durfte nicht erfahren, dass sie selbst an den Protesten beteiligt gewesen war oder dass sie sich heimlich mit Dan traf. „Ich hole jetzt das Geschirr vom Speisesaal ..."

„Einen Augenblick!"

Navas Herz schlug schneller, weil sie befürchtete, Ärger zu bekommen. „Ja, Herrin?"

„Du sagst, die Männer arbeiten heute nicht an der Mauer?"

„Das haben sie dem Statthalter gesagt, Herrin."

„Das heißt, wir müssen heute kein Mittagessen für sie kochen?"

„I-ich weiß nicht." Würden Dan und all die anderen Männer heute hungern müssen? Hatten sie daran gedacht, als sie sich entschieden hatten, nicht zu arbeiten? Dann erinnerte Nava sich daran, dass der Statthalter versprochen hatte, sein Lebensmittellager zu öffnen.

„Jetzt steh nicht herum, sondern mach dich an die Arbeit!", blaffte die Haushälterin. Nava beeilte sich zu gehorchen. Aber aus Gesprächsfetzen bekam sie mit, dass ein Diener zum Misttor geschickt worden war, um mit Malkija zu sprechen. Ihr Herr hatte bestätigt, dass die Arbeit an der Mauer und an seinem Tor ruhte. Er hatte Anweisung gegeben, keinem der Männer zu essen zu geben, bis sie zurückkehrten.

Nava hätte den anderen Leibeigenen gerne von den Protesten am Tempel erzählt, vor allem ihrer Freundin Rachel. Keine von ihnen hatte gesehen, wie zornig der Statthalter geworden war, als er von ihrer Not erfuhr, und dass er versprochen hatte, ihnen zu helfen. Aber der Tag verstrich und nichts änderte sich außer der Menge an

Arbeit. Da kein Mittagessen zu kochen war, standen die meisten zusätzlichen Bediensteten wie Nava herum und hatten nichts zu tun. Sie und die anderen waren in erster Linie nach Jerusalem gekommen, um für die Arbeiter zu kochen. Würde sie nach Bet-Kerem zurückgeschickt werden, jetzt, wo die Arbeiten ruhten – zurück zu Herrn Aaron?

Die Hoffnung, die Nava an diesem Morgen noch verspürt hatte, versickerte allmählich wie Wasser im Sand.

28

Jerusalem

Es hatte für Nehemia keinen Sinn, zu seinem Arbeitsplatz unter freiem Himmel zu gehen. Stille hatte sich über Jerusalem gesenkt und die ständigen Hintergrundgeräusche in Form von Rufen und Ächzen, Sägen und Hämmern und Klopfen abgelöst. Die Arbeiter machten ihre Drohung wahr und brachten so den Bau der Mauer zum Stillstand. In mehr als einer Hinsicht frustriert, kehrte Nehemia nach seiner Unterredung mit Rebbe Esra zur Residenz des Statthalters zurück und versammelte seine Brüder und seine drei Assistenten in seinen Privatgemächern um sich.

„Ich habe über die Anschuldigungen des Volkes nachgedacht", erklärte er ihnen, „und nachdem ich die Angelegenheit mit Rebbe Esra vom Standpunkt des Gesetzes aus besprochen habe, weiß ich, was ich tun werde. Die reichen Männer, die ihre Landsleute während der Hungersnot ausnutzen, müssen zur Rede gestellt werden. Was meint ihr – wie lange wird es dauern, alle Adligen und Beamten und Bezirksvorsteher zu einer Versammlung zusammenzurufen?"

„Nicht lange", sagte Ephraim. „Die meisten von ihnen sind schon in Jerusalem, um den Bau an einem der Mauerabschnitte oder einem der Tore zu leiten."

„Gut. Schickt sofort Boten los", sagte er zu seinen Gehilfen. „Sagt ihnen, dass ich für morgen früh beim Tempel eine Versammlung ansetze, gleich nach dem Opfer."

„Hältst du das für klug, Statthalter?", fragte Johanan. „Die reichsten Männer sind allesamt Ratsmitglieder. Warum triffst du sie nicht in deinen Privatgemächern? Wenn die Demonstranten beim Tempel hören, was ihr redet ..."

„Ich will, dass sie es hören. Was ich zu sagen habe, sollte in der Öffentlichkeit gesagt werden. Die armen Menschen müssen wissen, dass ich nichts zu verbergen habe und nicht im Geheimen wirke."

„Aber die Edelleute und Beamten Judas öffentlich zu beschuldigen und zu beschämen würde ..."

„Diejenigen, die etwas Unrechtes tun und gegen die Thora verstoßen, sollten sich schämen. Und jene, die nichts zu verbergen haben, werden den prüfenden Blicken der Öffentlichkeit standhalten." Nehemia wartete, ob noch jemand etwas anmerken wollte, dann schickte er seine drei Assistenten fort, damit sie seine Nachricht überbrachten. „Hanani, wurden unsere Lager heute für die Armen geöffnet?", fragte er seinen Bruder. „Bekommen sie genug Getreide, um ihre Familien zu ernähren?"

„Alles lief problemlos. Die Menschen sind dankbar."

„Du bist ein sehr schlauer Politiker, Nehemia", sagte Ephraim. „Indem du den Armen etwas gibst, verdienst du dir ihre bedingungslose Loyalität und Dankbarkeit."

Nehemia wollte seinen Bruder dafür tadeln, dass er ihn für so berechnend hielt, aber Ephraims Worte hatten einen wahren Kern. Nehemia hatte die Menschen besänftigen wollen, damit sie ihre Arbeit an der Mauer wieder aufnahmen. „Ich gebe ihnen zu essen, weil die Thora es von mir verlangt", erwiderte er seufzend. „Ich hoffe, die Menschen sind Gott dankbar und treu, nicht mir."

„Hast du keine Angst, dass die Adligen und Ratsmitglieder sich gegen dich wenden, wenn du sie vor den Kopf stößt?", fragte Hanani. „Vielleicht hat Johanan ja recht, wenn er es nicht für eine gute Idee hält, sie in der Öffentlichkeit zu beschämen."

„Ich bin nicht hier, um einen Beliebtheitswettbewerb zu gewinnen, sondern um eine Mauer wiederaufzubauen", sagte Nehemia. Obwohl er in seinem Innersten wusste, dass er von den Menschen, denen er diente, sehr wohl auch bewundert und gelobt werden wollte, von den Adligen ebenso wie von den einfachen Leuten. „Was das Beschämen der Edelleute betrifft, so halte ich die Versammlung vor allem deshalb im Tempel ab, damit der Allmächtige die Gelegenheit hat, zu ihnen zu sprechen. Wenn sie vor seinem Heiligtum stehen, werden sie möglicherweise daran erinnert, dass Gott ihre geheimen Taten sieht und ihre Motive kennt."

„Und was ist, wenn es nicht so läuft, wie du es dir erhoffst?", fragte Ephraim. „Was ist, wenn ein Aufruhr ausbricht, Arm gegen Reich? Die Gemüter sind schon jetzt äußerst erregt."

„Wenn unser Volk so tief gespalten ist und der Hass zwischen den Gesellschaftsschichten so groß ist, dann besteht überhaupt keine Hoffnung für unser Überleben als ein Volk. Dann ist der Wiederaufbau der Mauer ebenso wie alles andere, was wir versuchen, eine Zeitverschwendung."

In dieser Nacht schlief Nehemia nicht gut. Früh am nächsten Morgen ging er zum Tempel hinauf, ohne auf seine Brüder zu warten, und stellte sich beim Gottesdienst neben Rebbe Esra. „Ich werde im Anschluss an das Morgenopfer eine Versammlung mit den Anführern und Adligen abhalten, um die Probleme anzugehen, von denen wir gestern sprachen", sagte er zu Esra. „Wirst du auch ein paar Worte zu den Männern sprechen?"

„Natürlich. Ich habe mich seit unserem Gespräch noch einmal genauer mit dem Thema beschäftigt."

Mehr Menschen als sonst drängten sich zum Morgenopfer in den Tempelvorhof und Nehemia stellte zufrieden fest, dass seine Ratsmitglieder da waren, ebenso wie die Adligen und Bezirksvorsteher. Während der Weihrauch gen Himmel stieg, betete er, dass die Männer ihm zuhören würden, dass Mitgefühl ihre Herzen bewegen und der Allmächtige die Trennung in seinem Volk heilen möge.

Als der Gottesdienst vorbei war, nahm Nehemia seinen Platz im äußeren Vorhof ein – denselben Platz, an dem er seine Absicht verkündet hatte, die Mauer wiederaufzubauen. Er gab Rebbe Esra ein Zeichen, neben ihn zu treten, und wartete, bis seine Beamten sich vor ihnen versammelt hatten. Dann kam er gleich zur Sache. „Ihr nehmt Zinsen von euren eigenen Landsleuten! Soweit das möglich ist, haben wir unsere jüdischen Brüder, die an die Heiden verkauft worden waren, zurückgebracht. Und jetzt verkauft ihr eure Brüder und sie werden wieder an uns verkauft!" Seine Stimme hallte von den Tempelmauern wider, während sich eine entsetzte Stille auf den Vorhof legte. Die Männer standen schweigend vor Nehemia, als wüssten sie nicht, was sie sagen sollten.

„Was ihr tut, ist unrecht. Solltet ihr nicht gottesfürchtig sein, um die Vorwürfe unserer heidnischen Feinde zu vermeiden? Meine Brüder und ich werden den Menschen Getreide geben, um ihnen durch diese Hungersnot zu helfen. Ihr solltet ebenfalls Almosen geben. Die Thora gebietet es. Und sie verbietet Wucher. Das muss aufhören!"

Er nickte Esra zu und gab damit dem alten Rebbe das Wort. „Ich möchte euch ein Wort der Warnung vorlesen, das der Allmächtige zu unseren Vorfahren gesprochen hat", sagte Esra und entrollte eine kleine Pergamentrolle. „Er sprach durch seinen Propheten Ezechiel und sagte: ‚Ihr habt so viel Schuld auf euch geladen und mich so zornig gemacht, dass ich auf euer Land keinen Regen mehr fallen ließ. Eure führenden Männer sind wie brüllende, blutgierige Löwen. Sie fallen über die Menschen her, reißen Geld und Gut an sich und machen viele Frauen im Land zu Witwen. … Auch die einfachen Leute verstehen sich auf Raub und Erpressung. Sie beuten die Armen und Schwachen aus … Ich suchte einen Mann, der für das Land einen Schutzwall baut und die Lücken in den Mauern ausbessert, damit es gewappnet ist, wenn ich es zerstören will. Doch ich fand keinen. Darum lasse ich euch meinen Zorn spüren, er wird euch vernichten wie ein Feuer. Das habt ihr euch selbst zuzuschreiben – ihr bekommt, was ihr verdient. Darauf gebe ich, der Herr, mein Wort.'"

Jetzt war es totenstill in der Menge. Es dauerte eine Weile, bis Esra die Schriftrolle wieder aufgerollt hatte. Dann sah er die Adligen an, die vor ihm standen. „Wir alle wissen, was unseren Vätern widerfuhr, als sie die Warnung des Allmächtigen missachteten. Als sie die Armen und Bedürftigen weiter ausbeuteten. Werden wir jetzt in ihre Fußstapfen treten und es ebenso machen?"

Esra trat zurück und gab Nehemia ein Zeichen fortzufahren. „Wenn euch unser Volk und unser Bund mit Gott wichtig sind", sagte er, „dann fordere ich euch auf, den Menschen unverzüglich ihre Felder, Weinberge, Olivenhaine und Häuser zurückzugeben und auch die Zinsen, die ihr von ihnen verlangt habt – den hundertsten Teil vom Geld, Getreide, neuen Wein und Öl. Rebbe Esra hat uns gerade daran erinnert, dass die Zerstörung Jerusalems und unser Exil eine Folge davon waren, dass unsere Vorfahren sich weigerten, nach dem Gesetz des Heiligen zu leben. Es waren nur Gottes unverdiente Gnade und Barmherzigkeit, die es uns ermöglicht haben, in unser Land zurückzukehren. Werden wir diese Gnade jetzt missbrauchen? Gott sagt, dass ihr den Armen Barmherzigkeit erweisen sollt, weil er barmherzig ist. Unsere Vorfahren blieben ihm ihre Liebe und Treue, ihren Zehnten und ihre Dankbarkeit schuldig. Stattdessen beteten sie Götzen an und vergaßen seinen Bund, sodass sie eine riesige Sündenschuld auf sich luden. Der Allmächtige musste diese Schuld nicht vergeben. Er hätte uns im Exil lassen können. Aber er hat uns vergeben – und jetzt sind wir hier. Wenn er uns den Berg unserer Schuld erlassen kann, können wir dann nicht auch unseren Brüdern die Schulden erlassen?" Nehemia machte eine Pause, damit seine Worte auf die stumme Menschenmenge wirken konnten.

„Jene von euch, die Gott zu Anführern gemacht hat – ihr sollt die Hirten seines Volkes sein. Wenn die Menschen leiden, dann ist es eure Aufgabe, ihnen zu helfen. Stattdessen wart ihr nicht einmal genug um ihre Sicherheit besorgt, um diese Stadt zu befestigen. Was für Hirten seid ihr? Ihr solltet euren Brüdern in Not helfen, anstatt Zinsen von ihnen zu verlangen und sie zu zwingen, ihr Land zu verpfänden und ihre Kinder als Leibeigene zu verkaufen.

Mir ist bewusst, dass die lange Dürre zu dieser Situation geführt hat. Aber in der Thora steht, dass der Allmächtige uns mit Regen segnen wird, wenn wir richtig leben. Vielleicht hat er diese Dürre zugelassen, um uns die Habgier in unseren Herzen zu zeigen. Um uns demütig zu machen und ein dienendes Herz zu geben. Um uns die Gelegenheit zu geben, barmherzig zu sein. Aber wir bestehen diese Prüfung nicht.

Ich bitte euch, zeigt denen, die arm sind und hungern, euer Mitgefühl und gebt ihnen zu essen, ohne etwas dafür zu verlangen, so wie meine Brüder und ich es tun. Wenn Männer Geld von euch geliehen haben, hört auf, Zinsen zu verlangen, und gebt den Wucherzins, den ihr unrechtmäßig verlangt habt, zurück, sonst werdet ihr dafür zur Rechenschaft gezogen, dass ihr gegen das Gesetz verstoßt. Wenn sie ihr Land an euch verpfändet haben und ihre Söhne und Töchter in die Leibeigenschaft verkauft haben, dann flehe ich euch an, ihnen ihr Land und ihre Söhne und Töchter zurückzugeben. Ihr habt vielleicht nach dem Gesetz das Recht, sie zu nehmen, aber ich bitte euch, barmherzig zu sein – so wie Gott uns barmherzig gewesen ist."

Ein spontaner Jubel brandete unter den armen Leuten in den hinteren Reihen auf. Aber noch bevor die Stimmen verstummt waren, trat der Bezirksvorsteher von Tekoa vor, um Nehemia zu antworten. „Wir haben nach dem Gesetz das Recht, eine Rückzahlung der Darlehen zu verlangen, die wir gegeben haben. Und wir haben das Recht, verpfändetes Land und Leibeigene sechs Jahre lang zu behalten."

„Das weiß ich. Aber ich bitte euch, barmherzig zu sein und dieses Recht aufzugeben."

„Warum? Ich habe für meinen Besitz schwer gearbeitet und ihn gut verwaltet. Warum sollte ich für Leute aufkommen, die das nicht getan haben? Sollen wir alle zusammen arm werden? Das ist doch Unsinn!"

„Warum ergreifst du die Partei der Armen, Statthalter Nehemia", fragte ein anderer Adliger, „und behandelst uns wie Verbrecher, obwohl wir uns an das Gesetz halten?" Ihre Wut und ihr Mangel an Mitgefühl überraschten Nehemia eigentlich nicht, aber sie machten ihn traurig.

„Die Reichen sind mir genauso wichtig wie die Armen", erklärte er ihnen. „Als euer Statthalter könnte ich euch allen eine Steuer auferlegen, um mich zu finanzieren, aber das werde ich nicht tun. Weder ich noch meine Brüder werden die Nahrungsmittelrationen verlangen, die Statthalter Sanballat euch abgenommen hat, bevor ich herkam. Ich weiß, welch schwere Last er dem Volk aufgebürdet hat, indem er von jedem von euch vierzig Schekel Silber verlangt hat, zusätzlich zu einer Steuer auf eure Lebensmittel und euren Wein. Seine Beamten haben sich zu Herrschern aufgespielt. Aber aus Ehrfurcht vor Gott habe ich mich nicht so verhalten. Ich habe niemals die Nahrungsmittel eingefordert, die mir zustehen, weil ich weiß, wie schwer ihr es habt. Wie kann ich im Luxus leben, wenn es in dieser Provinz Menschen gibt, die Not leiden? Anstatt Ländereien und Bedienstete zu sammeln und meine eigenen Felder zu bewirtschaften, habe ich mich der Arbeit an der Mauer verschrieben. Hört zu: Wenn ihr nicht um Gottes willen auf euer Recht auf

Rückzahlung verzichten und euren Brüdern helfen wollt, dann tut es wenigstens, damit die Völker nicht über uns spotten. Die Heiden wissen, dass unser Gott uns aus der Sklaverei in Ägypten befreit hat. Ist er jetzt zu schwach, um sein Volk aus der Versklavung durch ihre eigenen Brüder zu befreien? Und noch eins – wenn wir unsere Brüder aus Güte und Mitgefühl freilassen, dann wird uns der Heilige vielleicht eines Tages aus der Knechtschaft der Perser befreien."

Die meisten Männer, die Nehemia gegenüberstanden, wirkten reumütig. Jetzt musste er sie auffordern, das, was sie gehört hatten, auch in die Tat umzusetzen. „Seid ihr bereit zu tun, worum ich euch bitte?", fragte er sie. „Könnt ihr euer Herz erweichen und Mitgefühl zeigen?"

„Wir werden alles zurückgeben", sagte einer der führenden Männer.

„Und wir werden nichts weiter von ihnen verlangen", fügte ein anderer hinzu.

„Wir werden tun, was du gesagt hast."

Der Jubel, der diesen Versprechen folgte, war ohrenbetäubend. Aber um sicher zu sein, dass diese Männer keinen Rückzieher machten, wandte Nehemia sich an die Priester, die etwas abseitsstanden. „Lasst alle diese Edelmänner und Beamten vor Gott schwören, dass sie tun, was sie gerade versprochen haben", sagte er zu den Priestern. Dann bat er die Menge wieder um Aufmerksamkeit und schüttelte mit einer dramatischen Geste die Falten seines Gewandes aus. „Möge Gott", rief er, „ebenso jeden Mann aus seinem Haus und Eigentum schütteln, der sein Versprechen nicht hält. Möge ein solcher Mann ausgeschüttelt und geleert werden!"

Das bekräftigte die ganze Versammlung mit einem tönenden „Amen", dann lobten sie Gott mit lauter Stimme.

Nehemia stieg vom Podest und die Priester traten an seine Stelle, um die Anwesenden zu vereidigen. „Machen wir mit der Arbeit an der Mauer weiter", sagte er zu seinen Brüdern. Sie gingen zur Haupttreppe, die in die Stadt hinunterführte, und wieder drängten sich Hunderte Menschen um Nehemia, weil sie ihm danken wollten. Einige streckten die Hände aus, um ihn oder sein Gewand zu berühren. Er kämpfte gegen die aufsteigende Panik an, als sie ihn so bedrängten, weil er wusste, dass sie ihm nichts tun wollten.

Endlich erreichte er die Straße am Fuß der Treppe und konnte wieder atmen. Er dachte an die Prophezeiung, die Rebbe Esra verlesen hatte – von Gottes Urteil über die Anführer, die nicht nach Gerechtigkeit für ihr Volk gestrebt hatten. Diese Prophezeiung war zur Zeit seiner Vorfahren in Erfüllung gegangen und die Anführer und Könige hatten zur Zerstörung und zum Exil ihrer Nation beigetragen. Aber an diesem Morgen hatte Nehemia das gute Gefühl, dass er ein Stück Gerechtigkeit wiederhergestellt und Unrecht wiedergutgemacht hatte.

Mein Gott, betete er inständig, *vergiss nicht, wie viel Gutes ich für dieses Volk getan habe!*

29

Jerusalem

Nava stand in der dicht gedrängten Menge beim Tempel und hielt heimlich Dans Hand, während sie zuhörten, wie Nehemia seine Rede hielt. „*Gebt ihr Land und ihre Söhne und Töchter zurück* …“, sagte der Statthalter. Dan stimmte in den Jubel ein, der überall um sie herum ausbrach, aber Nava brachte keinen Ton heraus, so zugeschnürt war ihre Kehle vor Bewegung. Als der Lärm verebbte, hielt sie die Luft an und wartete darauf, wie die reichen Männer reagieren würden. Wenn Gott doch nur ihre Gebete erhören würde!

„Werden sie es tun?“, flüsterte sie Dan zu. Ihre Hand schmerzte, so fest hielt er sie umklammert.

„Vielleicht … ich weiß nicht … hör zu …“

„Wir werden alles zurückgeben“, sagte einer der führenden Männer.

„Und wir werden nicht noch mehr von ihnen verlangen“, fügte ein anderer hinzu.

„Wir werden tun, was du gesagt hast.“

Der Jubel, der diesen Versprechen folgte, war ohrenbetäubend. Weder Nava noch Dan konnten dem Drang, einander vor Freude zu umarmen, widerstehen. Abba würde sein Land und seinen Weinberg zurückbekommen. Nava würde frei sein. Sie konnte den Rest ihres Lebens mit Dan zusammen sein und musste sich nie wieder Sorgen wegen Herrn Aaron machen. „Es ist zu schön, um wahr zu sein“, sagte sie, während sie sich an den Mann klammerte, den sie liebte.

Als der Statthalter dafür sorgte, dass die Männer vor Gott einen Eid leisteten, damit sie ihr Versprechen nicht zurücknahmen, hätte Nava gerne gesehen, wie Malkija den Schwur leistete. Aber sie war zu weit hinten, um zu sehen, wer vor die Priester trat. Als Statthalter Nehemia sich durch die Menge schob, um den Tempelberg zu verlassen, drängten Dan und sie vorwärts, um ihm zu danken, so wie viele andere es auch taten. Er hatte ihre Hoffnung neu belebt und ihr eine Zukunft geschenkt.

„Ich muss zurück an die Arbeit", sagte sie zu Dan, nachdem der Statthalter gegangen war.

„Wieso? Du wirst doch jetzt freigelassen. Du kannst zu deiner Familie zurückgehen."

„Vielleicht … aber noch bin ich nicht frei. Und da die Männer jetzt weiter an der Mauer arbeiten, muss ich helfen, das Essen für sie zuzubereiten. Der Statthalter hat seinen Teil getan, jetzt müssen wir unseren tun."

Dan und sie bahnten sich einen Weg durch das fröhliche Durcheinander, während arme Familien wie ihre eigenen jubelten und weinten und die gute Nachricht feierten. Die Männer, die ihre Farmen verlassen hatten, um die Mauer wiederaufzubauen, eilten zu ihren Baustellen zurück. „Wirst du auch weiter beim Bau der Mauer helfen?", fragte sie Dan.

„Ja, aber zuerst will ich nach Hause gehen und unseren Familien die guten Neuigkeiten überbringen. Überleg doch mal! Die Felder und Ernten unserer Väter werden wieder ihnen gehören. Ihre Schulden werden erlassen. Und das Beste: Du kommst nach Hause."

„Ist es nicht zu gefährlich, den ganzen Weg allein zu gehen?"

„Bei Tageslicht passiert mir nichts. Glaub mir, ich bin so überglücklich, dass ich den ganzen Weg nach Hause zurückrennen könnte!"

„Dann sehen wir uns morgen", sagte sie, als sie sich Malkijas Haus näherten. Er drückte ihre Hand noch einmal und dann rannte sie den restlichen Weg zur Hoftür.

Nava konnte ihre Freude nicht verbergen, als sie in die Küche eilte. „Du bist schon wieder zu spät", sagte die Haushälterin. „Wo warst du nur die ganze Zeit? … Und warum grinst du, als hättest du einen Goldschatz gefunden?"

„Ich habe wundervolle Neuigkeiten! Ich war beim Opfer am Tempel und Statthalter Nehemia hat anschließend eine Versammlung abgehalten …" Sie blickte in die Runde und ihr wurde bewusst, dass alle außer der Haushälterin Leibeigene waren wie sie auch. „Er hat an alle reichen Grundbesitzer appelliert, Familien wie unseren, die durch die Dürre arm geworden sind, Barmherzigkeit zu erweisen. Er hat sie gebeten, unsere Schulden zu erlassen und alle ihre Leibeigenen *freizugeben*!"

Navas Freundin Rachel stieß einen kleinen Schrei aus und schlug sich die Hand vor den Mund. Wenn das stimmte, konnte sie zu ihrem Mann und ihren Kindern zurückkehren. Nava sah die Mischung aus Hoffnung und Angst in den Augen der anderen, die sie anstarrten. Sie verstand, dass es ihnen schwerfiel zu glauben, was sie da hörten.

„Alle reichen Männer haben eingewilligt", erklärte sie ihnen. „Ich habe es selbst gehört! Statthalter Nehemia hat sie nach vorne geholt und sie mussten einen Schwur vor den Priestern leisten und versprechen, dass sie uns alles zurückgeben." Sie konnte kaum stillstehen und wäre vor Freude am liebsten auf und ab gesprungen.

„Hat Herr Malkija auch den Eid geleistet?", fragte Rachel. „Wird er uns wirklich freilassen?"

„Ich weiß es nicht mit Sicherheit … es war zu voll, deshalb konnte ich es nicht sehen. Aber bestimmt wird er das. Alle anderen hohen Herren haben es geschworen."

„Und in der Zwischenzeit haben wir zu tun", sagte die Haushälterin und klatschte in die Hände. „Ich vermute, das heißt, dass die Arbeit an der Mauer fortgesetzt wird?"

„Ich glaube, ja. Ich habe viele Männer gesehen, die zu ihren Baustellen liefen."

„Dann müssen wir eine Mahlzeit für viele hungrige Arbeiter kochen. Macht euch an die Arbeit."

Nava verrichtete ihre Pflichten in einem Freudentaumel, während sie sich alles ausmalte, was sie in den nächsten Tagen erwartete. Sie würde nach Hause zurückkehren und ihre Mutter und ihren Vater und ihre Brüder zum ersten Mal seit zwei Monaten umarmen. Sie würde zusammen mit ihnen auf Abbas Land arbeiten, in dem Wissen, dass alles wieder ihm gehörte. Wenn ihre Schulden erlassen waren, konnten sie und Dan vielleicht endlich heiraten. Sie würden ihre Verlobung bekannt geben und Dan würde anfangen, das Fundament für das Haus zu legen, in dem sie wohnen würden.

Gemeinsam mit den anderen schloss Nava die Vorbereitungen für das Mittagessen ab und einige Dienstboten gingen los, um die Speisen zu den Arbeitern am Misttor zu bringen. An diesem Abend erwartete ihr Herr Gäste zum Essen, sodass Nava und die anderen am Nachmittag noch eine riesige Mahlzeit kochen mussten. Aber als sie im Lagerraum unbeobachtet waren, fand sie einen Moment, um Rachel zu umarmen. „Wir werden frei sein! Kannst du es fassen?“, flüsterte Nava.

„Nein … ich habe Angst, es zu glauben. Ich will es von Herrn Malkija selbst hören.“

Als ihr Herr spät an diesem Nachmittag von seinem Tagwerk am Misttor zurückkehrte, ging er sofort in seine Gemächer, um sich zu waschen und umzukleiden, bevor seine Gäste eintrafen. Die Bediensteten beobachteten jede seiner Bewegungen und hielten den Atem an, während sie auf die Ankündigung warteten, dass er alle ihre Schulden erlassen und ihnen die Freiheit schenken würde. Aber Malkija verlor kein Wort darüber.

Nava bemühte sich, Gesprächsfetzen aufzuschnappen, während sie das Essen auftrug, aber die Männer unterhielten sich nur über die Fortschritte an der Mauer. Sie und die anderen Mägde zögerten, schlafen zu gehen, weil sie immer noch darauf warteten, dass ihr Herr ihre Freilassung verkündete. Als Malkijas letzter Gast gegangen war, zog er sich in sein Schlafgemach zurück. „Er kann es doch nicht vergessen haben, oder?“, fragte Rachel, als sie den Esstisch abräumten. „Er muss doch wissen, wie gespannt wir darauf warten, dass er es sagt.“

„Vielleicht will er es morgen ganz offiziell verkünden“, sagte Nava.

Aber Malkija verließ das Haus früh am nächsten Morgen, ohne zu frühstücken. Nava und die anderen Dienstboten versammelten sich in der Küche, um mit der Haushälterin zu sprechen. „Hat unser Herr irgendetwas davon gesagt, dass er uns allen die Freiheit schenken wird?“, fragte eine von ihnen.

Die Haushälterin schüttelte den Kopf. „Kein Wort. Nava muss

falsch verstanden haben, was sie beim Tempel gehört hat. Jetzt esst euer Frühstück und macht euch an die Arbeit. Wir haben heute viel zu tun."

Anstatt zu essen, eilte Nava für das Morgenopfer zum Tempel. Dan wartete an der gewohnten Stelle auf sie, die Augen voller Hoffnung. „Bist du bereit zu gehen, Nava? Ich habe deiner Familie gesagt, dass ich dich heute nach Hause bringe. Alle waren überglücklich, das zu hören. Sie können es kaum erwarten, dich zu sehen und ..." Er verstummte, als er ihre Tränen sah. „Nava, was ist los?"

„Ich bin noch nicht frei. Herr Malkija hat gar nichts davon gesagt, als er gestern Abend nach Hause kam. Und heute Morgen ist er wieder gegangen, ohne ein Wort zu sagen."

„Das verstehe ich nicht. Die Männer haben es vor Gott geschworen."

„Ich verstehe es auch nicht. Es war schon beim ersten Mal schwer genug, dass uns unser Traum geraubt wurde, aber wenn es wieder passiert ..." Sie konnte den Satz nicht beenden. Dan führte sie aus dem Hof und die Treppe hinunter, denn sie waren beide nicht in der Stimmung, den Allmächtigen anzubeten.

„Gehen wir einfach zu unseren Familien nach Hause", sage Dan. „Komm, was kann Malkija uns schon tun?"

Nava wäre liebend gerne mitgegangen und stellte sich vor, wie es wäre, wieder zu Hause zu sein, bei den Menschen, die sie liebte. Aber sie wusste, dass sie das nicht tun konnte. „Ich kann noch nicht gehen, Dan. Ich habe Abba versprochen, als Leibeigene zu arbeiten, um dabei zu helfen, dass er seine Schulden zurückzahlen kann. Ich darf ihn nicht enttäuschen. Außerdem könnte Malkija Abba sein Land wegnehmen, wenn ich nicht für ihn arbeite. Das ist ihre Abmachung. Ich muss arbeiten, bis die Schuld offiziell erlassen ist und ich frei bin."

„Dann suchen wir ihn, entweder hier beim Tempel oder an seinem Arbeitsplatz beim Misttor. Wir fragen ihn, warum du nicht frei bist." Dans reizbares Gemüt trieb seine Ungeduld an. Er wollte unbedingt etwas tun. Seine aufgestaute Energie würde gefährlich sein, bis seine Wut verraucht war.

„Dan, wir können meinen Herrn nicht zur Rede stellen. Unsere Väter sind diejenigen, die mit ihm reden müssen, nicht wir."

„Nava, nein! Wir müssen ..."

„Wir müssen Ruhe bewahren und abwarten, was geschieht. Malkija ist ein sehr mächtiger Mann. Bitte, Dan."

Sein Blick wanderte in die Ferne, wo sein Heimatort lag. Nava sah, wie er sich bemühte, seine Beherrschung nicht zu verlieren, so als müsse er einen inneren Wirbelsturm bändigen. „Gut. Ich werde ihn nicht zur Rede stellen. Ich werde meinen Vater und deinen und all die anderen Männer, die bei ihm in der Schuld stehen, zusammenbringen, dann gehen wir gemeinsam zu Malkija. Weißt du, ob er bald nach Bet-Kerem zurückgeht, oder sollen wir hier mit ihm reden?"

„Normalerweise reist er zum Sabbat nach Hause."

„Wenn er dich bis dahin nicht hat gehen lassen, werden wir Auskunft darüber verlangen, warum er es nicht tut."

Den Rest der Woche wurden Nava und die anderen Leibeigenen auf die Folter gespannt, während sie auf ihre Freiheit warteten. Nichts geschah. Malkija reiste zum Sabbat nach Bet-Kerem. Es fühlte sich an, als würde der Ruhetag einen Monat dauern, während Nava darauf wartete, dass Dan von der Begegnung mit ihrem Herrn zurückkam. Als sie Dan am ersten Tag der Woche dann endlich die Treppe zum Tempel hinaufsteigen sah, erkannte sie an seiner wütenden Miene gleich, dass er keine guten Nachrichten mitbrachte.

„Was ist passiert? Was hat er gesagt?", fragte Nava.

„Malkija weigert sich, irgendjemand freizulassen. Und er erlässt auch niemandem die Schulden."

Nava spürte, wie die Kraft sie verließ, zusammen mit der Hoffnung. Sie musste sich setzen und sank ruckartig auf die oberste Stufe der Treppe, ohne die vielen Menschen, die zum Opfer hinaufströmten, zu beachten. Sie hörte, wie die Leviten in der Ferne die Liturgie sangen: *„Dankt dem Herrn, denn er ist gut und seine Gnade hört niemals auf!"*, und hätte schreien können, damit sie aufhören. Warum sollte sie einen Gott preisen, der ihre Gebete nicht erhörte? Einen grausamen Gott, der ihr erst Hoffnung gab und sie ihr dann wieder entriss?

„Hat Malkija euch einen Grund genannt?", fragte sie schließlich. Dan setzte sich neben sie auf die Stufe.

„Er sagt, er könne es sich nicht leisten. Er wollte nicht einmal mit uns sprechen. Stattdessen hat er seinen Verwalter geschickt."

Sie würde Malkija selbst zur Rede stellen, beschloss Nava, sobald er an diesem Nachmittag vom Misttor nach Hause kam, oder vielleicht heute Abend, wenn sie ihn bei Tisch bediente. Dann würde sie ihn fragen, warum er so habgierig und grausam war, während alle anderen Herren ihre Leibeigenen freigelassen hatten. Aber Navas Mut verließ sie, als ihr klar wurde, dass er sie zu seinem Anwesen zurückschicken könnte, wenn sie ihn verärgerte. Zurück zu Aaron.

„Was ist mit der Frau, mit der er verlobt ist?", unterbrach Dan ihre Gedanken. „Hast du nicht gesagt, dass sie gut zu dir war?"

„Ja. Aber was kann sie schon tun?"

„Fragen wir sie, ob sie uns helfen kann. Vielleicht weiß sie nicht, dass ihr zukünftiger Ehemann der Einzige in der Provinz ist, der kein Mitgefühl hat."

„Es kann wohl nicht schaden, es zu versuchen. Aber wo finde ich sie? Ich weiß nicht, wo sie wohnt."

„Kommt sie zum Morgenopfer? Wir könnten jeden Morgen an einer anderen Treppe warten, bis wir sie sehen. Ich glaube, ich weiß noch, wie sie aussieht – klein und hübsch, mit dunklen, gewellten Haaren und einem schmalen Gesicht?"

Nava nickte. „Gut, so machen wir es."

Dan stand auf und reichte ihr die Hand, um ihr aufzuhelfen. Sie durfte nicht riskieren, noch einmal zu hoffen, aber es war ein gutes Gefühl, einen Plan zu haben und etwas zu unternehmen. Sie wählten als Erstes die Treppe im Westen aus und stellten sich an den obersten Treppenabsatz. Als das Opfer beendet war, suchte Nava die Gesichter der Gläubigen ab, die den Tempel verließen. Sie war entschlossen, nicht aufzugeben, bis … da war sie! Sie ging mit einem älteren Mann und zwei jüngeren Frauen. Sobald Nava Chana entdeckt hatte, drängte sie sich gegen den Strom durch die Menschenmenge. Es war ihr egal, wen sie mit den Ellenbogen zur Seite stieß.

„Herrin! Wartet, Herrin! Bitte!", rief sie, weil sie es nicht wagte, Chana mit Namen anzusprechen.

Chana blieb stehen, ebenso wie die anderen in ihrer Gruppe. „Nava? Ist alles in Ordnung?"

„Nein, Herrin, das ist es nicht. Bitte, ich brauche Eure Hilfe."

Chana zögerte und sagte dann zu ihrem Vater und ihren Schwestern gewandt: „Geht schon vor. Ich komme gleich nach." Dann nahm sie Navas Arm und zog sie aus der sich vorwärtsschiebenden Menge. „Erzähl mir, was los ist."

Navas Worte überschlugen sich, unaufhaltsam wie ihre Tränen. „Alle reichen Männer haben geschworen, ihre Leibeigenen freizulassen. Ich habe es selbst gehört. Aber Herr Malkija weigert sich, uns gehen zu lassen."

Chanas dunkle Augenbrauen trafen aufeinander, als sie ärgerlich die Stirn runzelte. „Er *weigert* sich?"

„Ja, Herrin. Er hat meinem Vater und all den anderen Männern, die ihr Land an ihn verpfändet haben, gesagt, dass er es nicht tun wird. Andere Dienstboten können zu ihren Familien zurück und ich möchte doch auch so gerne heim! Ich vermisse meine Familie so sehr und ..." Nava sah, dass Dan von der anderen Seite der Treppe aus zusah, und fiel auf die Knie. „Bitte, Herrin! Bitte! Könnt Ihr nicht mit unserem Herrn sprechen und ihn bitten, seine Meinung zu ändern?"

„Steh auf, Nava", sagte Chana und zog sie am Arm. „Du brauchst nicht zu betteln. Ich werde mit ihm reden."

Nava sah zu, wie Chana sich wieder zu ihrer Familie gesellte, und spürte einen Hauch von Hoffnung, so dünn wie ein Faden.

30

Samarien

„Es fehlte nur *so* viel!“, sagte Tobija. Er hielt Daumen und Zeigefinger einen Zoll breit auseinander und schüttelte beide vor Statthalter Sanballats gerötetem Gesicht. „Nur *so* viel und es hätte einen unkontrollierbaren Aufstand in Jerusalem gegeben, Arm gegen Reich. *So* viel und die Arbeiter hätten den Bau der Mauer für immer verhindert!“

„Was ist geschehen?“, fragte Sanballat.

Tobija schüttelte den Kopf und ließ die Arme sinken. Die Worte schmeckten bitter, als er sie aussprach. „Nehemia hat die Krise abgewendet. Er hat die Leute beschwichtigt. Und die Arbeiten an der Mauer gehen weiter.“

„Ich kann nicht fassen, welch ein Glück der Mann hat!“, schrie Sanballat.

Tobija sah zu, wie der korpulente Mann sich mühsam und schwitzend erhob, indem er sich auf die Armlehnen seines schäbigen Thronsessels stützte. Er widerte Tobija an, aber er brauchte ihn als Verbündeten. Geschem brauchte er auch, obwohl er dem mürrischen arabischen Anführer noch weniger traute als Sanballat. Geschem setzte sich während ihrer Versammlungen in Sanballats Privatgemächern nur selten hin und ging stattdessen wie ein Löwe auf und ab, rastlos, zum Sprung bereit, während sein langes Gewand hinter ihm über den Boden schleifte. Die drei Männer waren allein, nachdem Tobija darauf bestanden hatte, dass alle Bediensteten den Raum verließen. Er wusste besser als die meisten, wie leicht es war, seine Feinde auszuspionieren.

„Wie hat Nehemia das geschafft?", fragte Sanballat, als es ihm endlich gelungen war aufzustehen. „Ist der Mann ein Zauberer oder Magier, dass er so viele Menschen in seinen Bann ziehen kann? Wie macht er es, dass sie ihm blindlings folgen?"

Tobija lachte kurz und freudlos, denn er gab nicht gerne zu, wie genial Nehemias Strategie war. „Er hat sich zu ihrem Messias gemacht. Er hat sie aus seinem eigenen Lebensmittellager gespeist und dafür gesorgt, dass sie die Freiheit erlangen. Er hat die wohlhabenden Edelmänner so beschämt, dass sie geschworen haben, die Ländereien zurückzugeben, die sie während der Dürre gepfändet haben, und alle Leibeigenen freizulassen."

„Und die Adligen haben dem zugestimmt? Das ist unmöglich. Ich weiß, wie habgierig einige der Ortsvorsteher sind. Es muss welche geben, die sich geweigert haben, dem Statthalter zu gehorchen. Finde diejenigen, die verärgert sind, Tobija, und zieh sie auf unsere Seite."

„Daran arbeite ich schon. Mein Sohn kennt ein paar Männer, die den Schwur nicht geleistet haben. Ich werde von hier aus nach Jerusalem reisen, um an einer Familienfeier teilzunehmen. Nehemia wird nicht einmal erfahren, dass ich dort bin. Dann werde ich die Unzufriedenen aufsuchen und sie zu unseren Verbündeten machen. Meine Informanten sagen mir, dass der Friede zwischen Reichen und Armen im Augenblick noch sehr zerbrechlich ist." Er sank auf ein Kissen und nahm sich von den Datteln und dem Rosinengebäck, die sein Gastgeber hatte auftragen lassen.

„Dein Plan ist gut, Tobija", gab Geschem zu, „aber es muss noch mehr geben, was wir tun können. Wir müssen Nehemia unter allen Umständen aufhalten. Wenn wir dieses Problem von mehreren Seiten anpacken, haben wir bessere Chancen, an einer Stelle erfolgreich zu sein."

„Und wir müssen uns beeilen", sagte Sanballat. „Du sagst, die Mauer macht Fortschritte?"

Tobija nickte. „Ich werde sie mir selbst ansehen, wenn ich dort bin, aber meine Spione berichten, dass die Lücken geschlossen werden. An manchen Stellen hat die Mauer schon wieder die Hälfte ihrer ursprünglichen Höhe erreicht."

Geschem stöhnte. „Wenn Nehemias Festung erst einmal vollendet ist, kann er alle aussperren – meine Handelskarawanen und Sanballats Armee eingeschlossen. Dich kann er auch vor dem Tor stehen lassen, Tobija. Wir müssen uns wehren, bevor die Mauer fertig ist."

„Hört zu." Sanballat hob die Hände, als wollte er Geschem befehlen, stehen zu bleiben, und Tobijas Aufmerksamkeit erlangen. „Wir müssen die Arbeiter angreifen, damit sie zu viel Angst haben, um weiterzumachen. Überrumpeln wir sie. Bevor sie es wissen oder uns sehen, werden wir uns unter sie mischen und sie töten und ihrer Arbeit ein Ende machen. Alle werden zu viel Angst haben, um weiterzubauen, weil sie glauben, dass sie die Nächsten sind. Ich garantiere euch, dass diese feigen Juden aufgeben und nach Hause rennen werden, wenn ihr Leben in Gefahr ist."

„Gut. Das gefällt mir", sagte Tobija. „Und wir brauchen vielleicht nur ein paar wenige Überfälle zu organisieren, wenn wir es geschickt anstellen und Gerüchte verbreiten, um das Volk zu terrorisieren. Wir werden in allen benachbarten samaritanischen und ammonitischen Städten Gerüchte verbreiten lassen, dass wir es auf die Juden abgesehen haben, die an der Mauer bauen. Sollen sie sich von der Angst anstecken lassen. Nichts schürt so gut die Panik wie die Gefahr eines unbekannten Feindes, der jeden Augenblick angreifen kann. Die Juden werden alle fliehen und nach Hause rennen."

„Meine Karawanen ziehen durch die ganze Provinz", sagte Geschem. „Sie können uns helfen, Gerüchte zu streuen, indem sie vorgeben, die Leute aus Freundschaft zu warnen."

„Ich finde, es sollten keine leeren Drohungen sein", sagte Sanballat. „Ich habe die Möglichkeit, bewaffnete Männer unmittelbar nach Jerusalem zu schicken. Wenn es wenigstens einen Angriff gibt, vielleicht ein paar Tote, dann sind die Gerüchte keine Gerüchte mehr und die Arbeiten werden eingestellt. Einverstanden?"

Tobija und Geschem antworteten wie aus einem Munde: „Einverstanden."

Die Entscheidung schien die angespannte Atmosphäre im Raum zu lockern. Sanballat kehrte zu seinem Platz zurück und selbst Geschem entspannte sich genug, um eine Handvoll Datteln aus der Schüssel zu nehmen. Aber Tobija wusste, dass sie es bei Nehemia immer noch mit einem Respekt einflößenden Gegner zu tun hatten. Der Mann hatte eine unheimliche Fähigkeit, die Menschen hinter sich zu vereinen, sodass sie ihm folgten. Es würde möglicherweise nicht reichen, einige wenige Adlige auf ihrer Seite zu haben.

„Was ist mit Nehemia?", fragte er schließlich und brachte damit seine Sorgen zum Ausdruck. „Wir müssen ihn als unseren Feind ernst nehmen. Er ist nicht nur äußerst beliebt beim Volk, sondern er hat auch Führungstalent bewiesen."

„Wir müssen ihn vernichten", sagte Geschem. Die Heftigkeit seiner Reaktion ließ die Haare auf Tobijas Armen zu Berge stehen.

„Wie?", wollte er wissen.

„Auf jede Weise, die uns einfällt", sagte Geschem. „Wir müssen ihn in den Augen der einfachen Leute in Misskredit bringen. Einen Keil zwischen ihn und den Adel treiben, damit sie sich gegen ihn stellen. König Artaxerxes dazu bringen, dass er in ihm einen gefährlichen Rebellen sieht. Nehemias Leben bedrohen, sodass er Angst hat weiterzumachen ..." Er hielt inne. „Ich töte ihn eigenhändig, wenn es sein muss."

„Tobija, du kennst diese Juden besser als wir", sagte Sanballat. „Gibt es etwas in ihrem Glauben, das wir zu unserem Vorteil nutzen können und das uns hilft zu erreichen, was Geschem vorgeschlagen hat?"

Tobija setzte sich auf, während in seinen Gedanken allmählich eine Idee Gestalt annahm. „Ich glaube, ich kenne einen Weg. Die Juden glauben, dass Gott ihnen eines Tages einen Retter wie Mose schicken wird, einen Messias, der den Armen zu essen gibt und alle ihre Feinde besiegt. Ich habe Nehemia schon einmal mit diesem Gedanken verspottet, als wir bei ihm waren – aber wie wäre es, wenn wir die jüdischen Prophezeiungen dazu benutzen, um alle glauben zu machen, dass er wirklich der Messias ist? Er erfüllt schon jetzt einige der Erwartungen, die das Volk hat, indem er zum Beispiel für die Armen sorgt. Wir können diese Idee in die Köpfe der Leute pflanzen, so wie wir die Saat der Rebellion gesät haben. Wir müssen nur einen glaubwürdigen Propheten anheuern."

„Ich verstehe nicht, was das bringen soll", sagte Geschem.

„Lass es mich erklären", sagte Tobija und erhob sich. „Der verheißene Messias ist angeblich ein König, der Davids Thron wieder aufrichten wird. Diese Prophezeiungen werden wir dazu nutzen, Nehemias Stolz zu nähren. Wenn er die Forderungen des Volkes nach einem König erfüllt, wird der persische Herrscher ihn vernichten. Es dürfte für einen falschen Propheten nicht allzu schwierig sein, Nehemia in eine Falle zu locken und als Verräter dastehen zu lassen. Ich habe gehört, dass er in einer seiner Reden sogar davon gesprochen hat, wie Juda eines Tages von Persien frei sein wird. Aber selbst wenn Nehemia den Köder nicht schluckt, werden die Leute enttäuscht sein, weil er sie nicht befreit – und dann wenden sie sich gegen ihn."

„Kennst du irgendwelche Propheten, die du dafür anheuern kannst?", fragte Sanballat.

„Ich habe da einen Mann im Auge. Vielleicht auch eine Frau. Aber sie werden Geld verlangen. Seid ihr bereit, etwas dazu beizusteuern?" Tobija würde das Geld vorab brauchen, bevor er Samarien verließ. Er kannte Sanballats legendären Geiz aus Erfahrung.

„Ja, ja, wir beteiligen uns", sagte Sanballat. „Es ist ein guter Plan. Aber ich werde trotzdem die Angriffe durchführen. Wie Geschem sagte, wir müssen diesen Krieg an allen Fronten führen."

Tobija war nur ungern pessimistisch, aber er wollte ihren Feind nicht unterschätzen. „Und wenn keiner dieser Pläne funktioniert?"

Geschem sah ihn aus seinen nachtschwarzen Augen durchdringend an. „Dann locken wir Nehemia aus der Stadt und töten ihn selbst."

31

Jerusalem

Chana eilte vom Taltor bergab zu Malkijas Mauerabschnitt am Misttor und mit jedem Schritt nahm ihr Ärger zu. Angesichts Navas Neuigkeit, dass Malkija sich weigerte, seine Leibeigenen freizulassen, war Chana entschlossen, ihre Verlobung zu lösen. Wie konnte sie einen Mann heiraten, der gegen die Thora verstieß und sich weigerte, den Armen zu helfen? Einen Mann, der sich ganz offensichtlich nur für Reichtum und Macht interessierte?

Sie war nicht am Misttor gewesen, seit die Arbeiten begonnen hatten, und staunte jetzt über die Fortschritte dort. Wo vorher ein Berg verbrannten Gerölls gelegen hatte, begann jetzt das Tor Gestalt anzunehmen, mit einem Raum für die Wachen und einem Turm, der sich über dem Durchgang erhob, in den die Türen eingehängt werden würden. Die Arbeiter waren gerade damit beschäftigt, mit einem Kran und einem Ochsengespann einen riesigen Steinquader an der richtigen Stelle zu platzieren. Aber anstatt mit den Männern zu arbeiten, so wie Chana und ihre Schwestern es taten, stand Malkija am Rand und beaufsichtigte sie, in eine teure Leinentunika gekleidet. Er bemerkte sie erst, als sie neben ihn trat und sagte: „Kann ich dich bitte sprechen?"

„Chana? Stimmt irgendetwas nicht? Ist etwas mit deiner Familie?" Seine besorgte Miene wirkte überzeugend, aber sie wusste, was für ein guter Schauspieler er gewesen war, um ihr Vertrauen zu erwerben. Sie würde sich von ihm nicht noch einmal täuschen lassen.

„Uns geht es gut. Das ist nicht der Grund, warum ich hier bin."

„Komm, hier ist etwas Schatten unter dem Tor, aber leider gibt es keine Sitzgelegenheit." Er führte sie unter das Dach und tauchte einen Becher in einen tönernen Wasserkrug. „Möchtest du etwas Wasser?" Sie schüttelte den Kopf und sah zu, wie er trank. „Was ist los, Chana? Du siehst aufgebracht aus."

„Ich bin tatsächlich aufgebracht. An dem Morgen, als die Arbeiter protestiert und den Statthalter um Hilfe gebeten haben, war ich zum Gottesdienst im Tempel. Warst du auch dort?"

„Ja. Ich gehe jeden Tag zum Opfer."

„Ich habe dieses Drama von Anfang an miterlebt. Letzte Woche habe ich die Rede des Statthalters gehört und die Prophezeiung, die Rebbe Esra vorgelesen hat. Ich habe gesehen, wie Grundbesitzer nach vorne gingen und schworen, das Richtige zu tun und ihre Arbeiter freizulassen. Aber jetzt höre ich, dass du deine Leibeigenen nicht freigelassen hast. Oder sollte ich sagen: *unsere* Leibeigenen? Du hast gesagt, sie gehörten jetzt auch mir, da wir verlobt sind."

Er erwiderte ihren Blick, ohne mit der Wimper zu zucken, und antwortete: „Ich habe den Eid, sie freizulassen, nicht abgelegt, Chana."

„Und warum nicht?"

„Ich konnte nicht vor Gott etwas schwören, von dem ich wusste, dass es unmöglich ist. Ich kann nicht alle meine Arbeiter auf einmal gehen lassen. Hast du eine Ahnung, wie viele ich habe? Du hast meine Weinberge und Felder und Olivenhaine gesehen. Ohne ihre Hilfe würde mein ganzes Anwesen zusammenbrechen."

„Kannst du sie nicht freilassen und sie als Arbeiter wieder einstellen? Ihnen also einen Lohn bezahlen?"

„Bezahlen womit?", sagte er, die leeren Hände ausgestreckt. „Ich habe sie doch schon bezahlt. Darum geht es doch bei einem Darlehen. Es ist eine Vorauszahlung auf ihren Lohn. Sie haben bereits eingewilligt, für mich zu arbeiten, als Gegenleistung für das Darlehen. Ich kann es mir nicht leisten, sie zweimal zu bezahlen."

Sie wurde immer aufgebrachter und immer verwirrter, während er ruhig alle ihre Fragen beantwortete. „All die anderen reichen Grundbesitzer helfen den Armen."

„Alle? Bist du da sicher? Hast du ihre Bücher überprüft?"

„Natürlich nicht."

„Und meine Bücher hast du auch überprüft? Bist du sicher, dass ich gegenüber jenen, die weniger Glück haben als ich, nicht mildtätig bin?“

Seine gelassene Reaktion machte sie wütend. „Die Thora besagt eindeutig, dass Wucher falsch ist, Malkija. Wir dürfen von unseren jüdischen Landsleuten keine Zinsen nehmen.“

„Und weißt du mit Sicherheit, dass ich Zinsen von ihnen verlange?“

Sie konnte nicht antworten. Wollte er sich herausreden, indem er ihre Fragen mit Gegenfragen beantwortete, oder sagte er die Wahrheit? Sie erinnerte sich an Navas Flehen und Tränen und sagte: „Für dich sind sie nur Dienstboten, die du brauchst, um dein riesiges Gut zu verwalten, aber sie sind echte Menschen, Malkija, mit eigenen Hoffnungen und Träumen. Als ich eingewilligt habe, dich zu heiraten, hatte ich keine Ahnung, dass dir dein Reichtum wichtiger ist, als sie es sind.“

Er atmete aus und starrte lange auf seine Füße, bevor er sie wieder ansah. „Ich bin enttäuscht von dir, Chana. Du wolltest, dass die Leute das Beste von dir annehmen, als du gegen alle Konventionen verstoßen und an der Mauer gearbeitet hast, aber du selbst beurteilst andere nach dem äußeren Anschein. Und im Augenblick verurteilst du mich.“

„Ich verurteile nicht ...“

„Du bist ganz und gar davon überzeugt, dass das, was du glaubst, die Wahrheit ist. Dass ich so geizig und habgierig bin, wie du sagst. Du bist extra hierhergekommen, um mich zu beschuldigen.“

„Ich bin gekommen, um dich zu fragen, warum du deine Leibeigenen nicht freigelassen hast.“

„Weil mein Anwesen zusammenbrechen würde, wenn niemand darauf arbeitet. Ich könnte den Armen nichts geben und auch nicht für meine Söhne und meine zukünftige Frau sorgen. Die Männer, die hier am Misttor für mich arbeiten, hätten niemanden, der sie unterstützt, während sie arbeiten. Diese Mauer würde niemals fertig werden – und das ist übrigens genau das, was unsere Feinde hoffen.“

„All die anderen Grundbesitzer haben ihre Diener freigelassen.“

„Weißt du das ganz sicher? Und ist dir wirklich klar, was es bedeuten würde, wenn ich alle meine Bediensteten freilassen würde?“

Sie schüttelte den Kopf, zu beschämt, um etwas zu sagen. Malkija war furchtbar geduldig mit ihr.

„Ich weiß, dass es arrogant klingt, Chana, aber bis die Hungersnot endet, geht es meinen Dienstboten besser, wenn sie bei mir leben. So haben sie wenigstens zu essen und ein sicheres, warmes Bett, in dem sie schlafen können. Wenn ich sie freiließe, würden sie in Familien zurückkehren, die von der Dürre schwer getroffen wurden. Wie kann ich den Armen helfen, indem ich sie alle zu leeren Lagerhäusern zurückschicke?"

„Du kannst mildtätig sein."

„Ich bin mildtätig. Ich ernähre und kleide nicht nur die Leibeigenen, die für mich arbeiten, sondern ich sorge dafür, dass auch ihre Familien zu Hause genug zu essen haben. Meinst du nicht, dass ich das Recht habe, als Gegenleistung von ihnen Arbeit zu verlangen? Was würde aus unserer Provinz, wenn alle armen Menschen beschließen würden, nicht mehr zu arbeiten, sondern einfach von der Großzügigkeit der Reichen zu leben?"

„Die Thora befiehlt, dass wir den Armen gegenüber großzügig sein sollen."

„Das sehe ich auch so. Und ich glaube, dass ich sehr großzügig bin. Hör zu, ich weiß nicht, wer dieses Hornissennest des Aufruhrs angestachelt hat, aber jedes Mal, wenn die Armen sich gegen die Reichen erheben, ohne die Einzelheiten oder die Folgen zu begreifen, ist die Katastrophe vorprogrammiert. Es würde mich keineswegs überraschen, wenn unsere Feinde diese Saat der Rebellion gesät hätten."

Chana hielt diesen Gedanken für absurd. Er erschien ihr wie eine Ausrede, um den namenlosen Feinden die Schuld dafür zu geben, dass er sich weigerte, zu helfen. „Du könntest wenigstens einige deiner Leibeigenen freilassen", sagte sie, wobei sie an Nava dachte.

„Wie soll ich denn entscheiden, welche? Mein Anwesen würde nicht mehr funktionieren, wenn ich alle freiließe. Außerdem wäre es ungerecht, einige gehen zu lassen und andere nicht. Mein Haushalt ist doch eine Einheit."

„Andere Männer lassen ihre Leibeigenen doch auch frei." Ihr war bewusst, dass ihr die Argumente ausgingen und sie sich wiederholte.

Malkija seufzte erneut. „Hast du ihre Anwesen besucht? Weißt du mit Gewissheit, dass ihre Situation genau der meinen entspricht? Meinst du nicht, du solltest mir etwas Vertrauen entgegenbringen, Chana? Und bitte informiere dich gründlich, bevor du mich beschuldigst."

Der eigentliche Grund für ihre Wut, das wusste Chana, war die Entdeckung gewesen, dass Malkija sie wegen der Macht ihres Vaters heiratete. In ihrer Frustration beschloss sie, ihm wenigstens dieses Eingeständnis abzuringen. „Warum wolltest du mich heiraten, Malkija?"

„Ich dachte, ich hätte meine Gründe erklärt, aber ich werde sie auch wiederholen, wenn du es wünschst. Ich möchte wieder glücklich sein, so wie ich es mit meiner ersten Frau Rebekka war. Ich wünsche mir eine Gefährtin, eine Partnerin, der ich vertrauen und mit der ich zusammenarbeiten kann. Ich dachte, wir würden einander verstehen, weil wir beide wissen, wie es ist, den Menschen zu verlieren, den wir geliebt haben. Und als ich dich kennenlernte, wurde mir klar, dass du eine gütige, intelligente Frau bist, die mir helfen könnte, meinen Haushalt und den überreichen Segen, den der Allmächtige mir geschenkt hat, zu verwalten. ... Oh, und einen Grund habe ich noch gar nicht erwähnt: Ich wollte dich auch heiraten, weil ich finde, dass du eine sehr schöne Frau bist."

„Und nicht, weil ich dir die Macht und das Prestige bringe, das mit der Stellung meines Vaters als Bezirksvorsteher von Jerusalem verbunden ist?", wollte sie wissen.

„Doch, natürlich. Sein Prestige gehört zu deiner Persönlichkeit, Chana. Als Schallums Tochter aufzuwachsen, hat dich zu der Frau gemacht, die du heute bist. Wenn Menschen beschließen, eine Ehe einzugehen, heiraten sie immer in eine größere Familie hinein mit allen Vorteilen und Nutzen, die das mit sich bringt."

Das hatte Abba auch gesagt. Warum hatte sie die Wahrheit nicht eher gesehen?

„Und jetzt möchte ich dir eine Frage stellen", sagte er leise. „Kannst du ehrlich sagen, du hättest eine Ehe mit mir in Erwägung gezogen, wenn ich arm wäre? Oder dass dein Vater sie in Betracht gezogen hätte? Er wollte auch etwas von mir – und du auch, wenn ich mich recht entsinne."

„Ich war nie hinter deinem Reichtum her ..."

„Nein, aber du wolltest weiter an der Mauer arbeiten, erinnerst du dich? Und deshalb hast du gesagt, du würdest einer Ketubba zustimmen, wenn ich meinen Einfluss geltend mache und den Statthalter dazu bringe, dass er dich arbeiten lässt. Wieso ist dieser Handel anders als derjenige, den dein Vater und ich abgeschlossen haben?"

Sie konnte nicht antworten. Sie spürte, wie ihre Wangen brannten, und war froh, dass Malkija die ganze Zeit mit leiser, ruhiger Stimme gesprochen hatte, sodass niemand hörte, wie sie sich zum Narren machte.

„Zur Ehe gehören auch Kompromisse, Chana. Und ja, auch das Verhandeln von Dingen, die du erreichen möchtest – und das haben wir beide getan. Ich mag mich irren, aber wusste Itzhak ben Refaja nicht auch, welche Macht die Position deines Vaters ihm bringen würde?"

Ihr kamen die Tränen und ihre Kehle war bei der Erwähnung von Itzhaks wahren Beweggründen so zugeschnürt, dass sie kein Wort herausbrachte. Malkija zog ein Stück sauberes Leinen aus den Falten seiner Tunika und reichte es ihr, damit sie sich die Augen trocknen konnte. „Es tut mir leid, wenn ich dich enttäuscht habe, weil ich meine Leibeigenen nicht freilasse, aber es ist mir im Moment nicht möglich. Mein Anwesen hat unter den zwei Jahren Dürre auch gelitten. Ohne die Hilfe der Arbeiter hätte ich keine Ernte, die ich einbringen kann, und nichts, was ich den Armen geben könnte."

Sie kam sich wie eine Närrin vor.

„Hast du noch mehr Fragen, Chana? Denn ich sollte wieder an die Arbeit gehen."

Als sie den Kopf schüttelte, wandte Malkija sich zum Gehen, doch gleich darauf drehte er sich noch einmal zu ihr um. Einen Herzschlag lang offenbarte seine Miene, wie verwundbar er war, und sie sah, dass ihre Anschuldigungen ihn verletzt hatten.

„Ich habe aber noch eine Frage an dich, Chana", sagte er leise. „Was ist nötig, damit du mir vertraust?"

32

Jerusalem

Nehemia wollte gerade schlafen gehen, als jemand an seine Tür hämmerte und ihn aufschreckte. „Nehemia, ich bin's – Hanani!"

Mit rasendem Herzen ging er zur Tür und riss sie auf. „Was ist los?"

„Du solltest dich besser anziehen. Gerade ist eine dringende Nachricht für dich eingetroffen."

Nehemia zog sich seine Tunika über den Kopf und schob die Füße in seine Sandalen, ohne sich die Zeit zu nehmen, die Riemen zu binden. Dann folgte er seinem Bruder den Gang hinunter zu seinem Arbeitszimmer. Alle Lampen brannten und seine drei Assistenten und sein Bruder Ephraim warteten auf ihn. „Was ist los? Was ist geschehen?"

Ephraims Miene war grimmig, als er die Nachricht hochhielt. „Vor einigen Stunden wurden bei Anbruch der Dämmerung einige unserer Arbeiter von einer Bande bewaffneter Männer angegriffen. Die Arbeiter waren nach ihrem Tagwerk an der Mauer auf dem Weg zurück in ihre Dörfer, die ein paar Meilen entfernt liegen. Zwei unserer Männer wurden getötet, drei weitere verletzt."

„War es ein Raubüberfall?"

„Nein. Nichts wurde entwendet. Die Mörder sind so schnell geflohen, wie sie erschienen waren, aber zuvor machten sie sehr deutlich, dass sie wieder töten würden, wenn wir nicht aufhören, die Mauer wiederaufzubauen."

Nehemias erster Impuls war, zu den Waffen zu greifen und die

Täter zu verfolgen, obwohl es jetzt dunkel war. Aber es war viel zu spät, um seine erschlagenen Männer zu verteidigen. Er konnte nicht ungeschehen machen, was sein Mangel an Vorsorge angerichtet hatte. Erschüttert und zornig angesichts der Neuigkeit sank er auf den nächsten Stuhl. „Zwei unschuldige Männer – ermordet! Meine Arbeiter! Als Statthalter hatte ich die Pflicht, sie zu schützen … und ich habe versagt."

„Das konntest du nicht vorhersehen", wandte Ephraim ein. „Niemand wusste …"

„Ich hätte es vorhersehen müssen!", sagte er mit erhobener Stimme. „Ich bin Sicherheitsexperte! Das ist mein Beruf! Ich wusste von den Gefahren, den Überfällen und Morden, die geschahen, bevor ich herkam. Aber ich war zu sehr auf den Wiederaufbau der Mauer konzentriert, um entsprechende Vorkehrungen zu treffen. Ich habe meine Arbeiter im Stich gelassen!" Keiner der Männer versuchte, ihm zu widersprechen. Die flackernden Flammen der Öllampen tanzten in der Stille, während Nehemia sich bemühte, seinen Zorn zu beherrschen. Er musste entscheiden, was als Nächstes zu tun war. „Rehum, finde heraus, ob die Männer Familien hatten, und frage sie, was ich für sie tun kann."

„Ja, Herr."

„Levi und Johanan, ruft die Adligen und Beamten zu einer Versammlung in meinem Ratssaal zusammen, sobald es hell wird."

Während seine Gehilfen hinauseilten, brauchte Nehemia noch eine ganze Weile, um sich zu sammeln. „Das Lager, das wir gefunden haben, mit den Waffen, die vom 13. Adar übrig geblieben sind – ist es bereit, Hanani?"

„Ja. Die Schmiede sind mit ihrer Arbeit beinahe fertig."

„Gut. Ephraim, breite die Karte der Stadtmauer aus", sagte er und erhob sich von seinem Stuhl. „Wir müssen uns überlegen, wie wir Jerusalem und unsere Arbeiter von jetzt an schützen können, bis die Mauer fertig ist."

Den Rest der Nacht blieben Nehemia und seine Brüder auf und organisierten Wachposten an jedem der unvollendeten Tore und an den schwächsten Stellen der Mauer. Seine Schuldgefühle und Wut angesichts des Todes zweier seiner Arbeiter hielten Nehemia wach und trieben ihn an, eine Lösung zu finden. Als es am nächsten Morgen Zeit für die Ratsversammlung war und Nehemia den Saal betrat, herrschte dort ein heilloses Durcheinander. Die Anführer und Beamten stritten und schrien einander an. Nehemia nahm schnell seinen Platz vor dem Rat ein und versuchte, die anderen zur Ordnung zu rufen, als der Bezirksvorsteher von Bet-Kerem zu ihm trat.

„Es gibt etwas sehr Wichtiges, das ich dir sagen muss, Statthalter", raunte er Nehemia zu.

„Kann das warten, Malkija? Alle scheinen mir etwas Wichtiges mitteilen zu wollen."

„Ich glaube, was ich zu sagen habe, wirst du als Erstes hören wollen – unter vier Augen."

„Also gut." Nehemia seufzte ungeduldig und folgte ihm an den Rand des Saals. Malkija beugte sich näher und sprach leise in sein Ohr, während der Tumult um sie herum weiterging. „Bist du dir im Klaren darüber, dass einer deiner Assistenten, der junge Mann namens Johanan, der Sohn von Tobija, dem Ammoniter, ist?"

„Was?!" Nehemia wich zurück und starrte Malkija ungläubig an. „Ist das ein Scherz? Du kannst unmöglich unseren Feind Tobija meinen."

Malkija nickte. „Den meine ich, Statthalter."

Nehemia war sprachlos. Sein Blick eilte durch den Raum und gleich darauf erspähte er Johanan, der bei Hanani stand. Der junge Assistent war Nehemia immer ausgesprochen intelligent und ehrgeizig erschienen – aber er erinnerte sich auch an einige Gelegenheiten, bei denen Johanan sich eher negativ und entmutigend verhalten hatte. Nehemia schüttelte ungläubig den Kopf. *Tobijas Sohn?* Wie konnte es sein, dass er das nicht wusste? Er machte sich Vorwürfe wegen dieses weiteren Sicherheitsrisikos, weil er sich bei der Auswahl seiner engsten Mitarbeiter auf andere verlassen hatte, anstatt den Hintergrund der Männer höchstpersönlich zu überprüfen. Er wusste besser als jeder andere, wie wichtig es war, Vorsicht walten zu lassen bei der Entscheidung, wem er vertraute. „Wie kann das sein, Malkija? Und warum bin ich der letzte Mann in Jerusalem, der das erfährt? Warum hast du mich nicht eher gewarnt?"

„Bis heute Morgen, als er zu meinem Haus kam, um mich zu dieser Versammlung zu rufen, war mir nicht bewusst, dass Johanan dein Assistent ist."

„Und niemand außer dir ist auf die Idee gekommen, mich zu warnen? Kein Wunder, dass unsere Feinde jeden unserer Schritte kennen. Sie haben jedes Wort gehört, das ich in den vergangenen Wochen unter dem Siegel der Verschwiegenheit geflüstert habe." Nehemia hätte gerne etwas gegen die Wand geschleudert oder mit bloßen Händen zerdrückt – am liebsten den Hals von Johanan oder dem Mann, der ihn empfohlen hatte. „Das ist unfassbar!", presste er zwischen zusammengebissenen Zähnen hindurch.

„Ehrlich gesagt glaube ich nicht, dass viele Personen von der Verbindung zwischen Johanan und Tobija wissen, Statthalter. Johanan hat in eine sehr angesehene jüdische Familie eingeheiratet und sein ganzes Erwachsenenleben in Jerusalem verbracht. Ich habe keinerlei Beweise dafür, dass er ein Verräter ist. Tobija hat viele Verbündete und Beziehungen hier in der Stadt, darunter auch seinen Schwiegervater, Schechanja ben Arach."

„Der Ammoniter hat eine jüdische Frau?"

„Ja, genau wie sein Sohn. Aber Tobija hat immer darauf geachtet, dass seine Verbindungen zu diesen jüdischen Familien nicht publik werden. Und die Eltern seiner Frau haben es auch nicht an die große Glocke gehängt, da Mischehen mit Ammonitern verboten sind. Ich selbst habe nur zufällig von diesen Beziehungen erfahren."

Nehemia ließ den Blick weiter durch den Raum schweifen, während er sich wünschte, er hätte ein Schwert zu seinem Schutz. Wer von seinen Männern war noch ein Verräter oder Spion? „Was ist mit meinen anderen Assistenten, Rehum und Levi?"

„Über sie weiß ich nichts, tut mir leid."

„Danke für die Warnung, Malkija. Ich weiß sie zu schätzen. Ich werde alle drei wegschicken, damit wir diese Versammlung in relativer Vertraulichkeit abhalten können – und ohne dass Johanan merkt, dass ich über ihn Bescheid weiß. Wenn es noch jemanden gibt, von dem du glaubst, dass er einen Interessenkonflikt hat, lass es mich bitte sofort wissen."

„Das werde ich, Statthalter."

Nehemia sah zu, wie Malkija sich wieder zu den anderen gesellte. Der Lärm im Saal verursachte ihm Kopfschmerzen und er bemühte sich, einen guten Grund zu finden, mit dem er Johanan aus dem Raum entfernen konnte. Aber ihm fiel nichts ein. Er gab Ephraim ein Zeichen, der sofort zu ihm eilte. „Was ist los? Du siehst besorgt aus – oder sollte ich sagen: noch besorgter als sonst?"

„Ich habe gerade erfahren, dass Johanan wahrscheinlich ein Spion ist."

„Was?"

„Wusstest du, dass er der Sohn von Tobija, dem Ammoniter, ist?"

Ephraim starrte ihn an und schüttelte den Kopf. „Nein. … Ein Wolf im Schafspelz?"

„Fällt dir eine Möglichkeit ein, wie wir meine drei Assistenten irgendwie aus dieser Versammlung entfernen können?"

„Geh und fang an. Ich überlege mir etwas."

Nehemia stieg auf das Podest und bat um Ruhe. Er sah, wie Ephraim an der Seite des Saales die drei Gehilfen zusammenrief. Kurz darauf gingen sie. Nehemia wusste, dass er seine Wut auf sich selbst wegen dieser zweiten Sicherheitslücke überwinden und die Versammlung leiten musste – aber wie? Er musste immerzu daran denken, wie er getäuscht worden war. Er versuchte sich daran zu erinnern, wer Johanan anfänglich empfohlen hatte, und fragte sich, ob diese Person auch ein Verräter war – und ob sie sich hier im Raum befand. Die aufgehende Sonne hatte es noch nicht bis in den langen, schmalen Ratssaal geschafft, was zu der düsteren Atmosphäre beitrug. Warum hatten die Bauleute nicht daran gedacht, zusätzliche Fenster einzubauen? Und mehr Türen? Es gab nur zwei Türen, die sich am anderen Ende des Raumes befanden. Nehemia hatte das Gefühl, in einer Falle zu sitzen, ohne Fluchtweg, und das schürte seinen Zorn und eine undefinierbare Panik. Dann sah er Malkija im Publikum stehen und wusste, dass er wenigstens einen Freund hatte.

„Bitte seid alle still und hört zu!", sagte Nehemia. Er legte seine ganze Frustration in den Versuch, die Männer zur Ordnung zu rufen. „Ich werde nicht zulassen, dass diese Versammlung aus dem Ruder läuft. Wir verschwenden ohnehin schon zu viel Zeit." Als sich die Männer einigermaßen beruhigt hatten, sagte er: „Für den Fall, dass ihr es noch nicht gehört habt: Zwei unserer Arbeiter wurden gestern Abend auf dem Weg nach Hause überfallen und getötet. Die Angreifer haben deutlich gemacht, dass sie wieder töten werden, wenn wir die Arbeiten an der Mauer nicht einstellen." Er musste eine Pause machen, um seinen Zorn und Kummer unter Kontrolle zu bringen.

„Wir haben davon gehört", sagte Refaja. „Die Nachricht macht in ganz Jerusalem die Runde. Das heißt, die Gerüchte, die wir zuvor gehört haben und die davor warnten, es könnte Angriffe geben, stimmten."

„Welche Gerüchte? Mir ist nichts zu Ohren gekommen. Warum hat man mir nichts gesagt? Und jetzt sind zwei Männer getötet worden!"

„I-ich dachte, deine Gehilfen hätten dich informiert."

Nehemia senkte den Kopf. Er hatte sich auf die falschen Männer verlassen. „Von wem stammen diese Warnungen?", fragte er, als er wieder sprechen konnte.

„Einige sind von unseren heidnischen Nachbarn und Handelspartnern durchgesickert", sagte Refaja. „Zuverlässige Händler, mit denen wir schon seit Jahren zusammenarbeiten. Ihre Karawanen kommen weit herum und bringen uns oft Nachrichten."

„Ich komme aus dem Bezirk Mizpa", sagte ein anderer Mann. „Wir leben Tür an Tür mit unseren heidnischen Nachbarn, die uns mehrmals erzählt haben: ‚Egal, was ihr tut, sie werden euch überraschen und angreifen.' Ich dachte, du hättest schon längst davon gehört, Statthalter."

Der Vorsteher von Gibeon fügte hinzu: „Unsere Feinde sagen: ‚Noch bevor die Juden uns bemerken, sind wir schon mitten unter ihnen, bringen sie um und zerstören ihr Bauwerk!'"

Nehemias Frustration kochte über. „Warum hat niemand diese Warnungen ernst genommen? Ihr hättet mir sagen müssen, dass unsere Arbeiter in Gefahr sind! Unsere Feinde wollen nicht, dass Jerusalems Mauern wiederaufgebaut werden, dass wissen wir doch alle."

„Nach dem, was gestern geschehen ist", sagte Meschullam, „haben meine Arbeiter beschlossen aufzuhören und nach Hause zu gehen, bevor sie die nächsten Opfer werden. Sie haben gehört, dass es weitere Überfälle geben könnte, wenn sie in der Dämmerung von den verschiedenen Baustellen nach Hause gehen. Ihre Familien flehen sie an, die Arbeit niederzulegen. Sie sagen ihnen, dass es zu gefährlich sei weiterzumachen."

„Wir hören nicht auf!“, sagte Nehemia. „Genau das wollen unsere Feinde doch erreichen! Außerdem sind wir schon halb fertig. An den meisten Stellen haben die Mauern schon fast die Hälfte ihrer ursprünglichen Höhe erreicht.“

„Dann organisierst du besser eine Armee, die uns beschützt“, sagte Meschullam.

Nehemia schüttelte den Kopf. „Wenn du die Provinzarmee unter Sanballats Kommando meinst – der können wir nicht trauen. Wahrscheinlich kommen die Drohungen und Angriffe von ihm.“

Meschullam wirkte entrüstet. „Das ist Verleumdung. Du hast keinerlei Beweise für diese Behauptung.“

Plötzlich wurde Nehemia die Verbindung klar. Meschullam war Johanans Schwiegervater. Damals in der Julinacht, als er die Mauern begutachtet hatte, hatte Nehemia Meschullams Maultier ausgeliehen. Noch ein Wolf im Schafspelz. Wieder flackerte Nehemias Wut auf sich selbst auf, weil er so unvorsichtig gewesen war.

„Warum holst du nicht Hilfe aus Susa?“, rief jemand, bevor Nehemia antworten konnte. „Bitte sie, uns Soldaten zu schicken.“

„Susa ist tausend Meilen entfernt. Es würde beinahe zwei Monate dauern, bis unser schnellster Bote dort ist, und noch einmal zwei Monate, bis die Hilfe eintrifft – wenn sie überhaupt kommt.“

„Dann muss der Bau warten, bis die Hilfe da ist“, sagte Meschullam.

Wieder brach unter den Anwesenden ein Tumult aus, als alle durcheinanderredeten. „Beruhigt euch und hört mir zu!“, rief Nehemia. „Wir werden zwei Dinge tun – und dazu gehört nicht, die Arbeiten einzustellen. Zuerst werde ich dafür sorgen, dass jeder Mann, der an der Mauer arbeitet, eine Waffe erhält. Für den Fall, dass so etwas wie gestern geschieht, habe ich bereits ein Waffenlager vorbereitet. Sobald ich diese Versammlung auflöse, werden mein Bruder und ich allen euren Arbeitern Schwerter, Speere und Schilde aushändigen.“ Wieder verschlugen Schuldgefühle und Wut Nehemia die Sprache. Wenn er diesen Schritt eher unternommen und seine Arbeiter bewaffnet hätte, könnten die beiden Männer noch am Leben sein.

„Von jetzt an werde ich Tag und Nacht Wachen aufstellen, um dieser Bedrohung zu begegnen“, sagte er, als er weitersprechen konnte. „Ich stationiere Männer an den unvollendeten Toren und hinter den niedrigsten Stellen der Mauer sowie an allen exponierten Orten, an denen der Feind angreifen könnte. Die Wachen werden sofort ihren Dienst aufnehmen und Tag und Nacht dort bleiben, bis die Gefahr vorbei oder die Mauer fertiggestellt ist – je nachdem, was zuerst der Fall ist. Alle Arbeiter werden in Jerusalem bleiben, damit sie nachts als Wachen dienen und tagsüber arbeiten können. Weil die Baustellen zum Teil sehr weit auseinanderliegen, werde ich jederzeit eine Signaltrompete bei mir führen. Wo auch immer ihr den Klang der Trompete hört, kommt uns im Kampf zu Hilfe." Er hoffte, dass er seine Wachen stationieren konnte, bevor Meschullam oder Johanan oder irgendwelche anderen Spione Zeit hatten, seinen Feinden von seinem Plan zu erzählen. Nehemia besänftigte seinen Zorn darüber, dass es diese Verräter mitten unter ihnen gab, mit dem Gedanken daran, dass er einen noch mächtigeren Verbündeten hatte als seine Feinde. „Uns zu bewaffnen und Wachen aufzustellen, ist jedoch nur der erste Teil", sagte er.

„Und was ist der zweite?", fragte jemand.

„Wir werden beten. Alle unsere Bemühungen werden wertlos sein, wenn Gott nicht mit uns ist. Aber ich vertraue darauf, dass er an unserer Seite für uns kämpft. Deshalb brauchen wir nichts zu fürchten. Unsere Feinde werden nicht siegen. Wenn eure Arbeiter Angst haben und aufgeben wollen, erinnert sie an den Gott, dem wir dienen – den Gott, der uns vergeben und uns gerettet und versprochen hat, uns niemals zu verlassen, wenn wir ihm treu sind. Wir bauen diese Mauer auch deshalb wieder auf, um dem Allmächtigen die Ehre zu geben und unseren Feinden zu zeigen, dass er mit uns ist. Wenn wir beten, können wir die Angst durch Glauben ersetzen."

Sobald er die Versammlung aufgelöst hatte, öffneten Nehemia und Hanani das Waffenlager und verteilten Waffen, wobei für jeden Wachposten ein Anführer ernannt wurde. Nehemia wählte ein Schwert für sich selbst, dann machte er sich auf die Suche nach Johanan. Er fand ihn bei seinem Bruder Ephraim in der Feldzentrale beim Taltor. Nehemia baute sich vor dem jungen Mann auf, eine Hand locker am Heft seines Schwertes.

„Du hast mir nicht gesagt, dass du der Sohn des Ammoniters Tobija bist, Johanan."

„Ich hielt es nicht für wichtig. Mein Vater und ich beten denselben Gott an wie du."

„Natürlich ist es wichtig. Und wenn du das nicht glaubst, dann bist du entweder naiv oder ein sehr kluger Betrüger."

„Du irrst dich, was Tobijas Loyalität betrifft, Herr. Er ist nicht dein Feind. Er würde liebend gerne an deiner Seite arbeiten. Er unterstützt deine Arbeit."

„Warum war er dann mit Sanballat und Geschem hier, um uns zu verspotten?"

„Die Dinge sind nicht immer so, wie sie scheinen, Statthalter."

„Das ist wahr", erwiderte Nehemia. Ihm war bewusst, dass man Johanans Äußerung auf verschiedene Weise deuten konnte. „Deshalb schicke ich dich nach Hause. Du hast von jetzt an keinen Platz mehr in meiner Regierung."

Er erwartete eine wütende Reaktion oder wenigstens Widerspruch, aber Johanan erwiderte nur seinen Blick und sagte: „Es war ein Vergnügen, dir zu dienen, Statthalter." Sein Tonfall enthielt weder Sarkasmus noch Bitterkeit. Dann ging er.

„Was hältst du davon?", fragte Nehemia seinen Bruder. „Ist es falsch von mir, misstrauisch zu sein? Sind Tobija und sein Sohn unsere Verbündeten oder unsere Feinde?"

„Ich weiß nicht", erwiderte Ephraim und kratzte sich am Bart. „Tobija war mit Sanballat und Geschem als Teil der Delegation hier, weißt du noch? Er hat uns ebenso verhöhnt, wie die beiden anderen es taten."

„Das stimmt. Aber steckt er mit ihnen unter einer Decke? Welchen Beweggrund könnte Tobija haben, unsere Arbeiten zu behindern?"

„Ich weiß es nicht. Aber wir müssen es herausfinden."

Später teilte Nehemia seinen beiden anderen Assistenten mit, dass auch sie nicht mehr benötigt wurden. „Rehum, ich weiß, dass du den Bau eines Abschnitts an der Ostmauer überwachst. Diese Arbeit ist so wichtig, dass du ihr von jetzt an deine ganze Aufmerksamkeit widmen sollst. Levi, auch du wirst mir eine größere Hilfe sein, wenn du beim Bau der Mauer mithilfst."

Nehemia würde Wachen an allen Eingängen zu seiner Residenz stationieren müssen. Diesmal würde er alle seine Bediensteten persönlich befragen und überprüfen, welchen Hintergrund seine engsten Mitarbeiter hatten – Menschen, denen er bis jetzt blind vertraut hatte. Er sah Rehum und Levi hinterher, als sie gingen. In diesem Moment wurde ihm deutlich, dass er – abgesehen von Ephraim und Hanani – nicht mehr wusste, wer seine Verbündeten oder Feinde waren.

33

Jerusalem

Malkijas letzte Frage verfolgte Chana noch immer. „*Was ist nötig, damit du mir vertraust?*“ Sie kannte die Antwort nicht. Sie seufzte und bückte sich, um Judith zu helfen, faustgroße Steine in die Lederschlaufe zu legen. Dann warteten sie darauf, dass die Arbeiter die Steine nach oben zogen. Die Mauer wurde Stück für Stück höher, aber der Geröllhang, an dem Judith und sie standen, sah immer noch unverändert aus. Vermehrten diese Felsbrocken sich über Nacht?

„Dieser hier kann eingebaut werden“, rief Sarah zu dem Vorarbeiter hinauf. Sie stand neben einem riesigen Steinquader, der doppelt so hoch war wie sie und den die Arbeiter in Form gehauen hatten. Abba hatte sie nur ungern allein zur Arbeit geschickt, während er schon im Morgengrauen zu einer Versammlung mit dem Statthalter geeilt war, aber Chana hatte ihm versichert, dass ihnen nichts passieren würde. Die Arbeit war im Moment ihr ganzer Halt. Am Ende jedes Tages konnte sie betrachten, was sie geleistet hatte. Aber wenn die Mauer fertig war, würde sie Malkija heiraten müssen.

Malkija. Wie konnte sie ihn heiraten, wenn sie immer noch so viele Zweifel hegte? Wurde er wirklich von Habgier getrieben oder hatte er ihr die wahren Gründe genannt, warum er seine Leibeigenen nicht freiließ? „*Was ist nötig, damit du mir vertraust?*“ Wenigstens hatte er zugegeben, dass er sie wegen Abbas Macht heiratete und nicht nur in Bet-Kerem, sondern auch in Jerusalem herrschen wollte. Im Gegensatz zu Itzhak war er diesbezüglich ehrlich gewesen. Chanas Gedanken kreisten in ihrem Kopf wie Aasvögel und ihre Gefühle verwandelten sich von Zorn in Kummer und hin zu Trauer – die gleiche betäubende Trauer, die sie nach Itzhaks Tod empfunden hatte – und dann wieder in Wut.

„Warum hast du in den letzten Tagen nicht mehr gesungen, Chana?“, fragte Judith, während sie darauf warteten, dass die Schlinge geleert und wieder zu ihnen hinuntergeworfen wurde.

„Ich weiß nicht … mir ist einfach nicht danach.“

„Stimmt etwas nicht?“, fragte Judith. „Als wir mit dem Bau der Mauer begonnen haben, warst du so glücklich, aber jetzt bist du wieder traurig.“

„Mir fehlt nichts.“ Chana drehte sich um und ging zum Gerüst, als hätte sie dort etwas zu tun. Sie sollte sich bei Judith entschuldigen, aber ihr war nicht danach zumute. Ihre nagenden Zweifel in Bezug auf Malkija und sogar, was Itzhak betraf, machten sie allen anderen gegenüber unwirsch.

Ihr einziger Grund, warum sie morgens aufstand, war die Arbeit an der Mauer. Jedes Mal, wenn sie das Lot absenkte oder ihre Waageschnur spannte, fühlte sie sich selbstbewusst und zuversichtlich. Die riesige Mauer erstand aus den Ruinen auf, fest und unbeweglich, eines der wenigen Dinge in ihrem Leben, die gerade und berechenbar waren. Sie wusste, dass sie gute Arbeit leistete, und hatte das Gefühl, dass die anderen Arbeiter sie respektierten. Jetzt fragte sie sich, ob das nur daran lag, dass sie Schallums Tochter war.

Chana war das Gerüst schon halb hinaufgestiegen, als Abba von seiner Versammlung im Ratssaal zurückkehrte. Sie sah ihn mit schnellen Schritten durchs Tor kommen und seine sonst so heitere Miene wirkte besorgt. Er winkte ihr, damit sie herunterstieg, und rief auch Sarah und Judith zu sich. „Lasst eure Arbeit liegen, meine Engel. Wir gehen nach Hause.“

„Jetzt? Es ist doch noch nicht einmal Mittag“, sagte Judith und schob einige Strähnen ihrer unbändigen Haare unter ihr Kopftuch. „Wir haben noch mehrere Stunden Tageslicht, die wir ausnutzen sollten.“

Chana stieg ein Stück hinunter und blieb auf einem der breiten Bretter stehen, die Arme verschränkt. „Hat der Statthalter dir gesagt, dass du uns von der Baustelle abziehen sollst? Denn wir müssen nicht tun, was er sagt, Abba. Du bist der Leiter dieses Bauabschnittes und nicht ..."

„Still, Chana. Wir werden darüber reden, wenn wir zu Hause sind, nicht hier draußen, wo jeder uns hören kann." Er sprach leise und in seiner Stimme lag eine ungewohnte Dringlichkeit. „Sarah, Judith … gehen wir."

Chana rutschte die restlichen Stufen beinahe hinunter und musste sich beeilen, um die anderen einzuholen, während ihr Vater mit ihren Schwestern im Schlepptau zum Tor stapfte. Der Statthalter hatte sich wieder eingemischt, dessen war sich Chana sicher. Während sie die Straße der Bäcker entlang nach Hause liefen, beherrschte sie sich noch, aber sobald sie den Hof ihres Hauses erreicht hatten, ließ sie ihrer Wut freien Lauf. „Du musst nicht auf den Statthalter hören, Abba. Ich bin mit Malkija verlobt und er hat gesagt ..."

„Sei still und hör zu!" Es sah Abba gar nicht ähnlich, scharfe Befehle zu geben, sodass sie es plötzlich mit der Angst zu tun bekam.

Sarah hakte den Arm bei ihm unter und schmiegte sich an ihn. „Was ist denn los, Abba?"

Er hatte die Lippen fest aufeinandergepresst, ein Zeichen der Entschlossenheit und nicht der Verärgerung, wie Chana wusste. „Eine Gruppe Arbeiter wurde letzte Nacht auf dem Weg von der Mauer nach Hause überfallen. Zwei von ihnen wurden getötet. Und jetzt kursieren überall in der Stadt und der Provinz Gerüchte, dass unsere Feinde wieder angreifen werden, um uns zur Aufgabe unseres Bauvorhabens zu zwingen. Deshalb hat der Statthalter heute Morgen die Versammlung einberufen. Die anderen Bezirksvorsteher haben von einigen unserer befreundeten heidnischen Nachbarn und Handelspartner die gleichen Warnungen gehört."

Die Neuigkeit jagte Chana einen Schauer der Angst über den Rücken. „Werden die Arbeiten an der Mauer eingestellt?", fragte sie.

„Nein. Denn genau das wollen unsere Feinde erreichen. Aber von jetzt an wird die Hälfte der Männer arbeiten, während die anderen Wache stehen. Diejenigen, die arbeiten, werden auch mit Schwertern bewaffnet sein. Ich werde in ein paar Minuten zum Waffenlager gehen und Waffen für alle meine Arbeiter holen."

„Und was dann?", fragte Judith.

„Der Statthalter stellt Wachen an den unvollendeten Toren und allen exponierten Stellen auf, aber die Arbeiter sind auf viele Meilen Mauer verteilt. Ein Angriff kann jederzeit und überall erfolgen. Wenn es dazu kommt, wird Statthalter Nehemia uns mit einer Trompete ein Zeichen geben und dann werden wir den anderen zu Hilfe eilen. Ich brauche wohl nicht zu sagen, dass die Situation viel zu gefährlich ist, als dass ihr drei weiter mit mir zusammenarbeiten könnt. Es tut mir leid."

„Aber du wirst doch nicht kämpfen, oder, Abba?", fragte Sarah, die immer noch an seinem Arm hing.

„Natürlich werde ich das. Warum nicht?"

„Abba, ich habe Angst!" Sarah schlang den Arm um ihn und vergrub das Gesicht an seiner Brust. Er strich über ihr rabenschwarzes Haar, um sie zu beruhigen.

„Wir vertrauen auf den Allmächtigen. Wir müssen alle für seinen Schutz und seine Hilfe beten."

Die Bedrohungen verunsicherten Chana. Aber trotz der Gefahr galt ihr einziger Gedanke der Tatsache, dass ihr die eine Sache, die ihr geblieben war – der Wiederaufbau der Mauer – weggenommen werden sollte. Das durfte sie nicht zulassen. „Abba, ich weiß, dass wir nicht mehr außerhalb der Mauer arbeiten können, aber mit Lot und Maß kann ich doch auch von innen arbeiten, nicht wahr?"

„Wie willst du denn auf die Mauer hinaufkommen, Chana? Wir können die Gerüste nicht nach innen verlegen."

Sarah riss die Augen auf. „Die Gerüste! Was ist, wenn die Feinde sie benutzen, um hinaufzuklettern und in die Stadt einzudringen?"

„Es gibt einfachere Wege für sie hineinzugelangen", sagte Chana. „Die Tore sind noch nicht einmal fertig. Die Feinde könnten einfach hereinmarschieren."

„Warum machst du ihr Angst, Chana?", fragte Judith. „Sei nicht so gemein!"

„Von jetzt an", sagte Abba, „werdet ihr alle im Haus bleiben, wo ihr in Sicherheit seid, bis die Gefahr vorüber ist."

Chana wusste, dass sie Sarah nicht hätte ängstigen dürfen. Warum ließ sie ihre Enttäuschung an den Menschen aus, die sie liebte? Nachdem Abba gegangen war, stand sie am Tor, das von ihrem Hof auf die Straße hinausführte, und fühlte sich wie eine Gefangene. Sie hatte ihr Leben nicht mehr unter Kontrolle – aber hatte sie das jemals gehabt? Und was war mit ihrer Zukunft? Würde sie diesen endlosen Kreislauf aus Wut und Trauer ihr Leben lang ertragen müssen?

Eine Weile später stand sie immer noch am Tor und sah zu, wie Wagen und Esel und Fußgänger auf der Straße der Bäcker vorbeikamen. Mit einem Mal nahm sie wahr, dass der Mann, der in einiger Entfernung den Berg hinauf auf sie zukam, Malkija war. Sie erkannte seinen zügigen, selbstbewussten Gang, seinen dunklen, ordentlich gestutzten Bart und die Tunika mit dem roten Saum. Am liebsten wäre sie ins Haus gerannt, um sich zu verstecken, nachdem sie ihn vor wenigen Tagen so schäbig behandelt hatte. Doch als er lächelte und die Hand zum Gruß hob, wusste sie, dass er sie gesehen hatte.

Malkija war von dem Anstieg ein wenig außer Atem, als er vor ihr stehen blieb. Sie bemerkte, dass er ein Schwert am Gürtel trug. „Ich habe gerade mit deinem Vater gesprochen. Er hat mir erzählt, wie aufgebracht du bist, weil du nicht mehr beim Bau der Mauer helfen kannst."

Chana blinzelte die plötzlich aufsteigenden Tränen zurück. „Ich habe meine Arbeit gern gemacht. Und gut."

„Das habe ich gehört."

Beinahe hätte sie geschrien: „Das war das Einzige, das mir Freude gemacht hat!", aber dann wurde ihr bewusst, wie beleidigend das für den Mann klingen musste, mit dem sie verlobt war. In diesem Augenblick wurde ihr auch deutlich, dass Malkija ihr rechtmäßiger Ehemann war und den Wunsch ihres Vaters überstimmen konnte. „Lässt du mich von jetzt an bei dir am Misttor arbeiten?", fragte sie. „Ich verspreche, dass ich innerhalb der Mauer bleiben werde."

Er überlegte einen Moment lang, bevor er antwortete, und seine Nachdenklichkeit beeindruckte sie. „Ich würde gerne Ja sagen, Chana, wirklich. Aber dort, wo ich bin, ist es noch gefährlicher als am Mauerabschnitt deines Vaters. Ein halb fertiges Tor ist eine leichte Beute. Und wir arbeiten am südlichsten Punkt der Stadt. Wenn wir dort angegriffen werden, dauert es lange, bis Verstärkung kommt."

„Du hast gesagt, du würdest mich nicht daran hindern, an der Mauer zu bauen, wenn wir verlobt sind."

„Ich weiß. Aber die Arbeit ist viel zu gefährlich geworden. Von jetzt an werden wir Tag und Nacht bei der Mauer lagern und unsere Arbeit mit dem Schwert in der Hand verrichten." Er zog die Waffe, die er am Gürtel trug, und reichte sie ihr. Sie war so schwer, dass Chana mit beiden Händen zugreifen musste, um sie nicht fallen zu lassen. „Kannst du deine Arbeit machen, wenn du gleichzeitig eines dieser Schwerter tragen musst?", fragte er. Beschämt gab sie ihm die Waffe zurück, ohne zu antworten. „Ich gebe deinem Vater recht", sagte Malkija. „Die Angriffe können jeden Augenblick erfolgen, ohne Vorwarnung. Wie du weißt, habe ich meine erste Frau verloren, und ich konnte nichts tun, um sie zu retten. Wenn dir etwas zustieße, würde ich mir nie verzeihen, dass ich dich in Gefahr gebracht habe. Bitte, Chana, du weißt, wie es ist, deinen Verlobten so kurz vor der Hochzeit zu verlieren."

Sie wandte den Blick ab, als ihr bewusst wurde, dass sie keinerlei Sorge um ihn gezeigt hatte, obwohl doch das Misttor ein offensichtlicher Angriffspunkt war. „Ist es für dich nicht auch gefährlich?", fragte sie schließlich.

„Es ist für uns alle im Moment gefährlich."

Er könnte getötet werden, so wie Itzhak. Trotz all ihrer sich ständig verändernden, widersprüchlichen und verwirrenden Gefühle für Malkija wollte Chana nicht, dass er starb, das wurde ihr in diesem Augenblick klar. Das wollte sie ihm gerade sagen, doch er kam ihr zuvor: „Hör zu, ich bin nicht hier, um über all das zu reden. Ich wollte dich sehen, weil es mir zu schaffen macht, wie wir beim letzten Mal auseinandergegangen sind. Es gibt Dinge zwischen uns, die noch nicht aus der Welt sind. Und ich mache mir Sorgen, dass du bereust, mir die Ehe versprochen zu haben." Sie starrte auf den Boden, ohne etwas zu erwidern. „Ich bin hergekommen, um dir eine Annullierung anzubieten. Einen Ausweg aus dem Ehevertrag."

„Ist es das, was du willst?", fragte sie. Sie konnte kaum sprechen, so heftig hämmerte ihr Herz angesichts seines Angebots. Sie dachte an die schrecklichen Anschuldigungen, die sie ihm an den Kopf geworfen hatte, doch er reagierte wie ein Ehrenmann und nicht mit Zorn.

„Nein, Chana", sagte er sanft. „Nein. Es ist überhaupt nicht das, was ich will. Ich will dich heiraten."

Einen Augenblick lang sah sie sich selbst, wie er sie sehen musste und wie Judith und Sarah sie heute Vormittag gesehen hatten: entstellt durch hässliches Selbstmitleid und Sturheit, ein Mensch, der seinen Ärger an denen ausließ, die er liebte. Sie hatte Malkija Habgier und Wucher vorgeworfen und dass er kein Mitleid mit den Armen habe – und das ohne jegliche Beweise, die ihre Anschuldigungen untermauern könnten. Trotzdem war dies ihre Chance, frei zu sein. Er bot ihr einen Ausweg aus ihrem Ehevertrag an. Wollte sie das Angebot annehmen?

Endlich blickte Chana zu ihm auf. Sie konnte sein Gesicht durch ihre Tränen hindurch nur verschwommen wahrnehmen. Er war ein guter Mann. Er war unverändert geduldig mit ihr gewesen, obwohl sie in ihren Gefühlen und Einstellungen ihm gegenüber so wankelmütig gewesen war. Sie musste Stabilität und Frieden in ihrem eigenen Herzen finden und ihre Zukunft annehmen.

„Malkija, es tut mir leid, dass ich all diese Dinge zu dir gesagt habe. Bitte vergib mir." Sie zögerte und schluckte. „Wenn du mich noch willst ... dann möchte ich dich immer noch heiraten."

Er lächelte sein attraktives, schiefes Lächeln. „Ich hatte gehofft, dass du das sagen würdest."

Vor wenigen Stunden noch hatte Chana panische Angst gehabt, als sie ihren Hochzeitstag näher rücken sah. Jeder Stein, den sie an seinen Platz setzte, brachte diesen Tag ein Stück näher. Jetzt konnte sie nicht mehr an der Mauer weiterbauen. Aber vielleicht gab es andere Aufgaben, denen sie sich ihr Leben lang widmen konnte, zum Beispiel der, an der Seite dieses Mannes zu arbeiten, der sagte, dass er sie brauchte und wollte.

34

Jerusalem

„Wir sind hier, um uns auf einen Gegenangriff vorzubereiten“, erklärte Nehemia der Handvoll Männer, die um den Arbeitstisch in seinen Privatgemächern versammelt war. Es waren Männer, von denen er sicher war, dass sie auf seiner Seite standen; Männer, die ihn nicht verraten würden. „Es reicht mir nicht, nur Wachen zu stationieren und ängstlich hinter langen Metern unvollendeter Mauer abzuwarten. Zwei meiner Arbeiter wurden kaltblütig ermordet und ich werde nicht zulassen, dass noch mehr Menschen aus unserem Volk zu hilflosen Opfern werden. Deshalb habe ich beschlossen, neben den stationären Wachen auch in die Offensive zu gehen. Wenn wir herausfinden können, an welchen Stellen wahrscheinlich die nächsten Angriffe erfolgen werden, können wir bewaffnete Freiwillige vor die Stadtmauer schicken, die unsere Feinde überrumpeln und ihnen unmittelbar entgegentreten. Ich werde Männer brauchen, die bereit sind, für ihre Brüder, ihre Söhne und Töchter, ihre Frauen und Häuser zu kämpfen.“

Er sah, dass alle um den Tisch herum nickten, während er die Karte ausbreitete und die Ecken der Pergamentrolle mit Tongewichten beschwerte. „Ich glaube, die meisten von euch kennen Jehuda ben Aaron, den Mann, der vor achtundzwanzig Jahren am 13. Adar die Verteidigung Jerusalems organisiert hat. Ich habe ihn gebeten, uns von seinen Erfahrungen zu berichten und die Strategie zu erklären, mit der er die Stadt verteidigt hat.“

Jehuda erhob sich. Er war jetzt beinahe siebzig Jahre alt, aber immer noch tüchtig und energisch, ein Mann mit schütterem weißem Haar und untersetzter Figur. Er sah die Männer um den Tisch mit durchdringenden grauen Augen an, denen nichts zu entgehen schien. „Damals wussten wir, dass wir ohne die Hilfe des Heiligen keine Chance haben würden. Die Mauer lag in Trümmern und es gab natürlich keine Tore. Wir konnten unmöglich alle Lücken verteidigen, also beschlossen wir, wie unsere Feinde zu denken und zu überlegen, wo sie am ehesten angreifen würden."

„Und das sollten wir auch tun", sagte Nehemia. „Versetzen wir uns in ihre Lage und stellen wir uns vor, welche Strategie sie benutzen würden. Erinnert euch daran, dass es ihr Ziel ist, Angst zu verbreiten und die Bauarbeiten zum Stillstand zu bringen, aber nicht, die Stadt zu erobern und zu plündern, wie es am 13. Adar der Fall war." Wieder nickten die Männer um den Tisch herum zustimmend.

„Damals", fuhr Jehuda fort und zeigte auf den Stadtplan, „haben wir damit gerechnet, dass der Feind die Stadt nicht von Osten aus angreifen würde. Der Bergkamm ist auf der Seite zu steil und sie würden das Risiko eingehen, gesehen zu werden, wenn sie das Kidrontal durchquerten oder den steilen Hang hinaufstiegen."

„Das sehe ich auch so", sagte Nehemia. „Auf dieser Seite habe ich deshalb auch weniger Wachen aufgestellt. Von der Höhe aus können sie einigermaßen weit sehen und Alarm schlagen, wenn ein Angriff erfolgt."

„Der nördliche Zugang beim Tempel war schon immer der verwundbarste Punkt", sagte Jehuda. „Dort haben wir unsere Kräfte am 13. Adar konzentriert, weil wir wussten, dass unsere Feinde habgierig waren. Sie erhofften sich leichte Beute durch das Plündern der Schatzkammer."

„Diesmal ist die Lage anders", sagte Nehemia. „Sanballat und unsere anderen Feinde wollen Macht, nicht Gold. Ich bezweifle, dass sie den Zorn des Allmächtigen riskieren würden, indem sie den Tempel angreifen. Außerdem hat Sanballat durch seine Heirat verwandtschaftliche Beziehungen zum Hohepriester und würde diese Verbindung nicht aufs Spiel setzen. Trotzdem machen die Leviten sich bereit, die Tore auf der Nordseite des Tempels zu verteidigen. Unsere Bauarbeiter sind bei einem der Türme so weit fortgeschritten, dass er als guter Aussichtspunkt dient."

Jehuda nickte und sah wieder auf die Karte. Mit dem Finger fuhr er das lange Stück Mauer im Westen der Stadt entlang. „Diese Seite war unsere nächste Sorge. Die Mauer war so zerstört und hatte so viele Lücken, dass der Feind leicht hindurchschlüpfen konnte, das wussten wir. Und nicht nur das – die eingestürzten Häuser und Gebäude in der verlassenen Mischne boten außerdem gute Verstecke für sich anschleichende Gegner. Wir waren gezwungen, einen guten Teil unserer Truppen auf dieser Seite der Stadt zu verteilen. Am 13. Adar ließen wir die Männer als Familienverbände zusammen kämpfen, weil wir wussten, dass sie ihr eigenes Fleisch und Blut noch entschlossener beschützen würden."

„Gute Idee. Diesem Beispiel werde ich folgen", sagte Nehemia. Er warf seinen Brüdern einen Bick zu, aber er wusste schon jetzt, dass er nicht die Absicht hatte, einen von ihnen in Gefahr zu bringen oder an seiner Seite kämpfen zu lassen. „Gut für uns, dass es jetzt weniger Lücken in der Westmauer gibt. Aber du hast recht, Jehuda – die Mischne bietet immer noch viel Schutz für jemanden, der sich heimlich nähert, vor allem nachts. Und genau das wollen sie – Überraschungsangriffe und einen schnellen Rückzug. Sie hoffen, sie können noch mehr von uns töten und alle anderen so in Angst und Schrecken versetzen, dass sie die Arbeiten einstellen. Wenn sie uns vom Bau ablenken und uns zwingen können, alle unsere Energie in die Verteidigung der Stadt zu stecken, dann werden die Bauarbeiten zum Stillstand kommen. Bereiten wir uns auf einen Angriff im Westen vor und konzentrieren wir unsere Truppen am Fischtor, am Jeschanator und am Taltor."

„Sehr weise", sagte Jehuda. „Diese Entscheidung halte ich für richtig. Bleibt noch die Möglichkeit eines Angriffs aus südlicher Richtung, am Misttor. Dort fällt das Land zwar steil zum Hinnomtal hin ab, dennoch beschlossen wir damals am 13. Adar, einige Männer dorthin zu schicken, für alle Fälle. Und wir waren froh, dass wir es getan hatten."

„Das Misttor ist dein Bereich, Malkija", sagte Nehemia. „Ich überlasse es dir, die richtigen Vorkehrungen für einen feindlichen Überfall zu treffen." Er hielt Malkija für einen klugen, vertrauenswürdigen Verbündeten.

Malkija nickte. „Danke, Statthalter. Meine Arbeiter und ich haben bereits einige Vorkehrungen getroffen."

Nehemia erhob sich und trat einen Schritt vom Tisch zurück, weil er zu ruhelos war, um wie die anderen Männer sitzen zu bleiben. „Ich weigere mich, hinter der Mauer zu sitzen und darauf zu warten, dass wir überrascht werden. Mein Plan ist es, nachts kleine Gegentruppen an den Hauptstraßen entlangzuschicken. Wir legen uns an den Stellen auf die Lauer, von denen aus wir einen guten Blick auf die Wege haben, die der Feind für seine Überraschungsangriffe benutzen könnte."

„Wie lange kannst du das durchhalten?", fragte Ephraim. „Wer weiß denn, wann sie kommen?"

„Das ist ein Problem", gab er seinem Bruder recht. „Aber in zwei Nächten wird Neumond sein. Wenn ich der Feind wäre, würde ich dann angreifen. Ich suche Freiwillige aus dieser Runde, die jeder einen solchen Trupp befehligen."

Die Zahl der Männer, die sich freiwillig meldeten, machte Nehemia Mut. Er ernannte einen Befehlshaber für jede der möglichen Angriffsrouten und sagte dann: „Die Straße zum Taltor übernehme ich selbst. Ihr anderen sucht euch mit euren Männern einen höher gelegenen Punkt, wo ihr euch verstecken und Ausschau halten könnt. Wenn ihr den Feind näher kommen seht, kommt aus eurem Versteck und kämpft. Sie verlassen sich auf den Überraschungsmoment, also werden *wir* sie stattdessen überraschen. Aber verfolgt sie nicht, wenn sie sich zurückziehen, es sei denn, ihr seid ganz sicher, dass ihr nicht in der Unterzahl seid." Er entließ die Männer, damit sie ihre Truppen versammelten, und fügte noch hinzu: „Nehmt nur Freiwillige. Diejenigen, die zu viel Angst haben, um zu kämpfen, sind als Wachen hinter der Mauer besser aufgehoben."

Sobald die Männer gegangen waren, packte Ephraim von hinten Nehemias Arm und riss ihn herum. „He! Warum hast du uns nicht zu Anführern eines Trupps gemacht?"

„Du kannst uns nicht ein Leben lang beschützen", sagte Hanani, der von der anderen Seite neben ihn trat. „Wir sind keine Kinder. Wir wollen mit dir kämpfen."

Bei dem Gedanken daran, dass seine Brüder mitten in der Nacht einer Bande bewaffneter Männer gegenüberstehen könnten, drehte sich Nehemia der Magen um. Sein Instinkt, sie zu beschützen, war noch genauso stark wie in der Nacht, in der man ihre Eltern ermordet hatte. „Ihr seid Schreiber, keine Soldaten, und ..."

„Das sind die anderen auch nicht!", schrie Ephraim.

Sie waren wütend auf ihn. Nehemia musste sie beruhigen. „Hört zu, ihr seid meine beiden Vertrauten. Ich brauche euch, damit ihr mir helft, das Volk zu führen, und ich werde euch nicht in Gefahr bringen ..."

Ephraim unterbrach ihn mit einem verächtlichen Schnauben. „Aber du selbst kämpfst – und du bist der Statthalter! Das ergibt keinen Sinn! Was ist, wenn *du* stirbst? Oder bist du jetzt irgendwie unsterblich geworden?"

Nehemia konnte sein irrationales Bedürfnis, seinen Feinden offen gegenüberzutreten, anstatt sich zu verstecken, nicht erklären. Er musste kämpfen, selbst wenn es keinen Sinn ergab. „Ich habe eine militärische Ausbildung und ihr nicht. Ich habe gelernt, mit einem Schwert umzugehen, um den persischen König zu beschützen, erinnert ihr euch? Ich habe nicht vor zu sterben, Ephraim, aber wenn ich es tue, dann müsst ihr beide meinen Platz einnehmen. Ihr müsst dann die Mauer für mich zu Ende bauen. Ihr wisst besser als jeder andere in dieser Stadt, wie die Arbeit vollendet werden kann."

„Unser Vater hatte auch nicht vor zu sterben", sagte Ephraim, „aber er ist gestorben. Ich melde mich freiwillig zum Kampf und du solltest besser nicht versuchen, mich davon abzuhalten." Er stapfte zur Tür und riss sie auf.

„Was ist mit deiner Familie? Deinen Kindern?"

„Für sie kämpfe ich doch!"

Ein schwerer Stein senkte sich in Nehemias Magen, als er seinen Bruder aus dem Raum stürmen sah. Wenn er ihn nicht mit Seilen fesseln wollte, konnte er ihn nicht zurückhalten. Die Worte des Psalmisten waren Nehemia immer wieder in den Sinn gekommen, seit die Leviten sie an diesem Morgen im Tempel gesungen hatten, und auch jetzt dachte er daran: „*Wenn der Herr nicht das Haus baut, dann ist alle Mühe der Bauleute umsonst. Wenn der Herr nicht die Stadt bewacht, dann wachen die Wächter vergeblich.*"

Wachten er und seine Männer vergeblich? War der Allmächtige der Grund für ihre Pläne, Jerusalems Mauer aufzubauen und zu verteidigen, oder nicht? Wo war das Gleichgewicht zwischen dem

Vertrauen auf Gott, seine geliebten Kinder zu verteidigen, und dem Wunsch, selbst die Initiative zu ergreifen? Wenn er ehrlich war, wusste Nehemia, dass er diesen überwältigenden Instinkt, seine Brüder beschützen zu wollen, deshalb verspürte, weil Gott damals in jener Nacht seine Eltern nicht beschützt hatte. Und jetzt gelang es ihm wieder nicht, Gott zu vertrauen, sondern er hatte Angst, seine Brüder in die Hände des Allmächtigen zu legen und ihnen den Kampf zu erlauben. War es Nehemia gewesen, der seine Brüder in jener Nacht gerettet hatte – oder Gott?

„Ich mache mir Sorgen, dass Ephraim eine Dummheit begeht, nur um zu beweisen, dass er meinen Schutz nicht braucht", sagte er zu Hanani.

Sein Bruder nahm die Gewichte von den Ecken des Pergaments und rollte es langsam auf. „Lass ihn in Ruhe, Nehemia. Er hat einen guten Selbsterhaltungstrieb. Den haben wir alle drei."

Nehemia hatte sein Leben lang versucht, der starke, mutige große Bruder zu sein und Ephraim und Hanani nichts von seinen Zweifeln und Ängsten sehen zu lassen. Aber die Flut der Anfechtungen, die auf ihn einprallte, seit er angefangen hatte, die Mauer wiederaufzubauen – der Spott seiner Feinde, die Behinderungen der Arbeit und jetzt der Tod von zwei Arbeitern –, höhlte seinen Glauben allmählich aus, wie ein vom Unwetter angeschwollener Fluss die Ufer wegspült. Er musste sich jemandem anvertrauen. „Hanani … hast du jemals herausgefunden, warum Gott manchmal das Böse zulässt?"

„Denkst du an unsere Eltern?"

„Genau."

„Ich habe im Laufe der Jahre oft darüber nachgedacht", sagte Hanani seufzend, „und bin lediglich zu dem Schluss gekommen, dass wir manchmal unfähig sind, die Gründe des Allmächtigen zu verstehen. Wir müssen einfach darauf vertrauen, dass er einen Plan hat, auch wenn wir ihn nicht sehen."

„Das ist so schwer – zu vertrauen."

„Ich habe mich oft gefragt, ob Ephraim und ich die Männer wären, die wir heute sind, wenn Mama und Abba am Leben geblieben wären. Ob wir hier im Land unserer Väter leben würden, unsere Kinder hier großziehen – und ob du hier wärest, um die Mauer wiederaufzubauen. Oder wären wir alle noch in Susa und würden einem gottlosen König dienen, anstatt dem Allmächtigen? Das werden wir natürlich nie wissen. Aber wir sind hier. Und geht es beim Glauben nicht darum – auf die Güte des Allmächtigen zu vertrauen und zu glauben, dass er größere, umfassendere Antworten hat, selbst wenn er unsere Gebete nicht sofort erhört?“

Nehemia erinnerte sich daran, welcher Glaube ihn am Anfang erfüllt hatte. Er hatte darauf vertraut, dass Gott zu ihm gesprochen hatte und dass seine Hand auf ihm lag, um sein Werk zu vollenden. Jetzt taten seine Feinde ihr Möglichstes, um seinen Glauben zu untergraben und ihn von seinem gottgegebenen Auftrag abzubringen. Nehemia beschloss durchzuhalten. Er würde nicht zulassen, dass seine beiden Arbeiter umsonst gestorben waren. Er legte eine Hand auf die Schulter seines Bruders, als Ausdruck des Dankes. „Die Mauer ist erst halb fertig, Hanani. Lass uns gehen und sie vollenden.“

35

Jerusalem

Erleichterung durchströmte Nava, als sie Dan endlich die Treppe zum Tempel hinaufkommen sah. Er trug ein Schwert an seinem Gürtel, wohin er auch ging, selbst hier, wenn er zum Gottesdienst kam. Seine schweren Schritte wirkten müde, so als wären die Stufen mit Honig bedeckt und seine Sandalen würden an ihnen festkleben. Die Arbeiter wechselten sich jetzt damit ab, die Mauer zu bauen und Wache zu halten, und sie sah, dass die Schwerstarbeit in Verbindung mit zu wenig Schlaf Dan die Kraft raubte. Nava ignorierte den morgendlichen Strom der Gläubigen und eilte die Treppe in der entgegengesetzten Richtung hinunter, um zu ihm zu gelangen. „Dan! Ich hatte solche Angst um dich. Du siehst erschöpft aus."

„Das bin ich auch – mehr als in unserer Haupterntezeit. Aber es ist ein gutes Gefühl, dass wir endlich gegen unsere Feinde kämpfen."

„Kämpfen? Du hast mir nicht erzählt, dass du kämpfen musst."

„Ich habe ja auch noch nicht gekämpft …" Er senkte die Stimme. „Aber irgendwann muss ich es vielleicht." Sie erreichten das Ende der Treppe und er zog sie zur Seite. „Ich erzähle dir etwas, das du nicht weitersagen darfst, Nava. Der Statthalter will nicht, dass die ganze Stadt davon erfährt. Aber er hat Freiwillige gesucht, die eine Spezialtruppe bilden. Wir werden jede Nacht vor die Tore der Stadt gehen, um den Feind zu überrumpeln, bevor er die Gelegenheit hat, uns anzugreifen."

„Melde dich nicht freiwillig, Dan. Es ist zu gefährlich."

„Ich muss kämpfen. Ich muss dich doch beschützen."

Nava wollte ihn anflehen, nicht zu gehen, sondern innerhalb der Mauern zu bleiben, wo er in Sicherheit war. Aber sie hatte gesehen, wie Dans Wut auf Malkija mit jedem Tag wuchs und schwelte. Er brauchte ein Ventil, bevor der Hass ihn zerstörte.

„Ich bin das Warten leid", hatte er ihr vor ein paar Tagen gesagt. „Und leid, Geduld zu haben. Ich könnte Malkija mit bloßen Händen töten, weil er dich als Leibeigene behält und sich weigert, uns die Schulden zu erlassen."

Nava hatte versucht, ihn davon zu überzeugen, dass sein Sohn Aaron alles erben würde, wenn Malkija starb. „Und glaub mir, dann wäre alles noch viel schlimmer", sagte sie.

Jetzt eilten sie über den Hof, um am Opfer teilzunehmen, das schon begonnen hatte. Nava versuchte sich darauf zu konzentrieren, aber ihre Gedanken wanderten immer wieder zu dem zurück, was Dan ihr gerade erzählt hatte, und zu der Gefahr, in der er sich befinden würde. Als die Zeit fürs Gebet kam, erinnerte Statthalter Nehemia sie daran, dass sie den Allmächtigen um seine Hilfe gegen ihre Feinde bitten mussten. Die Gläubigen neigten die Köpfe, als der Priester das Heiligtum betrat, um den Weihrauch zu entzünden. Doch Nava konnte noch immer nicht beten. Sie verstand den Allmächtigen nicht. Zwei Jahre lang hatte ihre Familie für Regen gebetet, aber er war nicht gekommen. Gott hätte sie befreien können, als die anderen wohlhabenden Grundbesitzer sich erbarmt hatten, aber das Herz ihres Herrn hatte er nicht erweicht. Sie war immer noch eine Leibeigene. War der Heilige zornig auf sie? Wenn, dann wusste sie nicht, warum. Ihr Glaube war so vertrocknet und leblos wie das von der Dürre heimgesuchte Land ihres Vaters und ihr Herz ein leerer Brunnen, aus dem sie keine Hoffnung mehr schöpfen konnte. Ihr einziger Trost war, dass sie Dan jeden Tag an ihrer Seite hatte, drahtig und sonnengebräunt und stark. Wenigstens konnten sie jeden Morgen einige Minuten im Tempelvorhof zusammen sein.

An der gewohnten Stelle verabschiedeten sie sich und an diesem Nachmittag half Nava, das Abendessen für Malkija und einen Gast zuzubereiten. Ihr Herr war zwei ganze Tage im Dienst am Misttor gewesen und war in dieser Zeit weder zum Essen noch zum Schlafen nach Hause gekommen. Sie sah die dunklen Ringe unter seinen Augen, als sie die Platten mit Speisen und die Teller zwischen

Küche und Speisesaal hin und her trug und vor ihm abstellte. Aber sie hatte kein Mitleid mit ihm, sondern ihre Wut brodelte wie ein Gebräu aus bitteren Kräutern.

„Verschwenden wir keine Zeit mit Höflichkeiten", sagte Malkija zu seinem Gast. „Ich muss zu meinem Dienst am Tor zurück. Sag mir, warum du mich sehen wolltest." Seine abrupte Art überraschte Nava. Sonst war ihr Herr ein lächelnder, zuvorkommender Gastgeber. Den Fremden, der ihm gegenübersaß, schien seine Unhöflichkeit nicht zu stören.

„Also gut. Ich habe gehört, dass du nicht wie die anderen Anführer den Eid geleistet hast, die Hypotheken deiner Schuldner zu erlassen oder deine Leibeigenen freizugeben."

Nava erstarrte und bei seinen Worten stieg ihr die Zornesröte ins Gesicht. Nachdem sie die Schüsseln mit Oliven und Feigen auf den Tisch gestellt hatte, sollte sie eigentlich in die Küche zurückgehen, aber gleich hinter der Tür blieb sie stehen, um zu lauschen.

„Wenn du gekommen bist, um mir Habgier und Hartherzigkeit vorzuwerfen, dann ist das nichts Neues", sagte Malkija ärgerlich. „Ich habe diese Vorwürfe sogar von Menschen gehört, die mir etwas bedeuten. Meine derzeitigen finanziellen Verpflichtungen ermöglichen es mir nicht, alles zurückzugeben."

„Du hast mich falsch verstanden, Malkija", sagte der Mann ruhig. „Ich habe Nehemias absurden Schwur auch nicht abgelegt."

Schweigen. Dann sagte Malkija: „Mein Fehler. Bitte vergib mir."

„Du bist nicht allein, musst du wissen. Es gibt mehr von uns, als du glaubst, die nicht bereit sind, sich von den politischen Manövern des Statthalters beeinflussen zu lassen. Und wir haben einen anderen Schwur geleistet."

„Sprich weiter ..."

Der Mann lachte leise. „Zuerst muss ich wissen, wem deine Loyalität gilt. Ich habe gehört, du dienst nicht nur in Nehemias Rat, sondern gehörst auch zu seinem inneren Kreis. Als einer seiner Armeekommandeure."

„Das ist wahr, das bin ich. Deshalb muss ich dieses Essen auch kurz halten und an meinen Posten zurückkehren."

„Weiß der Statthalter, dass du den Eid, deine Diener freizulassen oder ihre Schulden zu erlassen, nicht geleistet hast?"

Nava spitzte die Ohren, um die Antwort zu hören. Vielleicht würde der Statthalter eingreifen, wenn er die Wahrheit über Malkija erfuhr.

„Ich habe es ihm nicht erzählt", erwiderte Malkija. „Wenn er es von anderen erfahren hat, hat er mich nicht darauf angesprochen. Im Übrigen finde ich, es geht ihn nichts an – und das würde ich ihm auch ganz unverblümt sagen. Er hat keine Ahnung, was dazu gehört, ein Anwesen wie meines zu verwalten."

„Ich bin nicht sicher, ob Nehemia überhaupt viel über das Leben hier in unserer Provinz weiß."

„Ich befolge die Thora bis auf den letzten Buchstaben des Gesetzes", sagte Malkija aufgebracht. „Ich nehme keine Zinsen für meine Darlehen und gebe allen Bauern in meinem Bezirk, die in Not sind, Nahrungsmittel und Darlehen. Nehemia hat nicht das Recht, mich zu zwingen, allen, die mir etwas schulden, die Rückzahlung zu erlassen oder meinen Leibeigenen die Freiheit zu geben. Das kann ich unmöglich tun, ohne meine eigenen Interessen aufs Spiel zu setzen."

Navas Wut nahm ebenso zu wie die ihres Herrn. Sie riskierte einen Blick um den Türpfosten herum und sah, dass er sich aufgebracht vorgebeugt hatte, das Gesicht gerötet. Schnell drehte sie sich um und drückte sich wieder an die Wand, wo er sie nicht sehen konnte. Wenn er oder die Haushälterin sie dabei erwischte, wie sie lauschte, würde sie Ärger bekommen, aber das war Nava egal. Sie wollte seine geizigen, hartherzigen Ausreden mit eigenen Ohren hören.

„Oh, ich verstehe gut, was du meinst, Malkija", erwiderte sein Gast. „Ich verstehe ganz und gar. Aus demselben Grund habe ich den Schwur des Statthalters auch nicht geleistet. Und ich kenne mehrere andere Männer, Mitglieder des Adels, die in der gleichen Situation sind wie wir. Du bist nicht allein."

„Gut zu wissen."

Nava hörte das leise Klappern von Besteck, während sie wartete. Sie wollte gerade in die Küche zurückkehren, als Malkijas Gast sagte: „Es gibt ein Gruppe Adliger, die sich zusammengeschlossen haben, um den Statthalter aufzuhalten und sich gegen seine lächerlichen Forderungen zu wehren. Wir dachten, du könntest ein Interesse daran haben, dich uns anzuschließen. Und wenn es in deinem Bekanntenkreis andere Männer gibt, die ebenso fühlen wie wir – vielleicht dein zukünftiger Schwiegervater –, dann hoffen wir, dass du deinen Einfluss geltend machst, um sie auf unsere Seite zu bringen. Schallum ist hier in Jerusalem ein mächtiger Mann und könnte eine große Hilfe für unser Anliegen sein."

„Wer gehört noch zu der Gruppe?"

„Ah", sagte der Mann. „Da kommt der Eid ins Spiel, von dem ich sprach. Wir müssen sicher sein, dass wir nicht verraten werden, wenn wir dich in unser Vertrauen ziehen."

„Und ich muss wissen, wem oder was ich schwöre, bevor ich dir mein Wort gebe."

Es war still im Raum. Nava wagte noch einen Blick. Die beiden Männer saßen auf der Vorderkante ihrer Sitze und starrten einander an. „Ich verstehe", sagte Malkijas Gast schließlich. Nava sah zu, wie er sich zurücklehnte und den Becher hob, um etwas Wein zu trinken, dann wandte sie sich wieder ab. Sie sollte keinen Augenblick länger hierbleiben und lauschen. Aber der Statthalter war für sie und alle anderen armen Menschen ein Held und sie war wütend, weil diese beiden Männer sich gegen ihn verschworen.

„Die Qualität deines Weines ist legendär, mein Freund", sagte Malkijas Gast. „Er wird allem, was ich darüber gehört habe, mehr als gerecht."

„Danke."

„Es wäre eine Tragödie, wenn du ihn nicht mehr produzieren könntest. Wir haben beide gesehen, wie Statthalter Nehemia die Schmeicheleien der Massen liebt. Er ist ein Tyrann geworden, der alles tun wird, um ihre Unterstützung zu gewinnen. Ich frage dich: Was würde mit dir und deinem Weinberg geschehen, wenn der Statthalter seine Bitte zum Gesetz macht? Wenn er *verlangt*, dass du alle deine Dienstboten freilässt? Würdest du dann nicht eine mächtige Gruppe Edelleute und Grundbesitzer auf deiner Seite wissen wollen, die gegen diese Tyrannei kämpfen? Männer, die ihm erfolgreich Widerstand leisten können?"

„Glaubst du, dass es dazu kommen wird? Könnte Nehemia uns zwingen, ihm zu gehorchen?"

„Natürlich kann er das. Er ist der Statthalter. Und er hat die Rückendeckung eines gottlosen persischen Königs. Er könnte uns zu allem zwingen, was er will." Wieder herrschte lange Schweigen, bevor der Gast erneut sprach. „Die Männer, die ich vertrete, haben ihre Treue einem bewährten Anführer geschworen – einem Mann, der diese Provinz und unser Volk und unsere finanziellen Verpflichtungen sehr genau kennt. Seit Nehemia hier ist, stehen wir in regelmäßigem Kontakt zu ihm. Und wenn du und andere einflussreiche Männer uns unterstützen, sind wir in der Lage, den Statthalter loszuwerden und ihn durch einen Anführer zu ersetzen, den wir selbst gewählt haben."

Wieder schwiegen sie eine Zeit lang. „Ich kann dir heute Abend keine Antwort geben", sagte Malkija. „Ich brauche Zeit, um mich zu entscheiden. Dies ist etwas, das man nicht auf die leichte Schulter nehmen darf."

„Ich verstehe."

„Du hast mir bis hierhin vertraut – kannst du mir den Namen wenigstens eines anderen Mitgliedes dieser Gruppe nennen, abgesehen von dir?"

Es folgte eine lange Pause. „Schechanja ben Arach."

„Ich verstehe. Tatsächlich ein einflussreicher Mann. Mein Anwesen ist nichts im Vergleich zu seinem."

Nava wiederholte den Namen mehrmals im Stillen, um ihn nicht zu vergessen, während sie in die Küche zurückeilte. Sie war ohnehin schon viel zu lange fort gewesen. Den Namen des Gastes kannte sie noch immer nicht, aber sie hatte genug von der Unterhaltung mit angehört, um zu wissen, dass man Statthalter Nehemia vor dem, was die Männer besprochen hatten, warnen musste. Sie bewunderte den Statthalter sehr, weil er den Armen half, und sie grollte den selbstsüchtigen, reichen Männern wie ihrem Herrn und seinem Gast mehr denn je.

Am nächsten Morgen wartete sie beim Tempel auf Dan, um ihm alles zu berichten, was sie gehört hatte, aber er stand nicht an seinem üblichen Platz oben an der Treppe, als sie dort ankam. Nava blieb dort, anstatt mit den anderen Gläubigen in den Hof zu gehen. Angst um seine Sicherheit flackerte in ihr auf. Wenn ihm etwas zugestoßen war, wie sollte sie es jemals erfahren? Vielleicht sagten sie es seiner Familie in Bet-Kerem, aber wie sollte die Nachricht zu ihr gelangen? Als das Opfer vorüber war und der Strom der Gottesdienstbesucher auf sie zufloss, wartete Nava immer noch, den Blick starr in Richtung Mischne gewandt, wo Dan Wache stand. Die Angst presste ihr das Herz zusammen.

„Nava … hast du einen Augenblick Zeit?"

Sie drehte sich um, als sie ihren Namen hörte. Die Verlobte ihres Herrn – ihre neue Herrin – stand neben ihr. „Ja, Herrin. Natürlich."

„Ich hole euch ein", sagte Chana zu den anderen Frauen, die sie begleiteten. Sie und Nava traten einen Schritt zur Seite. „Ich wollte dir erzählen, dass ich mit Malkija darüber gesprochen habe, dass er dich und die anderen Bediensteten nicht freilässt. Er hat mir erklärt, es sei im Moment unmöglich ..."

„Und Ihr habt ihm geglaubt?" Wut und Angst gaben Nava Mut. Sie hatte nichts mehr zu verlieren.

Chana blinzelte überrascht. „Ich … Mir bleibt nichts anderes übrig, als ihm zu glauben. Ich weiß nicht, wie man ein so großes Anwesen wie seines führt. Es tut mir wirklich leid, dass ich dir nicht besser helfen konnte ..."

„Er ist nicht der Mann, für den Ihr ihn haltet."

„Was meinst du damit?"

„Gestern Abend habe ich ihn und einen Gast bewirtet. Dieser Gast sagte, es gebe eine Gruppe reicher Männer und Adliger, die den Eid des Statthalters nicht geleistet haben, und er hat Herrn Malkija eingeladen, sich ihrer Verschwörung gegen den Statthalter anzuschließen. Sie haben Nehemia einen Tyrannen genannt und gesagt, sie hätten jemand anderen ausgesucht, der ihn als Statthalter ablösen soll."

Chana war sichtlich vor den Kopf gestoßen. „Bist du sicher, dass du das richtig verstanden hast?"

„Ja. Ich warte hier auf Dan, damit er Statthalter Nehemia warnen kann und ..." Sie verstummte, als ihr bewusst wurde, was sie gerade getan hatte. Indem sie ihrer Bitterkeit gegen Malkija Luft gemacht hatte, hatte sie seiner Verlobten gestanden, dass sie die Männer belauscht hatte. Schlimmer noch: Wenn Chana auf Malkijas Seite war, würde sie ihn und die anderen Männer wahrscheinlich warnen, dass ihre Verschwörung kein Geheimnis mehr war. Sie würden alles tun, um Nava daran zu hindern, sie zu verraten. Während Panik in ihr aufstieg, wollte sie nur noch weglaufen und verschwinden, aber die Treppe war gedrängt voll mit Menschen.

„Weißt du, wer Malkijas Gast war?“, fragte Chana.

Nava schüttelte den Kopf. Sie wünschte, sie hätte nie den Mund aufgemacht. „Ich muss gehen.“

„Nein, warte.“ Chana versperrte Nava den Weg, sodass sie nicht vorbeikonnte. „Du fragst dich sicher, ob du mir vertrauen kannst. Das verstehe ich. Um ehrlich zu sein, mir fällt es auch schwer zu entscheiden, wem ich trauen kann. Aber ich versichere dir, dass ich das, was du mir erzählt hast, ernst nehme. Und während ich nach der Wahrheit suche, werde ich dein Vertrauen nicht missbrauchen.“

„Danke, Herrin.“ Nava war nicht sicher, ob sie ihr glauben konnte. Sie schlüpfte davon und verschwand in der Menge, indem sie sich duckte und sich zwischen den Gläubigen hindurchschlängelte. Warum hatte sie nicht den Mund gehalten? Wenn Malkija sie hinauswarf, würde Abba sein Land verlieren. Ihre Familie würde hungern. Dem Statthalter zu berichten, was sie gehört hatte, war eine Sache, aber warum war sie so dumm gewesen, sich Chana anzuvertrauen? Nava rannte die Treppe hinunter und durch die Straßen. Als sie sich Malkijas Haus näherte, stand Dan an der Stelle, an der sie sich normalerweise voneinander verabschiedeten. Vor lauter Erleichterung kamen ihr die Tränen. Sie rannte den restlichen Weg und warf sich in seine Arme. „Ich hatte solche Angst um dich!“

„Es tut mir leid. Ich habe es nicht rechtzeitig zum Morgenopfer geschafft, also habe ich beschlossen, hier auf dich zu warten.“

„Als du nicht im Tempel warst, hatte ich Angst, dass du kämpfen musstest und dir etwas zugestoßen ist.“

„Wir haben letzte Nacht vor der Stadt auf der Lauer gelegen und auf einen Angriff gewartet, aber nichts ist passiert.“

Sie war erleichtert, dass Dan unverletzt war, aber noch immer voller Panik, weil sie sich Chana anvertraut hatte. Und so überstürzten sich ihre Worte. „Ich muss dir etwas sagen, Dan. Ich habe etwas Schockierendes mit angehört, aber ich glaube, ich habe gerade einen schrecklichen Fehler begangen, als ich es Chana erzählt habe, obwohl ich es dem Statthalter sagen sollte, und ...“

„Moment mal. Langsam. Ich verstehe kein Wort von dem, was du sagst.“

Sie holte Luft und zwang sich, ruhiger zu sprechen. „Gestern Abend habe ich gehört, wie mein Herr beim Abendessen ein Gespräch mit ..."

„Nava! ... Nava!" Hinter ihr rief jemand ihren Namen. Sie machte sich aus Dans Umarmung los und drehte sich um. Entsetzt stellte sie fest, dass es nicht Chana war. Stattdessen kam Malkijas Haushälterin mit einem Besen in der Hand und wütender Miene die Straße heraufmarschiert. „So! Das hast du also gemacht, was? Jemand hat mir erzählt, dass du morgens gar nicht zum Tempel gehst. Du würdest dich mit einem Jungen treffen, aber das wollte ich nicht glauben."

„Aber ich gehe zum Tempel ..."

„Also habe ich beschlossen, mich selbst davon zu überzeugen – und hier bist du und drängst dich ihm auf!" Die Haushälterin hatte gesehen, wie Nava sich zum Trost in Dans Arme geschmiegt hatte.

„Du verstehst das nicht. Dan und ich werden heiraten ..."

„Oh doch, ich verstehe sehr wohl. Du bist überhaupt nicht religiös ... du bist eine Schlampe!"

„Also, jetzt hör mal ...", sagte Dan, aber die Haushälterin fuhr ihm über den Mund.

„Nein, du hörst *mir* zu, junger Mann! Nava gehört unserem Herrn. Er könnte dich schwer bestrafen lassen, weil du etwas mit einer seiner Arbeiterinnen angefangen hast."

„*Angefangen* ...?"

„Du weißt genau, was ich meine! Und wenn Nava dein Kind bekommt, während sie noch Leibeigene ist, dann gehört das Kind ihrem Herrn und nicht dir!"

„Was?" Dan sah ganz benommen aus, so als hätte die Haushälterin ihm den Besen über den Kopf gezogen.

„Es gibt kein Kind", protestierte Nava. „Wir haben nicht ..."

„Es reicht jetzt mit deinen Lügen!" Sie packte Nava am Arm und zerrte sie in Richtung Haus.

„Lass sie los", schrie Dan.

Die Haushälterin erhob den Besen gegen ihn wie eine Waffe. „Bleib ihr vom Leib!" Als sie Malkijas Tür erreicht hatten, schmerzte Navas Arm davon, dass sie gegen ihren Willen gezogen worden war. „Es ist meine Aufgabe, deine Tugend zu schützen, Nava. Deshalb schicke ich dich nach Bet-Kerem zurück."

„Nein! Bitte! Ich verspreche, dass ich Dan nicht mehr treffe. Ich werde nicht einmal das Haus verlassen. Aber bitte, bitte schick mich nicht dorthin zurück!"

„Ich habe mich entschieden, also kannst du aufhören zu betteln. Du hast mein Vertrauen missbraucht, als du mir gesagt hast, du würdest zum Opfer gehen. Von mir bekommst du keine zweite Chance."

Nava warf einen letzten verzweifelten Blick zurück zu Dan, der noch immer auf der Straße stand, bevor die Haushälterin sie durch die Tür zerrte und diese hinter ihnen zuschlagen ließ.

36

Vor Jerusalem

Die zweite Nacht in Folge schlichen Nehemia und seine Männer durch das Taltor in die Dunkelheit hinein, um nach einem feindlichen Angriff Ausschau zu halten. In der Nacht zuvor hatte die kleine Truppe Freiwilliger nur einige Schakale gesehen, die zwischen den von Unkraut überwucherten Ruinen Nagetiere, Schlangen und Grashüpfer jagten. Er und seine Männer waren erst in die Stadt zurückgekehrt, als die Sonne bereits anfing, den Himmel im Osten zu erhellen, erschöpft von ihrer langen, nutzlosen Wache. „Legt euch schlafen", hatte Nehemia zu den anderen gesagt. „Heute Abend müssen wir das Ganze wiederholen." Aber Nehemia war nur kurz eingenickt, getrieben von Sorge und nervöser Energie. Er machte die Runde um die Stadtmauer und vergewisserte sich, dass seine Arbeiter gut bewacht wurden und die Bauarbeiten vorangingen.

Die Tatsache, dass diese Krise ihre Arbeiten an der Mauer verlangsamte, frustrierte ihn. Nur die Hälfte der Männer baute jetzt die Mauer wieder auf, mit Schwertern am Gürtel, während sie arbeiteten. Die andere Hälfte stand Wache, ausgerüstet mit Speeren, hölzernen Schilden, Pfeil und Bogen und geschmiedeten Brustpanzern. Diejenigen, die Materialien trugen, arbeiteten mit einer Hand und hielten eine Waffe in der anderen, während seine Beamten an strategisch günstigen Orten postiert waren, um im Falle eines Angriffs schnell reagieren zu können. Alle arbeiteten vom ersten Morgengrauen an, bis abends die Sterne am Himmel erschienen. Dann verließen Nehemia und seine Männer die Sicherheit der halb fertigen Mauern, um auf der Straße nach dem angreifenden Feind Ausschau zu halten.

Während sie sich nun schon in der zweiten Nacht auf einen möglichen Überfall vorbereiteten, wiederholte Nehemia, was er dem Dutzend Männer, die sich freiwillig gemeldet hatten, um mit ihm zu wachen, zuvor gesagt hatte: „Wenn es einen Angriff gibt, werden wir sehr wahrscheinlich in der Unterzahl sein. Habt keine Angst vor ihnen. Denkt an den Herrn, der groß und herrlich ist, und kämpft für eure Brüder, eure Söhne und Töchter, eure Frauen und Häuser."

Sie bezogen ihren Posten in den Ruinen der Mischne, versteckt hinter verlassenen Häusern, von denen man die Hauptstraße, die zum Taltor hinaufführte, gut überblicken konnte. Seine Männer wirkten angespannt und wachsam und reagierten auf jedes noch so kleine Geräusch und jede Bewegung. Der weite, von Unkraut und Dornen überwucherte Bereich wimmelte nur so vor Insekten. Das trockene Gras stach in Nehemias Haut, als er sich hinter den Trümmern eines ausgebrannten Hauses niederhockte. Das einzige Licht kam in dieser mondlosen Nacht von Millionen von Sternen am wolkenlosen Sommerhimmel.

Nachdem sie über eine Stunde gewartet hatten, hörte Nehemia ein Rascheln hinter sich und fuhr herum. Einer seiner Freiwilligen, ein schlaksiger junger Mann mit sonnengebräuntem Gesicht, kam und hockte sich neben ihn, bewaffnet mit einem Bogen und einem Köcher voller Pfeile. Er kam Nehemia irgendwie bekannt vor und er versuchte, sich daran zu erinnern, wo er ihn schon einmal gesehen hatte. „Wie heißt du?", flüsterte er, noch immer unsicher, wem er trauen konnte.

„Dan ben Jona."

„Du siehst zu jung aus, um schon ein Freiwilliger zu sein."

„Ich bin alt genug. Ich weiß, wie man mit einem Bogen umgeht, und ich habe keine Angst zu kämpfen."

Nehemia antwortete nicht, sondern lauschte in der Dunkelheit auf die Geräusche – den Ruf einer Eule, das Zirpen der Zikaden, das leise Rascheln, wenn seine Männer sich bewegten.

„Meine Familie ist vor dreizehn Jahren mit Rebbe Esra zurückgekommen", flüsterte Dan, „zu dem Stück Land im Bezirk Bet-Kerem, das unseren Vorfahren gehörte. Aber wegen der Dürre mussten wir es an einen reichen Grundbesitzer namens Malkija ben Rechab verpfänden."

Plötzlich erinnerte Nehemia sich daran, wo er den jungen Mann schon einmal gesehen hatte. „Du warst mit den anderen Männern beim Tempel, um zu protestieren, nicht wahr?"

„Ja, Statthalter. Und wir sind sehr dankbar für das, was du für uns zu erreichen versucht hast. Aber Malkija hat nicht getan, worum du ihn gebeten hast. Er hat uns die Schulden nicht erlassen und uns auch nicht unser Land zurückgegeben. Und er weigert sich, seine Leibeigenen freizulassen."

Bevor Nehemia antworten konnte, flüsterte einer seiner Männer: „Da drüben!" Nehemia blickte in die Richtung, in die sein Gefährte zeigte, und sah eine dunklere Gestalt im Schatten. Sein Herz schlug schneller. Die Männer stießen einander an und spähten gemeinsam in die Dunkelheit hinein. Lautlos zog Dan einen Pfeil aus seinem Köcher und legte ihn an. Als die Gestalten sich aus den Ruinen lösten und über die Straße eilten, um dahinter wieder zu verschwinden, sah Nehemia, dass es sich um dasselbe Rudel Schakale handelte, das sie in der Nacht zuvor gesehen hatten und das zurückgekehrt war, um zwischen den verlassenen Häusern nach Beute zu suchen.

Er lehnte sich zurück und sein Herzschlag beruhigte sich wieder. Der junge Mann hockte noch immer neben ihm und wartete auf eine Antwort. Wenn das, was Dan sagte, stimmte und Malkija den Armen nicht geholfen hatte, war Nehemia sehr enttäuscht von ihm. Er betrachtete Malkija als Verbündeten und Unterstützer und verließ sich darauf, dass er das Misttor wiederaufbaute. Er hatte bereits als wertvoller Informant gedient und einen potenziellen feindlichen Spion entlarvt, als er Nehemia vor Tobijas Sohn gewarnt hatte. Nehemia hatte Malkija zum Befehlshaber ernannt, ihm Kämpfer und Waffen anvertraut und ihm die Aufgabe übertragen, die Südseite der Stadt zu verteidigen. Sein Bruder Ephraim hatte sich sogar als Freiwilliger gemeldet, um an Malkijas Seite zu kämpfen, weil das Tor nicht weit von seinem Haus an der Südspitze der Stadt entfernt war. Ein Schauer der Angst durchfuhr Nehemia, als er daran dachte, dass sie in diesem Augenblick für den Fall eines feindlichen Angriffs dort stationiert waren.

Es machte Nehemia immer wieder zu schaffen, dass er nicht genau wusste, wem er vertrauen konnte. Aber wenigstens ließ Dans Anschuldigung, was Malkija betraf, sich leicht überprüfen. „Ich werde nachprüfen, was du mir erzählt hast", versprach Nehemia. Er verließ Dan und schlich lautlos davon, die Reste einer Außentreppe hinauf, die zum Dach eines der zerstörten Häuser führte. Die tiefe Kluft zwischen Reich und Arm hatte begonnen zu heilen, aber die Wunde konnte jederzeit wieder aufreißen und den Bau der Mauer behindern, wenn Männer wie Malkija sich weigerten, Nehemias Reformen zu unterstützen.

Sein neuer Aussichtspunkt bot einen klaren Blick auf die von Geröll übersäte Straße und einen großen Teil der verlassenen Mischne. Er hockte sich hinter ein Stück Brüstung, um zu warten. Wenn in dieser Nacht erneut kein Angriff erfolgte, befürchtete Nehemia, dass seine Männer überheblich werden und sich langweilen könnten, sodass sie unvorsichtig wurden, anstatt wachsam und motiviert zu bleiben. Oder schlimmer noch: Angst könnte zwischen ihnen umherschleichen wie die Schakale – Angst davor, dass sie von ihren Feinden beobachtet und belauert wurden.

Die Nacht war halb vorüber, als Nehemia sie entdeckte. Diesmal waren es keine Schakale, sondern ihre Feinde, die durch die Ruinen näher kamen wie der flackernde Schatten einer Öllampe. Er rieb sich die Augen, um sich zu vergewissern, dass sie ihm keinen Streich spielten. Aber das taten sie nicht. Mehr als zwei Dutzend Gestalten schlichen mit gezogenen Waffen am Straßenrand entlang in Richtung Jeschanator. Nehemia hatte nicht einmal halb so viele Männer. Trotzdem erhob er sich und ließ einen Pfiff als Signal zum Kampf ertönen. Seine Männer stießen einen wilden Kriegsruf aus, wie er sie angewiesen hatte. Es klang so laut und markerschütternd, dass der Feind wie angewurzelt stehen blieb. Nehemias Bogenschützen, darunter auch Dan, ließen einen Pfeilregen auf die Angreifer niedergehen, während Nehemia die Treppe hinunterlief und mit den restlichen Männern vorwärtsrannte, um die Feinde aufzuhalten. Während sein Herz heftiger hämmerte als jemals zuvor, ließ er der Wut, die er schon so lange wegen der Ermordung seiner Eltern und der schutzlosen Situation seiner Brüder empfand, freien Lauf. Diese Wut machte ihn furchtlos.

Es dauerte nur wenige Augenblicke, bis die Feinde erkannten, dass sie den Vorteil der Überraschung verloren hatten. Sie verteilten sich in ein Dutzend verschiedene Richtungen, liefen zickzack durch das Geröll und verschwanden in dem Labyrinth sich windender, verlassener Straßen in der Mischne. Nehemia konzentrierte sich auf einen Mann und verfolgte ihn im Laufschritt, um ihn einzuholen. Jetzt war die mondlose Nacht für ihn ein Nachteil, weil er seinem Gegner nur mit Mühe folgen konnte, während er gleichzeitig darauf achten musste, wohin er trat. Er sah Dan und die anderen, wie sie ebenfalls den Angreifern nachjagten, und hoffte, dass sie nicht versehentlich einander angriffen.

Nach einigen Minuten herzklopfender Verfolgungsjagd gab Nehemia auf, wütend, weil er seinen Feind nicht eingeholt und deshalb nicht die Gelegenheit zum Nahkampf gehabt hatte. Während seine Männer sich wieder zusammenfanden und ihn umringten, sah er auch in ihren Gesichtern die Enttäuschung. Er winkte den schnellsten Läufer zu sich. „Informiere alle anderen Wachposten rund um die Stadt. Berichte ihnen von dem abgewehrten Angriff und ermahne sie, wachsam zu bleiben." Dann kehrten Nehemia und seine Männer in den Schatten zurück, um sich wieder zu verstecken und weiter Wache zu halten.

„Glaubst du, sie werden es noch einmal versuchen?", fragte Dan.

„Möglich. Aber der Überraschungsmoment ist hinfällig. Sie wissen jetzt, dass wir auf sie warten."

„Wie viele Nächte müssen wir das noch tun, was glaubst du?", fragte ein anderer Freiwilliger.

„Sanballats Spione haben ihn vielleicht noch nicht auf die Idee gebracht, dass wir auf sie warten könnten, aber nach heute Nacht wird er es wissen. Wir werden jede Nacht hier sein, wenn es nötig ist, bis die Bedrohung vorüber ist. Ich werde in meiner Wachsamkeit nicht nachlassen, bis die Mauer fertig ist und jedes Tor an seinem Platz steht. Aber ich habe das Gefühl, wenn unsere Feinde erst einmal wissen, dass wir ihren Plan kennen und dass der Allmächtige ihn vereitelt hat, können wir zur Mauer zurückkehren und wieder an unsere Arbeit gehen."

„Beim nächsten Mal werden sie nicht aus derselben Richtung angreifen, oder?"

„Wahrscheinlich nicht, aber wir werden trotzdem alle westlichen Tore bewachen, um auf Nummer sicher zu gehen."

Als die Dämmerung endlich die Mischne erhellte und die Arbeiter und Wachen sich wieder an den Bau der Mauer begaben, ließ Nehemia seine Männer nach Hause gehen und etwas schlafen. Gerade war er zu seiner Feldzentrale beim Taltor zurückgekehrt, als einer seiner Boten schnell zu ihm gelaufen kam. „Ich habe einen Bericht für dich, Herr. In den letzten Stunden vor Tagesanbruch hat der Feind deine Männer vor dem Misttor angegriffen und ..."

Nehemia wartete das Ende des Satzes nicht ab. Dort kämpfte sein dickköpfiger Bruder. Nehemia rannte den Berg hinunter zum Tor und kam gerade rechtzeitig, um zu sehen, dass sein Kommandeur Malkija und sein Bruder Ephraim mit den anderen Männern durch das Loch in der Mauer kamen, wo sich später das Tor befinden würde. Sie wirkten erschöpft, aber glücklich. Die Erleichterung, die Nehemia verspürte, war überwältigend. Sein Bruder war unverletzt, nur seine Kleider waren staubig und verschmutzt und Laub hing in seinen Haaren.

„Der Feind ist das Hinnomtal hinaufgekrochen", erzählte Malkija ihm, „und hat sich am Fuß der Klippen versteckt. Aber unsere Späher waren wachsam und haben sie entdeckt."

„Gab es einen Kampf?"

Malkija nickte. „Einen kurzen." Nehemia bemerkte die dunklen Flecken auf Malkijas Tunika und einen blutigen Verband um seine linke Hand. „Wir haben einige der Männer verwundet, bevor sie den Rückzug angetreten haben, aber wir waren in der Unterzahl, also haben wir deinen Rat befolgt und sie nicht gejagt. So wie es aussah, waren sie alle Samaritaner."

„Du bist verletzt", sagte Nehemia.

„Das ist nichts, Statthalter. Mir geht es gut." Malkija wirkte zufrieden mit sich und seinen Männern. Auch Ephraim war froh darüber, dass er gekämpft hatte.

„Unsere Aufgabe ist es, die Stadt zu schützen, nicht uns selbst zu opfern", sagte Nehemia. „Die Sache ist möglicherweise noch nicht ausgestanden, also geht nach Hause und ruht euch aus. Ihr alle." Er sah zu Ephraim, sprach ihn aber nicht besonders an, weil er wusste, dass sein Bruder sich dagegen wehren würde, wenn er ihm sagte, was er tun sollte.

„Es ist nur eine kleine Wunde“, protestierte Malkija, „und meine Arbeit am Tor ...“

„Ich bestehe darauf, dass du nach Hause gehst und deine Hand verarzten lässt. Du bist ein wertvolles Mitglied meines Stabes.“

Erst später an diesem Tag fielen ihm Dans Anschuldigungen in Bezug auf Malkija wieder ein. Nehemia hätte ihn zur Rede stellen und fragen sollen, ob sie stimmten, aber der Schlafmangel und die lange, angespannte Nacht hatten seinen Verstand benebelt. Und hatte Malkija seinen Mut und seine Loyalität nicht in der Nacht im Kampf bewiesen?

37

Jerusalem

Chanas Haus befand sich so nahe an der Stadtmauer, dass sie sehen konnte, wie die Arbeiter Steine auf die Mauer setzten, wenn sie die Außentreppe zum Dach hinaufstieg. Abba hatte ihr erzählt, dass jetzt die Hälfte der Männer mit Speeren und Schilden Wache stand, während die andere Hälfte arbeitete – und selbst diese Männer trugen Schwerter. Chana hätte so gerne an ihrer Seite gearbeitet, aber das ging nicht. Also stieg sie jeden Nachmittag, wenn sie in der Küche fertig war, zum Dach hinauf, von wo aus sie wenigstens den Fortgang der Arbeiten beobachten konnte. Sie blinzelte in die Sonne, während sie zusah, wie die Männer Lot und Waage überprüften. Dabei ärgerte sie sich darüber, dass sie nicht annähernd so gewissenhaft und genau waren, wie sie selbst es gewesen war.

Angst hatte sich über die Stadt gelegt. Chana spürte die Anspannung überall, wo sie war, wie ein durchgescheuertes Seil, das jeden Augenblick reißen konnte. An diesem Morgen hatte sie am Brunnen gehört, wie die Frauen flüsternd von ihrer Angst um die Männer und Söhne gesprochen hatten, die nachts Wache hielten. Als sie und Judith zum Markt gingen, um Fisch zu kaufen, hatte der Händler ihnen von den Drohungen ihrer Feinde erzählt, von denen ein durchreisender Karawanenführer berichtet hatte: „*Noch bevor die Juden uns bemerken, sind wir schon mitten unter ihnen, bringen sie um und zerstören ihr Bauwerk!*“

Chana weigerte sich, ängstlich zu Hause zu sitzen und sich nicht hinauszutrauen. Wenn Abba es erlaubt hätte, wäre sie zu ihrer Arbeit an der Mauer zurückgekehrt. Stattdessen sah sie mit wachsendem Unmut zu, wie ihr Vater jeden Morgen ohne sie bei Tagesanbruch das Haus verließ und arbeitete, bis nach Sonnenuntergang die Sterne am Himmel erschienen. „Je eher wir die Mauer fertigstellen, desto eher werden wir alle in Sicherheit sein", hatte er ihr an diesem Morgen erklärt. „Und du brauchst gar nicht zu fragen, Chana. Die Antwort lautet immer noch *Nein*."

Sie und ihre Schwestern halfen den Mägden, das Mittagessen für die Arbeiter zu kochen, aber Abba schickte Männer, um es zu holen, weil er nicht wollte, dass seine Töchter vor die Stadtmauern traten. Chana hatte viel Zeit zum Nachdenken, während sie Getreide zu Mehl mahlte, Teig knetete und auf dem heißen Stein die runden Fladenbrote backte. Wenn sie nicht über die Mauer nachdachte, wanderten ihre Gedanken immer wieder zu dem zurück, was Nava ihr erzählt hatte, als sie beim Tempel miteinander gesprochen hatten. Konnte es wirklich sein, das Malkija und eine Gruppe Männer sich gegen den Statthalter verschworen hatten? Chana wollte es nicht glauben. Malkija arbeitete mit vollem Einsatz daran, das Misttor wiederherzustellen. Er hatte sich sogar freiwillig gemeldet, um persönlich gegen die Angreifer zu kämpfen. Das musste doch bedeuten, dass er dem Statthalter treu war. Bestimmt hatte Nava sich verhört.

Aber als Nava das letzte Mal eine beunruhigende Nachricht überbracht hatte, war sie wahr gewesen. Malkija hatte seine Leibeigenen nicht freigelassen. Er unterstützte die sozialen Reformen des Statthalters nicht. Noch immer schämte Chana sich, wenn sie daran dachte, wie sie ihn zur Rede gestellt hatte. Nachdem er seine Gründe erklärt hatte, war Chana sich wegen ihrer Beschuldigungen dumm und kleinlich vorgekommen. Vielleicht gab es auch diesmal eine logische Erklärung für das, was Nava gehört hatte. *„Was ist nötig, damit du mir vertraust?"*, hatte Malkija sie gefragt. Sollte sie ihm jetzt vertrauen? Ihr blieb nichts anderes übrig. Sie hatte ihm gesagt, dass sie ihn immer noch heiraten wollte. Trotzdem ging ihr Navas Anschuldigung nicht aus dem Sinn: *„Er ist nicht der Mann, für den Ihr ihn haltet."*

Am Abend zuvor hatte Chana versucht, das Thema einer möglichen Verschwörung ihrem Vater gegenüber anzuschneiden. Er war erst spät von der Arbeit an der Mauer zurückgekehrt, ganz verschwitzt und erschöpft. Als er seine Mahlzeit beendet hatte und sie allein mit ihm war, hatte sie versucht, etwas herauszufinden. „Abba, du bist doch mit einigen anderen Adligen und Beamten zusammen im regierenden Rat. Sind sie sich alle mit Statthalter Nehemia einig?"

„Wir hatten schon länger keine Ratsversammlung mehr, weil wir zu sehr mit der Arbeit beschäftigt sind."

„Aber glaubst du, dass sie ihn alle unterstützen?"

„Nach allem, was ich sehen kann, ja. Warum?"

„Ich dachte nur, weil Nehemia plötzlich aus dem Nichts erschienen ist und das Heft in die Hand genommen hat. Ich weiß, dass der Rat die Provinz regiert hat, bevor er hier war. Da könnte es doch sein, dass manche von ihnen unzufrieden sind, weil Nehemia jetzt die Autorität hat und sie herumkommandiert."

„Wenn es unterschwelligen Groll gibt, habe ich nichts davon mitbekommen. Warum stellst du mir diese Fragen, Chana?"

Sie hatte versucht, beiläufig zu klingen, um zu vermeiden, Abbas Neugier zu wecken. Denn dann würde er wissen wollen, was sie wusste. „Ich bin einfach neugierig. Es hat mich überrascht, was für ein starker, entschlossener Anführer Nehemia ist. Deshalb frage ich mich, ob es Leute gibt, die ihn anders sehen."

Abba hatte es sich nach dem Essen bequem gemacht, um die letzten Schlucke Wein zu genießen, aber jetzt stellte er den Becher ab und richtete sich auf, als wollte er aufstehen. „Nehemia hat unser Volk vereint, einen möglichen Klassenkampf verhindert und ist dabei, unsere Stadtmauer aus Ruinen wiederaufzubauen – und das alles in weniger als zwei Monaten. Ich wüsste nicht, warum irgendjemand etwas dagegen haben sollte, dass er all das erreicht hat."

„Ich auch nicht, Abba – es sei denn, es gibt sehr reiche Adlige, denen es nicht gefällt, dass sie gezwungen wurden, seinen Eid abzulegen und die Schulden der ärmeren Leute zu erlassen."

„Das könnte sein. In diesem Fall dürfte auch ein so starker Anführer wie Statthalter Nehemia Mühe haben, grundlegende menschliche Habgier zu bekämpfen." Ein paar Minuten später hatte Abba sich zum Schlafen zurückgezogen.

Als sie noch über den vergangenen Abend nachdachte, voller

Unmut darüber, dass sie sich schon wieder mit Zweifeln und Misstrauen herumquälte, kamen zwei Männer, um das Mittagessen für die Arbeiter abzuholen. „Wie gehen die Arbeiten an der Mauer voran?“, fragte Chana die beiden.

„Gut, Fräulein.“

„Obwohl alle ziemlich angespannt sind“, fügte der jüngere der beiden Männer hinzu. „Wir sind nämlich immer noch in großer Gefahr. Es kann jeden Augenblick einen neuen Überfall geben.“

„Hat mein Vater dir aufgetragen, das zu sagen? Ich weiß, dass er versucht, mich abzuschrecken, damit ich der Baustelle fernbleibe.“

„Nein, Fräulein. Er hat mit mir kein Wort darüber gesprochen.“

„Das heißt, die Gefahren sind wirklich so ernst, wie alle befürchten?“, fragte Chana. „Denn bis jetzt habe ich nur von einem Angriff gehört.“

„Nein, erst gestern Nacht ...“, fing der jüngere Mann an, aber sein Kollege stieß ihm den Ellenbogen in die Rippen, um ihn zum Schweigen zu bringen.

„Was verschweigt ihr mir?“, fragte Chana. Sie zog den Korb, den sie gerade mit Brot gefüllt hatte, weg. „Sagt es mir oder ich gebe euch kein Brot. Dann müsst ihr mit den Fingern löffeln.“

Die Männer wechselten einen langen Blick, dann seufzte der ältere Mann und sagte zum jüngeren: „Nun sag schon, was du sagen wolltest. Ich habe Hunger.“

„Einige von unseren Männern haben gestern Nacht einen Überfall vereitelt, Fräulein.“

„Wo? Was ist geschehen? Wurde jemand verletzt?“

„Der Feind hat sich mit Schwertern und Speeren durch die Mischne angeschlichen, gleich vor dem Taltor.“ Er wirkte zufrieden, weil er Beweise für die Gefahr hatte, in die sich Chana begeben würde, wenn sie wieder an die Arbeit zurückkehrte. „Aber unsere Männer haben auf sie gewartet und sie abgewehrt.“

„Das heißt, niemand wurde getötet oder verwundet“, sagte sie. „Unsere Wachen haben ihre Arbeit gemacht und alle beschützt.“

„Ja. Aber vor dem Misttor hat es noch einen Angriff gegeben und der Befehlshaber wurde verletzt ...“

„Der Befehlshaber?“ Chana spürte, wie ihr das Blut aus dem Gesicht wich. „Malkija ben Rechab?“

„Ja. Woher weißt du ...?“ Wieder wurde er von einem kräftigen Rippenstoß zum Schweigen gebracht.

„Wie schwer ist er verwundet?“

„Ich habe keine Ahnung. Vielleicht ist es nur ein Gerücht … Wir sollten uns jetzt auf den Weg machen, Fräulein.“ Er zog den Brotkorb näher und schob den Arm durch den Henkel.

Malkija war verwundet? Die Erinnerung an die Nacht, in der Itzhak überfallen worden war, schlug wie eine Welle über Chana zusammen und füllte sie mit Angst. Noch bevor die beiden Arbeiter den Hof verlassen hatten, eilte sie in ihr Zimmer und legte ihre bemehlte Schürze und das verschwitzte Kopftuch ab, das ihr Haar zusammenhielt.

„Was machst du? Wohin gehst du?“, fragte Sarah, als Chana kurz darauf mit frischer Kleidung und gekämmten Haaren wieder erschien.

„Ich muss nachsehen, ob es Malkija gut geht.“

„Sollen wir mitkommen?“, fragte Judith.

„Nein, ich möchte lieber alleine gehen.“

Sie eilte den Hügel Ofel hinauf zu Malkijas Haus, während der Knoten in ihrem Magen sich immer fester zusammenzog.

Die Haushälterin, die Malkijas Tür öffnete, schien überrascht, sie zu sehen. „Fräulein Chana, kommt herein. Was führt Euch her?“

Chana fragte sich, ob all ihre widersprüchlichen Gefühle in ihrem Gesicht zu lesen waren. Sie zwang sich zur Ruhe und versuchte, sich Malkija nicht blass und leblos vorzustellen, so wie Itzhak einst auf seinem Lager gelegen hatte und dem Tod immer näher gerückt war. „Ich habe gehört, dass Malkija gestern Nacht verwundet wurde. Ist er hier? Ich bin gekommen, um in Erfahrung zu bringen, wie es ihm geht und ob ich irgendetwas tun kann.“

Die Haushälterin lächelte. „Ihr braucht Euch keine Sorgen zu machen, Herrin. Es ist nur eine kleine Verletzung an der Hand.“

„Bist du sicher?“

„Ja, Herrin. Ganz sicher. Im Augenblick ruht er aus, weil er die Nacht Wachdienst hatte, aber soll ich ihm sagen, dass Ihr hier seid?“

„Nein, bitte störe ihn nicht. Ich werde ihn ein anderes Mal besuchen.“ Chana wandte sich zum Gehen, aber ihre Erleichterung war so groß, dass ihre Knie ganz weich waren. Sie ging einige unsichere

Schritte und wäre beinahe gestürzt, aber dann nahm die Haushälterin ihren Arm und führte sie zu einer Bank.

„Setzt Euch einen Moment hierhin, Herrin. Ich hole Euch etwas zu trinken."

„Danke." Sie kam sich lächerlich vor, weil sie so schwach war. Malkija war nicht ernsthaft verwundet. Es würde heilen. Warum war sie dann den Tränen nahe?

Ihr wurde bewusst, dass sie ihn mochte. Sie wollte, dass er in Sicherheit war. Sie wollte ein langes, glückliches Leben mit ihm verbringen. Aber sie wusste auch, dass das vielleicht nicht geschehen würde, wenn Malkija sich an einer Verschwörung gegen ihren Statthalter beteiligte.

Chana musste noch einmal mit Nava reden. Wenn sie noch mehr Informationen über diese angebliche Verschwörung hatte, konnte sie vielleicht endlich ihre Sorgen in Bezug auf Malkija ablegen – oder aber versuchen, ihn davon zu überzeugen, dass es ein Fehler wäre, sich den Rebellen anzuschließen. Aber das Dienstmädchen, das Chana etwas zu trinken und eine Schale mit Datteln brachte, war nicht Nava. „Danke sehr", sagte Chana, als sie den Becher entgegennahm. „Wie heißt du?"

„Rachel, Herrin."

„Es gibt eine andere Magd, die hier arbeitet und Nava heißt. Kannst du sie bitten, einen Augenblick herzukommen?"

Die Frau schluckte und wandte den Blick ab. „Nava arbeitet nicht mehr hier, Herrin. Sie wurde zum Anwesen unseres Herrn in Bet-Kerem zurückgeschickt."

Ihre Antwort war für Chana ein Schock. „Weißt du, warum?"

Rachel wollte gerade antworten, als die Haushälterin wieder erschien. Sie schüttelte den Kopf und verschwand schnell.

Nava war fortgeschickt worden. Vielleicht deswegen, weil sie etwas über die Verschwörung mitbekommen hatte? Wem hatte Nava sonst noch davon erzählt? Dann kam Chana ein anderer Gedanke, als sie sich an Navas Angst vor Malkijas Sohn erinnerte und an den lüsternen Blick, mit dem er das Mädchen angesehen hatte. Nava hatte Chana um Hilfe gebeten, aber was konnte sie aus der Entfernung schon tun? Konnte sie es wagen, Malkija von dem Verhalten seines Sohnes zu erzählen?

„Chana, was für eine Überraschung, dich zu sehen."

Sie blickte erschrocken auf, als Malkija eintrat. Sein Schlafmangel in den vergangenen Nächten war in seinem müden Gesicht und den geröteten Augen deutlich zu sehen. Er trug einen Leinenverband um die linke Hand. Sie sprang auf, erleichtert, ihn zu sehen, und zugleich schuldbewusst, weil sie immer noch an ihm zweifelte. „Ich habe gehört, dass du verwundet wurdest. Da bin ich gekommen, um zu hören, wie es dir geht."

„Es ist nichts. Nur eine Fleischwunde." Er hob die bandagierte Hand kurz hoch und ließ sie dann wieder sinken. „Aber ich bin gerührt, dass du gekommen bist, Chana. Dass … du dich sorgst."

„Das … das tue ich", sagte sie.

Malkija lächelte. „Ich muss zu meinem Dienst am Misttor zurückkehren. Komm, ich bringe dich nach Hause, wenn du willst. Es liegt auf meinem Weg."

Sie gingen gemeinsam die Straßen hinunter, Seite an Seite, so wie sie versprochen hatte, den Rest ihres Lebens mit ihm zu gehen. Als sie vorhin blind vor Angst den Berg zu Malkijas Haus hinaufgelaufen war, hatte sie nichts von ihrer Umgebung wahrgenommen. Jetzt bemerkte sie Frauen, die den Hof kehrten, weißhaarige Männer, die auf Bänken saßen, und gekrümmte Menschen mit ihren Stöcken. Sie hörte den Singsang der Stimmen von spielenden Kindern und das unablässige Geräusch von Meißeln auf Stein. Keine Männer waren unterwegs, außer den alten. Jeder gesunde Mann in der Provinz stand entweder Wache oder arbeitete an der Mauer.

„Ich mache mir Sorgen um dich, Malkija", sagte Chana, als sie bei ihrem Haus angekommen waren. „Ich hasse den Gedanken, dass du in Gefahr bist."

Er sah zu ihr hinunter und sein Blick war weich. „In Zeiten wie diesen, wenn die Zukunft ungewiss ist, müssen wir unser Leben in Fülle leben. Verschwende keine Zeit mit unnötigen Sorgen, liebe Chana, und ängstige dich nicht wegen Dingen, die vielleicht nie eintreffen. Sorgen ändern gar nichts. Lebe einfach."

Sie blickte ihm nach, bis er verschwunden war, dann ging sie, um Sarah und Judith die gute Nachricht zu überbringen, dass Malkija unverletzt war. Anschließend stieg sie, weil sie nichts anderes zu tun hatte, wieder die Treppe zum Dach hinauf, um den Bau der Mauer zu beobachten. Abba hatte recht: Je eher sie fertig wurden, desto eher würden sie alle in Sicherheit sein.

Wenn sie doch nur helfen könnte ...

38

Bet-Kerem,
September

Nava ging mit einer Gruppe Dienstboten nach Bet-Kerem, die dorthin zurückkehrten, um Malkijas erste Trauben zu ernten. Mit jedem Schritt wuchs ihre Angst vor seinem Sohn Aaron. Sie versuchte, sich in der Mitte der Gruppe zu verstecken, als sie die letzte Anhöhe erklommen und das von einer Mauer umgebene Anwesen betraten. Als Aaron nirgendwo zu sehen war, wurde sie vor Erleichterung beinahe ohnmächtig. Sie lief zuerst zum Ziegenstall und suchte ihren Freund Schimon.

„Du bist also wieder da", sagte er. Ein kleines Lächeln huschte über sein wettergegerbtes Gesicht. Aber so froh Nava auch war, ihn zu sehen, sie erwiderte sein Lächeln nicht.

„Schimon, kannst du mir bitte helfen, mich vor Herrn Aaron zu verstecken? Ich werde jede Arbeit für dich machen, die du willst, aber bitte sorge dafür, dass er mich nicht sieht oder erfährt, dass ich wieder da bin."

Schimon runzelte die Stirn und wandte dann den Blick ab. „Wo du arbeitest, kann ich nicht bestimmen, Mädchen. Sprich mit Penina."

Die Küche schien ihr meilenweit vom Ziegenstall entfernt zu sein. Nava spähte hinter dem Zaun hervor und sah sich sorgfältig um, bevor sie über den Platz zum Küchenhof rannte. Dort angekommen, versuchte sie sich hinzuhocken und sich hinter einem der Arbeitstische zu verstecken, während sie die kleine Köchin suchte. Die anderen Küchenmädchen unterbrachen ihre Arbeit und starrten Nava an, als hätte sie den Verstand verloren. Einen Augenblick später erschien Penina aus dem Lagerraum, ihre Stirn in zornige Falten gelegt. „Was in aller Welt machst du denn hier?“

Nava wollte die ganze Wahrheit nicht zugeben. „Ich bin mit den Männern zurückgekommen, die im Weinberg arbeiten sollen ...“

„Und warum hockst du neben dem Tisch wie ein Hund, den man geschlagen hat? Steh auf.“

„Herr Aaron soll nicht sehen, dass ich wieder hier bin.“

Penina schnaubte ärgerlich. „Nun fängt das schon wieder an!“

„Ich tue jede Arbeit, die du mir aufträgst, aber bitte hilf mir, mich vor ihm zu verstecken.“

„Die nächsten *sechs Jahre lang*? Nein, kommt nicht infrage“, sagte sie kopfschüttelnd. „Du kannst dich unmöglich verstecken. Was ist, wenn er dich doch sieht? Dann weiß er, was du vorhattest und dass ich dir geholfen habe. Nein. Es wird für uns beide viel schlimmer sein, wenn wir versuchen, ihn zu täuschen.“

Nava schloss die Augen, aber die Tränen konnte sie nicht zurückhalten. Die Hoffnungslosigkeit ihrer Lage überwältigte sie und sie sank zu Boden. Jetzt, wo Aaron auf dem Anwesen das Sagen hatte, wusste sie mit furchtbarer Gewissheit, was geschehen würde. Penina stand vor ihr, die knochigen Arme vor der Brust verschränkt. „Hör zu. Ich werde dich nicht verstecken, aber ich werde tun, was ich kann, um dich zu beschützen. Und mit Ruth spreche ich auch darüber. Mehr kann ich nicht tun.“

„Danke“, murmelte Nava.

„Und jetzt steh auf und kümmere dich um den Ziegenkäse. Wir hatten keinen anständigen Käse mehr, seit du nach Jerusalem gegangen bist.“

Beinahe eine Woche lang gelang es ihr, Aaron aus dem Weg zu gehen, während er die Traubenernte überwachte. Dann kam er eines frühen Morgens zufällig am Pferch vorbei, als Nava und Schimon die Ziegen melkten. Er war so plötzlich aufgetaucht, dass sie keine Zeit hatte, sich zu verstecken. „Sieh mal einer an“, sagte er und lehnte sich an den Zaun. „Sieh mal an, wer wieder da ist. Weißt du, es ist schon komisch – ich führe dieses Anwesen, aber ich hatte keine Ahnung, dass du zurück bist.“

„Ich bin mit den Weinbergarbeitern gekommen ...“

„Und jetzt sitzt du hier und melkst die Ziegen. Warum hast du mir nicht das Essen serviert? Ich dachte, ich hätte entschieden, wohin du gehörst. Du bist viel zu hübsch, um mit diesem alten Mann und seinen stinkenden Ziegen zu arbeiten. Komm mit."

Navas Knie zitterten und sie war nicht sicher, ob ihre Beine sie tragen würden. Schimon wies sie mit einer Kopfbewegung an, sitzen zu bleiben. „Sie hat ein Händchen für die Tiere, Herr Aaron", sagte er und humpelte zum Zaun. „Die andere junge Magd macht ihnen Angst. Da gerinnt die Milch."

„Dann finde jemand anderen."

„Euer Vater ist sehr stolz auf seine Herden. Er würde nur das Beste für sie wollen. Und dieses Mädchen ist die Beste. Lasst sie weitermachen, Herr Aaron. Für mich ist das Melken nicht mehr so einfach." Er hob seine faltigen, knotigen Hände hoch.

Aaron stieß sich vom Zaun ab und richtete sich auf. „Sag mir nicht, was ich zu tun habe, alter Mann. Wenn du deine Arbeit nicht machen kannst, wird es Zeit, dass wir dich loswerden."

Schimon senkte den Kopf und schlurfte durch den Pferch zurück, um Navas Platz auf dem Melkschemel einzunehmen. Mit einem Nicken bedeutete er ihr, dass sie gehen musste.

„Komm, Nava, ich habe nicht den ganzen Tag Zeit", rief Aaron.

Sie öffnete das Tor im Zaun und folgte ihm über den Hof zum Haus. Als sie für seinen Geschmack nicht schnell genug lief, packte Aaron sie am Handgelenk und zog sie hinter sich her. Sie kamen am Küchenbereich vorbei, wo sie Peninas Blick auffing und die Köchin flehentlich ansah. Nava hatte schreckliche Angst davor, wo Aaron sie hinbringen würde, als er sie durch die Tür ins Haus zog. Dann brach sie vor Erleichterung beinahe zusammen, als die stämmige Haushälterin Ruth ihnen gleich hinter der Tür entgegentrat. „Wohin geht Ihr denn, Herr Aaron? Habt Ihr etwas vergessen?"

Nava merkte, dass er nicht erwartet hatte, Ruth hier zu sehen. Er ließ Navas Handgelenk los. „Nein … ich wollte nur …"

„Und du bleibst hier, Mädchen", sagte Ruth und musterte Nava von Kopf bis Fuß. „Wage es ja nicht, in mein schönes sauberes Haus zu kommen, bevor du gebadet hast. Du stinkst ja wie der Ziegenstall."

„Dort habe ich sie auch gefunden", sagte Aaron. „Sie soll doch eine Hausmagd sein, erinnerst du dich? Aber ich habe sie beim Ziegenmelken entdeckt. Ich will, dass sie alle meine Mahlzeiten aufträgt."

Ruth schüttelte den Kopf. „Sie taugt im Speisesaal nichts, Herr Aaron. Ich habe ihr ja eine Chance gegeben, bevor ich sie nach Jerusalem geschickt habe, aber sie war viel zu ungeschickt. Hat ständig Geschirr zerbrochen und das gute Essen auf den Boden fallen lassen. Ihr wisst doch, dass Euer Vater Verschwendung hasst. Er würde meinen Kopf verlangen, wenn er sähe, was das Mädchen angerichtet hat."

„Außerdem", sagte Penina, die hinter Nava erschienen war, „brauche ich sie als Hilfe in der Küche. Bis die Trauben geerntet sind, müssen wir für mehr Männer kochen. Und sie macht den besten Ziegenkäse, den ich je gegessen habe. Selbst Euer Vater hat ihn gelobt."

Aaron sah aus wie ein Mann, der weiß, wann er sich geschlagen geben musste. Aber nur vorübergehend. Er reckte das Kinn vor und presste die Lippen zu einer gehässigen schmalen Linie zusammen. „Ich habe keine Zeit, mit sturen Dienstboten zu streiten. Wir unterhalten uns später noch einmal darüber."

„Danke", flüsterte Nava, als Aaron davonstapfte. „Ich hatte solche Angst!"

Penina wischte Navas Dank mit einer Handbewegung beiseite, die Stirn immer noch gerunzelt. „Du brauchst nicht zu glauben, dass es nicht mein Ernst war, als ich gesagt habe, ich bräuchte deine Hilfe. Komm mit." Sie ging mit Nava zurück in die Küche. „Fang an, den Käse zu machen. Und mach ihn besonders gut, damit ich nicht als Lügnerin dastehe."

Es dauerte lange, bis Navas Hände aufgehört hatten zu zittern. Zum Glück sah sie Aaron den restlichen Tag über nicht mehr. Am Abend ging sie zum Ziegenstall zurück, um beim Melken zu helfen und Schimon zu danken, weil er versucht hatte, ihr zu helfen.

„Es war sehr lieb von dir, dass du heute Morgen für mich eingetreten bist."

Schimon grunzte wie üblich nur. „Anstatt ständig Angst zu haben, solltest du Gott um Hilfe bitten. Weißt du, wie man betet, Mädchen?"

Nava führte die erste Ziege zu ihrem Schemel und setzte sich, die Stirn an die Flanke der Ziege gelehnt. Sie gestand die Wahrheit nur ungern ein. „Ich habe schon vor Monaten aufgehört zu beten, Schimon."

Er humpelte näher und funkelte sie an. „Und warum machst du so etwas Dummes?"

„Weil Gott keines meiner anderen Gebete erhört hat. In meinem Leben ist nichts so gekommen, wie ich es wollte."

„Meinst du, *ich* wollte mein Leben in dem Ziegenstall von jemand anderem verbringen?"

Sie blickte zu ihm auf. „Wie kannst du dann immer noch beten?"

„Wie kann ich es *nicht* tun?", sagte er mürrisch. „Der Herr ist unser Hirte und wir sind seine Schafe. Wir brauchen ihn so sehr, wie diese Tiere uns brauchen."

Nava seufzte und beugte sich wieder über ihre Arbeit. „Manchmal frage ich mich, ob Gott zornig auf mich ist. Warum sonst sollte er mir und meiner Familie so viel Not zumuten? Er könnte Regen schicken, damit unser Getreide wächst – er kann alles. Aber er tut es nicht."

„Das heißt, du glaubst an ihn. Du vertraust ihm nur nicht. Und du willst deinen eigenen Willen haben."

Sie blickte wieder auf. Schimon machte sie wütend. „Soll Gott denn nicht unsere Gebete erhören?"

„Das hängt davon ab, wofür du betest." Er ging, um die nächste Ziege zu seinem Melkschemel zu führen, und Nava dachte schon, ihre Unterhaltung sei beendet. Doch als er sich wieder gesetzt hatte, sagte er: „Manchmal treten und wehren sich diese Ziegen und wollen ihren eigenen Willen durchsetzen. Wenn wir sie nach draußen bringen und sie durch die heiße, trockene Wildnis laufen müssen, dann gefällt ihnen das nicht. Aber wir wissen, dass es zu ihrem Besten ist, wenn sie in die Berge hinaufgehen. Dort finden sie, was sie brauchen. Du kannst dem Guten Hirten entweder vertrauen, Mädchen, oder du kannst treten und dich wehren. Es sieht so aus, als würdest du Letzteres tun."

Nava war außer sich vor Wut. „Ich weiß nicht, wieso es zu meinem Besten sein soll, wenn Herr Aaron seinen Willen bekommt."

„Das liegt daran, dass du die Dinge nicht so siehst, wie Gott sie sieht. Er hat deine Gebete vielleicht noch nicht beantwortet, aber das bedeutet nicht, dass er dich nicht gehört hat." Sie sah zu, wie seine knochigen Hände einen gleichmäßigen Milchstrahl in den Eimer melkten. Als er fertig war, erhob er sich langsam und sagte: „Du solltest nicht nur beten, wenn du etwas von Gott willst."

„Warum denn sonst?"

„Hast du mit deinem Vater auch nur geredet, wenn du etwas von ihm wolltest? Oder hast du ihm ab und zu auch mal gesagt, dass du ihn lieb hast? Hast du ihn gefragt, was du für *ihn* tun sollst? Oder ihm dafür gedankt, dass er für dich sorgt?"

„Wenn du es so sagst, klingt es so einfach."

„Es *ist* einfach." Schimon ging, um die nächste Ziege zu holen, während sie immer noch die erste melkte. „Sag mal, wolltest du schon einmal deinen eigenen Willen haben, aber dein Vater hat Nein gesagt?", fragte er, als er zu seinem Schemel zurückkehrte.

Sie dachte daran, dass sie und Dan sofort hatten heiraten wollen, aber ihre Väter hatten beide Nein gesagt. „Ja, manchmal."

„Hatte dein Vater einen guten Grund, warum er Nein gesagt hat?", fragte Schimon.

„Ja." Keine der beiden Familien konnte sich eine Ehe leisten.

„War seine Entscheidung zu deinem Besten?"

Sie antwortete nur widerwillig, weil sie wusste, wohin Schimons Fragen führten. Sie band die Ziege los, nachdem sie fertig war, und führte eine andere zu dem Pfosten. „Ja, sie war für alle das Beste", sagte sie und setzte sich wieder. „Aber wie kann das, was Herr Aaron will, zu irgendetwas Gutem führen?"

„Vielleicht gibt es einen Grund, den du jetzt noch nicht erkennst."

„Selbst wenn er der reichste Mann in Juda wäre, würde ich ihn nicht heiraten wollen. Ich liebe Dan."

Schimon hörte auf zu arbeiten. Er sah sie an und sie bemerkte Tränen in seinen Augen. „Wenn du weißt, was wahre Liebe ist, dann solltest du für Aaron beten und nicht für dich selbst. Denn er versteht überhaupt nicht, was Liebe ist."

Nava wollte protestieren, aber der weiche Blick in Schimons Augen ließ sie schweigen. Wie konnte ein so grausamer Mensch wie Herr Aaron ihm leidtun?

„Der Junge hat alles, was er sich nur wünschen kann“, fuhr Schimon fort, „aber innen drin ist er hartherzig und tot. Macht er auf dich einen glücklichen Eindruck?“

„Nein.“ Sie dachte an Dan, der nichts hatte, und erinnerte sich an die Freude in seinem Gesicht, als er ihr an jenem Frühlingsmorgen den Sack mit den Wachteln gebracht hatte. Und dann dachte sie an ihr anderes fruchtloses Gebet – frei zu sein. Gab es einen Grund, warum es noch nicht erhört worden war? Der Ring in Schimons Ohr erinnerte sie daran, dass er schon vor langer Zeit die Freiheit hätte haben können. „Warum hast du dich entschieden hierzubleiben, als du hättest gehen können, Schimon?“

Zum ersten Mal zögerte er, so als wollte er nicht antworten. Als er es doch tat, klang seine Stimme erstaunlich sanft. „Damit ich für Herrn Malkija und seine Söhne beten kann. Ich bete jeden Tag für sie.“

„Warum? Ich habe gesehen, wie gemein Herr Aaron zu dir ist. Warum willst du hierbleiben und für ihn beten?“

„Ich habe meine Gründe.“ Mit einem Mal war er verschlossen, so wie eine Tür, die jemand verriegelt hatte. Als er sich erhob, um zu gehen, wusste sie, dass ihre Unterhaltung beendet war. Aber dann warf er ihr über die Schulter noch einen Blick zu und ergänzte: „Du musst auch für unsere Herren beten.“

Nava schüttelte stumm den Kopf, während sie die Milch in den Eimer quetschte. Als sie hier angekommen war, hatte sie sich fest vorgenommen, die Saat der Bitterkeit nicht wachsen zu lassen. Aber ihre Angst vor Aaron hatte die Bitterkeit gewässert. So wie ihre Wut und ihr Groll gegen Malkija, weil er sie nicht freigelassen hatte. Für sie beten? Sie hatten alles und sie selbst hatte so wenig. Und jetzt wollten sie ihr das wenige, was sie hatte, auch noch wegnehmen – ihre Zukunft mit Dan.

Nein, dachte Nava, während sie die Ziege losband. Nein, sie konnte nicht für diese Männer beten.

39

Jerusalem

„Gehst du wieder aufs Dach?“, fragte Judith, als das Mittagessen vorüber war. „Warum quälst du dich, indem du den Männern bei der Arbeit zusiehst, Chana? Du weißt doch, dass wir Abba nicht mehr helfen können.“

„Ich weiß. Aber ich habe sonst nichts zu tun.“ Sie und ihre Schwestern mussten keine aufwendige Abendmahlzeit mehr zubereiten, weil Abba an der Mauer arbeitete, bis es fast zu dunkel war, um überhaupt noch etwas zu sehen. Er kam jeden Abend erschöpft nach Hause und aß eine einfache Mahlzeit beim Lampenschein, bevor er schlafen ging. „Ich sehe gerne die Fortschritte“, erklärte sie Judith. „Du solltest sehen, wie weit sie bereits sind – beinahe bis zum Turm der Öfen.“

„Wir helfen doch immer noch mit, Chana“, sagte Sarah. „Wir leisten unseren Beitrag wie all die anderen Frauen, die für die Männer kochen. Sie würden verhungern, wenn wir nicht wären.“

„Die Mägde, die Abba eingestellt hat, können genauso gut kochen wie ich“, sagte Chana. „Wahrscheinlich sogar besser.“ Sie nahm ihre Arbeitsschürze ab und ging zur Außentreppe.

„Es wird dich nur unzufrieden machen, wenn du ständig zusiehst“, rief Judith ihr nach. „Und dann wirst du ungenießbar.“

„Ich weiß. Aber ich gehe trotzdem hinauf.“ Der Blick vom Dach schien sich mit jedem Tag ein wenig zu verändern. Bevor Nehemia hergekommen war, hatte Chana über die eingestürzte Mauer und das Tal hinweg in die verlassene Mischne schauen können. Jetzt versperrte die Mauer ihr die Sicht, weil sie höher aufragte als das

Dach ihres Hauses. Abbas Teil vom Taltor bis zum Turm der Öfen war zu drei Vierteln fertig. Er hatte Chana beschrieben, wie seine Mannschaft mit den Männern am Turm zusammenarbeitete, damit die Mauerabschnitte richtig miteinander verbunden waren, so wie sie es mit den Bauarbeitern am Taltor auch getan hatten. Es war ungeheuer aufregend. Und jetzt war die Mauer beinahe fertig – allen Versuchen ihrer Feinde, genau das zu verhindern, zum Trotz.

Sie sah zu, wie drei Männer oben auf der Mauer einen großen Steinquader an den schwingenden Seilen des Krans dirigierten. Plötzlich hielten sie inne. Die Seile wurden schlaff, obwohl der Stein noch nicht in der richtigen Position lag, und die Männer kletterten eilig das Gerüst hinunter und verschwanden auf der anderen Seite. Zwei weitere Männer, die an einer anderen Stelle die Waagerechte überprüft hatten, hörten ebenfalls mit ihrer Arbeit auf und kletterten hinunter, gefolgt von den beiden Wachen, die oben postiert waren. Das beständige Hämmern und Meißeln verstummte. Wurden sie angegriffen? Chanas Herzschlag beschleunigte sich, während sie auf den Klang der Signaltrompete wartete, die alle Arbeiter aufforderte, ihren Nachbarn zu Hilfe zu kommen. Aber anstelle der Trompete und dem Klirren von Schwertern hörte sie, wie ein Mann auf der anderen Seite der Mauer von Schmerzen gequält aufschrie.

Sie lauschte weiter, ob sie Kampfgeräusche vernehmen konnte, hörte aber nichts. Das Schreien verstummte nicht. Hatte es einen Unfall gegeben? War einer von Abbas Arbeitern verletzt? *Herr, hilf ihm bitte! Hilf ihm!* Sie stellte sich vor, wie ein großer Steinblock verrutschte und das Bein oder den Arm eines Arbeiters unter seinem Gewicht zermalmte. Aber je länger sie hinhörte, desto sicherer wurde sie, dass die Stimme, die da vor Schmerzen schrie, ihrem Vater gehörte.

Chana rannte die Treppe hinunter, durch den Hof und aus dem Haus, ohne innezuhalten. Dann lief sie die Straße der Bäcker hinunter zum Taltor und rempelte jeden an, der sich ihr in den Weg stellte. Weiter und weiter schrie die Stimme in der Ferne, während sie durch das Tor eilte, zusammen mit einer wachsenden Schar von Männern. Sie hatten ihre Schwerter gezogen, als fürchteten sie wie Chana, dass sie angegriffen wurden. Die Schreie verstummten nur für wenige Sekunden, dann wallten sie wieder auf.

„Abba!“, schrie sie, als sie auf die Gruppe der Männer zurannte. Mehr denn je überzeugt davon, dass es sich um die Stimme ihres Vaters handelte, stieß sie die Umstehenden mit den Ellenbogen zur Seite und sah, dass ihr Vater auf dem Boden lag und sich vor Schmerzen wandt. Sie sah kein Blut und keine Wunden, keine riesigen Steinquader, die seine Gliedmaßen zerquetschten, aber zwei Arbeiter hielten seine Schultern und ein dritter seine Beine und versuchten ihn dazu zu bringen, dass er still lag. War etwas mit seinem Herzen?

„Abba! Abba, was ist geschehen?“ Sie kniete neben ihm, völlig außer Atem. „Was ist los? Was ist passiert?“

Er sah zu ihr auf, aber seinem Mund entwich nur ein herzzerreißendes Stöhnen. Er hatte Tränen in den Augen, während er sich ruhelos hin und her warf.

„Was ist mit ihm?“, fragte sie den Mann, der ihn bei den Schultern hielt.

„Er hat einen Stein von dem Haufen dort genommen und ein Nest mit Skorpionen entdeckt. Einer der *Fünfgestreiften Wüstenskorpione* hat ihn gestochen.“

Es war also viel, viel schlimmer, als sie befürchtet hatte. Sie sah eine rote Schwellung an Abbas Hand. Alle seine Finger und ein Teil seines Unterarms waren zu doppelter Größe angeschwollen. „Nein! Nein …!“, sagte sie mit Tränen in den Augen. Die Schmerzen, die der Stich des giftigen Skorpions verursachte, hatten den Ruf, unerträglich zu sein. Jetzt, wo sie Abbas erbärmliche Schreie hörte, glaubte Chana es. Sie wusste auch, dass der Stich dieses Skorpions tödlich sein konnte, denn das starke Gift griff das Herz und das Nervensystem an. Sie wollte etwas tun, um ihm zu helfen, um sein Leben zu retten, aber sie wusste nicht, was. Die Arbeit an der Mauer war zum Stillstand gekommen und die Männer standen tatenlos um sie herum.

„Jemand soll eine Trage holen“, schrie sie. „Wir müssen ihn nach Hause bringen … Und findet jemanden, der weiß, was wir für ihn tun können, wie wir ihn retten können!“ Es schien eine Ewigkeit zu dauern, bis die Männer eine Decke brachten, die sie als Trage benutzen konnten. Abba schrie wieder auf, als die Männer ihn auf die Decke hoben. Chana ging nebenher und hielt Abbas andere

Hand, während die Männer ihn nach Hause trugen. Er biss sich auf die Lippen, um nicht laut zu schreien, aber sein geliebtes Gesicht war schmerzverzerrt. „Geht langsam!“, flehte sie, als die Männer ihn durch das Taltor und die Straße hinauftrugen. „Bitte schaukelt nicht so viel mit dem Tragetuch!“

Endlich kamen sie zum Haus und Chana rannte voraus, um das Tor zu öffnen. Sie zeigte ihnen das Bett ihres Vaters und schrie nach Sarah und Judith. Ihre Schwestern kamen angerannt, aber es gab nichts, was sie tun konnten, außer sein schreckliches Stöhnen anzuhören und Gott im Stillen zu bitten, er möge Abbas Leben retten. Chana schien es, als seien bereits Stunden vergangen, bis schließlich eine weißhaarige Frau namens Mirjam kam, um zu helfen.

Sie war eine Heilerin, die in der Vergangenheit bereits Stiche des Fünfgestreiften Wüstenskorpions behandelt hatte. Sie gab Chana und ihren Schwestern eine Liste mit Zutaten, die sie brauchen würden, um eine Salbe anzurühren, und die Namen bestimmter Blätter, die sie zerreiben und ihm zu trinken geben konnten, um seine starken Schmerzen zu lindern. Sie teilten die Liste unter sich auf und Chana rannte zum Markt, froh darüber, dass sie endlich etwas tun konnte. Die Nachricht von dem Unfall hatte die Runde gemacht und immer wieder blieb jemand stehen, um sie zu fragen, wie es Schallum ging und wie sie helfen konnten. Doch Chana antwortete kurz angebunden und sagte, sie habe keine Zeit zum Reden.

Als Chana mit den letzten Zutaten zurückkehrte, hatte Mirjam schon begonnen, die Medizin zuzubereiten. Judith schob Kissen unter Abbas Schultern und flößte ihm löffelweise das Schmerzmittel ein. Sarah fächelte ihm mit Palmblättern Luft zu, um ihn in der Hitze zu kühlen. Das Gift war Abbas Arm hinaufgezogen und jetzt war auch sein Gesicht geschwollen. Als Mirjam den fertigen Verband auflegte und um Abbas Arm wickelte, schrie er auf. Chana musste den Raum verlassen, weil die Erinnerung daran, wie Itzhak gestorben war, ihre Angst nur noch vergrößerte.

Eine Stunde später schloss Abba endlich die Augen und schlief ein – ob es der Verband war oder das Schmerzmittel oder der Skorpion, der sein Opfer gefordert hatte, war nicht zu erkennen. Chana zog Mirjam beiseite, sodass ihre Schwestern sie nicht hören konnten. „Ist es gut, dass er endlich schläft, oder werden wir ihn verlieren?", fragte sie. „Sein Atem geht so schwer."

„Der Trank, den wir ihm gegeben haben, hat ihn einschlafen lassen. Aber das Gift des Skorpions verschließt ihm die Atemwege."

„Was kann ich noch tun? Ich *muss* etwas tun."

„Wir haben getan, was wir konnten. Jetzt können wir nur noch warten und beten."

„Wird er sterben?", fragte Sarah, die zu ihnen in die Ecke kam, in der sie flüsterten. „Wir dürfen ihn nicht sterben lassen."

„Euer Vater ist ein starker Mann. Er hat gute Chancen zu überleben. Der Stich des Wüstenskorpions ist am schlimmsten bei den ganz Jungen und den ganz Alten."

„Es hätte jeden von uns treffen können", sagte Judith, als sie dazukam. „Wir alle haben Tag für Tag Steine hochgehoben." Niemand antwortete, aber alle wussten, dass sie die Wahrheit sagte.

Während die Zeit verstrich, wurde Chana wieder rastlos, getrieben von dem Drang, etwas zu tun, anstatt nur herumzusitzen und die Hände zu ringen. Als sie ein Klopfen draußen am Tor hörte, sprang sie auf und eilte hinaus, um zu öffnen. Erstaunt sah sie, dass Statthalter Nehemia vor dem Tor stand, neben ihm der Mann mit der Trompete, der dem Statthalter wie ein Schatten überallhin folgte, immer bereit, Alarm zu schlagen. Nehemias Erschöpfung entsetzte Chana, seine Gesten und seine Sprache waren so langsam, als bewegte er sich unter Wasser. Seine Kleider sahen aus, als hätte er mehrere Tage in ihnen gearbeitet und geschlafen. So rochen sie auch.

„Ich habe gehört, was deinem Vater zugestoßen ist", sagte Nehemia. „Wie geht es ihm?"

„Abbas Schmerzen scheinen etwas nachgelassen zu haben. Jetzt können wir nur noch abwarten."

„Es tut mir schrecklich leid. Wir waren in der vergangenen Woche alle auf einen neuen Angriff vorbereitet, aber niemand von uns hat mit so etwas gerechnet. Sag Schallum, dass ich nach ihm gefragt habe, und lass mich wissen, wenn es etwas gibt, was ich tun kann … abgesehen vom Beten."

„Das werde ich. Danke für deine Freundlichkeit, Statthalter."

Nachdem er gegangen war, konnte Chana nicht mehr gegen das

Bedürfnis ankämpfen, etwas zu tun. Die Aktivitäten an der Mauer neben ihrem Haus schienen ungewohnt ruhig und ihr fiel wieder ein, dass der Bau unterbrochen worden war. Die Männer standen herum, als hätten sie Angst, an ihre Arbeit zurückzugehen. Hatten sie das Zeug dazu weiterzuarbeiten, ohne dass Abba sie anleitete? Oder hatten sie alle Angst, den nächsten Stein aufzuheben? Es waren noch einige Stunden bis zum Abendopfer und danach würden sie noch eine oder zwei Stunden Tageslicht haben, in der sie etwas schaffen konnten. Je mehr Chana darüber nachdachte, dass die Arbeiten zum Erliegen gekommen waren, desto überzeugter war sie, dass sie den Platz ihres Vaters einnehmen musste. Die Männer brauchten jemanden, der sie beaufsichtigte, und niemand kannte die Arbeit besser als sie. Sie gab ihren Schwestern ein Zeichen, mit auf den Hof zu kommen, wo sie reden konnten, und erzählte ihnen von ihrem Plan.

„Chana, nein! Das geht nicht! Es ist zu gefährlich!“, sagte Sarah.

„Ich kann nicht hier sitzen und zusehen, wie Abba leidet. Das kann ich nicht ertragen. Ich muss etwas tun, also werde ich seine Arbeit übernehmen. Holt mich, wenn es Neuigkeiten gibt.“

Als Chana vor die Mauer trat, bewegten die Männer sich immer noch halbherzig, wie sie befürchtet hatte, obwohl seit dem Unfall mindestens drei Stunden vergangen waren. Sie scharten sich schnell um sie, um nach ihrem Vater zu fragen. „Er schläft. Alles andere wird sich zeigen.“ Mit einem Mut, der von Wut angefeuert wurde, wandte sie sich an die wartenden Männer, die allesamt älter, stärker und erfahrener waren als sie. „Hört zu, ich werde meinen Vater vertreten, bis es ihm wieder besser geht. Es wird euch vielleicht nicht gefallen, Anweisungen von einer Frau entgegenzunehmen – und glaubt mir, ich gebe sie nicht gerne. Aber Abba vertraut mir und ich weiß, was hier getan werden muss. Mein Vater hat sich verpflichtet, die Mauer vom Taltor bis zum Turm der Öfen wiederaufzubauen, und als seine erstgeborene Erbin ist es meine Aufgabe, ihm dabei zu helfen, sodass er seiner Verpflichtung nachkommen kann.“

Die Männer schienen von ihrer überraschenden Ankündigung und dem Schrecken des Unfalls so eingeschüchtert, dass sie nichts erwiderten. Diese Schockstarre und Verblüffung nutzte Chana, um die ersten Anweisungen zu geben. „Zeigt mir, wo ihr aufgehört habt und was noch getan werden muss. Ich sehe, dass der Steinquader dort oben noch am Kran hängt, aber er sitzt nicht an der richtigen Stelle. Und wir dürfen den Mörtel nicht austrocknen lassen, das wäre Verschwendung. Also machen wir uns an die Arbeit."

Die Mauer kam ihr von dieser Seite her wunderbar vertraut vor, auch wenn die bewaffneten Wachen, die unverändert ihren Dienst versahen, eine unangenehme Erinnerung daran waren, dass jeden Augenblick ein Angriff erfolgen konnte. Chana schritt den gesamten Bauabschnitt bis zum Turm der Öfen entlang, um mit Haschub ben Pahat zu sprechen, der für den Wiederaufbau des Turmes zuständig war.

Er unterbrach seine Arbeit, als er sie sah, und eilte zu ihr. „Wie geht es Schallum? Er hatte so schreckliche Schmerzen."

„Wir tun zu Hause für ihn, was wir können. Aber die Arbeit an diesem Abschnitt darf nicht aufhören. Ich bin nur gekommen, um dir zu sagen, dass ich meinen Vater vertrete, bis es ihm besser geht." Sie wandte sich ab, bevor der Mann protestieren konnte. Haschub hatte von Anfang an keinen Hehl aus seiner Missbilligung gemacht, weil Schallums Töchter an seiner Seite arbeiteten. Er würde noch weniger damit einverstanden sein, wenn sie es alleine tat.

Kurz vor dem Abendopfer sah Chana, wie Statthalter Nehemia seine übliche Runde machte, um die Mauer und seine Wachen zu inspizieren. Sie hätte sich vor ihm verstecken können, entschied sich aber dagegen. Er würde sowieso bald erfahren, was sie hier tat. Sie sah seine Überraschung und Sorge, als er sie entdeckte. „Chana, was machst du hier draußen? Du musst sofort wieder hinter die Mauer zurückgehen!"

„Das kann ich nicht, Statthalter. Ich überwache für meinen Vater die Arbeiten, bis es ihm wieder besser geht."

Seine Sorge verwandelte sich schnell in Zorn. „Oh nein, das wirst du nicht! Es ist viel zu gefährlich, aus den unterschiedlichsten Gründen. Ich bin hergekommen, um einen neuen Vorarbeiter zu ernennen ..."

„Das ist nicht nötig. Ich kenne die Arbeit besser als alle anderen. Mein Vater hat sein Wort gegeben, dass er diesen Abschnitt wiederaufbauen wird, und ich werde ihm helfen, sein Wort zu halten."

„Ich werde nicht zulassen, dass du dich in Gefahr begibst." Er streckte die Hand nach ihrer Schulter aus, als wollte er sie zum Tor zurückschieben, aber sie entzog sich seinem Griff.

„Warum nicht? Weil ich eine Frau bin?“

„Ja, natürlich, weil du eine Frau bist! Wenn der Skorpion *dich* gestochen hätte, dann wärest du jetzt aufgrund deines zarten Körperbaus tot! Du kannst kein Schwert tragen, du bist kaum halb so groß wie diese Männer und wir haben unsichtbare Feinde da draußen, die jeden Augenblick angreifen können!“

„Es wird dich vielleicht überraschen, dass Frauen genauso mutig sein können wie Männer.“

„Ich bezweifle nicht deinen Mut, sondern deinen gesunden Menschenverstand!“ Nehemia sah sich um, als wäre ihm bewusst, dass er Aufmerksamkeit auf sich zog. Er senkte die Stimme und sprach zähneknirschend weiter. „Wenn du nicht freiwillig gehst, werde ich meinen Männern befehlen, dich nach Hause zu tragen.“

„Verschwende nicht ihre Zeit – oder meine. Ich werde einfach zurückkommen. Ich bewundere dich sehr, Statthalter. Und jetzt sei so gut und erwidere dieses Kompliment und respektiere mein Recht, meinem Vater zu helfen, so gut ich kann.“

„Du bist die unglaublichste … dickköpfigste … nervtötendste Frau, die mir je begegnet ist!“ Seine erhobene Stimme ließ die Männer aufhorchen, deshalb wandte er sich einen Moment lang ab und starrte zum Tempel hinauf, als versuchte er, sich zu beruhigen. „Hör zu, ich muss jetzt zum Opfer gehen und für deinen Vater beten. Aber diese Unterhaltung ist noch nicht beendet.“

Chana blieb bis zur Dämmerung und die Arbeit lenkte sie zeitweise von ihren Sorgen ab. Als die ersten Sterne erschienen, kehrte sie nach Hause zurück, um zu sehen, wie es Abba ging. Judiths besorgte Miene sagte ihr, dass sein Zustand sich nicht gebessert hatte. „Es geht ihm schlechter, Chana. Er kann kaum noch atmen.“

Sie ging in die Schlafkammer und setzte sich neben ihn. Es tat ihr im Herzen weh, seinen keuchenden Atem zu hören. „Bitte stirb nicht, Abba“, flüsterte sie. „Lieber Gott, bitte lass ihn nicht sterben.“

Der Faden, der Chana mit dem Allmächtigen verband, schien hauchdünn. Aber sie schloss die Augen und betete, entschlossen, an dieser zarten Verbindung festzuhalten und nicht loszulassen.

40

Jerusalem

Nehemia war erleichtert, als er sah, dass sein jüngster Bruder vor dem Abendopfer im Tempelvorhof auf ihn wartete. „Hast du gehört, was Schallum vor ein paar Stunden zugestoßen ist?“, fragte er Hanani ohne ein Wort der Begrüßung. „Was weißt du über Skorpionstiche? Sind sie tödlich?“

„Sie können es sein. Dasselbe gilt übrigens für Erschöpfung. Sieh dich doch nur an! Warum gehst du nicht nach Hause und ruhst dich aus? Du bist seit Wochen jede Nacht auf, rennst tagsüber in der Stadt herum und umrundest unzählige Male die Mauer – das wirst du auf Dauer nicht durchhalten.“

„Ich bekomme hier und da ein paar Stunden Schlaf. Wie geht es dir und Ephraim? Und wie steht es um die Arbeitsmoral unserer Männer?“

„Alle sind erschüttert nach dem, was Schallum heute zugestoßen ist. Es hätte jeden von uns treffen können. Wir haben alle in den Trümmern gewühlt, Steine aufgehoben und die Hände in Spalten gesteckt, in denen Skorpione sich gerne verstecken.“

„Wir müssen für ihn beten. Und für die Arbeit. Und für Hilfe gegen unsere Feinde. Wenn wir uns nicht die Zeit nehmen zu beten, können wir alles andere ebenso gut sein lassen.“

Sie nahmen ihre Plätze im Männerhof ein und Nehemia schloss die Augen, um sich von der Musik beruhigen zu lassen, als die Leviten die Liturgie sangen. „*Nur bei Gott komme ich zur Ruhe; er allein gibt mir Hoffnung.*“ Er erinnerte sich daran, dass er in Susa morgens früh aufgestanden war, um zu beten und dem Allmächtigen seine

Sünden zu beichten. Er hatte sich auf Gottes Stärke und Weisheit verlassen. Und er dachte auch daran, dass Gott seine Gebete erhört und ihn bis hierher gebracht hatte, indem er ihm half, das Werk zu vollbringen, zu dem er berufen war.

„Nur er ist ein schützender Fels und eine sichere Burg. Er steht mir bei und niemand kann mir schaden." Seit ihm Widerstand entgegenschlug, hatte Nehemia mit der Frage gerungen, ob das eine Warnung von Gott war, dass er in die falsche Richtung ging, oder ob die Angriffe des Feindes dazu dienten, ihn von seiner gottgegebenen Aufgabe abzuhalten. Sobald er jedoch hier am Tempel betete, die Augen schloss und der Aufruhr in seinem Inneren sich langsam legte, wusste er, dass er Gott folgte. Er musste durchhalten und durfte nicht aufgeben.

„Ihr Menschen, vertraut ihm jederzeit und schüttet euer Herz bei ihm aus! Gott ist unsere Zuflucht." Im Stillen dankte er dem Allmächtigen für die erfolgreichen Siege über ihre Angreifer. Und als der Priester das Heiligtum betrat, um den Weihrauch zu entzünden, betete Nehemia für Kraft, um seine Arbeit zu vollenden, für Schutz vor seinen Feinden auch in der Zukunft, und dass Gott seine heilende Hand auf Schallum legen möge. *„Mehr als einmal habe ich gehört, wie Gott gesagt hat: ‚Ich allein habe alle Macht!' Du, Herr, bist ein gnädiger Gott."*

Als das Opfer endete, dachte Nehemia immer noch an Schallum. Dann fiel ihm wieder Schallums eigensinnige Tochter ein. „Sie arbeitet wieder an der Mauer", sagte er zu Hanani, als sie über den Hof zurückgingen.

„Wer? Wovon redest du?"

„Von der dickköpfigen Frau, Schallums Tochter. Erinnerst du dich, dass wir schon einmal versucht haben, sie von der Arbeit an der Mauer abzuhalten? Irgendwann war sie dann gezwungen aufzuhören, als die Gefahr von Angriffen es zu gefährlich machte. Aber jetzt ist sie wieder da. Sie sagt, sie vertrete ihren Vater als Aufseher. Das ist doch lächerlich! Du musst sie daran hindern, Hanani."

„Ich? Beim letzten Mal habe ich doch auch nichts bewirkt. Und dann hat ihr Verlobter Malkija sie auch noch verteidigt."

„Ich hatte vergessen, dass sie mit Malkija verlobt ist … Übrigens, ich habe gehört, dass er den Schwur nicht geleistet hat, Hanani. Ich weiß nicht recht, was ich davon halten soll."

Hanani schüttelte staunend den Kopf. „Du redest wirres Zeug, mein Lieber. Tu dir und uns einen Gefallen und geh schlafen."

Nehemia sah seinen anderen Bruder in Richtung Treppe gehen und gab ihm ein Zeichen, stehen zu bleiben und zu warten. Er war erleichtert, als er sah, dass Ephraim, ebenso wie Hanani, einen geschmiedeten Brustpanzer und ein Schwert trug. „Du siehst aus, als hättest du einen Ringkampf mit einem Rudel Löwen verloren", sagte Ephraim zu ihm. „Du wirst uns noch zusammenbrechen."

„Das habe ich ihm auch schon gesagt", sagte Hanani. „Aber er hört ja nicht."

„Vielleicht habt ihr recht", sagte Nehemia, „aber bevor ich zusammenbreche, werde ich noch die Mauer vollenden."

„Nimmst du dir überhaupt die Zeit, etwas zu essen?"

„Wenn es sein muss."

Vor ihnen an der Treppe hatte sich eine kleine Menschentraube versammelt und lauschte den lauten Rufen einer alten Frau. „Was ist denn jetzt schon wieder?", murmelte Nehemia. Er dachte daran, wie der letzte Protest die Arbeiten am Bau aufgehalten hatte. Da er so groß war, dass er über die Köpfe der anderen hinwegsehen konnte, nahm er eine faltige, grauhaarige Frau wahr, die mit erhobenen Händen dastand und in Ekstase zum Himmel hinaufblickte.

„Der Heilige Israels ist mit seinem Volk", sagte sie, „und seine Hand liegt auf seinem Diener Nehemia. Es gibt einen König in Juda! Darum frohlockt und freut euch über seinen erwählten König, der uns den Sieg über unsere Feinde gebracht und die Ruinen Jerusalems wiederaufgebaut hat, ihr Menschen, denn es gibt einen König in Juda, der euch ernährt wie damals und der die Nöte der Armen sieht …"

Nehemia wandte sich um und eilte die Treppe hinunter, um nicht länger zuhören zu müssen. Er wusste nicht, warum, aber die Worte bereiteten ihm Unbehagen. Außerdem war es ihm unangenehm, mitten in einer Menschenmenge zu sein, wo andere ihn ständig berühren und ihm danken wollten. „Was haltet ihr davon?", fragte er seine Brüder, als sie außer Hörweite waren. „Wer ist das?"

„Sie heißt Noadja. Das ist bereits das dritte oder vierte Mal, dass ich sie gehört habe“, sagte Hanani. „Sie taucht überall in der Stadt auf und sagt eigentlich immer dasselbe. Heute habe ich sie aber das erste Mal am Tempel reden hören.“

„Ich habe sie auch schon gehört“, sagte Ephraim. „Ihre ‚Prophezeiungen‘ gehen mir irgendwie gegen den Strich.“

„Warum?“, fragte Hanani. „Sie versucht doch nur, den Menschen Mut zu machen.“

„Nehemia ist nicht unser König. So etwas sollte sie nicht einmal andeuten. … So, bis morgen.“ Er ging die Straße weiter hinunter, anstatt zu ihrem gemeinsamen Haus abzubiegen.

„Warte, Ephraim.“ Nehemia beschleunigte seine Schritte, um ihn einzuholen. Hanani tat es ihm gleich. „Wohin gehst du?“

„Ich habe Nachtdienst am Misttor.“

„Würde es irgendetwas nützen, wenn ich dich bitte, nicht zu gehen?“, fragte Nehemia. „Wir haben jetzt jede Menge andere Freiwillige.“

„Spar dir die Mühe. Ich würde mir niemals verzeihen, wenn jemand anders getötet würde, weil er mein Haus und meine Familie beschützt hat, während ich in Sicherheit war … Da ist Malkija. Ich muss mit ihm sprechen, bevor er geht.“

„Warte“, rief Nehemia noch einmal. Sein Bruder blieb stehen und sah ihn ungeduldig an. „Du arbeitest jetzt schon eine ganze Zeit lang an Malkijas Seite. Kann ich dich etwas über ihn fragen?“ Ephraim nickte. „Jemand hat mir gesagt, dass er seinen Schwur gebrochen und seine Leibeigenen nicht freigelassen und ihnen die Schulden nicht erlassen hat. Weißt du, ob das stimmt?“

„Ich habe keine Ahnung. Frag ihn doch selbst.“

„Und wo du schon dabei bist“, fügte Hanani hinzu, „kannst du gleich mit ihm über Schallums Tocher sprechen. Malkija ist mit ihr verlobt.“

Als er an Chana erinnert wurde, stieg wieder die Wut in Nehemia auf. Hatte er nicht ohne sie schon genug Sorgen? Er schob seine Verärgerung erst einmal beiseite, als er auf Malkija zuging. Er wollte ihn nicht wegen mehrerer Dinge auf einmal zur Rede stellen. „Wie ich sehe, macht ihr hervorragende Fortschritte“, begann Nehemia. „Du hast mit diesem Tor eine entscheidende Aufgabe, weil es an der Kreuzung der drei Täler liegt. Und dazu hast du noch die Verantwortung übernommen, den Königsteich zu sichern. Hervorragende Arbeit!“

„Danke, Statthalter.“

„Ich vermute, du hast gehört, was heute mit Schallum geschehen ist?“

Malkijas Lächeln wich einer besorgten Miene. „Ja, er ist mein Schwiegervater. Jetzt, wo Ephraim hier ist und übernehmen kann, will ich zu ihm gehen.“

„Ich habe vorhin mit seiner Tochter gesprochen. Nachdem er verwundet wurde, hat sie beschlossen, Schallums Aufgabe an der Mauer zu übernehmen.“

„Chana? Was meinst du damit – *an der Mauer*?“

„Sie sagt, sie wird jetzt den Bau an seiner Stelle beaufsichtigen. Ich habe sie vor der Gefahr gewarnt und ihr gesagt, dass sie wieder nach Hause gehen soll. Aber sie hat nicht auf mich gehört. Ich hatte gehofft, du könntest sie zur Vernunft bringen.“

„Ich werde es versuchen … Aber ich kann nicht versprechen, dass es mir gelingen wird. Eine von Chanas Eigenschaften, die ich anziehend finde, ist ihr Temperament. Vor unserer Verlobung habe ich ihr mein Wort gegeben, dass ich sie nicht zwingen würde, irgendetwas gegen ihren Willen zu tun. Meiner Meinung nach hat ein Ehemann nicht das Recht, seine Frau herumzukommandieren.“

„Auch nicht, wenn sie in Gefahr ist?“

„Wie ich Chana kenne, hat sie wahrscheinlich das Gefühl, dass sie das tun muss, vor allem nach dem, was heute ihrem Vater zugestoßen ist. Sie will die Mauer wiederaufbauen, um die Menschen zu schützen, die sie liebt.“

Das Frustrierende war, dass Nehemia verstand, wie Chana sich fühlte und was ihre Beweggründe waren. Wenn sie keine Frau wäre, würde er sie für ihren Mut bewundern. „Da ist noch etwas, Malkija … Ich erwähne es nur ungern, aber ich mag Gerüchte und Tratsch nicht. Stimmt es, dass du deinen Schuldnern ihre Schulden nicht erlassen und deine Leibeigenen nicht freigelassen hast, als alle anderen Adligen es taten?“

Malkija reckte das Kinn ein wenig vor. „Das ist wahr.“

Der junge Mann namens Dan hatte also die Wahrheit gesagt. Es war kein Gerücht.

Malkija sah ihn mit festem Blick an. „Ich habe den Schwur im Tempel nicht geleistet, Statthalter, deshalb habe ich ihn auch nicht gebrochen."

„Darf ich fragen, warum du nicht geschworen hast?"

„Weil mein Anwesen nicht funktionieren würde, wenn ich es getan hätte. Ich brauche Arbeiter, erst recht während dieser Dürre, damit ich genug ernten kann, um zu überleben und meine Steuern zu zahlen."

„Aber deine Arbeiter sind voller Groll, vor allem nachdem sie gesehen haben, wie ihre Nachbarn freigelassen wurden."

„Ich kann sie im Moment nicht gehen lassen, es tut mir leid."

„Würdest du es dir nach der Ernte noch einmal überlegen? Der Friede zwischen Reich und Arm ist im Moment sehr zerbrechlich."

„Ich zeige dir gerne meine Bücher", sagte Malkija und sein Ton wurde allmählich schärfer. „Ich werde dir zeigen, wie ich den Armen helfe, was ich zum Wohle der Menschen in meinem Bezirk getan habe. Es stimmt, dass ich noch immer Leibeigene habe, aber ich ernähre sie und ihre Familien. Und ich verlange keine Zinsen auf ihre Darlehen. Meine Arbeiter haben keinen Grund, mir zu grollen."

Nehemia wusste nicht, was er davon halten sollte. Er schwieg so lange, dass Malkija schließlich sagte: „Ich sehe, dass du von mir enttäuscht bist. Wenn du willst, werde ich als Anführer zurücktreten und den Bau dieses Tores einem anderen übergeben, den du auswählst. Dann kehre ich auf mein Anwesen in Bet-Kerem zurück."

Auch darauf antwortete Nehemia zunächst nicht, weil sein vom Schlafmangel träge gewordenes Gehirn länger brauchte, um zu denken und eine Entscheidung zu treffen. „Das wird nicht nötig sein, Malkija", sagte er schließlich. „Mach weiter." Er ging und fragte sich, ob er gerade einen engen Freund und Unterstützer verloren hatte – oder ob Malkija von Anfang an nur vorgegeben hatte, einer zu sein.

41

Jerusalem

Die Zeit schien langsamer zu verstreichen, während Chana im Schneidersitz neben dem Lager ihres Vaters auf dem Boden saß und seinen qualvollen Atemzügen und dem schwachen Stöhnen lauschte. Als es dunkel wurde, wachte er auf und sah sie an, seine schmerzerfüllten Augen beinahe zugeschwollen. „Ich hole dir noch etwas von dem Schmerzmittel", sagte sie und wollte sich erheben.

„Noch nicht, mein Engel. Setz dich zu mir." Seine Stimme klang gepresst und heiser, als bereite es ihm Schmerzen zu sprechen. Chana setzte sich und nahm seine unverletzte Hand in ihre und küsste seinen Handrücken. „Chana, sei nicht traurig, wenn ich sterbe."

„Abba ..."

„Sei mit Malkija glücklich … Ich vertraue dich und deine Schwestern ihm an."

„Bitte sprich nicht so. Du wirst leben, das weiß ich."

„So Gott es will, Chana … so Gott es will ... Aber hör nicht auf zu singen, mein kleiner Vogel. Versinke nicht wieder in dem Loch der Trauer. Versprich es mir."

Chana begegnete seinem Blick, ihre Sicht von Tränen verschwommen. „Ich verspreche es", flüsterte sie. Sie würde ihr Wort halten. Abba nickte leicht und versuchte zu lächeln.

„Und wenn ich sterbe, Chana … frag Gott nicht: ‚Warum?' Frag: ‚Wie?' … Wie kann ich die Welt in einen besseren Ort verwandeln. Wie kann ich seine Liebe weitergeben?"

Jetzt rannen die Tränen über ihre Wangen. „Das werde ich, Abba."

„Ich bete für meine drei Mädchen … dass er euch stark macht.“ Er lächelte und schloss wieder die Augen. „Sing für mich, mein Engel …“

Sie schluckte den Kloß im Hals hinunter und fing an, leise für ihn zu singen: „*Wie ein Hirsch nach frischem Wasser lechzt, so sehne ich mich nach dir, o Gott! …*“

In den vergangenen Monaten, seit die Arbeit an der Mauer begonnen hatte, war Chana bewusst geworden, dass sie endgültig erwachsen geworden war. Sie hatte der Wahrheit über ihre Verlobung mit Itzhak ins Auge gesehen und die Hässlichkeit ihrer selbstmitleidigen Trauer um ihn erkannt. Sie hatte gelernt, was es bedeutete, eine Verpflichtung einzugehen und ihr Wort zu halten, indem sie beschloss, Malkija zu vertrauen und ihre Verlobung nicht zu lösen. Abba hatte ebenfalls sein Wort gegeben, als er die Ketubba unterzeichnet und sich verpflichtet hatte, die Mauer wiederaufzubauen. Chana würde alles tun, was in ihrer Macht stand, um ihrem Vater zu helfen, damit er sein Wort halten konnte. Viele Entscheidungen in ihrem Leben konnte sie nicht selbst treffen, aber diese schon.

„*Tagsüber seufze ich: ‚Herr, schenke mir doch wieder deine Gnade!‘ Und nachts singe und bete ich zu Gott; er allein kann mir das Leben wiedergeben …*“ Während sie zusah, wie Abba halb wachte, halb schlief, dachte sie an Königin Esther. Esthers Leben war auch von anderen bestimmt worden. Sie war verwaist, man hatte sie ins Exil verschleppt und sie gezwungen, am Schönheitswettbewerb des Königs teilzunehmen, dann war sie in seinem Harem gelandet und kurz davor gewesen, hingerichtet zu werden. Und doch hatte Esther Mut und Intelligenz bewiesen, indem sie die Mittel, die ihr zur Verfügung standen, dazu nutzte, Veränderungen herbeizuführen. Chana fragte sich, welche Möglichkeiten sie selbst besaß, um Dinge im Leben ihrer Lieben zu ändern.

„*Auf Gott will ich hoffen, denn ich weiß: Ich werde ihm wieder danken. Er ist mein Gott, er wird mir beistehen!*“ Trotz ihrer ständigen Auseinandersetzungen mit Statthalter Nehemia achtete sie ihn und das Werk, das er zu vollbringen versuchte. Deshalb machte ihr die vermeintliche Verschwörung, von der Nava gehört hatte – und Malkijas Rolle dabei –, immer noch zu schaffen. Ihr Vater war ein Bezirksvorsteher und Nehemia gegenüber loyal. Sie sollte allein schon um seinetwillen berichten, was sie wusste. Aber wie sollte sie das tun, ohne Malkija zu verraten? *Herr, zeige mir, was ich tun soll*, betete sie.

Chana war tief in Gedanken und bat den Allmächtigen um Hilfe, als ihre Schwester Judith an der Schlafzimmertür erschien. „Malkija ist hier. Er möchte mit dir reden." Judith nahm Chanas Platz an Abbas Bett ein, während Chana sich erhob und hinausging. Malkija stand im Hof. Eine Mondsichel schwebte dicht über der Mauer und der Himmel über Jerusalem war von Sternen übersät. Sie hatten nicht das Recht, so hell, so schön zu strahlen, wenn ihr Vater so krank war!

„Habe ich dich gerade singen gehört?", fragte er. „Es klang wunderschön."

„Danke."

„Wie geht es deinem Vater? Und wie geht es *dir*?" Malkija sah ebenso erschöpft aus wie der Statthalter. Seine Lider waren schwer, wenn er blinzelte, so als wollten sie sich nicht wieder heben. „Kann ich irgendetwas tun?"

„Jeder fragt mich das. Ich glaube nicht, dass wir noch etwas tun können. Wir versuchen, seine Schmerzen zu lindern und die Schwellung mit Verbänden zu behandeln. Jetzt müssen wir abwarten."

„Ich habe gehört, dass du seinen Platz bei der Aufsicht der Bauarbeiten eingenommen hast."

Sie seufzte. „In Jerusalem machen Neuigkeiten schnell die Runde … Bitte verlange nicht von mir, dass ich aufhöre, Malkija."

Er wollte gerade etwas erwidern, tat es dann aber doch nicht. Chana wartete. „Dann lass mich wenigstens einen Leibwächter schicken, der dich beschützt", sagte er schließlich.

„Das ist nicht nötig."

„Chana, weißt du noch, welche Sorgen du dir gemacht hast, als ich mir die Hand verletzt hatte?" Er hob die Hand hoch, sodass sie den Leinenverband sehen konnte, der im Mondschein weiß leuchtete. „Kannst du dir vorstellen, wie ich mich fühle, wenn ich weiß, in welcher Gefahr du dich außerhalb der Mauer befindest? Unsere Feinde könnten ohne Vorwarnung Pfeile aus der Ferne abschießen."

„Was kann ein Leibwächter gegen Pfeile ausrichten?"

„Ich würde mich besser fühlen.“ Sie antwortete nicht, aber der Gedanke, dass ein Aufpasser ihr überallhin folgte, gefiel ihr gar nicht. „Ich habe im Moment so viele Sorgen, Chana, darunter auch die Sorge um deinen Vater und um dich. Bitte füge nicht noch eine hinzu, indem du dich weigerst, eine Wache bei dir zu haben.“

Sie nickte und ihre Starrköpfigkeit tat ihr leid. „Wenn es dich beruhigt.“

„Das wird es. Ich kann mir vorstellen, welche Sorgen du dir um deinen Vater machst. Wenn du darüber reden willst …“

Chana wollte gerade sagen, dass sie mit Judith und Sarah reden konnte, dann wurde ihr bewusst, dass Malkija vielleicht selbst jemanden brauchte, dem er sich anvertrauen konnte. Gerade hatte er gesagt, dass er im Augenblick viele Sorgen hatte, und sie fragte sich, ob die Verschwörung eine davon war. Vielleicht konnte Chana hinter den Kulissen wirken, so wie Königin Esther es getan hatte, und ihn davon abhalten, sich den Verschwörern anzuschließen. Wenn Malkija ihr vertraute, hörte er vielleicht auf sie.

Sie überraschte ihn, indem sie seine Hand nahm und ihn zum Dach hinaufführte, wo sie ungestört waren. Der Schatten der Mauer erhob sich in der Dunkelheit über ihnen und verdeckte den Mond.

„Vielleicht hilft es dir ja, wenn du mit mir über diese Dinge sprichst, die dir Sorgen bereiten“, sagte sie. „Ich sehe, dass du dich ausruhen musst.“

„Sehe ich so schlimm aus?“

„Ja. Wie lange ist es her, dass du zu Hause warst, um zu essen und zu schlafen und dich umzukleiden?“

Er lächelte. „Ich kann mich nicht erinnern.“

„Erzähl mir, was dich bekümmert, Malkija.“

Sein Lächeln schwand. Er starrte in die Ferne und schwieg lange, bevor er antwortete. „Ich glaube, ich habe das Vertrauen des Statthalters verloren. Er ist enttäuscht von mir, weil ich den Eid nicht geleistet habe.“ Sein Blick wanderte zu ihr und er fügte hinzu: „Ich weiß, dass du auch von mir enttäuscht warst. Ich habe versucht, ihm zu erklären, warum ich es nicht tun konnte, aber ich bin nicht sicher, dass er es verstanden hat. Ich habe ihm sogar angeboten zurückzutreten.“

„Was hat er gesagt?“

„Er wollte meinen Rücktritt nicht annehmen. Aber der Verlust seines Vertrauens macht mir Sorgen, gerade jetzt. Jetzt ist es mehr denn je vonnöten, dass er mir vertraut."

„Warum?", fragte sie, obwohl sie Angst vor seiner Antwort hatte.

Wieder zögerte er und schien mit sich zu ringen. „Ich brauche deine Hilfe, Chana. Ich muss dir etwas sagen, das sonst niemand weiß. Aber zuerst muss ich sicher sein, dass du mir ganz und gar vertraust."

Ihr Herz raste, während sie nachdachte. Sie hatte ihm ihr Leben versprochen und ihre Ehe musste auf Vertrauen aufbauen. Abba hatte gerade gesagt, dass er seine drei Töchter Malkijas Fürsorge anvertraute, falls er starb. Und jetzt brauchte Malkija ihre Hilfe. Sie nahm erneut seine Hand. „Ja. Ich vertraue dir."

Er ließ die Luft ausströmen, die er angehalten hatte. „Eine Gruppe Adliger, die sich gegen den Statthalter verschworen hat, hat mich aufgefordert, mich ihnen anzuschließen. Ich habe so getan, als hätte ich Interesse, um herauszufinden, wer dahintersteckt. So konnte ich sie sogar dazu bringen, mir noch einen Namen zu nennen – Schechanja ben Arach. Das bedeutet, dass der Ammoniter Tobija mit der Sache zu tun hat, denn er ist mit Schechanjas Tochter verheiratet. Tobija versucht schon lange, hier in Juda die Macht an sich zu reißen. Wahrscheinlich will er an Nehemias Stelle regieren. Ich habe eingewilligt, mich mit der Gruppe zu treffen, um herauszufinden, was sie vorhaben und wer sonst noch an der Verschwörung beteiligt ist. Dann kann ich Statthalter Nehemia warnen – wenn er noch auf mich hört."

„Warum sagst du es ihm nicht *jetzt*?"

„Er hat zu viele Männer um sich. Bis ich weiß, wer die anderen Verschwörer sind, kann ich niemandem trauen. Einige der engsten Mitarbeiter von Nehemia könnten damit zu tun haben. Selbst seine Brüder."

„Aber wenn du zu weit gehst und erwischt wirst, werden alle glauben, du seist ein Verräter."

„Ich weiß, ich weiß. Deshalb erzähle ich dir davon. Es kann sein, dass ich dich brauche, damit du meine Geschichte bestätigst."

Sie hatte Angst um ihn und machte sich große Sorgen. Er hatte einen gefährlichen Weg eingeschlagen. Doch plötzlich kam ihr eine

Idee, wie sie ihm helfen könnte. „Nehemia macht jeden Tag seine Runde und inspiziert die Fortschritte an der Mauer“, sagte sie. „Wenn er morgen zu dem Abschnitt meines Vaters kommt, werde ich unter vier Augen mit ihm sprechen und ihm alles sagen, was du mir gerade über die Verschwörung erzählt hast. Ich werde ihm versichern, dass du kein Verräter bist, sondern dass du versuchst herauszufinden, wer die Rebellen wirklich sind.“

„Aber achte darauf, dass du mit ihm allein bist, Chana, und dass niemand sonst zuhört – nicht einmal seine Brüder oder der Trompeter, der ihn überallhin begleitet.“

„Soll ich ihm von Schechanja ben Arach erzählen?“

„Ja. Und sag ihm, dass es Meschullam war, der mich gefragt hat, ob ich mitmachen will. Meschullam hat ebenfalls familiäre Beziehungen zu Tobija. Ich weiß, dass Nehemia Briefe von Tobija erhalten hat, mit denen dieser versuchte, den Statthalter einzuschüchtern, damit er ein Bündnis mit ihm eingeht. Du musst dem Statthalter sagen, dass er weder Tobija noch seinem Schwiegervater noch seinem Schwiegersohn trauen kann. Sie stecken hinter dieser Verschwörung.“

„Ich werde es ihm sagen.“

„Und Nehemias Leben könnte in Gefahr sein, Chana. Er soll niemandem trauen, bis ich herausgefunden habe, wer sonst noch mit der Sache zu tun hat.“

„Bitte sei vorsichtig, Malkija.“

„Das werde ich.“ Er berührte das Schwert, das an seinem Gürtel hing. „Ich muss los. Danke für deine Hilfe.“

Chana ging mit ihm hinunter. Sie wusste, dass sie nicht würde schlafen können, denn sie musste nicht nur für ihren Vater beten, sondern auch für Malkija und den Statthalter.

„Und, Chana …“, sagte Malkija, bevor er das Tor schloss, „verlass dieses Haus morgen nicht ohne die Wache, die ich dir schicke.“

42

Bet-Kerem

Der Schweiß stand Nava auf der Stirn, als sie über das Feuer gebeugt stand und Zwiebeln und Knoblauch und würzige Stücke Lammfleisch kochte. Sie und die kleine Küchenmannschaft hatten seit Tagesanbruch gearbeitet, um das Mittagessen für die Erntehelfer zuzubereiten. Sie vermisste es, in Jerusalem an der Seite ihrer Freundin Rachel zu arbeiten. „In der Stadt mussten wir jeden Tag für dreimal so viele Arbeiter kochen", erklärte sie Penina. „Und es war dort viel heißer als hier."

„Die Erntezeit hat gerade erst angefangen", erwiderte Penina. „Wenn alle Arbeiter zurückkommen und die Ernte richtig beginnt, werden wir noch mehr zu tun haben." Sie ging zu dem Kessel, in dem Nava rührte, und verteilte händeweise Kumin und Koriander darüber. Der Duft stieg Nava in die Nase und ihr Magen knurrte vor Hunger. Sie dachte an ihre Eltern und ihre großen Brüder und fragte sich, ob sie auch ihre Trauben ernteten – und ob sie genug zu essen hatten.

„Wie gehen die Arbeiten an der Mauer in Jerusalem voran?", fragte eine der anderen Mägde Nava. „Konntest du sie vom Haus unseres Herrn aus sehen?"

„Vom Haus aus nicht, aber vom Tempelberg hatte ich einen guten Blick. Die Mauer um die Stadt sah beinahe fertig aus, als ich ging."

„Jetzt schon? Das ging aber schnell."

„Ja. Hunderte Männer arbeiten alle gleichzeitig daran. Und sie haben sogar eine Festung auf der Nordseite des Tempels gebaut."

Als sie den Tempel erwähnte, musste Nava an Dan denken und ihr Magen zog sich vor Kummer zusammen. Sie hatte keine Ahnung, wann sie ihn wiedersehen würde. Sie vermisste es, jeden Tag beim Opfer in seiner Nähe zu sein, heimlich seine Hand zu halten und sich seiner Liebe gewiss zu sein. Sie hatten mehr als einen Monat zusammen gehabt, bevor Nava nach Bet-Kerem zurückgeschickt worden war. Nun hatte sie Angst, dass ohne sie an seiner Seite Dans Zorn gegen Malkija zu heiß brennen würde.

Endlich war das Lamm gar und das Brot gebacken. Aber Nava hatte keine Zeit, sich hinzusetzen und auszuruhen und zu essen. „Du musst uns helfen, das Essen zu den Arbeitern im Weinberg hinauszubringen“, erklärte Penina ihr. „Wir essen alle draußen mit ihnen zusammen.“

„Aber ist Herr Aaron nicht auch im Weinberg?“

„Kann sein. Es spielt keine Rolle. Ich brauche deine Hilfe. Wenn du Angst hast, bleib in meiner Nähe.“

Nava hatte Angst. Schimon hatte gesagt, sie solle beten, und zwar nicht nur für sich selbst, sondern für Aaron. Sie verstand nicht, wie sie für einen Mann beten sollte, den sie hasste, und sie glaubte auch nicht recht, dass Gebete überhaupt etwas nutzten. Sie hob den vollen Wasserkrug hoch und balancierte ihn auf dem Kopf, wobei sie an die zahllosen Krüge dachte, die sie getragen hatte, um Abbas Land zu bewässern. Sie schob den Arm durch den Henkel eines Brotkorbs und folgte den anderen Frauen aus dem eingezäunten Anwesen, während sie darauf achtete, immer in Peninas Nähe zu bleiben. Sie stiegen zum Weinberg hinauf und hielten an der untersten Terrasse an, wo sie das Essen ausbreiteten. Die Arbeiter sammelten sich schnell, froh über die Stärkung.

Wie sie befürchtet hatte, kam auch Herr Aaron, um mit seinen Arbeitern zu essen, und seinem fleckenlosen Leinengewand nach zu urteilen hatte er nicht viel getan. Im Gegensatz zu den anderen Männern hatte er nicht einmal ein Messer, um die Reben zu beschneiden, oder einen Korb, um die Trauben einzusammeln. Nava wandte sich ab, sobald sie ihn sah, eilte zu Penina und blieb mit dem Rücken zu ihm stehen. Als sie eine Hand auf der Schulter spürte, wusste sie, dass es seine war.

„Da bist du ja, meine Schöne“, sagt er. „Was für eine hübsche

Überraschung. Und wie ich sehe, bist du den ganzen Weg hierher gelaufen, ohne den Wasserkrug fallen zu lassen oder das Brot zu verlieren. Wer hat denn gesagt, du wärest ungeschickt? Sie haben sich offensichtlich geirrt."

„Braucht Ihr etwas, Herr Aaron?", fragte sie.

Er beugte sich näher und flüsterte: „Dich." Seine Hand lag noch immer auf ihrer Schulter und schien sich bis auf ihre bloße Haut durchzubrennen. Penina hielt ihm den Brotkorb hin. Schließlich zog er die Hand fort und nahm einen Laib. „Welches Gericht hast du gekocht?", fragte er Nava, während er in das Brot biss.

„Ich habe Penina geholfen, das Lamm zu kochen."

„Sieht köstlich aus – genau wie du." Er grinste sie an, aber sein kaltes Lächeln ließ ihr das Blut in den Adern gefrieren. Aaron wirkte nicht glücklich, obwohl er Herr über all diese Menschen war und der Erbe dieses reichen Anwesens. „Bete für ihn", hatte Schimon gesagt. Aber das konnte sie nicht.

„Komm her, Nava", sagte Aaron. „Ich nehme mir selbst von dem Essen und möchte, dass du hier neben mir sitzt, während ich esse."

Bei dem Gedanken drehte sich ihr der Magen um. Aber ihr würde nichts passieren, sagte sie sich, wenn so viele andere Personen um sie herum waren. Die Küchenmägde richteten das Essen auf einem Teppich an und alle Arbeiter setzten sich im Kreis und tauchten ihr Brot in die Schüsseln. Die Männer machten sofort Platz für Aaron und er ließ sich auf dem Teppich nieder, einen Ellenbogen aufgestützt, während er aß. Nava kniete neben ihm und behielt Penina und die anderen Bediensteten im Auge, die ein Stück entfernt saßen. Sobald Penina fertig war, würde Nava aufspringen und mit ihr gehen.

„Woran denkst du gerade, meine Schöne?", fragte Aaron, während er einen Bissen Lamm kaute.

Sie beschloss, ihm die Wahrheit zu sagen. „Ich habe gerade gedacht, dass Ihr so viel habt. All dies wird irgendwann Euch gehören. Aber Ihr scheint Euch gar nichts daraus zu machen. Und Ihr achtet Euren Vater nicht."

Sein Grinsen wich einer ärgerlichen Miene. „Wovon redest du?"

„Ich habe gesehen, wie Ihr den Wein gestohlen habt. Und wenn er Euch bittet zu arbeiten, seid Ihr ungehorsam, sobald er Euch den Rücken kehrt."

Er blickte auf, um sich davon zu überzeugen, dass niemand sie gehört hatte. „Das geht dich nichts an", sagte er. „Du hast nichts davon gesehen."

Seine Verärgerung machte Nava Mut. Vielleicht würde er sie in Ruhe lassen, wenn sie ihn wütend machte. „Ich arbeite hier, weil ich meinem Vater helfen will, seine Schulden zu bezahlen. Er wollte nicht, dass ich eine Leibeigene hier werde, aber ich habe es freiwillig getan, weil ich ihn liebe. Meine Liebe wird mich sechs Jahre meines Lebens kosten. Würdet Ihr dasselbe für Euren Vater tun?"

Er grinste hämisch. „Dazu wird es nie kommen. Mein Vater und ich sind Edelmänner, keine gewöhnlichen Bauern." Bei ihm klang der Beruf *Bauer* wie ein Fluch und nicht wie der Segen, der die Bauern in Wirklichkeit waren. Sie dachte daran, mit welcher Leidenschaft Dan Weizen und Oliven und Wein anbaute, und sie wollte nichts lieber, als ihn zu heiraten und auf seinem Land zu arbeiten.

„Was wollt Ihr wirklich, Herr Aaron?", fragte sie.

Er beugte sich näher und sie spürte seinen Atem warm im Gesicht. „Dich … und ich habe das Recht, dich zu bekommen."

Navas Herz raste. „Ihr habt das Recht, mich zu heiraten, aber das werdet Ihr nicht tun. Ihr werdet Euch einfach nehmen, was Ihr wollt, so wie Ihr den Wein gestohlen habt, und dann nicht die Verantwortung übernehmen."

„Und niemand wird mich daran hindern."

„Was würde Euer Vater sagen, wenn er wüsste, was Ihr hinter seinem Rücken tut?"

Wieder beugte Aaron sich zu ihr. „Das wird er nie erfahren, weil du es ihm nicht erzählen wirst, oder? Außerdem würde er eher mir glauben, bevor er einem einfachen, unzufriedenen Dienstmädchen glaubt. Und weißt du was? Ich bekomme immer, was ich will."

„Und wird es Euch glücklich machen? Ihr nehmt Euch vielleicht, was Euch nicht gehört, aber etwas Wichtiges wird immer noch fehlen."

„Was sollte mir fehlen?", fragte er und breitete die Hände aus. „Sieh dich doch um. Das alles gehört mir. Und du auch."

Nava blickte auf und sah, dass die Dienstmädchen zu Ende gegessen hatten und begannen, die Reste einzusammeln. Sie erhob sich. „Ich muss gehen."

„Nein, musst du nicht." Er hielt sie am Fußgelenk fest. „Ich bin dein Herr und sage dir, wann du gehen kannst."

„Deine Arbeiter beobachten dich", sagte sie und deutete mit dem Kopf auf die Männer, die im Kreis auf dem Teppich saßen.

Sie wusste, dass er ihr nichts tun konnte, ohne eine Szene zu machen. Sobald er ihr Fußgelenk losließ, eilte Nava zu Penina und den anderen. „Alles in Ordnung?", fragte Penina.

Nava nickte. „Ich glaube, ich habe ihn verärgert."

„Warum hast du das gemacht, du dummes Ding? Hoffen wir nur, dass er dich nicht dafür bestraft."

Nava hatte den ganzen Nachmittag Zeit, um sich Sorgen wegen Peninas Warnung zu machen und sich zu fragen, ob Herr Aaron sich rächen würde. Als es am Ende des Tages Zeit war, die Ziegen zu melken, erzählte sie ihrem Freund Schimon, was geschehen war, während sie nebeneinander auf ihren Melkschemeln saßen. „Herr Aaron hat mir befohlen, beim Mittagessen neben ihm zu sitzen, also habe ich angefangen, mit ihm zu reden. Ich habe ihn gefragt, warum er seinem Vater gegenüber so respektlos ist und seinen Wein stiehlt und ihm nicht gehorcht. Ich habe ihn wütend gemacht, Schimon."

„Du bist seit Langem die erste Person, die ihm die Stirn bietet."

„Penina sagt, er wird mich wahrscheinlich dafür bezahlen lassen, dass ich so unverschämt war. Nun habe ich noch mehr Angst als vorher."

Schimon hörte auf zu melken. Er sah zu Nava hinüber und lächelte wehmütig. „Vielleicht bist du die Antwort auf alle meine Gebete für den Jungen."

„Ich? Wie denn? Aaron hat ganz offen gesagt, was er von mir will, und es ist genau das, was ich befürchtet habe. Was ist, wenn er es wahr macht, Schimon?"

„Ich habe viele schreckliche Dinge in meinem Leben gesehen. Viel Ungerechtigkeit. Aber der Allmächtige lässt immer etwas Gutes daraus entstehen."

„Wie kannst du dasitzen und behaupten, Gott will, dass mir etwas passiert? Und dass er das zum Guten nutzen wird?!" Sie sprang auf und erschreckte beide Ziegen. „Ich dachte, du wärest mein Freund, aber ich will mit dir und deinen schrecklichen Gebeten nichts mehr zu tun haben. Du kannst die Ziegen alleine zu Ende melken."

Schimon packte ihren Arm und hielt sie zurück. „Wenn Aaron sich an dir vergeht, wird eines von zwei Dingen geschehen. Entweder wird Malkija dich freilassen oder Aaron wird dich heiraten müssen. So oder so wird unser Herr endlich sehen, was für ein Mensch sein Sohn ist und dass seine eigene Habgier dazu beigetragen hat."

„Du irrst dich! Nichts davon wird geschehen, weil Herr Malkija mir niemals glauben wird."

„Ich werde dafür sorgen, dass er es diesmal tut. Ich habe dafür gebetet, dass er aufwacht und seine Söhne maßregelt, solange noch Zeit ist. Wenn der Allmächtige meine Gebete erhört, wird Malkija vielleicht auch alle seine anderen Leibeigenen freilassen. Dann kann Rachel zu ihrem Mann und ihren Kindern nach Hause zurückkehren. Der junge Stallknecht kann zu seiner Familie gehen und zu einem freien Mann heranwachsen."

„Meine Tugend ist ein zu hoher Preis dafür. Ich will Dan heiraten und nicht Aaron."

„Wenn dein junger Mann sich weigert, dich zu heiraten, weil etwas geschehen ist, das du nicht verhindern konntest – was für ein Mann ist er dann? Was sagt das über seine Liebe zu dir aus?"

„Und was sagt es über dich aus, dass du von mir ein solches Opfer verlangst? Warum betest du, dass all das passiert? Warum betest du überhaupt für unsere habgierigen Herren?"

Endlich ließ er ihren Arm los. „Ich habe meine Gründe."

„Ich finde, ich habe das Recht, diese Gründe zu erfahren." Schimon antwortete nicht. „Ich dachte, du wärest mein Freund", sagte sie noch einmal. Dann eilte sie in die Küche und überließ das Melken der restlichen Ziegen Schimon.

In dieser Nacht legte Nava ihre Schlafmatte auf die andere Seite des halb leeren Frauenschlafsaales, sodass sie direkt neben Peninas Bett schlief.

43

Jerusalem

Nehemia blickte frustriert in die Runde der Männer, die um seine Feldzentrale herumstanden, bereit, ihm zu folgen. Seine Eskorte wurde allmählich zu einem Gefolge, das ihn behinderte, während er jeden Tag seine Runde um die Mauer machte, um die Fortschritte zu begutachten. Er hasste es, von Menschenmengen eingeengt zu werden. Die Wachen mit ihren Schwertern und Speeren waren wahrscheinlich notwendig, vor allem, wenn der Feind angriff. Den Trompeter brauchte er, um Alarm zu schlagen. Und seine Brüder waren seine engsten Mitarbeiter und Vertrauten. Aber die restlichen Männer – Adlige aus Bet-Zur und Keilah und Mizpa, mit ihren Anhängern und Bediensteten – bereiteten Nehemia Unbehagen. Waren diese Männer ihm ergeben oder sammelten sie Informationen für seine Feinde?

Außerdem folgte ihm eine zunehmende Schar aus dem einfachen Volk auf seinen Runden – Menschen, die ihn berühren oder ihm für die Lebensmittel danken wollten, die er aus seinen Lagerhäusern verteilt hatte. Oder sie wollten ihren Dank dafür ausdrücken, dass er sie aus der Leibeigenschaft befreit hatte. Viele von ihnen sagten, sie wollten ihn bewachen und beschützen, trotz seiner Versicherung, dass er fähige Wachen hatte. Ihre Bewunderung war Nehemia zuerst unangenehm gewesen und er hatte versucht, sie wegzuschicken. Aber allmählich hatte er sich daran gewöhnt. Und nun, als ihr umjubelter Anführer, schien es ihm unhöflich, ihren Dank abzuwehren oder sie zu verscheuchen.

„Hört alle zu", sagte er, während er sich einen Weg durch die wachsende Menge bahnte, um seine tägliche Inspektionsrunde zu beginnen. „Es ist nicht ratsam, dass ihr alle mich begleitet. Es wird ein langer, schwieriger Marsch an einem sehr heißen Tag. Und ich kann euch jetzt schon von unseren Fortschritten berichten. Die Mauer ist beinahe fertig. Nur die Tore und einige Mauerabschnitte müssen noch vollendet werden."

Der Bezirksvorsteher von Mizpa trat vor. „Ich glaube, ich spreche für alle anderen, wenn ich sage, dass wir die Arbeit mit eigenen Augen sehen wollen. Bitte geh voran."

Nehemia gab auf und machte sich auf den Weg zum Taltor. In der Nacht, in der er das Tor zum ersten Mal inspiziert hatte, waren er und seine Männer wegen der heruntergefallenen Steine vor dem Eingang gezwungen gewesen, einer nach dem anderen hindurchzugehen. Jetzt hatte das breite Kasemattentor neu gebaute Kammern für Wachen und oben einen Aussichtsturm.

Nehemia wandte sich gen Süden und nahm die Straße durch das Zentraltal, so wie er es bei seiner nächtlichen Inspektion vor zwei Monaten getan hatte. Das Durcheinander aus Steinen und Geröll, das ihm damals den Weg versperrt hatte, war jetzt fortgeräumt. Die Steine waren neu behauen und wiederverwendet worden, um diesen ausgedehnten, fünfhundert Schritte langen Abschnitt der Mauer wieder zu seiner ursprünglichen Höhe aufzuschichten. Alle Lücken waren geschlossen worden. Nehemia blieb stehen, um mit Hanun, dem Leiter dieses Abschnitts, zu sprechen, und beglückwünschte ihn zu seiner guten Arbeit.

„Du und die Bewohner von Zanoa habt euch für einen sehr langen Abschnitt gemeldet", sagte Nehemia. „Und ich habe mit eigenen Augen gesehen, was für eine Leistung es für deine Bauarbeiter war, all diese Trümmer zu bewegen und wieder zu einer Mauer zusammenzufügen. Danke, dass ihr so fleißig arbeitet."

Ein Stück weiter kam er zum Königsteich, der jetzt vollständig hinter einer neuen Mauer verborgen war. Von außerhalb der Stadtmauer konnte niemand mehr Wasser dort holen, so wie seine Eskorte persischer Soldaten es noch getan hatte, als sie in diesem Tal lagerten. Das frische Quellwasser, das den Teich füllte, war nur im Inneren der Stadt gefahrlos zugänglich. „Die Wasserversorgung Jerusalems ist wieder gesichert, falls es zu einer Belagerung kommt", erklärte er den Männern, die um ihn herumstanden.

Als Nächstes kamen sie zum Misttor, das an einem strategisch wichtigen Punkt lag, wo Hinnomtal, Kidrontal und Zentraltal sich kreuzten. Malkija und seine Männer hatten fleißig gearbeitet und nicht nur das Tor wiederhergestellt, sondern auch den Turm darüber, der einen hervorragenden Aussichtspunkt in alle drei Richtungen bot. Die Türen waren noch nicht fertig und eingehängt und das Steinpflaster der Straße war noch nicht wieder gelegt. Nehemia grüßte Malkija, blieb aber nicht stehen, um mit ihm zu reden. Er fragte sich immer noch, was er von diesem Anführer halten sollte, der sich weigerte, seine sozialen Reformen zu unterstützen.

Weiter ging es das Kidrontal hinauf, bis sie zum Quellentor kamen, das auf einer nackten Felsklippe aufragte. Es war beinahe fertig, abgesehen von den Türen und Riegeln. Die Treppen, die vom Tor zur Stadt hinaufführten, waren auch wiederhergestellt. Ab hier war in jener ersten Nacht Nehemias Weg versperrt gewesen, und nachdem er vom Esel abgestiegen war, hatte er nicht mehr sehr viel weiter gehen können. Trümmer von den abgerutschten Terrassen lagen immer noch am Hang, aber er konnte sehen, dass die neue Mauer, die weiter oben auf der Klippe errichtet worden war, sich der Vollendung näherte.

Von hier an lag die Mauer auf einem Hügelkamm zu hoch über Nehemia, als dass er sie genau hätte untersuchen können. Er ging wieder zurück und betrat die Stadt durch das Quellentor, dann stieg er die Treppe hinauf und weiter bergan durch die Stadt. „Seht euch die verlassenen Häuser in diesem Teil Jerusalems an", sagte er zu seinen Brüdern. „Es scheint mir eine Schande, dass niemand sie wiederaufgebaut hat und darin wohnt."

„Die ganze Mischne ist ebenso verlassen", sagte Hanani. „Es gibt nicht genug Menschen, die sich in Jerusalem niederlassen wollen."

„Ich kann verstehen, warum Menschen auf das Land, das ihren Vätern einst gehörte, zurückkehren wollen, aber wisst ihr, wie wir *die Stadt* irgendwann wieder bevölkern können?" Niemand konnte seine Frage beantworten.

Sie gingen weiter an der Innenseite der Mauer entlang und folgten der Straße bis zum Wassertor. Nehemia sah, dass sich dort eine Menschentraube versammelt hatte. „Der Allmächtige hört unser Rufen“, schrie eine Frau. „Er schenkt uns den Sieg über unsere Feinde! Sie haben Angst, uns anzugreifen!“

Nehemia erkannte die Stimme der Prophetin Noadja. „Nehmen wir einen anderen Weg“, sagte er. Er versuchte umzukehren, aber die Leute, die ihm gefolgt waren, versperrten ihm den Weg.

„Statthalter Nehemia!“, rief die Prophetin. Die Menge drängte sich in Wellenbewegungen um ihn wie Wasser, bis er und Noadja sich gegenüberstanden und von Menschen umzingelt waren. „Gesegnet seist du, Nehemia ben Hachalja. Du bist vom Allmächtigen berufen, gesalbt wie die Könige Judas für sein Werk. Seit den Tagen des Mose hat Gott versprochen, seinen Auserwählten zu senden, damit er sein Volk führt, und der Allmächtige hat seine Hand auf dich gelegt. Es gibt einen König in Juda!“

„Hört zu, ich bin euer Statthalter, nicht euer König.“

Doch die Leute nahmen Noadjas Ruf auf: „Es gibt einen König in Juda! Einen König in Juda!“

„Ich bin kein König!“, beharrte er. Aber niemand hörte ihm zu. Es gelang Nehemia, sich einen Weg durch die Menschen zu bahnen, aber jetzt folgten auch diejenigen ihm noch, die der Prophetin zugehört hatten, und bedrängten ihn. Zwei Wachen gingen neben ihm her, aber Nehemia wusste, dass jeder in der Menge ein Messer zücken und ihn erstechen konnte, bevor die Wachen die Gelegenheit hätten, zu reagieren.

„Stimmt es, dass du der Messias bist?“, rief jemand.

„Nein. Ich bin gekommen, um die Mauer wiederaufzubauen.“

„Aber das ganze Volk schaut auf dich!“, rief ein anderer. „Du hast uns gerettet!“

Irgendwie hatte die Prophetin es geschafft, sich vor Nehemia zu schieben. Jetzt trat sie in seinen Weg, sodass er gezwungen war, stehen zu bleiben. „Gott hat gesagt, wenn wir zu ihm zurückkehren, wird er uns den Sieg über unsere Feinde geben und unser Volk wiederherstellen. Er hat versprochen, uns von der fremden Besatzung zu befreien. Und der Allmächtige ist mit dir, Nehemia ben Hachalja. Er hat dir Gunst bei König Artaxerxes verschafft. Jetzt will er, dass du sein Volk regierst.“

„König Artaxerxes hat mich nur vorübergehend zum Statthalter von Juda ernannt. Darüber hinaus habe ich keine Vollmacht."

Wieder drängte er sich durch die Menge. „Ihre sogenannte Prophezeiung beunruhigt mich", erklärte Nehemia seinen Brüdern, denen es trotz des Gedränges gelungen war, in seiner Nähe zu bleiben. Er sprach leise. „Wenn das nach Susa durchsickert ..."

„Dafür werden unsere Feinde schon sorgen", sagte Ephraim.

„Ich weiß. Ich muss vielleicht einen eigenen Boten zum persischen König schicken, um ihm meine Treue zu versichern."

„Aber das könnte sich rächen, wenn unsere Feinde doch keinen Bericht erstatten", sagte Hanani. „Wenn du deine Treue zu sehr betonst, wird es dann nicht so aussehen, als hättest du ein schlechtes Gewissen?"

Nehemia ging weiter, während seine Gedanken sich überschlugen. Er wagte nicht, die Frage laut zu stellen, aber was war, wenn Noadja recht hatte und Gott ihn wirklich zum König auserwählt hatte? Was, wenn der Allmächtige sie gesandt hatte, um seinen Willen kundzutun? Als bloßer Mundschenk bei Artaxerxes hätte Nehemia sich niemals träumen lassen, dass er einmal hier in Jerusalem sein, die Stadt wiederaufbauen und Gottes Volk führen würde. Aber der Allmächtige hatte sich als Gott des Unmöglichen erwiesen. Vielleicht berief er Nehemia ja tatsächlich dazu, auf dem Thron von König David zu regieren. Wenn er daran dachte, was er sonst noch alles erreichen könnte … Unabhängigkeit von Persien? Freiheit von ihren hohen Steuern? Er hatte die Unterstützung und das Vertrauen des Volkes und seiner Anführer. Und selbst wenn die persische Armee unbesiegbar schien – hatte der Allmächtige nicht Josua geholfen, allen Widrigkeiten zum Trotz das Gelobte Land einzunehmen? Doch irgendetwas schien ihm an Noadjas Prophezeiung nicht zu stimmen. Sollte er ihren Worten trauen oder seinen eigenen Bedenken? Sie folgte ihm weiter und ermutigte die Menschen, in den Ruf einzustimmen: „Ein König in Juda! Ein König in Juda!"

Nehemia wandte sich zu ihr und dem rufenden Volk um. „Bitte hört auf … Ich bitte euch aufzuhören."

„Wie können wir schweigen?", sagte Noadja. „Der Allmächtige hat gesprochen! Wenn seine Worte wahr werden, wirst du die Wahrheit erkennen." Die Menge antwortete mit aufbrandendem Jubel.

Er stieg die Treppe zum Tempel hinauf in der Hoffnung, die anderen zurücklassen zu können, während er seine Inspektion der Mauer im Norden von Jerusalem fortsetzte. Die Tempelzitadelle war immer eines seiner wichtigsten Anliegen gewesen und er hatte beobachtet, wie die Priester unter der Leitung von Eljaschib sich mühten, sie fertigzustellen. „Wir brauchen mehr Holz“, sagte der Hohepriester, nachdem er Nehemia begrüßt hatte.

„Wendet euch an Ephraim“, erwiderte Nehemia. „Er kann euch sagen, wann die nächste Lieferung eintreffen wird.“ Nachdem Rebbe Esra ihn gewarnt hatte, dass Eljaschib durch Heirat Verbindungen mit Sanballat hatte, war Nehemia immer noch nicht sicher, wo die Loyalitäten des Mannes lagen. Wie konnte der Hohepriester des Allmächtigen seinem Enkel erlauben, eine Samaritanerin zu heiraten? Die Frage blieb unbeantwortet.

Als Nehemia die drei westlichen Tore erreichte, legte sich die Nachmittagshitze wie eine Last auf ihn. In diesem Teil der Stadt unterhalb des Tempelberges trafen alle Hauptstraßen vom Mittelmeer, aus Samarien und Damaskus aufeinander. Die Tore waren beinahe fertiggestellt, wie es schien, nur die Türen fehlten noch. Bestimmt wussten Judas Feinde, dass die Mauer kurz vor der Vollendung stand. Was würden sie als Nächstes tun, um ihn aufzuhalten?

Als er sich dem Taltor näherte, wo er seine Runde begonnen hatte, sah Nehemia, wie Schallums Tochter die letzten Arbeiten am Mauerabschnitt ihres Vaters anleitete. Sein Zorn drohte aufzuflackern, aber er beherrschte sich, indem er sich damit beschäftigte, wie stark und massiv und hoch dieser Abschnitt war. Und dass er nahtlos mit dem Taltor und dem Turm der Öfen verbunden war. In wenigen Tagen würde die Mauer hier fertig sein und Chana würde wieder zu Hause bleiben müssen, wo sie hingehörte. Als sie ihn kommen sah, ging sie auf ihn zu und er bemerkte, dass sie einen Wachmann bei sich hatte, der ihr wie ein Schatten folgte.

„Guten Tag, Statthalter.“

„Guten Tag. Wie geht es deinem Vater?“

Ihr Kinn bebte. „Es geht ihm nicht besser. Gestern Nacht hat er schrecklich gelitten und konnte kaum atmen. Mirjam sagt, in ein paar Tagen werden wir wissen, ob …“

„Es tut mir leid.“ Er würde sie nicht zwingen, es auszusprechen.

Er zeigte auf die Mauer und sagte: „Euer Abschnitt sieht sehr stabil aus. Und er ist beinahe fertig, wie ich sehe."

„Ja, das ist er." Sie war sehr bescheiden und nicht so angriffslustig wie gestern. Aber irgendetwas beunruhigte sie. War es die Sorge um ihren Vater? „Statthalter, kann ich kurz mit dir reden?", fragte sie. Sie warf einen Blick auf sein Gefolge und fügte hinzu: „Unter vier Augen?"

„Gehen wir da hinüber." Nehemia hob die Hand, damit die anderen ihm nicht folgten, dann entfernte er sich einige Schritte von allen anderen und stellte sich mit Chana in den Schatten der Mauer. Er wartete. Als sie schließlich sprach, war ihre Stimme so leise, dass er sich vorbeugen musste, um sie durch das Klopfen der Meißel und das Quietschen der Kranwinde hindurch überhaupt zu hören.

„Malkija ben Rechab hat mich gebeten, dir eine Nachricht zu überbringen. Meschullam ben Berekia und eine Gruppe anderer Adliger haben ihn aufgefordert, sich einer Verschwörung gegen dich anzuschließen. Mehrere Beamte sind daran beteiligt, darunter auch Schechanja ben Arach – was bedeutet, dass der Ammoniter Tobija dahintersteckt."

Nehemia widerstand dem Drang, laut zu stöhnen. Würden Widerstand und Intrigen denn nie ein Ende nehmen? Von Anfang an hatte er befürchtet, dass er einigen Mitgliedern seines Rates nicht trauen konnte, aber es erschütterte ihn, von einer aktiven Verschwörung seiner Männer gegen ihn zu erfahren. Er warf einen Blick zu seinem Gefolge hinüber und fragte sich, ob einige der Männer ebenfalls an der Verschwörung beteiligt waren.

„Malkija sagt, du sollst wissen, dass er dir treu ergeben ist", fuhr Chana fort. „Aber er lässt die Verschwörer in dem Glauben, er wäre auf ihrer Seite, damit er herausfinden kann, wer die anderen sind und was sie vorhaben."

„Er will als Spion fungieren?"

Chana nickte. „Ja."

„Warum hat er mir das nicht selbst erzählt?"

„Weil er nicht weiß, ob er den Männern um dich herum trauen kann. Jeder von ihnen könnte ein Verräter sein. Malkija hat mich gebeten, dir die Nachricht zu überbringen, weil er meint, sie würden nicht erwarten, dass eine Frau Bescheid weiß."

„Ich verstehe."

„Außerdem will er dich warnen, auf der Hut zu sein. Er glaubt, dass die Verschwörer vorhaben, dich zu ermorden und durch Tobija, den Ammoniter, zu ersetzen. Du musst sehr vorsichtig sein."

Würden sie seine Brüder auch töten? Nehemia sah zu Hanani und Ephraim hinüber und wusste, dass er sich zu ihrem eigenen Besten von ihnen fernhalten musste. „Bitte richte Malkija meinen Dank aus."

„Das werde ich tun. Er trifft sich wieder mit der Gruppe und sobald er nähere Informationen hat, wird er sie durch mich an dich weiterleiten."

Nehemia nickte. „Ich werde jetzt gehen und so tun, als hätten wir über die Mauer oder deinen Vater oder irgendetwas anderes als dies gesprochen."

„Gut."

Aber Nehemia rührte sich nicht von der Stelle. Er musste noch etwas anderes sagen. „Ich bin immer noch derselben Meinung, was deine Arbeit an der Mauer betrifft", sagte er. „Ich will immer noch, dass du wieder hinter die Mauer gehst und jemand anderen weitermachen lässt. Aber ich bewundere deinen Mut, Chana."

Er ging zu den anderen zurück und versuchte so zu tun, als hätte das, was Chana ihm gerade erzählt hatte, ihn nicht bis ins Mark erschüttert. Jeder der Männer an seiner Seite, sogar der junge Mann, der die Signaltrompete trug, konnte ein Feind sein anstatt ein Freund. Und die Mauer stand so kurz vor der Vollendung.

„Was wollte sie?", fragte Hanani.

Nehemia schüttelte den Kopf und machte eine wegwerfende Handbewegung, als würde er sich über sie aufregen. „Sie ist entschlossen, sich mir zu widersetzen und weiter an der Mauer zu bauen. Wenigstens hat sie jetzt einen Leibwächter."

Anschließend kehrte Nehemia zu seinem Arbeitsplatz zurück, aber er musste immerzu an seine Brüder denken. Er hatte sie in seiner Nähe gehalten, weil er glaubte, dort würden sie sicher sein, aber das entsprach nicht mehr der Wahrheit. Jemand plante einen Anschlag auf sein Leben und er wollte nicht, dass sie unschuldige Opfer wurden. „Von jetzt an müssen wir alle unsere Anstrengungen darauf richten, die Tore fertigzustellen", sagte er zu ihnen.

„Ephraim, du musst dich darauf konzentrieren, das nötige Holz zu besorgen. Hanani, arbeite du ab jetzt mit Ephraim zusammen. Nehmt Wachen mit, wo immer ihr hingeht. Es ist unsere wichtigste Aufgabe, die Tore zu vollenden."

„Ist alles in Ordnung?", fragte Hanani.

Einen Herzschlag lang dachte Nehemia daran, wie er mit Hanani und Ephraim hinter der hölzernen Truhe gekauert hatte, während man seine Eltern abschlachtete. Er räusperte sich. „Natürlich. Geht und macht euch an die Arbeit."

Er konnte nicht leugnen, dass die Ereignisse des Tages ihn erschüttert hatten. Aber er würde Jerusalems Mauern fertig bauen, mit Gottes Hilfe. Und dann würde er versuchen herauszufinden, ob es der Wille des Allmächtigen war, dass er als Judas König regierte.

44

Sanballats Palast, Samarien

Tobija versuchte, gelassen zu wirken und seine Frustration und Wut zu verbergen, während er in Sanballats Privatgemächern Platz nahm. Seinen Verbündeten, Sanballat und Geschem, gelang es nicht so gut, ihre Besorgnis zu verhehlen. Sanballat rutschte unruhig auf seinem Thronsessel hin und her, das runde Gesicht gerötet und verschwitzt. Geschem saß ausnahmsweise auf seinem Platz, anstatt auf und ab zu gehen, aber er hielt sich steif und aufrecht und hatte die Arme in den Ärmeln seines Gewandes vergraben. Für keinen von ihnen lief irgendetwas nach Plan.

Eigentlich hatte Tobija vorgehabt, schon längst in der Residenz des Statthalters in Jerusalem zu sitzen und an Nehemias Stelle zu regieren. Die Tatsache, dass er es nicht tat, erstaunte und verärgerte ihn immer wieder. Sein Netzwerk treuer Verbündeter berichtete ihm von jedem Schritt, den Nehemia tat, und arbeitete mit vollem Einsatz daran, seine Autorität zu untergraben. Er und Sanballat und Geschem hatten zahlreiche Hindernisse in Nehemias Weg geworfen und sogar seine Arbeiter angegriffen. Aber nichts hatte Nehemias Entschlossenheit erschüttert oder die Bauarbeiten für längere Zeit aufhalten können.

„Ich habe gehört, dass Jerusalems Mauer jetzt wieder aufgebaut ist", sagte Sanballat. „Ist das wahr, Tobija? Hast du sie gesehen?"

„Es ist wahr. Die Türen sind noch nicht eingehängt, aber die Mauer weist keine Lücken mehr auf." Seine Verbündeten knurrten ungläubig und missmutig.

„Wie lange wird es noch dauern, bis die Tore fertig sind?", fragte Geschem.

„Wenn wir sie nicht aufhalten, werden sie wahrscheinlich rechtzeitig zu den Herbstfesten fertig sein."

„Wie kann das sein?", schrie Sanballat. „Es ist nicht einmal zwei Monate her, dass die Arbeiten begonnen haben. Ich habe die eingestürzte, zerbrochene Mauer selbst gesehen. Es ist … es ist einfach unmöglich, so lange Mauerabschnitte in so kurzer Zeit wiederaufzubauen."

„Vor allem angesichts all der Störungen, die wir verursacht haben", fügte Geschem hinzu.

„Wir haben unseren Feind eben gründlich unterschätzt", sagte Tobija, obwohl er es nur ungern zugab. „Nehemia hat nicht nur nicht aufgegeben, er zeigt auch keinerlei Angst. Irgendwie hat er das Volk bei der Stange gehalten und die Arbeiten vorangetrieben."

Sanballat schüttelte fassungslos den Kopf, das Gesicht noch röter als zuvor. „Wenn er das in nur wenigen Monaten erreichen kann, wer weiß, was er als Nächstes tut – und genauso schnell."

„Das macht mir auch Sorgen", sagte Geschem. „Wie schnell er ist! Vor zwei Monaten hatten wir von dem Mann noch nie etwas gehört. Er ist ein ausgesprochen gefährlicher Feind geworden."

„So wie ich das sehe, haben wir eine letzte Chance, die Befestigung Jerusalems zu verhindern", sagte Sanballat. „Wenn Nehemia erst einmal die Türen in den Toren fertigstellt, wird die Stadt uneinnehmbar sein. Dann werden wir eine Armee brauchen, die größer ist als unsere, um ihn zu besiegen."

„Wir können ihn nur aufhalten, indem wir ihn töten", sagte Tobija, „aber Nehemia ist äußerst vorsichtig und sich der Sicherheitslage um ihn herum stets bewusst. Er hat bewaffnete Leibwächter. Niemand kommt an ihn heran."

„Wir hätten ihn gar nicht erst so weit kommen lassen dürfen", sagte Geschem. „Er hat sich eine Festung geschaffen, und selbst wenn es uns gelingt, ihn zu töten, wird jeder nachfolgende judäische Anführer davon profitieren."

Tobija hoffte insgeheim, dass er selbst dieser nächste Anführer sein würde, der hinter den neu befestigten Mauern Jerusalems herrschte. „Ich befürchte", sagte er, „dass Nehemia sogar noch mächtiger werden und die gesamte Region übernehmen könnte. Und wenn der persische König ihn als Bedrohung empfindet, wird er sich gegen uns alle wenden."

„Was tun wir im Moment, um ihn aufzuhalten?", fragte Geschem. „Die Überraschungsangriffe haben das Gegenteil von dem bewirkt, was wir wollten. Jetzt ist jeder Judäer bewaffnet. Nehemia hat alles, was er braucht, um eine Rebellion anzuzetteln und die Herrschaft an sich zu reißen – den Rückhalt im Volk, seine eigene Armee, eine befestigte Stadt …"

„Nicht alle unterstützen ihn", sagte Tobija. „Ich habe eine Gruppe judäischer Adliger zusammengetrommelt, die auf unserer Seite sind. Sie schmieden hinter den Kulissen Pläne gegen ihn. Sie werden nie zulassen, dass Nehemia die ganze Macht übernimmt. Die Propheten, die wir angeheuert haben, sind auch bei der Arbeit und rufen Nehemia zum König von Juda aus, was diese Anführer ebenfalls verärgert. Sie wollen wieder selbst über ihre Leute herrschen. Nehemia ist für sie eine Bedrohung. Sie arbeiten daran, ihn von innen zu untergraben und zu stürzen." Tobija fügte nicht hinzu, dass er bereit war, anschließend Nehemias Platz einzunehmen.

Sanballat wandt sich auf seinem Sessel und zog am Kragen seines Gewandes. „Was ist mit dem einfachen Volk, Tobija? Ich habe gehört, die Leute tun alles für ihn. Er ist ihr Retter. Gibt es eine Möglichkeit, ihn in ihren Augen in Misskredit zu bringen, sodass sie sich gegen ihn wenden?"

Tobija unterdrückte ein Lächeln, als ihm bewusst wurde, dass sich die Richtung ihrer Unterhaltung ein wenig gewandelt hatte. Sanballat und die anderen Anführer stellten ihm alle diese Fragen und vertrauten darauf, dass er die Antworten kannte. Wenn er das Problem mit Nehemia erst einmal gelöst hatte, würden sie in seiner Schuld stehen, sodass sie gar nicht anders konnten, als ihm den Posten als Judas Statthalter zu überlassen. „Ich arbeite an einem Plan, der Nehemia vor dem gesamten Volk und sogar vor ihren religiösen Anführern wie Rebbe Esra als Feigling dastehen lassen wird. Ich muss nur dafür sorgen, dass er ganz öffentlich gegen die Thora verstößt."

Sanballat zuckte mit den Schultern. „Es ist einen Versuch wert, nehme ich an. Aber reicht das?"

„Wir müssen noch mehr tun", sagte Geschem. „Ich schlage vor, wir locken ihn aus der Stadt, damit wir ihn draußen auf der Straße ermorden können. Solange die Tore noch nicht fertig sind und die Stadt noch nicht sicher vor Angriffen ist, kann er nicht seine ganze zivile Armee mitnehmen. Nehemia wird nichts anderes übrig bleiben, als die meisten seiner Männer zurückzulassen. Und als Statthalter ist er verpflichtet, uns zu treffen, wenn Sanballat, der Statthalter der Region, ihn herzitiert."

„Ja. Das ist ein sehr guter Plan", sagte Sanballat. „Wenn das Volk seinen Anführer verliert, wird es auch den Mut verlieren. Dann werden die Tore nie fertig."

Tobija sprach es nicht aus, aber er fragte sich, ob Nehemia als Märtyrer nicht eine noch mächtigere Gestalt werden könnte. „Also gut", stimmte er zu. „So machen wir es. Ich werde hinter den Kulissen arbeiten, mich mit den Adligen von Juda zusammentun und versuchen, das Volk und die Priester gegen ihn aufzubringen. Ihr kümmert euch darum, ihn aus Jerusalem zu locken und auf dem Weg zu überfallen. Nehemia kann unmöglich all das überleben."

Und dann würde Tobija endlich seine eigenen Pläne durchsetzen können.

Von der Mauer bei der Zitadelle aus sah Nehemia, wie die offiziellen diplomatischen Boten sich Jerusalem näherten und beim Jeschanator eintrafen. Er kehrte an seine Arbeit zurück, denn er war nicht bereit, auch nur einen Augenblick seiner Zeit für sie zu opfern. Eljaschib und die anderen Priester, die an der Zitadelle arbeiteten, schienen überrascht, als Nehemia nicht sofort hinunterging, um die Delegation zu empfangen.

„Wenn du gehen und mit den Boten reden musst, Statthalter", sagte Eljaschib, „können wir auch ohne dich weitermachen."

„Die Boten können warten."

„Aber sie tragen das Banner der samaritanischen Hauptstadt."

„Und wenn sie das persische Banner tragen würden – es ist viel wichtiger, dieses Tor fertigzustellen."

Als Nehemia später an diesem Nachmittag in seine Residenz

zurückkehrte, fand er dort eine Gruppe judäischer Edelmänner vor, die voller Ungeduld auf ihn warteten. „Wir machen uns große Sorgen wegen dieser Botschaft aus Samarien“, berichteten sie ihm. „Wir warten, weil wir wissen wollen, worum es geht.“ Nehemia hatte keine Ahnung, ob diese reichen Männer ihn unterstützten oder zu den Verschwörern gehörten. So nahm er seine persönlichen Leibwächter mit in den Ratssaal, um auf Nummer sicher zu gehen. Dann erbrach er das Tonsiegel mit Statthalter Sanballats offiziellem Stempel darauf und überflog das Dokument, bevor er sprach.

„Es ist eine Vorladung, unterzeichnet von Sanballat, dem Ammoniter Tobija, Geschem, dem Araber, und dem edomitischen Anführer – also von allen unseren Nachbarn. Sie halten eine Konferenz ab, um Fragen des gemeinsamen Interesses unter den Provinzen im Land jenseits des Flusses zu besprechen. In der Nachricht steht: ‚Kommt, lasst uns in einem der Dörfer auf der Ebene von Ono zusammenkommen.‘“

„Die Ebene von Ono?“, fragte einer der Adligen. „Das ist nordwestlich von hier am Großen Meer. Warum so weit weg?“

„Sie haben absichtlich ein abgelegenes Gebiet an den äußersten Grenzen des judäischen Territoriums ausgewählt“, sagte Nehemia.

„Und wann soll diese Konferenz stattfinden?“, fragte ein anderer Edelmann. „Wir müssen der diplomatischen Etikette folgen und teilnehmen. Wir haben immer versucht, gute Beziehungen zu den anderen Provinzen zu unterhalten, die zum Land jenseits des Flusses gehören.“

„Geht, wenn ihr wollt“, sagte Nehemia, während er das Pergament aufrollte, „aber ich werde nicht daran teilnehmen. Sie haben vor, mir zu schaden. Dies ist keine unschuldige Einladung, es ist eine Falle.“

„Wie kannst du da so sicher sein?“

„Es erinnert mich an Kains scheinbar unschuldige Einladung an Abel: ‚Gehen wir aufs Feld hinaus‘ – abseits von Zeugen, abseits von jemandem, der zu Hilfe eilen kann.“

„Wir könnten Soldaten mitnehmen“, sagte der Vorsteher von Mizpa.

Nehemia schüttelte den Kopf. „Wir haben keine Berufsarmee. Wenn unsere Feinde uns auf dem Weg überfallen, würde ich unschuldige Menschen in Gefahr bringen – Väter, Ehemänner, Söhne. Außerdem werde ich Jerusalem nicht schutzlos zurücklassen. Ich brauche jeden verfügbaren Mann, um Wache zu halten, bis die Tore fertig sind. Unsere Feinde wissen das wahrscheinlich. Deshalb wollen sie sich jetzt mit uns treffen und nicht in ein paar Wochen, wenn die Tore vollendet sind."

„Wenn du der einzige Anführer bist, der sich weigert zu erscheinen, Statthalter, könnten sie dich des Verrats beschuldigen", behauptete einer der Männer. „Die persische Regierung erwartet von uns, dass wir mit den regionalen Herrschern zusammenarbeiten. Es wird wie ein Akt der Rebellion aussehen, wenn du dich weigerst."

„Oder wie Feigheit", fügte ein anderer hinzu.

„Mir ist egal, wie es aussieht", sagte Nehemia. „Sollen die Leute denken, was sie wollen. Ich bin nicht so dumm, in ihre Falle zu tappen. Und ich werde auch nicht die Bauarbeiten unterbrechen, um an einer vorgeschobenen Konferenz teilzunehmen."

„Wie soll ich die Nachricht beantworten", fragte sein Schreiber.

„Gib dem Boten folgende Nachricht mit: ‚Ich kann nicht kommen, denn wir führen hier ein großes Werk aus. Die ganze Arbeit müsste unterbrochen werden, wenn ich eurer Aufforderung folgen würde.'"

„Das ist alles?"

„Das ist mehr als genug."

45

Jerusalem

Kurz vor dem Abendopfer verließ Chana die Baustelle, um nach Hause zu gehen. Sie trat sofort an das Bett ihres Vaters. „Geht es ihm besser?“, fragte sie ihre Schwestern. Aber selbst in dem verdunkelten Zimmer konnte sie Abbas blasses, geschwollenes Gesicht sehen und seinen gequälten Atem hören. Judith führte sie in den Hof hinaus und Sarah folgte ihnen.

„Mirjam sagt, die Krankheit hat ihren Höhepunkt erreicht. Abba kann nicht schlucken, er kann nicht essen und nicht reden. Er kann kaum atmen.“

„Und eine Seite seines Körpers ist gelähmt“, fügte Sarah hinzu. „Auch der Arm, in den der Skorpion gestochen hat.“

„Wir müssen zusammen zum Tempel hinaufgehen und beten“, beschloss Chana. „Alle drei. Jetzt gleich.“ Keine ihrer Schwestern war in den letzten Tagen von Abbas Seite gewichen und Chana wusste, dass sie an Gottes Macht und Herrschaft erinnert werden mussten.

„Aber wir können Abba nicht alleinlassen“, protestierte Sarah.

„Mirjam wird bei ihm bleiben. Kommt.“ Chana hatte viele Stunden im Gebet für ihren Vater verbracht, weil sie glaubte, dass der Allmächtige die Macht hatte, ihn zu heilen – auch wenn ihr bewusst war, dass er es vielleicht nicht tat. Als Gott Itzhak nicht geheilt hatte, war sie von Trauer und Wut überwältigt worden, aber diesmal konnte sie das nicht zulassen. Sie musste um Judiths und Sarahs willen stark sein. „Wir beeilen uns besser, damit wir nicht zu spät kommen.“

Chana zerrte ihre Schwestern praktisch aus dem Haus und den Berg hinauf zum Tempel. Sie hoffte, wenn sie dort stünden, dem Chor der Leviten zuhörten und den Duft des Opfers einatmeten, dessen Rauchsäule in den Himmel aufstieg, würden sie Gottes Frieden und seine Gegenwart spüren. Vielleicht würden sie auch wieder Hoffnung schöpfen.

Sie kamen beim Tempel an, als die Leviten gerade begannen, die Liturgie zu singen. Ihre Worte eines Psalms führten Chana ins Gebet. *„Ich schreie zum Herrn, so laut ich kann, und flehe um sein Erbarmen. Ihm klage ich meine Not; ihm sage ich, was mich bedrängt.“* Als das Lied zu Ende war, opferte einer der Priester das Lamm und die Leviten halfen, es für den Altar vorzubereiten. „Wir wissen, dass der Allmächtige Abba heilen kann“, flüsterte Chana ihren Schwestern zu, „aber wir müssen seinen Willen akzeptieren, was auch immer geschieht.“

„Nicht, wenn er uns Abba nimmt!“, sagte Sarah.

Chana dachte an den Augenblick zurück, in dem Itzhak gestorben war, und sagte: „Doch. Auch dann. Wir müssen Gott vertrauen, selbst wenn wir nicht verstehen, was er tut.“

„Ich glaube nicht, dass ich das kann“, flüsterte Judith.

„Weißt du, was Abba mir erzählt hat?“, fragte Chana. „Er hat mir erzählt, dass er für jede von uns betet, während er dort in seinem Bett liegt. Er betet, dass wir stark bleiben.“ Sie sah zu, wie ein anderer Priester das Heiligtum betrat, um den Weihrauch zu entzünden, während die Leviten sangen: *„Deshalb schreie ich zu dir, Herr! Du allein bist meine Zuflucht! Du sorgst dafür, dass ich am Leben bleibe.“*

„Was ist, wenn er stirbt?“, fragte Sarah mit hauchdünner Stimme.

„Wir dürfen nicht aufhören, an Gottes Güte zu glauben, selbst wenn Abba stirbt. Er würde nicht wollen, dass wir uns vom Allmächtigen abwenden. Nach Itzhaks Tod hat er mich ermutigt, weiter zu glauben. Jetzt würde er genau dasselbe sagen.“

„Warum sollte Gott Abba zu sich holen?“, fragte Judith. „Alle brauchen ihn. *Wir* brauchen ihn.“

Chana schlang die Arme um Judith und zog sie näher. „Unser ganzes Leben lang haben wir darauf vertraut, dass Abbas Entscheidungen zu unserem Besten waren. Unserem himmlischen Vater müssen wir genauso vertrauen. Alles, was er tut, ist zu unserem

Besten und dient seinen Zielen, auch wenn wir es nicht verstehen."

Als der Gottesdienst zu Ende war, schien Chanas Glaube gestärkt zu sein. Sie hoffte, dass auch ihre Schwestern Mut gefasst hatten. Sie verließen zusammen den Tempel. Auf dem Weg hinaus scharten sich immer wieder andere Gläubige um sie, die wissen wollten, wie es ihrem Vater ging. Dies waren Menschen, denen Abba im Laufe der Jahre geholfen hatte, denen er geraten oder Recht verschafft hatte, mit denen er getrauert und gefeiert und für deren Anliegen er gebetet hatte. Viele von ihnen weinten, als Chana ihnen von seinem Zustand berichtete, und versprachen, weiter für ihn zu beten. „Gebe Gott, dass wir bald seine Genesung feiern können", sagte die letzte Person, mit der sie sprachen. Chana sah, wie viel Gutes ihr Vater getan hatte und dass Arme und Reiche ihn sehr schätzten. Sie erinnerte sich an das, was er zu ihr gesagt hatte, als sie an seinem Bett saß, und sie gab es an ihre Schwestern weiter.

„Als Abba noch sprechen konnte, sagte er mir, dass wir im Falle seines Todes Gott nicht nach dem *Warum* fragen sollen, sondern lieber nach dem *Wie*. *Wie* können wir die Welt in einen besseren Ort verwandeln und Gottes Liebe weitergeben? Und mir ist gerade deutlich geworden, dass Abba genau das getan hat, nachdem Mama gestorben ist. All diese Menschen, die Abbas Fürsorge erlebt haben, wussten durch ihn, dass Gott sie liebt."

Sarah klammerte sich an sie und legte den Kopf auf Chanas Schulter, während sie zurück nach Hause gingen. „Glaubst du, dass Abba sterben wird?"

„Ich weiß es nicht." Aber so oder so wusste Chana, dass sie dem Beispiel ihres Vaters folgen und ein mitfühlender Mensch werden wollte, der sich nicht mehr um seine eigenen selbstsüchtigen Interessen drehte, sondern anderen so diente, wie Abba es getan hatte.

Später an diesem Abend kam Malkija zu ihrem Haus. Chana ging mit ihm aufs Dach hinaus, damit sie ungestört reden konnten. Das Licht von Öllampen flackerte in den Fenstern der Häuser unter ihnen, aber es wirkte wie eine blasse Nachahmung der unendlichen Weite funkelnder Sterne über ihren Köpfen, die Gottes Größe ebenso offenbarten wie die Zerbrechlichkeit des Menschen. „Ich habe Statthalter Nehemia von der Verschwörung erzählt", sagte sie, „und dass du nur so tust, als wolltest du dich diesen Männern anschließen."

„Gut. Ich habe noch mehr Namen." Malkija gab ihr ein Stück Pergament, das so klein war, dass es in ihre Handfläche passte. Überschrieben war die Liste mit dem Wort *Hochzeitsgäste*. „Damit es so aussieht, als wollten wir diese Personen zu unserer Hochzeit einladen, falls die Liste den falschen Leuten in die Hände fällt."

Chana warf nur einen kurzen Blick auf die Namen, denn ihr Blick blieb an der Überschrift hängen: Hochzeitsgäste. Sie hatte versprochen, Malkija zu heiraten, sobald die Mauer fertig war. Und das war sie beinahe. Bald würden sie Mann und Frau sein. Sie betete, dass ihr Vater dabei sein möge, um mit ihnen zu feiern: „Ich gebe die Liste dem Statthalter", sagte sie.

„Nein, zeig sie ihm, aber gib sie ihm nicht. Das ist zu riskant. Du musst sie im Feuer verbrennen."

„Gut."

„Ich habe den anderen Verschwörern versichert, dass ich versuchen werde, deinen Vater zum Mitmachen zu bewegen, wenn er wieder gesund ist, sodass ich eine gute Ausrede habe herzukommen und dir neue Informationen zu geben. Wir treffen uns wieder auf meinem Anwesen in Bet-Kerem. Dann werden sie mich in ihre Pläne einweihen."

„Bei dir zu Hause? Warum lädst du diese bösen Männer zu dir ein?"

„Es war ihre Idee. Ich soll meine Loyalität beweisen, indem ich mich mit ihnen sehen lasse, während wir in meinem Haus Intrigen planen. Außerdem ist es ein Beweis für meine Mittäterschaft, falls wir erwischt werden."

„Bitte sei vorsichtig, Malkija. Wir müssen eine Hochzeit planen und eine *echte* Gästeliste erstellen." Sie brauchte nicht hinzuzufügen, dass sie schon einmal einen Verlobten so kurz vor der Hochzeit verloren hatte. Dessen waren sie sich beide sehr bewusst.

Er hob ihre Hand und küsste sie. „Mach dir keine Sorgen. Ich bin immer vorsichtig."

Am nächsten Morgen ging Chana zum letzten Mal durch das Taltor zu Abbas Mauerabschnitt. Die Arbeiten waren beendet. Sie musste nur noch überwachen, wie die Arbeiter den Kran zerlegten, das Gerüst abbauten und ihre Ausrüstung wegräumten. Während sie die Arbeiten beaufsichtigte, hielt sie nach Statthalter Nehemia Ausschau, weil sie ihm so bald wie möglich Malkijas Liste zeigen wollte. Als er schließlich kam, stellte sie entsetzt fest, dass zwei der Adligen auf Malkijas Verschwörerliste ihn auf seiner Inspektionsrunde begleiteten.

„Wie geht es Schallum?", fragte Nehemia, als er sie sah.

„Ich würde gerne unter vier Augen mit dir über ihn sprechen." Sie zog ihn von den anderen fort und wandte ihnen den Rücken zu. Währenddessen beobachtete Nehemia auf seine ungewöhnliche, aufmerksame Art seine Umgebung. Anfänglich war es ihr seltsam erschienen, dass er immer wachsam war und sich nie entspannen konnte. Jetzt verstand sie, dass er sich vor ganz handfesten Gefahren in Acht nehmen musste. „Meinem Vater geht es bislang nicht besser. Er ist in einem kritischen Stadium, in dem er nicht essen und kaum atmen kann."

„Es tut mir sehr leid, das zu hören."

Chana drückte ihm das Pergament in die Hand. „Hier. Das ist für dich. Malkija hat mich gebeten, dir diese Namensliste zu zeigen und sie dann zu vernichten." Sie beobachtete sein Gesicht, während er las, und sah, wie seine Miene grimmig wurde.

„Bitte danke ihm von mir."

„Sie treffen sich wieder auf seinem Anwesen in Bet-Kerem. Er hofft, dort von ihren Plänen zu erfahren. Ich werde dir anschließend Bescheid sagen." Nehemia nickte und kehrte zu den wartenden Männern zurück. Er nahm sich einige Minuten Zeit, um die Mauer zu begutachten und die Bauleute für ihre gute Arbeit zu loben, dann ging er mit seinen Begleitern weiter zum Taltor. Chana fragte sich, wie der Statthalter mit dem Wissen fertig wurde, dass zwei Verräter ihm folgten, wohin er auch ging.

Am Abend dankte Chana all ihren Arbeitern und kehrte zum letzten Mal von der Mauer nach Hause zurück. Sie war in einer melancholischen Stimmung, als sie die Straße der Bäcker hinunterlief, und ein wenig traurig, weil die Arbeit, die sie so gerne verrichtet hatte, jetzt beendet war. Was konnte diese Tätigkeit ersetzen? Als sie durchs Hoftor trat, kam Judith ihr entgegengelaufen und ergriff lächelnd Chanas Hände. „Ich habe wunderbare

Neuigkeiten! Abba ist wach und spricht wieder. Er hat sogar etwas Suppe gegessen."

Chana fiel Judith um den Hals und drückte sie fest. „Oh, danke, Gott! Gott sei Dank!" Dann eilten sie in seine Kammer zu ihm und Sarah. Chana sank neben ihm auf die Knie, überglücklich darüber, dass er wach war und keine Schmerzen mehr hatte, obwohl er noch längst nicht gesund war. „Ich habe gute Nachrichten für dich, Abba. Dein Mauerabschnitt ist fertig. Es ist vollbracht! Wir haben heute das Gerüst entfernt und den Kran abgebaut. Wenn du wieder auf den Beinen bist, zeige ich dir alles."

„Meine Engel!" Trotz seines noch immer geschwollenen Gesichts gelang ihm ein kleines Lächeln. „Was würde ich nur ohne meine Engel tun?"

„Wir hatten schon Angst, du würdest bald echte Engel sehen, Abba", sagte Sarah zu ihm. „Wir haben uns solche Sorgen um dich gemacht."

„Das Paradies wäre eine große Enttäuschung für mich gewesen", sagte er. „Es kann dort unmöglich Engel geben, die so schön sind wie ihr drei."

Chana erhob sich wieder. „Kommt. Wir müssen zum Abendopfer in den Tempel gehen und dem Allmächtigen dafür danken, dass er unsere Gebete erhört hat. Wir sind bald wieder da, Abba."

„Ja, geht. Geht nur. Und dankt ihm auch von mir."

Tränen der Freude und Dankbarkeit strömten während des Gottesdienstes über Chanas Gesicht. Es hatte ihren Glauben auf die Probe gestellt, beinahe ihren Vater zu verlieren. Sie wusste, dass diese Prüfung sie verändert hatte. Wie ihr Vater war sie entschlossen, von jetzt an für andere da zu sein und ihnen zu helfen, so gut sie konnte. Als sie den Tempel wieder verließ, erinnerte Chana sich an ihr Versprechen, Nava zu helfen, und daran, dass das Mädchen nach Bet-Kerem zurückgeschickt worden war – zurück zu Malkijas Sohn. Chana überlegte gerade, wie sie ihr helfen konnte, als sie Malkija in der Menge entdeckte. „Ich komme gleich nach", sagte sie zu ihren Schwestern. „Ich will Malkija die gute Nachricht überbringen."

„Chana, du lächelst", sagte er, als er sie sah. „Kann ich daraus schließen, dass es deinem Vater besser geht?"

„Ja! Er ist wach und bei klarem Verstand und will essen."

„Das ist eine wunderbare Neuigkeit!“

Chana dachte wieder an Nava und sagte: „Darf ich dich begleiten, wenn du zu dem Treffen nach Hause reist, Malkija? Ich möchte da sein, um dich zu unterstützen.“

„Ich will dich nicht in diese Verschwörungssache hineinziehen.“

„Ich werde bald deine Frau sein. Und in dieser Angelegenheit stecke ich schon jetzt mit drin. Bitte – ich möchte gerne mein neues Zuhause und unsere Bediensteten kennenlernen.“ Sie konnte sehen, dass es ihm nicht recht war, aber schließlich gab er nach.

„Ich sollte dich aber warnen, dass die anderen Männer dich wahrscheinlich von unseren Besprechungen ausschließen werden.“

„Das spielt keine Rolle“, sagte sie. „Komm jetzt mit mir nach Hause, Malkija, und besuche meinen Vater. Er wird froh sein, dich zu sehen.“

„Und wie froh bin ich erst, dass ich ihn auf dem Weg der Genesung sehen kann!“

Chana war nach Singen zumute, als sie gemeinsam die Treppe vom Tempel hinunterstiegen und bergab zu ihrem Haus gingen. Der Allmächtige hatte ihre Gebete erhört. Abba hatte überlebt. Ihr Mauerabschnitt war fertiggestellt. Und jetzt würde sie ein neues Kapitel in ihrem Leben aufschlagen. Sie würde Malkijas Frau werden und den Rest ihres Lebens an seiner Seite verbringen. Der Gedanke machte ihr zwar immer noch etwas Angst – aber sollte das Leben nicht ein Abenteuer sein?

46

Bet-Kerem

Navas Haare waren vom Schweiß ganz feucht und die Tunika klebte ihr am Rücken, als sie das Kochfeuer schürte. Sie hatte den ganzen heißen Tag lang am Herd gestanden und Linsen und Kichererbsen gekocht, in Peninas würzigem Lammeintopf gerührt und dafür gesorgt, dass das Feuer nicht ausging und der Backofen heiß war. Heute würde ihr Herr aus Jerusalem zurückkehren und Gäste mitbringen, sodass das Küchenpersonal ein üppiges Mahl für ihn zubereiten musste. Penina lief wie ein aufgescheuchtes Huhn im Küchenhof herum und brüllte: „Pass auf, was du machst! … Vorsicht! Lass das nicht anbrennen!" Alles musste perfekt sein.

Am späten Nachmittag holte Nava gerade Wasser für ihre Ziegen vom Brunnen, als Malkija und seine Gäste eintrafen. Sie stand mit ihrem Wasserkrug da und blickte verstohlen zu der Gruppe hinüber, als sie bei den Ställen von ihren Reittieren abstiegen. Erschrocken stellte sie fest, dass einer der Gäste der Mann war, der in Jerusalem beim Abendessen mit ihrem Herrn Intrigen gesponnen hatte. Ihr Herr hatte ihn auf sein Anwesen eingeladen – und das bedeutete, dass Malkija ein Verräter war. Dann sah Nava, wie er seiner Verlobten Chana aus dem Sattel half, und ihr letzter Hoffnungsschimmer löste sich auf wie Schnee in der Sonne. Sie konnte keine Hilfe von Chana erwarten, wenn sie ebenso zu den Verrätern gehörte wie die anderen. Nava verstand nicht, wie Chana Malkija heiraten konnte – sie wusste doch, wie habgierig er war und dass er sich geweigert hatte, seine Leibeigenen freizugeben und ihnen die Schulden zu erlassen. Und sie wusste davon, dass er Statthalter Nehemia stürzen wollte. Als Malkijas neue Ehefrau würde Chana natürlich auf seiner Seite sein – und auf Aarons Seite – und nicht auf Navas. Sie würde gezwungen sein, tatsächlich sechs lange Jahre hier zu arbeiten.

Sie füllte den Wasserkrug und ließ ihren bitteren Tränen freien Lauf, als sie zum abendlichen Melken zu Schimon in den Ziegenstall ging. „Was ist los, Mädchen?", fragte er.

„Ich hasse sie! Ich hasse sie alle!"

Mit einem Seufzer ließ er sich auf seinem Melkschemel nieder. „Die Thora sagt, dass wir keine Rache suchen und keinen Groll hegen sollen. Sie fordert uns auf, unseren Nächsten zu lieben wie uns selbst."

„Du solltest sie auch hassen. Unsere Herren sind Lügner und Verräter."

„Hast du dafür Beweise?"

„Ja. Als ich in Jerusalem war, habe ich mit angehört, wie Herr Malkija und ein anderer Mann sich gegen Statthalter Nehemia verschworen haben – und heute ist dieser Mann einer von den Gästen unseres Herrn."

„Verschworen? Was meinst du damit? Was haben sie gesagt?"

„Es gibt eine Gruppe Adliger, die meinen, dass der Statthalter zu viel Macht hat, und sie wollen ihn aufhalten. Sie wollen nicht, dass er armen Leuten wie uns hilft."

Schimon hielt bei seiner Arbeit inne. Er schien erschüttert, als er dort mit hängenden Schultern auf seinem Schemel saß. „Das kann ich von ihm nicht glauben. Malkija würde so etwas nicht tun."

„Er tut es aber. Siehst du jetzt endlich ein, was für ein Mann er ist? Er ist nicht nur selbstsüchtig und habgierig, sondern er will auch an die Macht!"

Schimon rührte sich noch immer nicht. „Das ist nicht recht", murmelte er. „Was er tut, ist nicht recht. Und er weiß es doch besser …"

„Bete nicht mehr für ihn, Schimon. Er ist ein Verräter. Ich wünschte, ich wüsste, wie ich dem Statthalter davon berichten kann. Ich weiß, dass Nehemia auf unserer Seite ist. Er hat versucht, uns zu helfen, und jetzt sollten wir ihm helfen."

„Wir werden nichts sagen, Mädchen."

„Warum nicht? Warum machst du nicht den Mund auf?"

„Ich will nicht, dass Malkijas Leben ruiniert wird."

„Ich aber. Er hat es verdient."

„Glaub mir, ich will mehr, als du ahnst, dass unser Herr und seine Söhne die Habgier in ihren Herzen sehen. Ich bete jeden Tag, dass sie sich ändern mögen. Aber du und ich, wir können sie nicht ändern. Selbst der Statthalter konnte Malkija nicht dazu bringen, gut zu den Armen zu sein. Nur Gott kann sein Herz verändern."

Schimons Einstellung zu ihrem Herrn verwirrte Nava. „Warum ist dir das überhaupt so wichtig? Warum gehst du nicht einfach von hier fort und bist frei? Du müsstest keinen von ihnen jemals wiedersehen."

Er schüttelte den Kopf und sein faltiges Gesicht bebte, während er mit seinen Gefühlen rang. „Ich werde niemals von hier fortgehen. Ich werde weiter für Malkija und seine Söhne beten, bis ich sterbe." Er wandte sich zu Nava um und ihre Blicke begegneten sich. „Und für dich bete ich auch."

„Dafür, dass ich frei werde?"

„Ja. Frei von der Bitterkeit, die dich zerstört."

Sie wandte den Blick ab und fuhr mit dem Melken fort, ohne noch einmal mit Schimon zu sprechen. Er hatte recht. Trotz aller Anstrengungen, es zu verhindern, hatte Nava die giftigen Ranken der Bitterkeit wachsen und gedeihen lassen, sodass sie ihr Herz erdrückten. Aber war es nicht ihr gutes Recht, zornig zu sein? Ihr Herr war ein habgieriger Mann, dem sie und seine anderen Bediensteten gleichgültig waren. Er hatte seine Söhne zu noch habgierigeren Männern herangezogen, als er selbst es war. Sie hatten Abbas Land genommen, seine Ziegenherde und seine Ernte. Und sie hatten Nava von dem Mann getrennt, den sie liebte. Ja, sie hatte das Recht, sie zu hassen.

Als sie alle ihre Arbeit erledigt hatte und schlafen ging, war sie immer noch aufgebracht. Penina schlief schon nach dem langen Tag in der Küche, aber Nava warf sich hin und her, stundenlang, wie es ihr schien. Ihre Wut auf die Verräter, die sich bei Tisch den Magen vollschlugen, anstatt den Armen zu helfen, wurde immer größer. Schließlich stand sie wieder auf. Auf der anderen Seite des Hofes saßen Malkija und seine Gäste noch immer bei Tisch, obwohl es schon spät war. Nava beschloss zu lauschen und zu hören, worüber sie sprachen. Vielleicht würde sie dann einen Weg finden, die Verräter an Statthalter Nehemia auszuliefern, bevor es zu spät war.

Sie verließ ihr Schlafquartier und schlich im Dunkeln durch den Küchenbereich. An den Toren und um die Mauer herum patrouillierten Wachen, also nahm sie den langen Weg zum Speisesaal, vorbei am Haupthaus und unter den Fenstern der Schlafkammern entlang. Sie versteckte sich hinter einem Granatapfelbaum neben dem Haus und kauerte sich in den Schatten, abseits vom Licht der Fackeln im Essbereich. Sie wartete, bis ihr Atem sich beruhigte und ihr Herz aufhörte zu hämmern, während sie hin und wieder Lachen hörte und das Geräusch von klapperndem Geschirr. Einer der Gäste lobte laut Herrn Malkijas Wein. Aber die meiste Zeit redeten sie mit gedämpften, murmelnden Stimmen, die sie nicht verstehen konnte. Sie musste sich näher heranschleichen.

Nava suchte gerade den Schatten nach einem Versteck ab, das näher am Speisesaal war, als sie raschelnde Schritte hinter sich hörte. Aber es war schon zu spät. Bevor sie sich ganz herumgedreht hatte, packte sie jemand von hinten und presste ihr die Hand auf den Mund. „Wehe, du gibst einen Laut von dir, dann töte ich dich gleich hier“, flüsterte er. Sie erkannte Aarons Stimme, den Geruch seiner Kleider. Angst und Schrecken krallten sich um ihr Herz und raubten ihr den Atem. Sie wehrte sich und trat und kämpfte mit aller Kraft, aber er war viel größer und stärker als sie. Er hielt ihre Arme fest an ihren Körper gepresst. Sein Griff war so stark, dass sie dachte, ihre Knochen würden brechen. Seine andere Hand hatte er auf ihren Mund gepresst, um ihre Schreie zu ersticken.

Er hob sie hoch, als würde sie gar nichts wiegen, und schleppte sie vom Speisesaal fort, hinein in die tiefe Schwärze zwischen dem Haus und der Mauer, die das Anwesen umgab. Nava bekam keine Luft mehr und ihre Kräfte verließen sie. Sie konnte nicht mehr kämpfen. Aaron würde sich an ihr vergehen.

Herr, hilf mir! Hilf mir, bitte!, betete sie. Es tat ihr leid, dass sie sich von Gott abgewandt hatte, dass sie sich all die Monate geweigert hatte zu beten – aber von jetzt an würde sie alles tun, was nötig war. Sie würde Herrn Malkija die nächsten sechs Jahre lang bereitwillig und ohne Bitterkeit dienen, wenn Gott nur ihr Gebet erhörte und sie jetzt rettete. *Bitte, bitte hilf mir!*

Aaron warf sie auf den Boden und ließ sich mit seinem ganzen Gewicht auf sie fallen, sodass ihr der Atem wegblieb. Mit einer Hand riss er ihr Hemd auf, während die andere auf ihren Mund gepresst blieb. „Hör auf, dich zu wehren, sonst wird es nur noch schlimmer für dich“, sagte er mit ruhiger, kalter Stimme. Nava kämpfte weiter, weil sie wusste, dass sie lieber sterben wollte, als sich ihm zu fügen.

Plötzlich verschwanden die Sterne über ihr hinter einem Schatten. Die dunkle Gestalt eines Mannes ragte über ihnen auf. Schimon. Er riss Aaron von hinten fort und hob ihn von Nava. Sobald Aarons Hand sie freigab, fing Nava an, um Hilfe zu schreien. Schimon musste sie die ganze Zeit beobachtet haben und war jetzt gekommen, um sie zu retten. Aaron war wütend und kaum stand er aufrecht, versetzte er dem alten Mann einen Schlag in den Bauch, dann noch einen. Nava hörte das furchtbare Geräusch, als Aaron ihn immer wieder und wieder schlug, bevor er ihn zu Boden stieß und auf ihn eintrat.

Aber Navas Schreien hatte Hilfe geholt. Sie wickelte ihr zerrissenes Hemd um sich, während aus allen Richtungen Bedienstete angelaufen kamen, darunter auch Penina und Ruth. Herr Malkija und Chana kamen ebenfalls. Aaron hatte keine Zeit mehr, wegzulaufen. Jetzt würden sie alle sehen, was für ein Mensch er war und was er vorgehabt hatte.

Chana kniete sich sofort neben Nava. „Du armes Mädchen. Bist du verletzt?“

„Er hat mich gepackt und … und auf den Boden geworfen“, schluchzte Nava. Sie sah sich nach Schimon um, damit er ihre Geschichte bestätigte, aber er lag noch immer am Boden und stöhnte nach Aarons Schlägen vor Schmerzen.

„Bitte, geht alle an den Tisch zurück“, sagte Malkija zu seinen Gästen. „Ihr braucht euch keine Gedanken zu machen. Nur eine Streiterei zwischen Dienstboten. Schenkt allen noch Wein nach“, sagte er zu seinen Hausdienern. Er wartete, bis die Gäste und die meisten Bediensteten gegangen waren, dann sagte er: „Erzähl mir, was geschehen ist, Aaron.“

„Ich bin zu einem Spaziergang nach draußen gegangen und habe den alten Mann dabei erwischt, wie er sie überfallen hat. Da bin ich eingeschritten, um sie zu retten.“

„Lügner!", schrie Nava. „Er lügt! Aaron hätte sich an mir vergangen, wenn Schimon ihn nicht aufgehalten hätte."

„Wie kannst du es wagen, meinen Sohn einer solchen Tat zu beschuldigen?"

„Es ist die Wahrheit! Er folgt mir seit Wochen und versucht, mich allein zu erwischen. Er hat mich sogar verhöhnt und gesagt, er kann mit mir ungestraft machen, was er will, weil niemand mir glauben wird."

„Sie erfindet das alles, Vater", sagte Aaron ruhig. „Sie glaubt, ich würde sie heiraten, wenn sie mich beschuldigt. Wahrscheinlich steckt der alte Mann mit ihr unter einer Decke. Ich wette, sie haben das alles inszeniert, um mir eine Falle zu stellen und mich zu beschuldigen. Du weißt doch, dass ich mich nie herablassen würde, etwas mit einer einfachen Magd anzufangen."

„Was hast du dazu zu sagen, Schimon? Jemand soll ihm aufhelfen."

Einer der anderen Diener bückte sich, um ihm zu helfen, aber Schimon schrie vor Schmerzen auf. „Nein, nicht! … I-ich kann mich nicht bewegen … Ich glaube, meine Hüfte ist gebrochen."

Das war der Albtraum, den Nava befürchtet hatte. Malkija würde seinem Sohn glauben und nicht ihr und auch nicht Schimon. Sie blickte zu Penina und Ruth und den anderen Dienstboten auf, die noch um sie herumstanden, und flehte sie verzweifelt an. „Wir müssen unserem Herrn die Wahrheit sagen. Penina, sag ihm, was los ist. Bitte! Du hast es doch selbst gesehen. Du weißt Bescheid … Ruth, du kennst auch die Wahrheit. Jemand muss sie ihm sagen!"

Sie alle blickten Schimon an, der immer noch auf dem Boden lag und dessen Lippe von den Schlägen blutete. „Ja", sagte er stöhnend. „Ja, es ist Zeit für die Wahrheit." Als würden sie Navas Bitten endlich erhören, antwortete einer nach dem anderen.

„Es tut mir leid, das sagen zu müssen", sagte Ruth, „aber Herr Aaron ist schon seit einiger Zeit hinter dem Mädchen her."

„Ich habe ihn auch mit ihr gesehen", bestätigte Penina. „Sie hat schreckliche Angst vor ihm."

„Ihr kennt Schimon, seit Ihr ein Junge wart, Herr", fügte Ruth hinzu. „Glaubt Ihr wirklich, dass *er* zu so etwas fähig wäre?"

„Ich kann jedenfalls nicht glauben, dass mein Sohn zu so etwas fähig ist." Malkija hockte sich neben Schimon und sagte: „Sag mir die Wahrheit, alter Freund. Was ist wirklich geschehen?"

„Das Mädchen sagt die Wahrheit. Aaron hat versucht, sie zu vergewaltigen. Ich bin ihr gefolgt und habe ein Auge auf sie gehabt, weil ich Angst hatte, so etwas könnte passieren. Als ich versuchte, Aaron aufzuhalten, hat er mich geschlagen und zu Boden gestoßen."

Malkija erhob sich wieder. Nava hielt die Luft an und wartete, während sie sich fragte, was er wohl tun würde. „Ich weiß nicht, wem ich glauben soll", sagte er schließlich. „Mein Sohn könnte so etwas nie tun." Aber an die Stelle von Zorn und Gewissheit in seiner Stimme waren Schock und ungläubige Benommenheit getreten. „Sag mir die Wahrheit, Aaron."

„Die habe ich dir schon gesagt, Vater." Er war ein so geübter Lügner, dass er seinem Vater in die Augen blicken konnte, ohne mit der Wimper zu zucken, ganz ruhig und gelassen. „Ich weiß nicht, warum diese Dienstboten etwas gegen mich haben, aber du kannst ihnen unmöglich Glauben schenken. Vielleicht versuchen sie, sich dafür zu rächen, dass du sie nicht freilässt. Und das Mädchen steckt hinter allem. Sie ist eine Unruhestifterin."

Malkija hob die Hände. „Wem soll ich denn nun glauben?"

Er wandte sich zu Chana um, die kein Wort gesagt hatte, seit sie neben Nava kniete. Jetzt blickte sie zu Malkija auf und sagte leise: „Ich glaube, in deinem Herzen kennst du die Wahrheit."

Malkijas Miene verdüsterte sich. Nava konnte nicht erkennen, gegen wen sein Zorn sich richtete. „Ich muss zu meinen Gästen zurückgehen", sagte er. „Geh ins Haus, Aaron. Jemand soll eine Trage holen und Schimon zu seinem Lager bringen. Ich werde mich morgen um die Sache kümmern, nachdem meine Gäste gegangen sind."

Chana erhob sich. „Überlass die Dienstboten mir, Malkija, und geh zu den anderen zurück."

„Bist du sicher?"

„Ja. Wenn wir verheiratet sind, wird es doch auch meine Aufgabe sein, sie zu beaufsichtigen, nicht wahr? Bitte entschuldige mich bei unseren Gästen."

Während sie auf die Männer warteten, die eine Trage holten,

kniete Nava neben Schimon, hielt seine Hand fest in ihrer und weinte beim Anblick seines geschundenen, blutenden Körpers. „Ich kann dir niemals genug danken. Du hast mich gerettet, Schimon, du hast mich gerettet! Und jetzt sieh dich nur an. Was kann ich tun? Wie kann ich dir helfen?"

„Ich bin nur froh, dass dir nichts passiert ist, Mädchen." An der Art, wie er atmete, erkannte sie, dass er Schmerzen hatte.

„Es tut mir so leid", weinte sie. „Ich hätte niemals allein hinausgehen dürfen. Ich hätte wissen müssen, dass so etwas passiert. Ich hätte es wissen müssen!"

„Vielleicht wird das unserem Herrn endlich die Augen öffnen ... ihm zeigen, wie seine Söhne sind ... ihm seine eigene Seele zeigen und die Lügen, die er sich selbst erzählt hat."

„Aber bestimmt glaubt er uns nicht, Schimon. Ich bin sicher, er glaubt Aaron."

Bevor Schimon antworten konnte, kehrte Chana mit einer Decke und vier Knechten zurück. Schimon schrie vor Schmerzen auf, als sie ihn auf die Trage hoben, und dann noch einmal, als sie ihn in seinem Raum neben dem Ziegenstall auf seine Matratze legten. Nava kam sich schrecklich hilflos vor, während Chana und Penina sich um ihn kümmerten. „Bitte helft ihm", flehte Nava. „Er muss wieder gesund werden – er muss einfach! Es ist meine Schuld, dass er verletzt wurde. Er hat versucht, mich zu retten."

„Ich werde tun, was ich kann", sagte Chana. „Mein Vater war krank und ich kenne einige Kräuter und Pflanzen, die wir mischen können, um etwas gegen die Schmerzen zu tun." Sie erklärte Penina, was sie brauchte, und die zierliche Köchin eilte davon, um alles vorzubereiten.

„Herr Malkija wird mir niemals glauben", sagte Nava zu Chana, während sie warteten. „Jetzt wird alles nur noch schlimmer sein, denn Aaron will sich bestimmt an mir rächen, weil ich ihn beschuldigt habe. Und Ihr seid auch auf seiner Seite, nicht wahr?"

„Nein, Nava", sagte Chana. „Ich glaube dir. Und sobald die Gäste fort sind, werde ich versuchen, Malkija davon zu überzeugen, dass er dir auch glaubt. Aber er ist ein sehr stolzer Mann. Und er liebt seine Söhne. Es wird für ihn sehr schwer sein, die Wahrheit zu akzeptieren."

Nava zögerte, ihr zu vertrauen. Chana hatte sie schon einmal im Stich gelassen, als sie Malkija nicht dazu gebracht hatte, seine Leibeigenen freizulassen. Wahrscheinlich würde sie auch diesmal keinen Erfolg haben. „Seid Ihr auch in die Verschwörung verwickelt?“, fragte Nava sie. „Einer der Gäste heute Abend ist der Mann, den ich in Jerusalem mit Herrn Malkija habe reden hören.“

Chana zog Nava ein Stück von den anderen fort. „Bitte sag es niemandem, aber Malkija ist heimlich auf der Seite des Statthalters. Er versucht herauszufinden, wer die anderen Verschwörer sind und was sie vorhaben. Deshalb musste er gerade wieder zu den anderen zurück.“

„Und Ihr glaubt ihm?“, fragte Nava. „Woher wisst Ihr, dass er Euch nicht belügt? Vielleicht sollt Ihr nur nicht wissen, dass er in Wirklichkeit ein Verräter ist.“ Einen Herzschlag lang sah Nava einen Anflug von Zweifel in Chanas Augen.

Dann schüttelte sie den Kopf. „Nein, ich weiß, dass er nicht lügt. Ich habe ihm geholfen, Statthalter Nehemia die Namen der Verräter zu geben.“

„Seid Ihr sicher, dass die Namen echt sind?“

Chana wandte den Blick ab. „Ich muss ihm vertrauen, Nava. Er wird mein Ehemann sein.“ Sie kehrte an Schimons Bett zurück und sie warteten schweigend, bis Penina zurückkam.

Nachdem sie ihm das Gebräu eingeflößt und alles in ihrer Macht Stehende getan hatten, um ihm die Schmerzen zu erleichtern, winkte Penina Nava zu sich. „Komm. Mehr können wir im Augenblick nicht tun. Wir müssen schlafen gehen.“

„Ich möchte bei Schimon bleiben.“

„Ich werde bei ihm bleiben“, sagte Chana. „Du kannst gehen. Er wird gleich einschlafen.“

Aber nichts würde Nava von der Seite ihres Freundes weglocken. „Ihr könnt machen, was Ihr wollt“, sagte sie zu den anderen, „aber ich bleibe hier.“

47

Bet-Kerem

Am nächsten Morgen erwachte Chana früh und zog sich schnell an, weil sie zu Schimons Kammer beim Ziegenstall gehen wollte, um zu sehen, wie es ihm ging. Er schlief noch und Nava saß an seiner Seite, wo sie offenbar die ganze Nacht verbracht hatte. Sie trug das Gewand, das Aaron in der letzten Nacht zerrissen hatte und das nur von einem Bindfaden zusammengehalten wurde. Zuerst fragte Chana sich, warum Nava sich nicht umgezogen hatte, aber dann wurde ihr bewusst, dass das Mädchen wahrscheinlich kein anderes Kleid besaß. Nava erhob sich, als Chana eintrat. „Bleibt Ihr bei ihm, Herrin, während ich mich um die Ziegen kümmere?"

„Natürlich. Lass dir Zeit." Sie nahm Navas Platz ein und blickte voller Mitleid auf den armen Mann hinunter. Rotblaue Flecke verunstalteten Schimons faltiges Gesicht. Seine Unterlippe war geschwollen und aufgeplatzt. Chana hatte in der Nacht gesehen, welche Spuren Aarons Schläge in Magen und Rippen des alten Knechts hinterlassen hatten. Sie konnte nicht begreifen, wie man so grausam und hartherzig sein konnte, einen schwachen alten Mann zu schlagen. Schimons Leib ähnelte dem einer schwangeren Frau, so geschwollen war er unter dem dünnen Hemd. „Wie geht es dir?", fragte sie. „Hast du Schmerzen?"

„Es geht schon … Wo ist Nava?"

„Sie ist gegangen, um die Ziegen zu füttern und zu melken. Aber sie war die ganze Nacht bei dir."

„Sie ist ein besonderes Mädchen. Wie eine Tochter für mich … Sie glaubt, das gestern Abend sei ihre Schuld, aber das war es nicht.

Gott ist hier am Werk. Werdet Ihr mir helfen, sie davon zu überzeugen?"

„Ich werde tun, was ich kann."

Er versuchte sich zu bewegen, erstarrte dann aber und stöhnte vor Schmerzen. Chana tauchte den Lappen, den Nava benutzt hatte, in eine Schüssel Wasser und ließ Schimon daran saugen. „Ich weiß, dass ich das hier nicht überleben werde", sagte er anschließend. „Ich lebe schon lange und habe genug gesehen, um zu wissen, dass meine Hüfte gebrochen ist. Alte Knochen heilen nicht. Nava muss darauf vorbereitet sein."

Chana wollte ihm widersprechen und ihn drängen, stark zu sein und daran zu glauben, dass der Allmächtige ihn heilen würde. Doch sie sah in dem bleichen Gesicht des alten Mannes eine ruhige Gefasstheit und war klug genug, keine falschen Hoffnungen zu äußern. „Ich weiß nicht, was ich sagen soll, Schimon. Es tut mir schrecklich leid, dass das mit dir geschehen ist."

„Ich hatte ein langes, erfülltes Leben. Aber wenn Ihr Nava helfen könnt zu akzeptieren, dass es nicht ihre Schuld ist, sondern Gottes Werk, dann wäre ich Euch sehr dankbar."

Es war das zweite Mal, dass er sagte, Gott sei am Werk. Chana verstand das nicht. „Wie siehst du hier den Allmächtigen wirken, Schimon? Was Aaron Nava antun wollte – was er dir angetan hat … das war schrecklich und furchtbar grausam."

„Glaubt Ihr, dass wir die Wahrheit sagen und dass Aaron lügt?"

„Ja, das glaube ich."

Er musterte sie lange. „Werdet Ihr Herrn Malkija heiraten?"

Der Themenwechsel überraschte sie. „Ja, in einigen Wochen."

„Ist es wahr, was Nava mit angehört hat? Dass er ein Verräter ist? Dass er Intrigen gegen den Statthalter schmiedet?"

Einen Herzschlag lang spürte Chana wieder Zweifel aufkeimen, als sie an Navas Frage dachte: „*Woher wisst Ihr, das Malkija Euch nicht belügt? Vielleicht sollt Ihr nicht wissen, dass er in Wirklichkeit ein Verräter ist.*" Aber der Zweifel legte sich gleich wieder. „Ich weiß, dass er kein Verräter ist, Schimon. Ich habe ihm geholfen, Statthalter Nehemia Informationen über die Verschwörung zukommen zu lassen. Er tut nur so, als würde er sich den Verschwörern anschließen, um ihre Pläne zu erfahren und sie zu entlarven."

Schimons ganzer Körper schien sich zu entspannen. Er lächelte schwach. „Ich wusste, dass er zu so etwas nicht fähig wäre."

Chana erinnerte sich an Malkijas Weigerung zu glauben, sein Sohn könnte schuldig sein, und sah dieselbe Liebe und Hingabe in dem alten Knecht. „Du scheinst Malkija sehr gern zu haben. Bestimmt kennt ihr euch schon sehr lange."

„Ich habe schon hier gearbeitet, als er geboren wurde. Er war gerne draußen, als er ein Junge war. Sein Vater hat mir erlaubt, ihn mitzunehmen, wenn ich mit den Herden ins Weideland hinaufgezogen bin. Malkija genoss das Abenteuer der Natur, abseits von der Verhätschelung seiner Mutter. Er war ihr einziges Kind."

Chana hatte schon am Abend zuvor den Ring in Schimons Ohr bemerkt und wusste, was er bedeutete. „Du warst ein Leibeigener, aber du hast dich trotzdem entschieden hierzubleiben und zu arbeiten?"

„Ich hätte schon vor langer Zeit frei sein können."

„Das sagt wohl etwas darüber aus, wie Malkija seine Bediensteten behandelt. Aber ich will ehrlich sein – ich war enttäuscht, als er sie vor ein paar Monaten nicht freigelassen hat, wie so viele andere Männer es mit ihren Leibeigenen getan haben. Er hat mir erklärt, dass er sein Anwesen ohne Arbeiter nicht führen könnte, aber mir tun die jungen Leute wie Nava leid, die sechs Jahre gefangen sind. Das ist für einen so jungen Menschen eine lange Zeit."

Wieder betrachtete Schimon sie prüfend. „Ihr seid eine sehr mitfühlende Frau, Herrin. Nicht viele reiche Damen würden in eine Hirtenbaracke kommen, um einem verkrüppelten alten Knecht zu helfen. Ich bin froh, dass Ihr jetzt zu Malkijas Leben gehört."

„Ich wünschte nur, ich könnte noch mehr für dich tun."

Lange starrte Schimon zum Dach hinauf, bevor er sagte: „Vielleicht gibt es etwas. Kann ich Euch ein Geheimnis anvertrauen?"

„Ein … ein Geheimnis? Über dich?" Sie fragte sich, ob er in der Vergangenheit vielleicht ein schlimmes Verbrechen begangen hatte. Aber er schien ein so gütiger, sanfter Mann zu sein.

„Ich trage es seit vielen Jahren mit mir herum und muss es mir von der Seele reden, bevor ich sterbe."

Chana beugte sich näher, obwohl sie nicht sicher war, ob sie die Last von Schimons Geheimnis tragen wollte. Aber sie erinnerte sich daran, wie Abba den Menschen half, indem er ihnen zuhörte und an ihrem Leben Anteil nahm. Und sie wusste auch, dass Schimon recht hatte, was seinen Tod betraf – nur wenige alte Menschen überlebten eine gebrochene Hüfte. Und wenn sie es doch taten, waren ihre letzten Jahre voller Schmerzen und sehr schwierig. Sie nahm seine Hand und gab ihm die Erlaubnis, sich ihr anzuvertrauen.

„Natürlich kannst du es mir sagen."

Er seufzte und starrte wieder zum Dachstuhl hinauf, als suchte er eine Stelle, an der er beginnen konnte. „Ich wurde Leibeigener bei Malkijas Vater, als ich ein junger Mann und frisch verheiratet war. Ich arbeitete als Hirte und war für die Herden zuständig. Mein Herr wünschte sich mehr als alles auf der Welt einen Sohn, aber seine Kinder starben immer – drei von ihnen, bevor sie geboren wurden, zwei überlebten nur einige Tage. Er und seine Frau waren deswegen schrecklich traurig. Etwa ein Jahr, nachdem meine Frau und ich geheiratet hatten, bekamen wir einen Sohn. Wir nannten ihn Matthias, Gottesgeschenk. Es war einer der glücklichsten Tage meines Lebens. Dieser Junge war vom ersten Moment an, als ich ihn sah, mein Ein und Alles. Ich hielt Matthias im Arm und versprach ihm, wenn meine Knechtschaft endete, würde ich die beste Herde Schafe und Ziegen in ganz Juda züchten – nur für ihn. Ich würde alles für ihn tun.

Aber etwas ging schief, denn meine Frau hörte nach der Geburt von Matthias nicht auf zu bluten. Die Hebamme und ich konnten nichts tun und mussten zusehen, wie das Leben sie verließ. In der Nacht, als sie starb, begannen die Wehen meiner Herrin zum sechsten Mal."

Chana schlug sich die Hand vor den Mund, weil sie zu wissen glaubte, was er sagen würde. Er sah die Geste und nickte. „Ihr wisst, was dann geschah, nicht wahr? Als meine Frau starb, wollte ich mit ihr sterben. Mein neugeborener Sohn schrie und musste gestillt werden – und seine Mutter war nicht mehr da. Wer sollte ihn füttern, sich um ihn kümmern?

Die Hebamme lief hin und her zwischen dieser Kammer und dem großen Haus und kümmerte sich um beide Frauen. Und als der neugeborene Sohn meines Herrn starb, wie alle anderen vor ihm, überredete sie mich, ihnen meinen Sohn zu geben. Weder der

Herr noch seine Frau würden es je erfahren, sagte sie. Mein Sohn würde als Edelmann heranwachsen anstatt als Hirte. Er würde alles erben – Land, Reichtum, einen Titel … also willigte ich ein." Schimon machte eine Pause. Als er fortfuhr, klang seine Stimme erstickt vor Kummer, als hätte er seinen Verlust erst gestern erlebt und nicht vor siebenunddreißig Jahren. „Ich habe meinen Sohn weggegeben und den Sohn meines Herrn mit meiner Frau zusammen begraben. In jener Nacht habe ich einen schrecklichen Fehler begangen, für den ich seitdem büße. Ich hätte den Jungen selbst großziehen sollen. Wir wären arm gewesen, aber vielleicht wäre mein Enkel dann nicht …"

Er konnte nicht weitersprechen. Chana drückte seine Hand, als sie an den vergangenen Abend dachte. Schimon würde wahrscheinlich durch die Brutalität seines eigenen Enkels sterben. Chana wünschte, sie könnte diesen schrecklichen Kummer lindern.

„Weiß Malkija, dass du sein Vater bist?", fragte sie schließlich.

Schimon schüttelte den Kopf. „Einmal hätte er es beinahe herausgefunden. Die Söhne meines Bruders dachten, sie wüssten Bescheid, nachdem sie jahrelang Gerüchte und Tratsch gehört hatten und die Ähnlichkeit sahen. Sie waren auf ihren reichen Cousin neidisch, weil er alles hatte und sie selbst so wenig. Als wir eines Nachts alle zusammen draußen auf der Weide waren, fingen sie Streit an. Ich war nicht dabei, aber sie beschuldigten ihn, sie herablassend zu behandeln und sich für etwas Besseres zu halten, weil sie arme Schafhirten waren und er ein Adliger. Sie hatten nicht ganz Unrecht – Malkija spielte sich manchmal etwas auf und gab gerne an. Aber als sie ihn beschuldigten, nur ein dreckiger Schäfer zu sein wie sie selbst, verlor er die Beherrschung. Er hat sich mit ihnen geprügelt und sie haben ihm die Nase gebrochen. Sie ist heute noch schief."

„Hat er geglaubt, was sie gesagt haben?"

„Nein. Weil selbst seine Eltern nicht wussten, was ich getan hatte." Schimon hielt inne und seufzte erneut. „All die Jahre bin ich hiergeblieben, damit ich meinen Sohn aufwachsen sehen konnte. Und ich habe mein Versprechen gehalten, die schönste Schaf- und Ziegenherde in Juda für ihn zu züchten. Ich bin in vielem stolz auf ihn. Er ist ein kluger und wohlhabender Mann und ein angesehener Anführer. Aber er ist keineswegs vollkommen. Nach all der Zeit ist mein Gebet noch immer unerhört, dass Gott Malkijas Herz verwandelt. Mein Sohn sieht nicht die Habgier, die darin verborgen ist. Er vertraut Gott nicht ganz und gar und würde ihm zürnen, wenn er seinen Reichtum verlöre. Er hat Angst, seine Bediensteten freizulassen und ihnen die Schulden zu erlassen, weil er nicht glaubt, dass all das von Anfang an aus Gottes Hand kommt. Er glaubt, er hätte es sich durch fleißige Arbeit verdient und dass er seinen Reichtum weiter vermehren muss, weil er sich nur so in Sicherheit wähnt. Dabei sollte *Gott* doch seine Sicherheit sein. Mit Gottes Gnade ist es genauso", fuhr Schimon fort. „Malkija glaubt, dass Gott ihn segnen muss, wenn er alle Regeln der Thora befolgt. Er erkennt nicht, dass der Segen des Allmächtigen ein Geschenk ist, das keiner von uns verdient. Segen kann man sich nicht verdienen. Und seine Cousins hatten recht – Malkija glaubt immer noch, dass seine adlige Geburt ihn über das einfache Volk erhebt und ihm das Recht gibt, über andere Menschen zu herrschen. Deshalb bete ich jeden Tag, dass Gott ihm Mitgefühl für Menschen wie seinen Vater, den einfachen Schafhirten, geben möge. Dass er Malkija die Augen öffnet und mein Junge erkennt, wie seine Söhne – meine Enkel – wirklich sind. Ihr und ich, wir können ihn nicht ändern, Herrin. Das kann nur Gott tun. Aber ich sehe ihn am Werk in dem, was Nava und mir gestern Abend widerfahren ist. Und er hat Euch in sein Leben gebracht. Ich glaube, dass Gott endlich meine Gebete erhört."

Als er geendet hatte, fühlte Chanas Herz sich an, als müsste es zusammen mit seinem Herzen brechen. „Was kann ich tun, Schimon?", fragte sie leise.

„Betet für ihn, wenn ich nicht mehr da bin. So wie ich es getan habe."

„Soll ich ihm die Wahrheit über dich sagen? Über seine Herkunft?"

„Das überlasse ich Euch. Vielleicht irgendwann, wenn Gott Euch zeigt, dass der richtige Zeitpunkt gekommen ist. Für mich kam dieser Zeitpunkt nie. Malkija ist ..." Er wollte noch etwas sagen, aber in diesem Augenblick erschien Nava.

„Ich bin mit dem Melken fertig, Schimon. Und Penina hat mir erlaubt, heute bei dir zu bleiben. Ihr könnt gehen, Herrin", sagte sie zu Chana.

Chana sah das Misstrauen in Navas Blick und fragte sich, wie sie das Vertrauen des Mädchens wiedererlangen konnte. „Komm mit mir nach Jerusalem, Nava. Wir reisen heute Morgen ab. Ich glaube, du solltest eine Weile von hier weggehen."

Sie schüttelte den Kopf, das Kinn vorgereckt. „Ich werde Schimon nicht allein lassen, bis er wieder gesund ist. Er hat mich gerettet."

„Aber dann wirst du mit Aaron allein sein."

Navas Miene wurde hart und grimmig. Chana sah, dass es Zorn war und keine Angst. „Herr Malkija glaubt immer noch nicht die Wahrheit über Aaron, nicht wahr?"

„Noch nicht. Aber ich bete, dass er sie erkennt."

„Was ist mit Gerechtigkeit für Schimon? Und für mich? Warum tut er nicht, was richtig ist?"

„Das kann ich nicht beantworten", erwiderte Chana. „Ich verspreche, dass ich für dich tun werde, was ich kann, aber ich bin noch nicht Malkijas Frau." Sie drückte tröstend Schimons Hand und ging dann schweigend hinaus. Sie wusste nicht, ob ihm die Last seines Geheimnisses leichter geworden war, aber auf ihren eigenen Schultern lastete es jetzt schwer.

48

Jerusalem

Nehemia stand im Morgengrauen auf und ging über den Hügel Ofel und die Straße der Bäcker hinunter zu seinem Arbeitsplatz beim Taltor. Nun, da die Mauer vollendet war, nutzten die Handwerker den Platz, um die riesigen Türen der Jerusalemer Tore zu bauen. Heute würden sie das Jeschanator einhängen. Aus den Wäldern des Königs traf das Holz für die Türen per Ochsenkarren ein und wurde in Reihen gestapelt, bereit für die Zimmerleute, die es zu Brettern sägten. Während Nehemia die Arbeiten inspizierte, spürte er die gleiche Begeisterung und Hochstimmung, die er vor zwei Monaten gefühlt hatte, als er zum ersten Mal judäischen Boden betreten und sich nach einer langen, anstrengenden Reise endlich dem Ziel genähert hatte. Er hatte sein Ziel erreicht und die Mauer in beinahe der gleichen Zeit wiederaufgebaut, die er gebraucht hatte, um von Susa hierher zu reisen. Er dachte daran, wie drastisch sich sein Leben in nur wenigen Monaten verändert hatte. Und jetzt, wo sein Werk fast vollbracht war, fragte er sich, was der Allmächtige ihm als Nächstes auftragen würde. Je mehr er in den vergangenen Wochen über Noadjas Prophezeiung nachgedacht und den Lobeshymnen der Leute gelauscht hatte, desto mehr fragte er sich, ob er vielleicht wirklich dazu berufen war, Judas König zu sein.

Er hörte Schritte, sah Männer näher kommen und beobachtete, wie die Nachtwachen am offenen Tor an die neue Schicht übergaben, indem sie Schwerter und Schilde tauschten. Die unfertigen Tore waren die einzigen Stellen, an denen Soldaten noch Wache hielten. Die meisten Männer, die an der Mauer gearbeitet oder die anderen bei der Arbeit bewacht hatten, waren bereits zu ihren eigenen Dörfern und Höfen zurückgekehrt.

Als die Sonne über dem Bergkamm im Osten stand, trafen Nehemias Zimmerleute ein und bald erfüllte Sägen und Hämmern die Morgenluft. Vor dem Tor fachten die Schmiede die Glut in den Kohlen an, bis ihr improvisierter Ofen loderte. Sie würden den Tag damit zubringen, Riegel und Angeln und Nägel für die neuen Tore zu schmieden. Schon bald würden die Geräusche an den neuen Mauern widerhallen.

Später an diesem Vormittag berichtete der oberste Zimmermann Nehemia, dass die beiden Türflügel für das Jeschanator fertig waren. „Willst du zusehen, wie wir sie einhängen, Statthalter?"

„Geh voran."

Die Arbeiter benutzten einen Kran, um die erste Tür, die dreieinhalb Meter hoch und fast 10 cm dick war, auf einen Schlitten zu heben. Drei Ochsengespanne waren nötig, um den Schlitten zum Tor hinaufzuziehen. Nehemia pries Gott im Stillen, als er in der Toröffnung stand, die bei seiner Ankunft nichts als ein Geröllhaufen gewesen war. Jetzt reichten die dicken Mauern und der hohe Wachturm weit über seinen Kopf hinaus. Er hielt sich die Ohren zu, um den ohrenbetäubenden Lärm des Hämmerns zu dämpfen, während die Arbeiter Träger für die neuen Riegel anbrachten, die des Nachts die Tore versperren würden. Nun näherte sich ihre monatelange schwere Arbeit der Vollendung, weil die Hand des Allmächtigen schützend auf ihnen lag. Aber Nehemias Freude verblasste schnell, als Ephraim und Hanani an der Baustelle eintrafen und neben ihn traten. „Was ist los? Was macht ihr hier?", fragte er. Er hatte es sorgfältig vermieden, sich in der Nähe seiner Brüder aufzuhalten, und hatte sogar die täglichen Opfer im Tempel ausgelassen, wenn er wusste, dass sie dort sein würden. Die Angst um ihre Sicherheit machte ihm weitaus mehr zu schaffen als die Angst um sich selbst. Wegen des ohrenbetäubenden Lärms der schweren Hammerschläge musste er sich vorbeugen, um ihre Antwort zu hören.

„Wir sind aus demselben Grund hier wie du", sagte Hanani. „Wir haben gehört, dass das Jeschanator eingehängt wird, und sind gekommen, um zuzusehen."

„Aber müsst ihr nicht ...?"

„Wir wissen, was du zu tun versuchst", unterbrach ihn Ephraim. „Wir sind nicht dumm."

„Wovon redest du?"

„Wir wissen, dass du uns auf Distanz hältst."

„Und wir wissen auch, warum", fügte Hanani hinzu, als das Hämmern einen Moment lang verstummte. „Dein Leben ist in Gefahr und du glaubst, du würdest uns schützen."

Nehemia trat unter dem Torturm hervor und in den offenen Bereich gleich hinter der Mauer. Seine Brüder folgten ihm. „Wir dürfen nicht unvorsichtig werden", erklärte Nehemia ihnen. „Gerade jetzt nicht." Er musste sie nicht daran erinnern, dass ihre Eltern sich unvorsichtigerweise in Sicherheit gewiegt hatten, als der 13. Adar vorbei gewesen war. Das hatte sich bitter gerächt. Gewiss hatten sie das nicht vergessen.

„Wir sind nicht unvorsichtig", erwiderte Ephraim und umfasste das Heft seines Schwertes. „Aber wir werden dich nicht allein lassen."

„Wir sind Brüder", fügte Hanani hinzu.

Sie gaben nicht nach. Nehemia musste zugeben, dass er es genoss, sie wieder an seiner Seite zu haben. Er stand neben seinen Brüdern, ein Stück abseits des Geschehens, als die Arbeiter die riesige Tür mit Seilen an einem Kran befestigten und sie langsam aufrecht zogen. Alle drei beobachteten sie staunend, wie die Tür in der Luft hing. Dann, gelenkt von den Arbeitern, senkte der Kran sie auf ihre massiven Angeln herab. Es war für alle Beteiligten eine gefährliche Arbeit. Wenn die Ochsen, die den Kran betrieben, sich stur stellten oder durchgingen oder wenn die Seile rissen, würde die Tür Dutzende Menschen unter sich begraben.

Endlich war die Tür eingehängt und die Seile konnten entfernt werden. Nehemia hätte die Männer am liebsten noch mehr zur Eile angetrieben, so groß war die Dringlichkeit, die er verspürte. Er musste fertig werden, bevor es ihren Feinden doch noch gelang, sie aufzuhalten. Es fehlte nicht mehr viel und er würde die Tore schließen und die Feinde aussperren können. Aber durch die Namensliste, die Malkija für ihn angefertigt hatte, wusste er, dass sich einige seiner Feinde bereits innerhalb der Mauern Jerusalems befanden.

„Statthalter Nehemia!" Einer der Arbeiter oben auf dem

Wachturm rief zu ihm hinunter. „Es sieht so aus, als käme wieder eine Delegation samaritanischer Boten."

Ephraim und Hanani folgten Nehemia, als dieser die Treppe zum Turm hinaufstieg und die Straße entlang in die Ferne blickte. „Du hast recht. Das sind die Uniformen und Banner von Sanballats Boten. Wahrscheinlich die nächste offizielle Vorladung vom Statthalter und seinen Freunden. Sie haben mir jetzt schon viermal die gleiche Nachricht geschickt und jedes Mal habe ich ihnen die gleiche Antwort gegeben. Dies wird das fünfte Mal sein."

„Es zeigt, wie verzweifelt sie sind", sagte Ephraim. „Und wie sehr sie sich von Gottes Werk bedroht fühlen."

„Lasst uns die Botschaft lieber nicht hier draußen lesen. Kommt mit in meine Gemächer." Er stieg die Treppe hinunter und ging das kurze Stück über den Hügel Ofel zu seinem Haus. Als die Nachricht eintraf, schickte er alle außer seine Brüdern aus dem kleinen Zimmer, das er als privates Arbeitszimmer nutzte. „Wenn ich fertig bin, könnt ihr sie lesen", sagte er zu den Adligen und ihren Assistenten, die sich um ihn geschart hatten. Wenn es einige von ihnen ärgerte, dass er sie ausschloss, dann konnte er es nicht ändern. Nehemia hatte es in den vergangenen Wochen vermisst, sich mit seinen Brüdern zu beraten und offen auszusprechen, was er dachte und fühlte. Sie setzten sich um den Arbeitstisch in der Mitte des Raumes.

„Dieser Brief ist schon geöffnet", stellte Hanani überrascht fest. „Er hat kein Siegel. Warum schickt Sanballat seinen Boten mit einem unversiegelten Schreiben in der Hand?"

„Vielleicht haben sie den Inhalt allen auf dem Weg mitgeteilt", sagte Ephraim.

„Oder er will damit sagen, dass die Menschen den Inhalt sowieso schon kennen", sagte Nehemia. „Dass die Nachricht bekannt ist. Also los, lies sie, Hanani."

Er entrollte das locker aufgerollte Pergament und überflog es. „Dieses Schreiben ist anders als die anderen. Sanballat ist diesmal der Einzige, der unterschrieben hat. Hier steht: ‚Die anderen Völker des Landes erzählen, dass du mit den Juden einen Aufstand planst und darum die Mauer wieder aufbaust. Auch von Geschem habe ich das gehört …‘"

„Ich frage mich, wie viele Spione damit beschäftigt sind, diese Lüge von Sanballat und Geschem zu verbreiten“, sagte Nehemia.

„‚Anscheinend‘“, las Hanani weiter, „‚willst du König der Juden werden. Du sollst sogar schon einige Propheten beauftragt haben, dich in Jerusalem zum König von Juda auszurufen.‘“

„*Ich* habe sie beauftragt?“, fragte Nehemia. „Das ist doch lächerlich!“ Er fragte sich zwar immer noch, ob die Botschaften der Propheten vom Heiligen selbst stammten oder von seinen Feinden – aber er wusste, dass er selbst sie nicht beauftragt hatte.

„Die Sache ist ernst“, sagte Ephraim. „Diese Gerüchte, von denen Sanballat spricht, behaupten, du seist ein Verräter. Und er sagt, unsere Nachbarn hätten auch davon gehört.“

„‚Von solchen Gerüchten wird natürlich auch der persische König erfahren‘“, las Hanani weiter. „‚Darum lass uns miteinander beraten, was zu tun ist!‘“

„Ist das nicht nett?“, fragte Ephraim sarkastisch. „Dein Freund Sanballat bietet an, dir aus der Zwickmühle zu helfen, in der du dich befindest. Er konnte dich nicht einschüchtern, damit du aufhörst, also behauptet er jetzt, er wäre dein Freund.“

„Die Wahrheit ist, dass mein ‚Freund‘ Sanballat plant, mich umzubringen“, sagte Nehemia.

„Du scheinst sehr überzeugt davon zu sein. Woher weißt du das?“

„Mein Bauchgefühl sagt mir, dass es stimmt. Alles andere hat er schon versucht, um mich aufzuhalten, also bleibt ihm nichts mehr übrig, als mich zu töten.“

„Macht es dir Sorgen, dass König Artaxerxes vielleicht von diesen Gerüchten hört und glaubt, du hättest eine Rebellion vor?“, fragte Hanani.

„Natürlich bereitet mir das Sorgen. Es kann schließlich sein, dass meine Feinde bereits Briefe an Artaxerxes geschickt haben, in denen sie mich der Rebellion beschuldigen und sagen, ich hätte Jerusalem wiederaufgebaut, um es als meine Festung zu benutzen. Persische Truppen könnten schon hierher unterwegs sein.“

„Dann hoffe ich nur, dass sie nicht eintreffen, bevor die Türen eingehängt sind“, sagte Hanani.

Nehemia wusste es zu schätzen, dass sein Bruder versuchte, seinen Humor nicht zu verlieren, aber Sanballats Anschuldigungen waren zu ernst, um sie zu ignorieren. „Ich hätte meinen eigenen Boten zum persischen König schicken sollen, als diese Gerüchte das erste Mal auftauchten, um ihn meiner Loyalität zu versichern."

„Warum hast du es nicht getan?"

Nehemia antwortete nicht. Er hatte es nicht getan, weil die Möglichkeit bestand, dass Gott ihn tatsächlich berief zu rebellieren und Judas König zu werden. Warum sonst hatte der Heilige ihm geholfen, Artaxerxes' Gunst zu erlangen, und ihm den Weg geebnet, hierherzukommen und die Stadt zu befestigen? „Das spielt jetzt keine Rolle mehr", erwiderte Nehemia schließlich. „Es ist viel zu spät, eine Nachricht nach Persien zu schicken."

„Wie soll ich auf das Schreiben von Statthalter Sanballat antworten?", fragte Hanani.

Nehemia seufzte. „Sag ihm: ‚Keine deiner Behauptungen ist wahr. Sie sind alle frei erfunden!'"

„Sonst noch etwas?"

„Ich würde gerne hinzufügen, dass wir wissen, was er vorhat – dass er versucht, uns Angst zu machen, weil er glaubt, unsere Hände und unser Geist würden dann zu schwach werden für die Arbeit, die noch zu tun ist. Ich würde ihm gerne sagen, dass seine Briefe uns in unserer Entschlossenheit nur bestärken und mich ermutigen, Gott um Kraft zu bitten. Aber lassen wir das alles weg." Er erhob sich von seinem Stuhl, um wieder zum Jeschanator zurückzukehren, nachdem er schon zu viel Zeit mit diesem Schreiben verschwendet hatte. „Diese Einschüchterungsversuche werden erst dann aufhören, wenn ich die Mauer vollendet habe, also werde ich genau das tun."

Ephraim hielt ihn zurück, bevor er die Tür erreichte. Nehemia sah die Sorge in seinem Blick. „Bist du wirklich so mutig und furchtlos, wie du behauptest? Hast du nie Zweifel oder Ängste?"

Nehemia wusste, dass er seinen Brüdern seine Verletzlichkeit zeigen konnte, auch, wenn er sie sonst keinem gegenüber offenbarte. „Ich müsste lügen, wenn ich sagen würde, dass ich keine Angst habe", sagte er leise. „Ich will nicht sterben, aber ich weiß, dass es durchaus dazu kommen kann. Tag und Nacht, wohin ich auch gehe, habe ich immer den Gedanken an einen plötzlichen Angriff im Hinterkopf. Ja, ich wünschte, ich könnte mich irgendwo an einem sicheren Ort verstecken, aber ich weiß nicht, wo das sein sollte.

Wir wissen, dass man von jemandem ermordet werden kann, dem man vertraut hat."

Er machte ein paar Schritte in Richtung Tür, dann wandte er sich noch einmal um und zeigte auf den Brief, den Hanani noch immer in der Hand hielt. „Diese Nachricht von Sanballat war unverschlossen. Es ist weithin bekannt, dass er mich zu einem Treffen geladen hat und ich nicht hingegangen bin. Wahrscheinlich halten die Leute mich für einen Feigling, der Angst hat, Jerusalem zu verlassen … Manchmal frage ich mich, ob ich tatsächlich ein Feigling bin."

Ephraim schüttelte den Kopf. „Hanani und ich wissen es besser."

„Vertraue auf Gott", sagte Hanani.

„Ich vertraue ihm. Aber es gibt keine Garantie, dass mir nichts passieren wird, nur weil ich Gottes Werk verrichte." Er dachte wieder an ihre Eltern. „Schreib meine Antwort, Hanani. Versiegele sie und schick sie zu Sanballat zurück. Ich muss noch ein paar Tore fertigstellen."

49

Bet-Kerem

Chana musste immerzu an Schimon denken, während sie später an diesem Morgen mit Malkija unter dem Spalierdach frühstückte. Alles an diesem Anwesen wirkte perfekt – die aufmerksamen Bediensteten, die ordentlichen Innenhöfe und die herrlichen Aussichten über Weinberge und Olivenhaine. Aber Chana sah auch die Hässlichkeit, die das Haus ihres zukünftigen Mannes verunstaltete – nicht nur in den brutalen Ereignissen des vergangenen Abends, sondern auch in der allem zugrunde liegenden Habgier, die dazu führte. Sie beobachtete Malkija, der ihr am Tisch gegenübersaß, während er mit den Dienstboten über das Frühstück sprach. Sie konnte nicht leugnen, dass seine krumme Nase die Vollkommenheit seiner attraktiven Züge zunichtemachte.

Schimon kannte Malkija besser als jeder andere und Chana vermutete, dass er recht hatte, was Malkijas Liebe zum Geld betraf. Und ganz gewiss hatte Schimon recht, wenn er sagte, dass Malkija blind war, was seinen Sohn betraf. Aber was sollte Chana dagegen tun? Wie konnte sie dafür sorgen, dass Schimon und Nava Gerechtigkeit widerfuhr nach dem, was Aaron getan hatte? Sie war noch nicht Malkijas Ehefrau. Schimons Worte kamen ihr wieder in den Sinn: „Nur Gott kann sein Herz verändern."

„Wo sind denn Meschullam und deine anderen Gäste heute?", fragte sie, als die Dienstboten gingen. „Essen sie nicht mit uns?"

„Die meisten von ihnen sind gestern Abend nach Hause zurückgekehrt. Meschullam selbst wollte heute sehr früh aufbrechen. Und ich muss auch so bald wie möglich zurück nach Jerusalem. Die Türen beim Misttor sind beinahe fertig und können bald eingehängt werde. Das wird eine riesige Aufgabe und ich muss dabei sein."

Sie beugte sich vor und sagte mit gesenkter Stimme. „Haben die Verschwörer dir gestern Abend von ihren Plänen berichtet?"

„Nicht alles." Er sah sich um und beugte sich näher. „Sie wollen so viele Ratsmitglieder und Priester wie möglich auf ihre Seite ziehen. Wenn sie erst einmal eine Mehrheit haben, werden sie eine Versammlung einberufen. Dann werden sie dem Statthalter sagen, dass er unterlegen ist, und ihn auffordern, die Regierungsgewalt, die sie vorher innehatten, wieder zurückzugeben."

„Was ist, wenn Nehemia sich dem Rat nicht beugt?"

Sie sah, wie seine Miene sich verdüsterte, bevor er sprach. „Einige sind für Mord."

Ein Schauer der Angst lief Chana über den Rücken. Könnten diese kaltblütigen Verschwörer auch Malkija töten – vor allem, wenn sie herausfanden, dass er sie getäuscht und ausspioniert hatte? Die Bediensteten brachten das Essen und Chana wartete, bis sie Teller und Schüssel auf dem Tisch abgestellt hatten und in die Küche zurückgekehrt waren, bevor sie etwas sagte. Sie hatte keinen Appetit, aber sie wusste, dass sie vor der Reise etwas essen sollte. „Ich verstehe nicht, wie diese Adligen einfach die Macht an sich reißen können", sagte sie und nahm ein warmes Fladenbrot aus dem Korb. „Ist Nehemia nicht von König Artaxerxes zum Statthalter berufen worden?"

„Ja, aber Persien ist mehr als tausend Meilen entfernt. Artaxerxes weiß nicht, was in dieser abgelegenen Provinz jenseits des Flusses vor sich geht. Die Verschwörer haben die Unterstützung von Sanballat und Tobija und anderen Nachbarn Judas, die damit drohen, ihn als Verräter zu beschuldigen. Sie werden versuchen, Nehemia Angst zu machen, um ihn davon zu überzeugen, dass er keine Chance hat."

Sie dachte an Nehemias Hartnäckigkeit und sagte: „Ich glaube nicht, dass er nachgeben wird."

„Ich auch nicht – trotz der Gefahr, in der er sich befindet." Malkija häufte Brot und Käse und Oliven auf seinen Teller und begann zu essen.

Chana waren die ganzen beunruhigenden Ereignisse auf den Magen geschlagen. „Wie sollen wir dem Statthalter eine Nachricht zukommen lassen, wo doch jetzt mein Mauerabschnitt fertig ist und ich ihm nicht mehr begegne?", fragte sie.

„Ich weiß nicht. Ich überlege schon die ganze Zeit."

Plötzlich hatte Chana eine Idee. „Wenn Nehemia zum Misttor kommt, sag ihm doch, dass es meinem Vater besser geht und dass er den Statthalter gerne sehen möchte. Dann kann ich ihm die Informationen weitergeben, wenn er zu uns nach Hause kommt."

Malkija blickte zu ihr auf und nickte. „Das ist ein guter Plan. Danke. Diese ganze gefährliche Angelegenheit der Verschwörung hat mich viel zu sehr beschäftigt und abgelenkt. Ich wollte dich gestern Abend nicht mit der schwierigen Situation und den Bediensteten allein lassen. Es tut mir leid. Konntest du herausfinden, was los war? Wie geht es Schimon?"

„Nicht gut. Seine Hüfte ist gebrochen." Sie zögerte. „Seine Verletzungen werden ihn wahrscheinlich umbringen."

Malkija hörte auf zu essen. Er sah sie fassungslos an. „Ich wusste nicht, dass er so schlimm verletzt ist. Er ist seit vielen Jahren ein treuer Diener." Chana wartete darauf, dass er etwas dazu sagte, welchen Anteil sein Sohn an Schimons Verletzungen hatte, aber das tat er nicht. „Ich wünschte, es wäre nicht gerade jetzt geschehen, während ich mir wegen dieser Verschwörung Sorgen mache und den Schein wahren muss, wenn ich mit den anderen Männern zusammen bin. Und dann muss das Misttor unbedingt fertiggestellt werden – das ist immer noch meine Hauptverantwortung."

Es beunruhigte Chana, dass er das Thema wechselte, offenbar unwillig, über das zu sprechen, was geschehen war. „Wegen gestern Abend …", sagte sie. „Kann es sein, dass die Dienstboten die Wahrheit sagen? Und dass dein Sohn dich belügt?"

Malkijas dunkle Augen funkelten. „Warum sollte Aaron mich anlügen?"

„Warum sollten die Dienstboten lügen?", fragte sie, fest entschlossen, nicht klein beizugeben.

„Ich vermute, sie sind verärgert, weil ich ihnen nicht die Freiheit geschenkt habe. Und jetzt rächen sie sich, indem sie Aaron beschuldigen."

„Aber Schimon hätte vor Jahren frei sein können, ist aber stattdessen hiergeblieben. Meinst du, er würde dich belügen? Oder eine Intrige spinnen, um dich zu täuschen?"

Malkija seufzte und massierte die Sorgenfalten auf seiner Stirn. „Ich weiß es nicht, Chana. Ich weiß nicht, wem oder was ich glauben soll. Jemand sagt nicht die Wahrheit, aber ich kann nicht glauben, dass es Aaron ist. Die Leute mögen uns nicht, weil wir reich und von adliger Geburt sind. Neid kann einen Menschen zu allen möglichen Lügen verführen." Chana erinnerte sich daran, wie Malkijas Nase gebrochen worden war, und fragte sich, ob er gerade an denselben Zwischenfall dachte. „Kannst du in einer Stunde zum Aufbruch bereit sein, Chana?", fragte er und wechselte damit wieder das Thema.

„Natürlich. Aber ich finde, du solltest nach Schimon sehen, bevor wir abreisen."

Malkija stellte seinen Becher ab und schob seinen Stuhl zurück, um aufzustehen. „Das werde ich. Auch wenn es nur kurz sein kann."

Chana kamen die Tränen, weil er so abrupt war. Malkijas kurzer, geistesabwesender Besuch bei Schimon würde vielleicht das letzte Mal sein, dass Schimon seinen geliebten Sohn sah. „Noch etwas", sagte sie und hielt ihn wieder zurück. „Ich finde, es wäre nicht gut, nach Jerusalem zu gehen, als wäre gestern Abend nichts geschehen. Wenn die Angelegenheit nicht geklärt werden kann, sollten wir die Gegner wenigstens voneinander fernhalten, bis wir die Wahrheit kennen."

„Willst du das Dienstmädchen mitnehmen?"

„Das wäre die einfachste Lösung, aber sie kümmert sich um Schimon und weicht nicht von seiner Seite. Vielleicht müssen wir stattdessen Aaron mitnehmen."

„Er kann nicht gehen. Schließlich beaufsichtigt er für mich das Anwesen."

Chana betete um Weisheit, während sie sorgfältig ihre Worte abwägte. Sie wusste, dass sie manchmal überaus direkt sein konnte, aber jetzt musste sie Fingerspitzengefühl beweisen, während sie diesen Mann, mit dem sie noch nicht verheiratet war, zu überzeugen suchte. „Vielleicht erinnerst du dich nicht mehr daran, wie viele der anderen Bediensteten Aaron gestern ebenfalls beschuldigt haben. Aus irgendeinem Grund scheinen sie ihn nicht zu mögen. Ist es weise, ihn hier in einer solchen Atmosphäre der Feindseligkeit zurückzulassen? Vielleicht ist es für beide Seiten besser, wenn sie eine Weile Abstand gewinnen."

„Das bedeutet, dass ich einen neuen Aufseher ernennen muss. Das kostet Zeit, aber ich wollte eigentlich sofort aufbrechen."

„Ich kann dafür sorgen, dass Aaron aufsteht und zur Abreise bereit ist, wenn dir das hilft. Wir können immer noch vor Mittag in Jerusalem sein." Chana wartete. Sie hatte nicht das Recht, ihn zu drängen oder auch nur zu erwarten, dass er sie anhörte.

„Also gut. Josef nehmen wir auch mit. Vielleicht wird es ihnen gefallen zuzusehen, wie das Misttor eingehängt wird. Könntest du bitte den Dienstboten Bescheid sagen, dass sie meine Söhne wecken und ihnen beim Packen helfen? Ich gehe und rede mit meinem Verwalter."

„Und mit Schimon sprichst du auch?", fragte Chana, bevor sie ging.

„Das werde ich." Malkija würde sehen, dass Schimon im Sterben lag. Sie betete, dass es ihn genug schockieren würde, um Aaron wegen seines brutalen Angriffs zur Rede zu stellen.

Es dauerte keine Stunde, bis sie unterwegs waren, zu viert mit einigen wenigen Bediensteten. Aaron sah mürrisch aus und Chana sah, wie er ihr wütende Blicke wie Pfeile zuwarf, als wäre es ihre Schuld, dass man ihn aus dem Bett geholt und gezwungen hatte mitzukommen. Jerusalem war schon zu sehen, als Aaron sich nicht länger beherrschen konnte.

„Werde ich für irgendetwas bestraft, Vater, weil du an meiner Stelle einen anderen Aufseher ernannt hast und mich mitnimmst? Habe ich meine Arbeit nicht gut genug gemacht, als du fort warst?"

„Du hast gute Arbeit geleistet, Aaron. Aber einige der Bediensteten scheinen dir zu grollen. Ich wollte ihnen Zeit geben, sich zu beruhigen. Außerdem dachte ich, du und Josef wollt vielleicht sehen, welche Fortschritte wir bei der Mauer gemacht haben. Das Tor, für das ich zuständig bin, müsste morgen oder übermorgen fertig werden."

Während sie ihnen zuhörte, bedrückte es Chana, dass Aaron sein Verhalten in keiner Weise eingestand oder auch nur nach Schimon fragte. Und es bedrückte sie, dass Malkija den Charakter seines

Sohnes so falsch einschätzte und offensichtlich die Augen vor seinen Fehlern verschloss. Als Vater war es seine Aufgabe, ihn zu erziehen und zu lehren, was richtig und falsch war, um seinen Charakter zu formen. Malkija hatte zugegeben, dass er seine Söhne verwöhnt hatte, nachdem ihre Mutter gestorben war – aber Chana hatte ihre Mutter auch verloren, als sie noch ein Kind gewesen war. Sie dachte an all die verschiedenen Methoden, mit denen Abba sie und ihre Schwestern sanft, aber konsequent erzogen hatte. Wie er Chana aus ihrer Trauer und ihrem Selbstmitleid geführt hatte, nachdem Itzhak gestorben war. Abba hätte Lügen niemals geduldet und Aarons Gewalttätigkeit hätte ihn entsetzt.

Als sie an die bevorstehende Heirat mit Malkija und die zahlreichen Probleme in seiner Familie dachte, wurde ihr ganz mulmig zumute. Schimon hatte recht – sie konnte weder Malkija noch seine Söhne ändern. Nur Gott konnte ihre Herzen verändern. Aber sie konnte versuchen, in ihrer Familie einen guten Einfluss auszuüben, Rat zu geben und zu beten, dass Malkija die Wahrheit über seine Söhne und sich selbst erkannte. Er stellte sich nicht den Beweisen für das, was Aaron Nava in der vergangenen Nacht hatte antun wollen, und auch nicht der Tatsache, dass sein Verhalten wahrscheinlich den Tod eines treuen Knechts zur Folge haben würde. Eines Knechts, der Malkijas eigener Vater war.

Wenn dies die Aufgabe war, die der Allmächtige Chana jetzt gab, nachdem die Mauer fertig war, dann fühlte sie sich dieser Herausforderung kaum gewachsen. Es würde ungeheuer schwierig sein, das Leben dieser Familie zu beeinflussen und die Menschen darin ins Lot mit Gottes Wahrheit und Gerechtigkeit zu bringen. Sollte sie Malkija Schimons Geheimnis verraten? Wenn ja, wann? Und wie? Die Wahrheit über Malkijas Herkunft ließ sie immer noch staunen. Sein Vater war kein reicher Adliger namens Rechab, Herrscher über den Bezirk Bet-Kerem, sondern ein einfacher, gottesfürchtiger Schäfer namens Schimon.

50

Bet-Kerem

Nava sah ihnen von der Tür der Hirtenbaracke aus nach, bis Aaron verschwunden war, bevor sie zu ihrem Platz an Schimons Seite zurückkehrte. Sie tränkte den gedrehten Lappen mit frischem Wasser und gab es ihm zu trinken. Dann nahm sie seine eiskalten Hände in ihre. Es machte ihr Sorgen, dass sein Gesicht die blasse, blauweiße Farbe von Milch angenommen hatte. „Was gab es da drüben zu sehen?", fragte Schimon sie.

„Ich habe mich nur davon überzeugt, dass Aaron wirklich mit den anderen nach Jerusalem gegangen ist." Nava wollte ihm noch mehr Wasser geben, aber er schüttelte den Kopf. „Was hat Herr Malkija zu dir gesagt, bevor er abgereist ist?", fragte sie ihn. Schimon hatte sie fortgschickt, damit er und Malkija unter vier Augen sprechen konnten. Das war ihr nur recht. Sie war immer noch viel zu wütend, um ihrem Herrn unter die Augen zu treten. Was immer sie zu ihm gesagt hätte – es hätte alles nur noch schlimmer gemacht.

„Malkija hat mir gesagt, wie leid ihm tut, was geschehen ist … und dass er hofft, mich bei seiner Rückkehr gesund anzutreffen."

Nava wandte das Gesicht ab, damit Schimon ihre Tränen nicht sah. Er war sehr krank und mit jeder Stunde, die verstrich, ging es ihm immer schlechter und nicht besser. Abgesehen von seiner gebrochenen Hüfte musste noch etwas in ihm gebrochen sein, als Aaron ihn wiederholt geschlagen hatte. Schimons Bauch war empfindlich und schmerzte und war geschwollen wie der Bauch einer schwangeren Frau. „Hat unser Herr versprochen, dir Recht zu verschaffen?“, fragte sie. „Steht in der Thora nicht, dass Übeltäter dafür bezahlen müssen, wenn sie andere Menschen verletzen?“

„Er wird die Wahrheit suchen und tun, was richtig ist. Malkija ist ein guter Mann.“

„Du meinst *Matthias*?“, fragte sie leise.

Schimon sog bei ihren Worten scharf die Luft ein und stöhnte dann wegen der Schmerzen, die es verursachte. Als er wieder sprechen konnte, sagte er: „Du hast ein vertrauliches Gespräch belauscht. Hast du noch nicht genug Schwierigkeiten bekommen, weil du andere belauscht hast, Mädchen?“

„Es tut mir leid. Ich wollte nicht zuhören, aber die anderen Knechte haben mir mit den Ziegen geholfen, deshalb war ich früher fertig. Ich bin zu dir zurückgeeilt und ...“ Sie verstummte und ließ den Kopf hängen, weil sie sich für ihr Verhalten schämte. „Du bist mir doch nicht böse, Schimon, oder? Es tut mir wirklich leid.“

„Nein ... es macht wohl nicht so viel.“

Aber Nava wusste, dass es eine Menge ausmachte. Schimon war Malkijas Vater – und er war Malkija nicht einmal so wichtig, dass dieser seinen Sohn für das, was er getan hatte, bezahlen ließ. Das wollte sie gerade sagen, aber in diesem Augenblick kam Penina mit einer Portion von Chanas Gebräu gegen Schimons Schmerzen. Er konnte sich nicht aufsetzen, um die Medizin zu trinken, deshalb tauchte Nava einen Lappen in die Flüssigkeit und ließ ihn daran saugen.

„Schimon“, sagte sie, nachdem Penina gegangen war, „warum hast du mir nicht die Wahrheit über unseren Herrn erzählt? Warum hast du dich ausgerechnet Chana anvertraut?“

„Ich wollte es dir sagen. Aber ich hatte Angst, du würdest die Wahrheit als Waffe benutzen, um meinem Sohn zu schaden. Wenn ich gedacht hätte, du könntest Malkija vergeben, dass er dich als seine Leibeigene behalten hat, hätte ich es dir gesagt.“

„Ihm vergeben? Das ist unmöglich. Vergibst *du* ihm dafür, dass er dich so behandelt?“

„Natürlich tue ich das. Und ich vergebe auch Aaron, was er getan hat.“

„Wie kannst du nur! Das ist nicht gerecht!“

„Nein, das ist es nicht. Aber ist es gerecht, dass der Allmächtige uns immer wieder vergeben muss? Er erwartet, dass wir wie er sind und einander vergeben."

Nava starrte auf Schimons Hand hinunter, die sie immer noch in ihrer hielt. Sie konnte keinem ihrer beiden Herren vergeben, schon gar nicht, wenn Schimon starb.

„Jetzt, wo du die Wahrheit über meinen Sohn kennst", sagte Schimon nach einer Weile, „was wirst du damit anfangen?"

Sie antwortete nicht sofort, sondern überlegte. „Nichts", sagte sie schließlich. „Er soll nicht wissen, dass du sein Vater bist. Er hat einen so wunderbaren Vater wie dich nicht verdient." Sie schluckte die aufsteigenden Tränen hinunter und fügte hinzu: „Außerdem würde er mir sowieso nicht glauben."

Schimon lächelte und bedeutete ihr, ihm noch etwas von der Medizin zu geben. Nachdem Nava das getan hatte, sah sie, dass er alle seine Kräfte zusammennahm. Sie beugte sich vor. „Hör zu, Nava. Ich weiß, dass mir nicht mehr viel Zeit bleibt, deshalb musst du genau auf das hören, was ich dir jetzt sage ... Wenn du an deiner Bitterkeit und Wut gegenüber unseren Herren festhältst, wirst du genauso unglücklich werden wie Aaron. Er tut so, als würde er seinen Vater achten, aber sein Herz ist voller Rebellion und Zorn. Sei nicht wie er. Du hast eingewilligt, eine Leibeigene zu werden, um deiner Familie zu helfen. Kannst du es mit einer dankbaren Haltung tun und ohne Bitterkeit? Denk daran, dass unser Herr nach dem Gesetz nicht verpflichtet ist, dich freizulassen."

„Aber ich möchte Dan heiraten. Ich liebe ihn und möchte nicht sechs Jahre von ihm getrennt sein."

„Ich weiß, Mädchen, ich weiß. Aber vielleicht hat der Allmächtige dich hierher geführt, damit du lernst, ihm zu vertrauen und ihm näherzukommen ... Sag, als du wusstest, dass Aaron dich beobachtet – hast du da Gott gebeten, dich zu beschützen? Oder herrschte zwischen dir und Gott Stillschweigen?"

„Willst du damit sagen, dass das, was geschehen ist, meine Schuld sei? Weil ich nicht gebetet habe?"

„Keineswegs. Ich sage, dass Gott selbst diese schreckliche Tat für seine Zwecke nutzt. Er will, dass du ihm wieder vertraust. Und er will, dass Malkija erkennt, was seine Söhne ..."

„Aber er hat es ja nicht erkannt! Er glaubt uns nicht."

„Wir kennen noch nicht das Ende dieser Geschichte. Aber ich hoffe, du wirst sehen, dass Gott dabei am Werk war und auf dich achtgegeben hat, obwohl du ihm böse bist. Ich konnte gestern Nacht nicht schlafen, also habe ich hier gelegen und gebetet. Da habe ich gespürt, wie Gott mich drängt aufzustehen und dich zu suchen."

Nava schlug sich die Hand vor den Mund, um nicht aufzuschreien. Sie hatte die Erinnerung an den gestrigen Abend vollkommen verdrängt, weil das Ereignis zu schrecklich war. Aber plötzlich fiel ihr wieder ein, dass sie, nachdem Aaron sie gepackt hatte, gebetet hatte: *Herr, rette mich!* Und Schimon war wie aus dem Nichts erschienen. Sie erinnerte sich daran, wie sie Gott gesagt hatte, dass ihre Bitterkeit ihr leidtue. Und sie hatte ihm versprochen, Herrn Malkija bereitwillig und ohne Bitterkeit die nächsten sechs Jahre zu dienen, wenn Gott nur ihr Gebet erhören und sie retten würde. Und das hatte er getan.

„Manchmal erhört der Allmächtige unsere Gebete, indem er andere Menschen gebraucht", sagte Schimon. „Deine Familie hat während der Dürre für Regen gebetet, weil ihr nicht verhungern wolltet. Gott hat eure Gebete erhört – nicht, indem er Regen geschickt hat, sondern indem er Malkija geschickt hat, der sich an die Thora hält und deiner Familie Geld für Essen geliehen hat. Gott erhört Gebete. Du kannst ihm auch vertrauen, was deine Zukunft mit Dan betrifft. Aber du musst für Malkija und für Aaron beten, wie ich es gesagt habe."

Nava schloss die Augen. „Ich habe alles falsch gemacht."

„Es ist nicht deine Schuld, dass Aaron dich anziehend fand und versucht hat, dich zu überfallen – so wenig wie es deine Schuld ist, dass es seit zwei Jahren nicht geregnet hat. Gott ist am Werk. Wir verstehen nicht, wie er unsere Gebete erhört, aber erhören wird er sie, so oder so."

„Und wenn ich bete und ihn bitte, dich gesund zu machen, wird er das Gebet auch erhören?"

„Wahrscheinlich nicht so, wie du es dir wünschst. Aber er kann aus dem, was mit mir geschehen ist, trotzdem etwas Gutes entstehen lassen. Frag Gott nicht, was *er* tut. Das ist die falsche Frage. Frag ihn, was *du* tun sollst."

Nava wurde bewusst, dass sie nie aufgestanden wäre, um ihren Herrn zu belauschen, wenn sie nicht so viel Bitterkeit gegen ihn empfunden hätte. Und dann hätte Aaron sie nicht allein draußen angetroffen. Und Schimon läge nicht hier, geschlagen und gebrochen. Sie konnte all diese Fehler nicht wiedergut- und Schimon gesund machen. Leben und Tod hatte sie nicht in der Hand. Aber sie konnte sich entscheiden, ihre Wut und Bitterkeit loszulassen. Und sie konnte sich entscheiden, ihrem Herrn fröhlich und treu zu dienen.

„Ich werde trotzdem beten und Gott bitten, dass er dich heilt", sagte sie zu Schimon.

„Tu das, Mädchen. Tu das. Gott beantwortet unsere Gebete immer. Aber denk daran, dass die Antwort manchmal Nein lautet."

51

Jerusalem

Nehemia blieb vor dem Tor zu Schallums Haus stehen und wandte sich an die Gruppe von Männern, die weiterhin darauf bestanden, ihm zu folgen, wohin er auch ging. „Ihr müsst hier draußen warten", sagte er zu ihnen. „Schallum war sehr krank. Er hat Ruhe verdient." Seine Leibwächter machten Anstalten, ihn zu begleiten, als Chana das Tor öffnete, aber Nehemia ließ auch sie vor dem Tor zurück. Er vermutete, dass Chana weitere Neuigkeiten wegen der Verschwörung hatte. „Ich werde nicht lange bleiben", sagte er zu den Wächtern.

Als er das Haus betrat, sah er, dass Schallum aufrecht im Bett saß. Er sah immer noch ausgezehrt aus, nachdem er so lange mit dem Gift des Wüstenskorpions gerungen hatte. Auch schien eine Gesichtshälfte gelähmt zu sein, sodass seine Worte undeutlich klangen. Aber Schallum war wach und ganz offensichtlich auf dem Weg der Besserung. „Ich habe gehört, dass es dir besser geht, Schallum. Darüber bin ich sehr froh", sagte Nehemia.

Er setzte sich und sprach einige Minuten mit ihm, bevor Chana das Zimmer wieder betrat. „Ich habe eine Nachricht für dich von Malkija", sagte sie. Nehemia erhob sich, weil er vermutete, dass sie unter vier Augen mit ihm sprechen wollte, aber sie schüttelte den Kopf. „Abba weiß alles über die Verschwörung, Statthalter. Ich habe ihm erzählt, was los ist."

„Und ich werde dir und Malkija helfen, so gut ich kann, sobald ich wieder auf den Beinen bin", sagte Schallum. „Ich habe immer noch viel Einfluss im Rat. Nur zu, Chana. Sag dem Statthalter, was du weißt."

Sie sprach mit sanfter, dringlicher Stimme, als hätte sie Angst, dass jemand sie belauschen könnte. „Sie wollen so viele Adlige wie möglich auf ihre Seite bringen und eine Ratsversammlung einberufen. Dann werden sie versuchen, dich zu zwingen, die Herrschaft abzugeben, damit sie wieder so regieren können wie vor deiner Ankunft."

Der Plan machte Nehemia wütend – Angst hatte er aber nicht. „Und was ist, wenn ich mich nicht darauf einlasse?"

„Dann werden sie drohen, dich bei König Artaxerxes als Verräter anzuschwärzen, um dich zum Nachgeben zu bewegen." Sie erwiderte seinen Blick nicht und Nehemia vermutete, dass das noch nicht alles war.

„Sie haben einen Mordanschlag auf mich vor, nicht wahr?", sagte er.

„Ich fürchte, ja."

Schallum schüttelte den Kopf und seine Stimme bebte vor Entrüstung. „Ich arbeite schon mein ganzes Leben an der Seite dieser Männer und ihr Verhalten schockiert mich. Ich bin entsetzt! Ich wette, dass Tobija dahintersteckt."

„Wie viele Ratsmitglieder haben sich der Verschwörung bislang angeschlossen?", fragte Nehemia.

„Das weiß Malkija nicht. Alle arbeiten unabhängig voneinander hinter den Kulissen und versuchen, Sympathisanten zu werben. Malkija soll Abba überreden. Sie sprechen diese Männer einzeln an, so wie sie es auch bei Malkija gemacht haben, und versuchen sie für ihre Sache zu gewinnen."

„Danke", sagte Nehemia. Er war so wütend, dass er fürchtete, die Beherrschung zu verlieren, wenn er noch mehr sagte. Als er sich draußen wieder zu den anderen Männern gesellte, tat er so, als wäre er ganz gelassen, als hätte er keine Ahnung, dass sich unter ihnen Verräter befanden. „Gute Neuigkeiten. So wie es aussieht, wird Schallum wieder ganz gesund", sagte er.

„Das ist wirklich eine gute Nachricht", stimmten die Männer zu.

Aber Malkijas Informationen hatten Nehemias wachsendes Gefühl der Dringlichkeit nur noch verstärkt. „Je näher wir der Vollendung kommen", sagte er beim Abendessen zu seinen Brüdern, „desto verzweifelter werden meine Feinde versuchen, mich auszuschalten."

„Vielleicht solltest du noch mehr Leibwächter einstellen", sagte Ephraim.

„Ich habe nicht vor, mich von der Angst bestimmen zu lassen."

Seine Brüder fingen beide gleichzeitig an, auf ihn einzureden, um ihn davon zu überzeugen, dass aufmerksame Vorsicht und vertrauensvoller Mut einander nicht ausschlossen. Einer von Nehemias Bediensteten unterbrach sie.

„Ein Priester ist gekommen, der mit dir sprechen möchte, Statthalter."

Nehemia erhob sich und seine Brüder taten es ihm gleich. Er wollte ihnen gerne befehlen, mit ihren Frauen am Tisch sitzen zu bleiben und zu Ende zu essen, aber er wusste, dass sie nicht auf ihn hören würden. Den jungen Priester, der an der Tür wartete, kannte er nicht. „Ich bin nur als Bote hier, Statthalter Nehemia. Einer der Hauptpriester, Schemaja ben Delaja, möchte mit dir sprechen. Er hat für dich ein Wort von Gott empfangen."

„Ein Wort von Gott?" Das klang nicht gut. Aber vielleicht war dies die Antwort, für die er gebetet hatte. Nehemia hatte den Allmächtigen gebeten, ihm klarzumachen, ob er zum König von Juda berufen war, so wie die Leute es ihm weismachen wollten, oder nicht. Seit die Prophetin ihn auf diesen Gedanken gebracht hatte, wurde er ihn nicht mehr los, vor allem jetzt, wo die Mauer beinahe vollendet war und seine Aufgabe sich dem Ende näherte. „Warum ist Schemaja nicht selbst zu mir gekommen?", fragte er.

„Er ist in seinem Haus eingeschlossen."

„Eingeschlossen? Was meinst du damit?"

„Er ist ein frommer Mann Gottes und hat alle weltlichen Dinge aufgegeben, um in seinem Haus zu bleiben und sich ganz dem geistlichen Leben zu widmen. Er ist ein Prophet des Heiligen", fügte der Priester mit ehrfurchtsvoller Stimme hinzu.

Wenige Minuten später, nachdem er seine Brüder erfolgreich überredet hatte, ihn nicht zu begleiten, verließ Nehemia das Haus mit dem jungen Priester und zwei Wachen, um zu Schemajas Haus zu gehen. Es stand nur ein kurzes Stück von der Residenz des Statthalters entfernt auf dem Hügel Ofel in einem Bereich, in dem viele Tempelpriester wohnten. Nehemias Neugier wuchs mit jedem Schritt, während er sich fragte, was der Priester sagen würde. Aber gleichzeitig blieb er wachsam, weil er immer damit rechnete, überfallen zu werden. Wenn er ehrlich mit sich war, sprach ihn der Gedanke an, der nächste König von Juda zu werden. Es wäre eine angemessene Belohnung dafür, dass er den ihm von Gott gegebenen Auftrag, die Mauer wiederaufzubauen, erfüllt hatte. Er ertappte sich dabei, wie er hoffte, dass dies Schemajas Botschaft vom Heiligen für ihn war.

Er klopfte an die Tür des bescheidenen Wohnhauses. „Statthalter Nehemia. Du bist gekommen“, sagte Schemaja, als er die Tür öffnete. Dann überraschte er Nehemia, indem er vor das Haus trat und die Tür hinter sich schloss, anstatt ihn hereinzubitten. „Schnell – wir müssen von hier fort. Du bist in großer Gefahr.“ Er ging mit eiligen Schritten ein Stück den Berg hinauf in Richtung der Haupttreppe zum Tempelberg. Nehemia und seine beiden Wachen mussten sich beeilen, um mit ihm Schritt zu halten.

„Wohin gehen wir?“, fragte Nehemia

„In meinem Haus können wir nicht reden. Das ist viel zu gefährlich.“ Für einen Mann, der der Welt entsagt hatte, um sich geistlichen Dingen zu widmen, wirkte Schemaja mit seinem Gewand aus feinem Leinen und dem ordentlich gestutzten grauen Haar und Bart sehr würdevoll und wohlhabend. Er war überhaupt nicht der fanatische Prophet mit wildem Blick, den Nehemia erwartet hatte. Aber warum führte er ihn durch die dunklen Straßen? Und wohin gingen sie? Sein Verhalten war äußerst merkwürdig.

Endlich kamen sie an die Treppe zum Tempel und Nehemia musste auf seine Schritte achten, als sie nur im Licht einer blassen Mondsichel hinaufstiegen. Seine Wachen hatten ebenfalls Mühe zu sehen, wohin sie traten, aber Schemaja eilte die Treppe hinauf, als wäre sie von Fackeln erhellt. Er durchquerte den äußeren Tempelvorhof, in dem sich die Gläubigen jeden Morgen und Abend versammelten. Nehemia vermutete, dass Schemaja ihn zu einer der vielen Seitenkammern hinter den öffentlichen Versammlungsplätzen führen würde. Die Priester und Leviten hatten dort Umkleidekammern und Lagerräume für den Zehnten und Küchenräume, um die Opfertiere zuzubereiten. Aber Schemaja führte Nehemia direkt durch das Tor des äußeren Vorhofs, über den Vorhof der Männer und zum Eingang in den inneren Vorhof, wo die Priester am Opferaltar dienten. Die Kohlen auf dem riesigen Altar glühten rot in der Dunkelheit und Nehemia roch den Duft von gebratenem Fleisch. Er blieb stehen.

„Warte. Wohin gehen wir?“ Er hatte das ungute Gefühl, dass er unerlaubt heiligen Boden betreten würde, wenn sie weitergingen.

„Sag deinen Männern, dass sie hier draußen warten sollen“, sagte Schemaja. „Du und ich müssen uns im Haus Gottes versammeln, im Tempel. Wir müssen die Türen des Tempels schließen, weil Männer kommen werden, um dich zu töten. In der Nacht werden sie kommen und dich töten.“

Nehemias Herz raste. „Du willst, dass ich im Tempelvorhof Zuflucht suche, die Hörner des Altars ergreife und Asyl suche?“

„Nein. Selbst das ist zu gefährlich. Du musst im Heiligtum selbst Zuflucht suchen. Es ist der einzige sichere Ort für dich, bis die Stadttore fertig sind.“

„Im *Heiligtum*?“ Nehemia fragte sich, ob dies ein Albtraum war.

„Ja! Du musst! Deine Attentäter sind bereits in der Stadt und du weißt nicht, wer sie sind.“

Nehemia wusste aus Malkijas Berichten über die Verschwörung der Adligen Bescheid. Gerade wollte er Schemaja sagen, dass er sehr wohl wusste, wer seine Feinde waren, zögerte dann aber, weil er sich fragte, ob er dem Priester trauen konnte. „Meine Wachen werden mich beschützen.“

„Sie werden nicht in der Lage sein, deine Attentäter aufzuhalten. Komm mit.“ Schemaja trat in den Vorhof der Priester und bedeutete ihm, er solle folgen.

Die Angst, die Nehemia durchfuhr, ließ seinen Atem schneller gehen. Er verspürte den Drang, sich irgendwo zu verstecken und sich zu retten. Aber er konnte Schemaja nicht folgen. Nur die gesalbten Priester durften Gottes Heiligtum betreten.

„Beeil dich!“, drängte der Priester.

Nehemia schüttelte den Kopf. „Ein Mann wie ich läuft nicht davon! Außerdem bin ich kein Priester, ich darf den inneren Raum des Tempels überhaupt nicht betreten, sonst hätte ich mein Leben verwirkt. Nein, ich gehe nicht! Ich bin kein Feigling, der wegläuft oder sich versteckt, wenn Gefahr droht."

„Aber ich habe ein Wort von Gott für dich. Du musst es tun. Du bist sein auserwählter Anführer. Dein Leben muss unter allen Umständen verschont werden."

„Die Thora verbietet es Laien wie mir, den Tempel zu betreten. Ich werde das Gesetz nicht übertreten, auch nicht, um mein Leben zu retten."

„Um ein Menschenleben zu retten, ist es erlaubt, gegen die Thora zu verstoßen. Bitte, Statthalter. Ich flehe dich an, beeil dich! Willst du sterben?"

Nehemia konnte nicht leugnen, dass er Angst hatte. Sein Herz hämmerte wild und die Furcht zog ihm die Brust zusammen. Aber etwas stimmte nicht mit Schemajas Plan. „Würdest du nicht auch gegen die Thora verstoßen, wenn du mit mir hineingehst? Dein Leben ist nicht in Gefahr."

„Nein ... aber ..." Darauf hatte er keine Antwort.

Schemaja war ein falscher Prophet, das wurde Nehemia mit einem Mal klar. Kein wahrer Prophet würde einen anderen drängen, das Gesetz zu übertreten. Ein wahrer Prophet würde ihm Mut machen, sein Leben in Gottes Hände zu legen und auf seine Macht zu vertrauen. Nehemia trat vom Tor zurück. „Gott hat dich nicht geschickt. Du prophezeist gegen mich, weil Tobija und Sanballat dich bezahlen."

Schemaja wandt sich, um seinen Blick nicht erwidern zu müssen. „Ich weiß nicht, wovon du redest. Gott hat mich gewarnt, dass du in Gefahr bist. Sein Heiligtum ist der einzige sichere Ort für dich."

„Nein", sagte Nehemia und wurde sich seiner Sache immer sicherer. „Nein, *sie* haben dich beauftragt, mich so einzuschüchtern, dass ich eine Sünde begehe, indem ich den Tempel betrete. Du willst mich in Misskredit bringen, indem du mich dazu bringst, gegen die Thora zu verstoßen."

„Du begehst einen großen Fehler, Statthalter Nehemia. Gott hat mir gesagt, dass ich dich warnen soll. Ignoriere seine Botschaft nicht. Dein Leben ist in Gefahr."

„Wahrscheinlich ist mein Leben wirklich in Gefahr. Aber Gott spricht zu uns durch seine Thora und er widerspricht sich nicht selbst. Er kann mich vor meinen Feinden retten, wenn er will, aber dazu muss ich nicht das Gesetz übertreten."

„Hör mir zu, ich flehe dich an." Schemajas Stimme wurde immer höher, je aufgeregter er sprach. Vielleicht bezahlten Tobija und die anderen ihn nur, wenn er erfolgreich war. „Die Menschen brauchen dich, damit du sie führst, Statthalter. Sie hoffen, dass du Davids Thron und das Königreich Juda wieder aufrichtest."

„Wenn Gott wirklich will, dass ich König werde, dann wird er mich so beschützen, wie er David vor König Saul beschützt hat. David hat nicht gegen die Thora verstoßen, um sein Leben zu retten. Und er hat sich geweigert, Saul zu ermorden, obwohl er zweimal die Gelegenheit dazu hatte. Er hat sich geweigert, *weil die Thora es verbot*. Ich werde nicht feige sein, Schemaja. Ich werde Gott vertrauen."

Er drehte sich um und ging nach Hause, ohne sich noch einmal umzusehen. Doch selbst mit den Wachen an seiner Seite hatte Nehemia nun Angst. Er war erschüttert – ob durch die Versuchung, der er beinahe erlegen wäre, oder durch die nackte Furcht, die Schemaja in ihm geweckt hatte, wusste er nicht. Vielleicht durch beides. Während er durch die dunklen Straßen lief, waren seine Sinne hellwach, er lauschte jedem Geräusch und suchte die Schatten nach irgendwelchen Bewegungen ab.

Als er zu Hause ankam, inspizierten Nehemia und seine Wachen sorgfältig jeden Raum und Korridor und Hof, bevor sie hineingingen. Seine Brüder waren noch wach und wollten hören, was Schemaja gesagt hatte. „Er war ein falscher Prophet, wahrscheinlich von Sanballat und Tobija angeheuert, um mich so einzuschüchtern, dass ich gegen die Thora verstoße", erzählte er ihnen. „Wenn ich das Heiligtum betreten hätte, wie er es mir gesagt hat, hätte ich mein Recht zu herrschen verwirkt. Als Judas Könige gegen die Thora verstießen, hat ihre Sünde das ganze Volk ins Exil geführt."

„Warum wollte er, dass du das Heiligtum betrittst?", fragte Ephraim.

„Er sagte, mein Leben sei in Gefahr und meine Feinde würden heute Nacht kommen, um mich zu töten."

„Glaubst du, das stimmt?", wollte Hanani wissen.

„Selbst wenn es stimmt, werde ich mich nicht im Tempel verstecken."

„Wir werden mit dir aufbleiben und Wache halten", bot Ephraim an.

„Danke, aber das ist nicht nötig. Ihr solltet eure Familien beschützen. Ich habe mich entschieden, auf Gott zu vertrauen." Nehemia ging allein in sein Schlafgemach und schloss die Tür. Der Raum fühlte sich stickig an, weil alle Fensterläden geschlossen und verriegelt waren, aber er fühlte sich so sicherer. Sollte er die ganze Nacht wach bleiben? Würde er überhaupt schlafen können, wenn er sich hinlegte? Seine schreckliche Angst, das wurde Nehemia klar, würde er nur vertreiben können, indem er betete.

Ob er lebte oder starb – sein Leben lag in Gottes Händen, so wie es von Kindheit an gewesen war. Ja, es gab das Böse, aber Gott war stärker. Nehemia stand vor seinem Fenster, den Blick in Richtung Tempel gewandt, und schloss die Augen, während er die Hände zum Gebet erhob. *Ach Gott, vergiss nicht, was mir Tobija und Sanballat angetan haben! Denke daran, dass die Prophetin Noadja und die anderen Propheten mich einschüchtern wollten! Gib mir Kraft, oh Herr, damit ich das Werk vollenden kann, mit dem du mich beauftragt hast.*

Als er sein Gebet beendet hatte, spürte Nehemia, wie sich ein Gefühl des Friedens in ihm ausbreitete. Gott hatte ihn hierher gebracht, um die Mauer wiederaufzubauen, und er würde ihn beschützen, bis er damit fertig war. Nehemia legte sich auf sein Bett und schlief die ganze Nacht durch.

Am nächsten Morgen wachte er erfrischt auf und ging zusammen mit seinen Brüdern zum Tempel hinauf, um am Morgenopfer teilzunehmen. Anschließend, als sie gerade die Treppe hinuntersteigen wollten, hielt Hanani ihn zurück und zeigte zum Horizont im Westen. „Nehemia, sieh mal!"

Sein Herzschlag beschleunigte sich, als erneute Angst ihn packte. Waren es feindliche Soldaten? Sollte er einen Trompeter suchen und Alarm schlagen?

„Wolken, Nehemia!", sagte Hanani und stieß ihn an. „Das sind Gewitterwolken am Horizont, die vom Großen Meer heraufziehen. Die Saison der Frühregen hat begonnen – und sie kommen tatsächlich!"

Nehemia war sprachlos. Er starrte auf die entfernten grauen

Flecken am weiten blauen Himmel, unfähig, sich zu rühren, bis Ephraim ihm ebenfalls einen Stoß versetzte. „Wir sollten besser das letzte Tor fertigstellen, bevor wir alle nass werden."

Sie eilten durch die Stadt zum Fuße des Bergkamms, wo sich das Misttor, Malkijas Tor, befand. Es war das letzte, das noch eingehängt werden musste. Sie brauchten den ganzen Vormittag, um die erste Tür anzuheben und an die richtige Stelle zu manövrieren. Nehemia stand mit seinen Brüdern und Malkija hinter der Mauer und sah zu, wie die Arbeiter die riesige Tür auf ihre Angeln senkten. Dann schlossen und öffneten sie den Türflügel mehrmals, um zu überprüfen, ob die eisernen Angeln reibungslos funktionierten. Anschließend machten sie sich daran, den Vorgang mit dem zweiten Türflügel zu wiederholen. Am Mittag bedeckten die Wolken schon den gesamten Himmel und lagen wie eine graue Decke über Jerusalem. Ein feuchter Wind war aufgekommen und Nehemia sah, wie Regen schräg auf die entfernten Hügel niederging.

Als der zweite Türflügel eingehängt war, begann es ausgiebig zu regnen. Niemand machte sich die Mühe, Schutz zu suchen. Nehemia hörte, wie Kinder lachend in den Pfützen planschten und das Gesicht nach oben hielten, um mit der Zunge Regentropfen aufzufangen. Am liebsten hätte er mit ihnen gelacht. Die Mauer war fertig und die Arbeiter konnten nach Hause zurückkehren, um ihre Felder zu pflügen, nachdem die Erde vom Regen aufgeweicht war. Er sah zu, wie der zweite Türflügel langsam zuschwang und auf den ersten traf. Als die eisernen Riegel vorgelegt waren, so wie es von jetzt an jede Nacht geschehen würde, begannen die Menschen zu jubeln. Nachdem Jerusalems Mauer und Tore beinahe anderthalb Jahrhunderte in Trümmern gelegen hatten, waren sie jetzt wiederaufgebaut worden.

Überall um ihn herum jubelten die Leute – und wurden pitschnass. Das Haar klebte Nehemia vom Regen am Kopf und Wasser rann ihm übers Gesicht. Seine Kleider waren so nass, als wäre er in einen Fluss gesprungen. Es war ihm gleichgültig. Die zerstörte Stadt war keine Schande mehr. Der Gott Israels wurde verherrlicht.

„Was ist heute für ein Tag?", fragte er Hanani.

Sein Bruder dachte einen Moment lang nach. „Der 25. Elul."

Sie hatten die Mauer in zweiundfünfzig Tagen wiederaufgebaut. Ein Wunder! Weniger als sechs Monate waren vergangen, seit König Artaxerxes Nehemias Bitte gewährt hatte. Nur zwei Monate waren verstrichen, seit er in Jerusalem eingetroffen war. Und in fünf Tagen würden sie Rosch Haschana feiern, den Beginn eines neuen Jahres.

„Wenn unsere Feinde das erfahren", sagte Nehemia, „werden alle umliegenden Nationen Angst bekommen und ihre Zuversicht verlieren. Sie werden wissen, dass dieses Werk mit der Hilfe unseres mächtigen Gottes vollbracht wurde."

„Und die Verschwörung der Adligen?", fragte Malkija ihn leise.

„Sie können nicht länger leugnen, dass die Hand Gottes auf mir liegt. Vielleicht werden sie ihn auch fürchten, wenn sie das einmal erkannt haben."

Nehemia beschloss, nicht mehr in Angst zu leben. Seine Wachen konnten nach Hause gehen. Jetzt, wo seine Arbeit getan war, spielte es keine Rolle mehr, ob er starb. Und der Allmächtige war ganz eindeutig mit ihm. Es war Zeit, nach Hause zu gehen, sich abzutrocknen und sich umzuziehen.

„Statthalter Nehemia", rief eine Stimme hinter ihm, als er die ersten Schritte zu seiner Residenz gemacht hatte. „Und was machen wir jetzt?" Die Frage war von den Menschen gekommen, die ihm immer noch überallhin folgten.

„Jetzt feiern wir Rosch Haschana", erwiderte er. „Den Anfang eines neuen Jahres. Wir werden die Herbstfeste feiern und danach werden wir die neue Mauer einweihen." Er wünschte, er wüsste mit Gewissheit, was danach kam.

„Haben die Propheten recht? Wirst du unser König sein?"

Es war eine Frage, die ihm immer noch zu schaffen machte. Nachdem er in den vergangenen Monaten Tag und Nacht gearbeitet hatte, war es ganz natürlich, dass er sich jetzt verloren fühlte, weil seine alles beherrschende Aufgabe, die Mauer wiederaufzubauen, vollendet war. Würde Gott ihm einen neuen Auftrag geben, um seine Energie und seine Führungsqualitäten zu nutzen?

„Ein König in Juda ... Ein König in Juda", fing die Menge an zu rufen.

Nehemia antwortete nicht, sondern ging weiter den Hügel hinauf. Vielleicht war sein Werk doch noch nicht beendet. Er wusste, dass er als König die volle Unterstützung des Volkes haben würde und mit der Hilfe des Allmächtigen auch in Zukunft Judas Feinde besiegen konnte. Nachdem er die Arbeit an der Mauer organisiert hatte, würde es ein Leichtes sein, eine Armee zu organisieren und auszubilden. Er konnte mit den mutigen Freiwilligen beginnen, die mit ihm auf der Lauer gelegen hatten, um ihre Feinde zu überrumpeln. Mit einer Armee und einer Stadtmauer und einer Krone könnte er vielleicht sogar sein Volk von den Persern befreien.

Die rufende Menge folgte ihm den ganzen Weg bis zu seinem Haus. „Ein König in Juda … Ein König in Juda!" Sie wollten ihn als König haben.

Und Nehemia wurde sich bewusst, wie sehr er sich wünschte, dass es auch Gottes Wille sein möge.

Teil III

Jerusalem, lobe den Herrn! Du Stadt auf dem Berg Zion, rühme deinen Gott! Er gewährt dir Schutz in deinen Mauern und segnet deine Kinder.

Psalm 147,12-13

52

Jerusalem

Chana dachte an Itzhak, während Sarah und Judith ihr halfen, sich für ihre Hochzeit anzukleiden. Sie konnte sich kaum noch an Itzhaks Gesicht erinnern oder an den Klang seiner Stimme oder sein Lachen, so sehr waren die Erinnerungen im Laufe der Zeit verblasst. Sie hatte das Kleid, das sie jetzt trug, für eine Hochzeit genäht, die nie stattgefunden hatte. Bei Itzhak war Chana überglücklich und blind vor Liebe gewesen und sie wusste, dass sie für Malkija nicht das Gleiche empfand. „*Wärest du bereit, dich mit Zufriedenheit zu begnügen? Mit Freundschaft?*", hatte Malkija sie einmal gefragt. Sie hatte geantwortet: „Ja, ich glaube, ich könnte hier mit dir zufrieden sein." Und nachdem sie in den vergangenen Monaten die Gelegenheit gehabt hatte, ihn besser kennenzulernen, hatte sie jetzt noch mehr Grund zu glauben, dass sie zusammen glücklich sein würden.

„Du siehst wunderschön aus", sagte Sarah zu ihr. Chana betrachtete ihr Spiegelbild in dem bronzenen Spiegel und sah eine Frau, die tatsächlich schön war, weil sie an ihrem Hochzeitstag glücklich aussah.

„Es ist eine Schande, dass wir dich mit diesem Schleier zudecken müssen", neckte Judith sie, als sie das feine Tuch auf Chanas Kopf legte.

„Warte! Verschleiere sie noch nicht", sagte Abba, der an seinem Stock ins Zimmer gehumpelt kam. „Ich will meine schöne Tochter noch ein letztes Mal sehen, bevor sie flügge wird, um Malkijas Frau zu werden." Er küsste sie auf beide Wangen und sie drückten einander fest. Chana wollte nicht weinen, aber sie musste unwillkürlich daran denken, dass sie sich gefragt hatte, ob Abba diesen Tag erleben würde. Auch in seinen Augen sah sie Tränen. „Ich weiß, dass Malkija nicht deine erste Wahl als Ehemann ist", begann er.

„Aber er wird ein sehr guter Ehemann sein", beendete sie den Satz schnell, weil sie nicht noch einmal an Itzhak erinnert werden wollte. „Ich bin glücklich mit deiner Wahl, Abba."

„Da ist allerdings eine Sache", sagte er und senkte die Stimme. „Ich wünschte, deine Mutter wäre hier, um mit dir zu reden über … über das, was dich erwartet …"

Chana lachte und legte die Hände um sein blasses, rundes Gesicht, das jetzt vor Verlegenheit ganz gerötet war. „Mach dir keine Sorgen, Abba. Die Frauen in deinem Bezirk haben Mama mit allen Ratschlägen ersetzt, die ich brauche."

„Gut. Gut … Sollen wir hinausgehen? Bist du bereit?"

Chana nickte und gemeinsam traten sie zu dem mit Weinranken geschmückten Stuhl, auf dem sie auf ihren Bräutigam warten würde. Freunde und Verwandte drängten sich im Hof und warteten mit ihr darauf, dass Malkijas Prozession eintraf.

„Der Regen hat gerade rechtzeitig aufgehört", sagte Judith und hielt eine Hand hoch. „Ich wollte nicht dafür beten, dass die Sonne herauskommt, weil wir den Regen so dringend brauchen, aber der Heilige lächelt auf dich herunter, Chana."

Sie blickte nach Westen über die Mauer, bei deren Wiederaufbau sie geholfen hatte, und sah, dass die Wolken um die untergehende Sonne herum aufrissen. Es versprach ein schöner, trockener Abend zu werden. „Vielleicht wird unser Hochzeitsfest vom Mond beschienen", sagte sie.

Sie hatten beschlossen, in Malkijas Jerusalemer Haus zu heiraten, anstatt auf seinem Anwesen in Bet-Kerem, um Rücksicht auf ihren Vater zu nehmen, der immer noch schnell müde wurde. Und vielleicht war es auch besser, ihre Ehe nicht in demselben Haus zu schließen, in dem Malkija mit seiner ersten Frau getraut worden war. Außerdem fand Chana es sinnvoll, Aaron noch etwas länger vom Anwesen fernzuhalten. Sie fragte sich, was er und Josef über die Heirat ihres Vaters dachten und wie sie sich daran gewöhnen würden, dass sie von jetzt an im Haus war. Diese Gedanken sollten sie an ihrem Hochzeitstag eigentlich nicht beschäftigen, aber sie taten es.

Kurz darauf hörte Chana die fröhliche Musik von Malkijas Prozession, als sie die Straße der Bäcker herunterkam, immer lauter und näher. Ihr Herz schlug im Takt zur Musik, als die Menschen um sie herum klatschten und in den Gesang einstimmten. Malkija erschien wie ein Prinz gekleidet und trat lächelnd und gut aussehend durch das Tor. Einen Moment lang fragte sie sich, ob er an seine erste Frau Rebecca dachte – so wie Chana an Itzhak gedacht hatte. Aber wenn, dann machte es ihr nichts aus. Es war gut, sich an die Menschen zu erinnern, die man geliebt hatte. Aber wie Abba sagte, musste sie in der Gegenwart leben und dem Heiligen ihre Zukunft überlassen.

Malkija blieb vor ihr stehen und hob ihren Schleier an. Chana musste über diese traditionelle Erinnerung an ihren Vorfahren Jakob lächeln. Er hatte seine Braut am Hochzeitstag nicht genau angesehen und war getäuscht worden, sodass er Lea heiratete, anstatt seiner geliebten Rachel. Malkija nahm Chanas Hände und half ihr aufzustehen. Die Musik wurde noch lebhafter und fröhlicher, als sie gemeinsam den Berg zu seinem Haus hinaufgingen. Es schien, als wäre ganz Jerusalem auf den Straßen, um ihnen zuzusehen und mit den Musikern zu klatschen und zu singen. Kleine Kinder sprangen den ganzen Weg über vor ihnen her.

Der Hof von Malkijas Haus war wie verwandelt. „Es ist wunderschön“, murmelte sie. „Wie Gan Eden.“ Ein Baldachin stand mitten im Hof, geschmückt mit Weinranken und Palmzweigen. Leinentücher bedeckten die Tische, auf denen sich ein Bankett aus Speisen türmte, die für ihr Hochzeitsfest zubereitet worden waren. Malkija öffnete Krüge seines berühmten Weines, damit die Gäste auf das frisch gebackene Brautpaar trinken konnten. Chana stand mit Malkija unter dem Baldachin und gelobte, seine Ehefrau zu sein, solange sie beide lebten.

Anschließend begann das Fest mit Musik und Gelächter und reichhaltigem Essen unter dem sternenübersäten Himmel. Chana konnte sich keine vollkommenere Feier vorstellen und keinen vollkommeneren Abend mit Familie und Freunden. Selbst Statthalter Nehemia war auf ihre Bitte hin gekommen und sah ausnahmsweise zufrieden und entspannt aus. Nur einmal legte sich ein Schatten auf die Feierlichkeiten, als Chana sah, wie Aaron von der Tür aus zusah. In den kommenden Monaten und Jahren würde sie sich noch einigen Herausforderungen stellen müssen. Aber sie und Malkija würden die schwierigen Zeiten zusammen durchstehen, mit Gottes Hilfe.

Sehr spät an diesem Abend nahm Malkija Chanas Hand und führte sie in die Brautkammer. Er nahm sie in die Arme und zog sie näher. Dann blickte er ihr lange in die Augen, bevor er sich zu ihr herunterneigte, um sie zu küssen. Als seine Lippen ihre zum ersten Mal berührten, hatte sie ein ganz merkwürdiges, aber wunderbares Gefühl – als würde ihr Inneres schmelzen. „Woran hast du gerade gedacht, meine schöne Braut?“, fragte er, als ihre Lippen sich voneinander lösten.

Sie lächelte zu ihm auf. „Ich habe gerade gedacht, wie wunderbar sich dieser Kuss anfühlt … und wie sehr ich mir wünsche, du würdest mich wieder küssen.“

Malkija erfüllte ihr den Wunsch.

53

Jerusalem

Nehemia verließ seine Residenz am Sabbat nur selten, um irgendwo anders hinzugehen als zum Tempel. Aber jetzt, nachdem sie die Mauer und die Tore fertiggestellt hatten, waren sein Bruder Ephraim und seine Familie wieder in ihr bescheidenes Haus im Süden der Stadt zurückgezogen. Er hatte Nehemia eingeladen, das Mittagsmahl mit ihm einzunehmen, und so gingen sie nach dem Morgenopfer gemeinsam die Straße der Bäcker hinunter. Da versperrte ihnen eine Händlerkarawane, die durch das Taltor kam, den Weg. Eine Reihe Esel mit riesigen Warenladungen aus Weinkrügen und Körben mit Trauben und Feigen blockierte die Straße. Gleich im Anschluss folgte eine zweite Karawane, deren reicher Duft verriet, dass sie ebenfalls frische Früchte geladen hatten.

„Was ist hier los?", fragte Nehemia erstaunt. „Das bringen sie alles am Sabbat nach Jerusalem?"

„Sie sind Heiden", sagte Ephraim achselzuckend. „Die beachten den Ruhetag nicht."

„Dagegen muss ich etwas unternehmen." Nehemia entdeckte den Karawanenführer, der vornehmer gekleidet war als die anderen Männer, und rief: „Halt! Du – bleib stehen, wo du bist!" Die schwerfällige Karawane kam mitten auf der Straße zum Stillstand. „Ich bin Nehemia ben Hachalja, Statthalter der Provinz Juda. Wer bist du? Woher kommst du?"

„Diese Waren kommen aus Tyrus, aber die Händler, die sie den Menschen in Juda verkaufen, leben hier in Jerusalem."

„Wenn deine Händler hier wohnen, sollten sie wissen, dass jeder siebte Tag ein Sabbattag ist, an dem alle Arbeit ruhen muss. Du kannst deine Waren am Sabbat nicht nach Jerusalem bringen oder sie dort verkaufen."

Der Mann verschränkte mürrisch die Arme vor der Brust. „Das ist mir neu. Die Beamten, die in dieser Provinz das Sagen hatten, bevor du hier warst, haben uns nie aufgehalten. Judas Adel hat sich vielmehr sehr dafür interessiert, dass wir erfolgreichen Handel treiben."

„Jetzt nicht mehr. Diese Praxis muss aufhören. Von jetzt an wird am Sabbat weder gekauft noch verkauft – und das gilt ab heute."

„Das ist doch lächerlich. Alle Juden hier im Land befolgen dieses Gesetz nicht. Geh mal auf die Dörfer und überzeuge dich selbst davon. Die Männer von Juda betätigen ihre Weinpressen sieben Tage die Woche und ernten auch ihr Getreide und ihre Oliven. Sie werden heute Fisch kaufen wollen, sobald wir unseren Stand auf dem Markt aufgebaut haben."

„Nein, das werden sie nicht. Heute nicht. Kehre mit deinen Tieren um und verlass die Stadt auf der Stelle durch dieses Tor." Nehemia baute sich breitbeinig vor dem ersten Tier auf und versperrte ihm den Weg in die Stadt.

„Und was sollen wir draußen vor dem Tor machen? Wir haben frischen Fisch zu verkaufen."

„Ihr müsst warten, bis die Sonne untergeht und der Sabbat zu Ende ist. Und wenn eure Ware verdirbt, dann wird euch das eine wertvolle Lektion fürs nächste Mal sein." Als der Mann ihn böse anfunkelte und sich nicht rührte, packte Nehemia das Zaumzeug des Esels und fing an, das Tier selbst umzudrehen.

„Warte! Zieh nicht an der Eselin herum. Ich mach das." Er rief den anderen Männern Befehle zu und die Karawane wendete langsam auf der Straße, während die Esel laut kreischten. Der Lärm lockte die Anwohner aus ihren Häusern und Nehemia sah, wie Männer und Frauen aus den Fenstern und von Dächern lugten, um zu sehen, was hier los war.

„Der Heilige hat uns befohlen, den Sabbat zu halten und zu ehren", rief Nehemia laut, damit alle ihn hören konnten. „Ihr habt sechs Tage Zeit, um alle eure Arbeit zu verrichten, aber der siebte Tag ist für den Herrn, euren Gott, ein Ruhetag. An diesem Tag sollt ihr nicht arbeiten, weder ihr noch eure Knechte noch eure Tiere noch die Fremden in eurer Stadt … Und dazu gehört auch ihr und eure Karawane", sagte er zu dem Führer der Karawane. „Wenn du das noch einmal tust, werde ich Hand an dich legen."

Nehemia kochte vor Wut, während er weiter den Berg hinunter zu Ephraims Haus ging. „Ich bin am Sabbat immer zu Hause geblieben, deshalb wusste ich nicht, was hier vor sich geht", sagte er. „Aber glaub mir, in Zukunft wird es das nicht mehr geben."

„Wundere dich nicht, wenn die Händler ihre Marktstände vor den Toren aufbauen", sagte Ephraim zu ihm. „Oder wenn unsere jüdischen Landsleute hinausgehen, um bei ihnen zu kaufen."

„Selbst am Sabbat?"

Ephraim nickte. „Sie machen das, seit Esra nicht mehr Statthalter ist, aber bisher hat niemand versucht, sie davon abzuhalten. Alle haben gesagt, die Händler seien Fremde, die das Gesetz nicht halten müssen."

„Wenn sie in unserer Provinz leben, müssen sie auch unsere Gesetze befolgen."

Um seiner Familie willen schob Nehemia seinen Zorn beiseite und genoss den Rest des Tages. Aber sobald die Sonne untergegangen war, bereitete er eine Ratsversammlung mit allen Adligen und Beamten und Bezirksvorstehern vor. Zum einen wollte er seinen Anspruch auf Autorität festigen, bevor die Verschwörer ihre eigene Versammlung einberiefen. Aber vor allem wollte er seine Pläne für die Zukunft erläutern, nun, da die Mauer fertig war.

Als er am nächsten Tag auf der erhöhten Plattform in seiner Ratskammer stand, konnte Nehemia an den wütenden oder erwartungsvollen Mienen der Männer sehen, wer auf seiner Seite war und wer die Verschwörung unterstützte. Vielleicht würden sie ihn alle im Stich lassen, wenn dieses Treffen beendet war.

Er fing ohne Vorrede an. „Jetzt, wo die Mauer wiederaufgebaut ist und alle Tore eingehängt sind, übergebe ich meinem Bruder Hananja ben Hachalja die Verantwortung für die Sicherheit Jerusalems. Er kennt die Stärken und Schwächen unserer Verteidigungslinien wie kein Zweiter. Die Tempelzitadelle wird ebenfalls Hanani unterstellt sein. Er ist ein rechtschaffener Mann, der Gott mehr fürchtet als viele andere." Nehemia wusste, dass er sich von den

Männern, die hinter der Verschwörung steckten, nicht einschüchtern lassen würde.

„Von jetzt an“, fuhr er fort, „werden Jerusalems Tore geschlossen bleiben, bis die Sonne hoch am Himmel steht, anstatt bereits bei Tagesanbruch geöffnet zu werden. Diese Verzögerung wird Überraschungsangriffe unserer Feinde verhindern, bevor unsere Bürger ganz wach sind. Abends werden die diensthabenden Torhüter die Türen noch vor Einbruch der Dunkelheit für die Nacht schließen und verriegeln. Hanani wird außerdem Einwohner von Jerusalem als Wachen berufen, einige an ihren Posten und andere in der Nähe ihrer Häuser.“

„Ich dachte, die Bedrohung durch feindliche Angriffe sei kein Thema mehr, nachdem die Mauer fertiggestellt ist“, sagte Meschullam. Nehemia wusste, dass er zu den Verrätern gehörte.

„Der schlimmste Moment, um unvorsichtig zu werden, ist der kurz nach Beendigung der Krise“, sagte er und seine Gedanken wanderten zum 13. Adar vor so langer Zeit zurück. Er hielt inne und fragte sich, ob er etwas darüber sagen sollte, dass sich Feinde in ihrer Mitte befanden. Aber dann beschloss er, es nicht zu tun. „Mein nächster Beschluss betrifft den Sabbat. Gestern bin ich einigen Händlern von Tyrus begegnet, die Fisch und andere Waren nach Jerusalem brachten, um sie im Laufe des Tages an die Judäer zu verkaufen. Diese Händler haben mir versichert, dass dies so üblich sei und dass die führenden Männer von Juda es erlaubten, bevor ich kam.“

Wieder hielt er inne und wartete auf ihre Reaktion. Als niemand das Wort ergriff, sagte er: „Ich habe sie zurechtgewiesen und sie vor die Stadt geschickt, wo sie warten sollten. Aber jetzt weise ich *euch* zurecht. Wie kommt ihr dazu, so etwas Böses zu tun – den Sabbat zu entheiligen? Haben eure Vorväter nicht dasselbe getan, sodass unser Gott all dieses Elend über uns und diese Stadt gebracht hat? Jetzt weckt ihr wieder seinen Zorn gegen Israel, indem ihr den Sabbat entweiht. Wen wundert es da, dass unsere Provinz zwei Jahre ohne Regen war?“

Er stieg von seinem Podest, weil der Zorn ihn umtrieb, und ging zwischen den Reihen der Männer auf und ab. Vielen von ihnen blickte er in die Augen. Einige erwiderten seinen Blick. „Diese fremden Händler, die unseren Gott und sein Gesetz nicht kennen, haben mir gesagt, dass Juden in der ganzen Provinz am Sabbat ihre Weinpressen betätigen und auch andere Arbeiten erledigen. Das sind *Juden*, Menschen in *euren* Bezirken, die das tun; Menschen, die unseren Gott kennen sollten. Versteht ihr, was das Wort *entheiligen* bedeutet? Es bedeutet, das, was heilig ist, gewöhnlich zu machen und zu verweltlichen. Wir entheiligen den siebten Tag, wenn wir ihn wie jeden anderen Tag behandeln, indem wir arbeiten oder kaufen und verkaufen, anstatt den Tag zu heiligen und abzusondern, wie Gott es befohlen hat.

Jeder von euch ist dafür verantwortlich, in seinem Bezirk ein Vorbild zu sein. Unsere Rolle als Anführer ist eine heilige Aufgabe, die Gott uns gegeben hat, und nicht etwas, das wir verdienen oder verlangen oder erstreben. Wir müssen mit Gerechtigkeit und Rechtschaffenheit als Gottes Stellvertreter herrschen und *sein* Gesetz befolgen, nicht unser eigenes. Hier in Jerusalem werden die Türen verschlossen, wenn die Abendschatten vor dem Sabbat auf die Stadttore fallen, und erst wieder geöffnet, wenn der Tag zu Ende ist. Ein Tempelpriester wird mit drei Trompetenstößen den genauen Zeitpunkt verkünden, an dem alle ihre Arbeit niederlegen müssen. Drei weitere Trompetensignale werden folgen, um die Trennung zwischen dem gewöhnlichen Tag und dem heiligen Tag zu markieren. Wenn der Sabbat vorüber ist, wird die Trompete wieder ertönen. Ich habe den Leviten geboten, sich zu reinigen und von jetzt an alle Tore zu bewachen, um dafür zu sorgen, dass der Sabbat geheiligt wird."

Wenn einige der führenden Männer unzufrieden waren, so ließen sie es sich jedenfalls nicht anmerken. Niemand sagte etwas oder widersprach Nehemia. Alle Männer auf Malkijas Liste waren in diesem Raum und Nehemia wusste, dass sie alles, was er sagte, bei der ersten Gelegenheit Tobija erzählen würden. Sollten sie das ruhig tun. Solange Nehemia Gott auf seiner Seite hatte, konnte Tobija ihm nichts anhaben. Inzwischen fürchtete er keinen Putsch rebellischer Mitglieder des judäischen Adels mehr. Sein Leben lag fest in Gottes Händen.

Eine Ankündigung musste Nehemia noch machen, aber der Raum kam ihm dafür zu dunkel und beengend vor. „Folgt mir", sagte er und schritt zur Tür. „Es gibt etwas, das ich euch zeigen will.“ Draußen fiel immer wieder Regen, aber Nehemia war es gleichgültig, ob er nass wurde. Er führte die Männer den Hügel hinunter und an der Ostmauer entlang. An der Südspitze, beim Quellentor, blieb er stehen. Der Nieselregen hing in den Kleidern und Haaren der Männer wie winzige Edelsteine. Und in der Tat war für ihr Volk der Regen ebenso kostbar wie Juwelen.

„Nachdem ich diese Stadt beim Wiederaufbau der Mauer unzählige Male begutachtet habe, glaube ich, dass ich jeden Zoll davon kenne“, sagte Nehemia. „Und seit einiger Zeit macht mir der Gedanke zu schaffen, dass nur so wenige Menschen hier leben, obwohl die Stadt groß und geräumig ist. Nehmen wir zum Beispiel dieses Viertel. Keines dieser Häuser wurde wiederaufgebaut.“

„Was sollen wir deswegen unternehmen?“, fragte Refaja mit resignierter Geste. „Die meisten Männer, die mit Serubbabel oder mit Rebbe Esra zurückgekehrt sind, wollten auf dem Land ihrer Väter leben.“

„Das verstehe ich. Aber selbst mit neuen Mauern und Toren werden diese Stadt und der Tempel des Allmächtigen nur schwer zu verteidigen sein, wenn hier nicht genügend Männer leben. Mein Plan ist also folgender: Mehr als dreizehn Jahre sind verstrichen, seit Rebbe Esra hier eintraf, und beinahe hundert Jahre, seit die ersten Familien mit Serubbabel zurückkamen. In dieser Zeit hat niemand die Geburten und Todesfälle in unserem Volk aufgeschrieben. Gott hat es mir aufs Herz gelegt, die Adligen, Beamten und das einfache Volk zu versammeln und sie alle nach Familien geordnet zu verzeichnen.“

„Du willst eine *Volkszählung* durchführen?“

„Ja.“ Falls der Allmächtige ihn tatsächlich zum König machte, würde Nehemia wissen müssen, wie viele Soldaten er rekrutieren konnte. „Ja, und wenn wir wissen, wie groß die gesamte Bevölkerung von Juda ist, werde ich das Los werfen und einen von zehn Männern hierher nach Jerusalem holen.“

Nehemia sah, dass dieser Plan alle in seinem Rat überraschte. Sie fingen an, untereinander zu reden und zu streiten, und während er zuhörte, stellte Nehemia erfreut fest, dass einer Mehrzahl von ihnen der Gedanke zu gefallen schien. Er wischte sich den Regen aus dem

Gesicht und erhob die Stimme, um die anderen zu übertönen. „Ich vermute, dass einige Männer freiwillig beschließen werden, hierher zu ziehen, vor allem zweit- oder drittgeborene Söhne, die das Land ihrer Väter nicht erben werden. Besonders dann, wenn sie erfahren, dass ich auf meine Kosten Häuser für sie wiederaufbauen lasse, in denen sie wohnen können.“ Diesen Worten folgte eine noch lebhaftere Diskussion. Nehemia ließ sie einige Minuten lang gewähren, dann bat er um Ruhe.

„Ich erwarte, dass ihr alle in eure Bezirke zurückkehrt und so bald wie möglich mit der Volkszählung beginnt. Außerdem seid ihr dafür verantwortlich, die Lotterie durchzuführen, um in euren Bezirken ein Zehntel der Männer auszuwählen, die hierher ziehen werden. Wenn ihr Fragen habt, könnt ihr sie mir gerne bei einer Sprechstunde in meiner Residenz stellen. Das ist alles, meine Herren. Ihr könnt gehen.“

Er schritt den Hügel hinauf, ohne ihre Bemerkungen oder Argumente abzuwarten. Der Regen fiel jetzt kräftiger und er dankte Gott stumm dafür. *Denke daran, mein Gott, wie ich mich für dich eingesetzt habe! Hab Erbarmen mit mir, denn deine Gnade ist grenzenlos!*

54

Bet-Kerem

Nava zog sich das Tuch über den Kopf, um sich vor dem sanft fallenden Regen zu schützen, als sie allein durch das Tor aus dem Anwesen ihres Herrn trat. Sie konnte nur noch daran denken, dass sie jetzt endlich nach Hause gehen würde. Mehrere Monate war es jetzt her, dass sie diese Straße in der anderen Richtung gegangen war, hinter Aarons Esel her, aber ihr Herz kannte den Weg. Als sie die kleine Anhöhe erreichte, auf der Abbas Land begann, entdeckte sie ihren Vater draußen auf dem Gerstenfeld, wo er seinen Pflug durch die vom Regen aufgeweichte Erde schob. Ihre Brüder folgten ihm und brachen die Erdbrocken auf, um Steine auszulesen. Nava fing an zu rennen.

„Abba!", rief sie. „Abba, Mama, ich bin zu Hause!" Ihr Vater blickte auf und ließ seinen Pflug mitten in einer Furche stehen, um ihr über das Feld entgegenzulaufen. Mama musste ihr Rufen auch gehört haben, denn sie kam aus dem Haus gerannt und schlang die Arme um sie.

„Oh, meine Tochter! Meine süße Nava! Bist du endgültig wieder da?"

„Nein, nur für einen Tag, Mama … Ein Freund von mir ist heute Morgen gestorben. Der Oberhirte Schimon." Sie räusperte sich, um den Kloß in ihrer Kehle loszuwerden. „Ich … ich musste einfach raus."

Abba zog sie als Nächster in seine Arme. „Du bist den ganzen Weg allein hierher gelaufen?"

„Ja … es ging nicht anders. Ich habe euch so vermisst!" Sie sagte ihnen nicht, dass sie einfach ohne Erlaubnis das Gelände verlassen hatte, ohne Penina oder irgendjemand anderem zu erzählen, wohin sie ging. Sie war an Schimons Seite geblieben, bis er den letzten, qualvollen Atemzug getan hatte. Sie konnte nicht auch noch dabei zusehen, wie sein kalter, blasser Leib in den Boden gesenkt wurde. Sie brauchte jetzt den Trost liebender Arme um sie und so hatte sie das Anwesen verlassen, um nach Hause zu gehen.

„Wie lange kannst du bleiben?“, fragte Mama.

„Ich muss vor Einbruch der Dunkelheit zurück sein, um für die Ziegen zu sorgen.“ Sie wollte nicht daran denken, wie es sein würde, Schimons leeres Bett oder seinen leeren Melkschemel neben ihrem eigenen zu sehen.

„Soll ich rüberlaufen und Dan sagen, dass du hier bist?“, bot ihr Bruder an.

„Würdest du das tun? Ihn habe ich auch vermisst.“

„Gehen wir ins Haus, du bist ja ganz nass“, sagte Mama. Sie betraten unter der niedrigen Tür hindurch den Raum und Mama schürte das Feuer im Herd, damit ihre Kleider trocknen konnten.

„Der Regen ist wunderbar, nicht wahr?“, fragte Nava und wischte sich das Gesicht mit einem Zipfel ihres Umhangtuches trocken.

„Er ist ein Segen Gottes“, stimmte Abba zu.

„Wie behandeln sie dich? Geht es dir gut? Erzähl uns alles“, sagte Mama.

„Mein Herr ist gut zu mir. Ich habe neue Sandalen, seht ihr? Und neulich haben sie mir diese neue Tunika gegeben.“ Sie erwähnte nicht, dass sie ein Ersatz für das Kleidungsstück war, das Aaron zerrissen hatte. Ihre Familie beugte sich vor und lauschte begierig, während Nava Malkijas Anwesen beschrieb und die Arbeit, die sie jeden Tag für ihn verrichtete. Sie erzählte ihnen nicht, was Herr Aaron zu tun versucht hatte, und auch nicht, woran Schimon gestorben war. Sie hatte Schimon versprochen, ihren Herren zu vergeben und ihre Bitterkeit abzulegen. Aber das konnte sie nur tun, wenn sie sich auf die guten Dinge konzentrierte, die das Leben auf dem Anwesen mit sich brachte – so wie das reichhaltige Essen und die Freunde, die sie gefunden hatte.

„Herr Malkija hat gerade in Jerusalem geheiratet, also werde ich eine neue Herrin haben, wenn er zurückkommt“, fuhr Nava fort.

„Ich habe sie schon kennengelernt, sie ist sehr freundlich." Aaron würde mit ihnen aus Jerusalem kommen, aber Schimon hatte Nava versichert, sie könne darauf vertrauen, dass der Allmächtige sie beschützte.

„Seit du fort bist, habe ich jeden Tag bereut, dass ich dich weggeschickt habe", sagte Abba. „Ich bin sogar mit Dans Vater und einigen anderen zu Malkija gegangen, um ihn zu bitten, unsere Schulden zu erlassen, wie so viele andere Adlige es getan haben. Aber er hat sich geweigert."

„Mach dir bitte keine Sorgen um mich, Abba. Es ist wirklich gut. Und jetzt, wo es regnet, wird dein Land bestimmt wieder Frucht bringen. Ich bete, dass der Allmächtige deine Ernte in diesem Jahr segnen möge."

Draußen erklangen eilige Schritte und dann stand Dan in der Tür, völlig durchnässt und lächelnd, als würde er vor Freude bersten. Nava wünschte sich nichts sehnlicher, als ihn in den Arm zu nehmen. „Es ist wunderbar, dich zu sehen, Nava. Ich denke jeden Tag an dich."

„Ich weiß. Ich denke auch an dich." Ihr Bruder musste Dan erzählt haben, dass sie nur einen Tag hier war, denn er fragte nicht, wie lange sie bleiben konnte oder ob man sie freigelassen hatte.

Während sie redeten, sog Nava alles, was sie sah, in sich auf: ihr Zuhause, die Gesichter ihrer Lieben, nach deren Anblick sie so gedürstet hatte wie der trockene Boden nach Regen. Sie stellte erleichtert fest, dass ihre Familie keinen Hunger litt. Mama hatte Getreide, um Brot zu backen, außerdem Krüge mit Öl und Linsen und Kichererbsen im Lagerraum. Malkija gab ihnen zu essen, bis die Hungersnot vorüber war, wie er versprochen hatte, als Gegenleistung für Navas Dienste. Dafür war sie dankbar.

Sie aßen zusammen ein einfaches Mittagessen, während der Regen aufs Dach trommelte, und es schmeckte besser als jedes Festmahl. Als es am Nachmittag für Nava Zeit wurde, zum Anwesen zurückzukehren, gingen Dan und einer ihrer Brüder mit ihr. Ihr Bruder ließ sich einige Schritte zurückfallen, damit sie mit Dan ungestört reden konnte. „Du brauchst nicht auf mich zu warten", sagte sie zu Dan. „Sechs Jahre sind eine lange Zeit und ich will, dass du glücklich bist."

„Jetzt sind es ja keine sechs Jahre mehr. Du bist schon über vier Monate dort."

Länger nicht? Nava sprach es nicht aus, aber es fühlte sich an wie ein ganzes Leben. „Hoffen wir, dass die Zeit schnell vergeht."

Er nahm ihre Hand. „Erinnerst du dich an die Geschichte von Jakobs Liebe zu Rachel?", fragte er. „In der Thora steht, dass er einwilligte, Laban sieben Jahre lang zu dienen, damit er sie heiraten konnte, aber ihm kamen sie nur wie wenige Tage vor, weil er Rachel so sehr liebte. So wird es auch für mich sein."

„Ich liebe dich so sehr", sagte sie zu ihm. Aber in ihrem Herzen bezweifelte Nava, dass sie und Dan jemals heiraten würden. Zu viele unvorhergesehene Dinge konnten in den nächsten Jahren geschehen und das Leben verlief nur selten so, wie man es erwartete. Schimons Leben hatte einen anderen Verlauf genommen. Das von Abba auch. Ihr eigenes ganz sicherlich. Nava wagte nicht zu hoffen, dass die Geschichte mit ihr und Dan ein glückliches Ende nehmen würde. Sie wollte gerne so einen starken Glauben haben, wie Schimon ihn gehabt hatte. Von jetzt an war der Allmächtige ihr Herr, nicht Malkija, und sie würde sich seinem Willen unterordnen, egal, ob dazu die Ehe mit Dan gehörte oder nicht.

„Ich sage dir jetzt besser Lebewohl", sagte sie, als sie die Ländereien ihres Herrn erreicht hatten. Dan umarmte sie ganz fest. Er schien sie gar nicht mehr loslassen zu wollen und ihr ging es ebenso. „Es hat unglaublich gutgetan, dich zu sehen, Dan."

„Lebewohl, Nava … aber nur bis zum nächsten Mal."

Sie ließ ihn los und eilte den Hügel hinauf und durch das Tor ins Anwesen hinein, damit er ihre Tränen nicht sehen konnte. Dann ging sie auf direktem Weg zum Ziegenstall, um mit dem Melken zu beginnen. Sie füllte den Eimer mit etwas Getreide für die Tiere, damit sie fressen konnten, während Nava sie melkte. Gerade führte sie die erste Ziege zu ihrem Schemel, als Penina beim Pferch erschien.

„Wo warst du? Ich habe dich überall gesucht!"

„Es tut mir leid." Nava setzte sich und lehnte die Stirn an die Flanke der Ziege, während sie arbeitete. „Ich konnte nicht zusehen, wie sie Schimon begraben. Ich … ich musste einfach etwas anderes sehen." Sie fragte sich, ob sie Ärger bekommen würde und ob Penina sie anbrüllen oder bestrafen würde. Aber als Penina antwortete, klang ihre Stimme sanft.

„Herr Malkija kommt morgen mit seiner Braut nach Hause. Wenn du mit dem Melken fertig bist, komm in die Küche. Wir müssen mit den Vorbereitungen anfangen."

55

Bet-Kerem

Als Chana bei Malkijas Anwesen eintraf, schien ihr die Atmosphäre verändert. Die Dienstboten waren ungewohnt still und niedergeschlagen. Die Haushälterin kam mit zwei Mägden heraus, um mit dem Gepäck zu helfen. Als Chana nach Schimon fragte, kamen der Frau die Tränen. „Es tut mir leid, Herrin, aber er ist gestern an seinen Verletzungen gestorben."

Malkija reagierte, bevor Chana es tat. „*Was*? Schimon ist tot?"

„Ja, Herr."

„Wo habt ihr ihn begraben? Zeig mir den Ort." Er ließ die Dienstboten alles abladen, lehnte Wasser und Essen ab, das Penina zur Begrüßung gebracht hatte, und folgte einem seiner Knechte durch das Tor hinaus. Chana eilte ihm nach, aber vorher bemerkte sie noch, dass Aaron verschwunden war.

Das frische Grab befand sich auf einem stillen Hügel unter einer Eiche, wo Schimons Schafe und Ziegen manchmal grasten. Chana stand neben ihrem Mann, als er auf den Erdhaufen starrte und den Kopf schüttelte, so als könne er nicht glauben, dass sein Freund tatsächlich nicht mehr lebte. „Ich kannte Schimon mein ganzes Leben", sagte Malkija und seine Stimme klang heiser. „Er hat mich mit auf die Weiden genommen, als ich ein Junge war. Diese gemeinsame Zeit gehört zu meinen schönsten Erinnerungen."

„Schimon hat mir erzählt, dass auch er damals am glücklichsten war."

Malkija sah sie überrascht an. „Das hat er gesagt?"

„Ja, als ich bei ihm saß, nachdem er so schwer verletzt worden ist."

„Ich habe immer gerne mit ihm nachts am Lagerfeuer gesessen und seinen Geschichten zugehört. Er hat mir erzählt, dass David lernte, Israels König zu sein und Gottes Volk zu führen, indem er erst einmal den Beruf des Hirten ausübte. Er sagte, ich würde auch lernen, ein guter Anführer zu sein, wenn ich die Schafe meines Vaters hüte ... Ich kann mir dieses Anwesen ohne Schimon nicht vorstellen."

Chana nahm seine Hand. Irgendwann würde sie ihm die Wahrheit über seinen Vater erzählen, aber dies war nicht der richtige Zeitpunkt.

Malkija seufzte. „Mir war wohl nicht klar, dass er im Sterben lag, als ich das letzte Mal mit ihm sprach."

„Er wurde an dem Abend schwer verletzt. Aaron hat ihn sehr heftig geschlagen. Ich habe die Prellungen an Schimons Bauch gesehen, wo die Schläge ihn getroffen haben."

Malkija schienen ihre Worte zu schockieren, so als würde ihm zum ersten Mal bewusst, dass sein Sohn für Schimons Tod verantwortlich war. „Ist er *daran* gestorben? Nicht an seinem Sturz?"

„Ich bin sicher, dass die gebrochene Hüfte dazu beigetragen hat. Aber vorher wurde er schwer geschlagen. Ich verstehe nicht, warum Aaron ihn nicht einfach festgehalten und um Hilfe gerufen hat. Schimon wäre ihm doch nicht gewachsen gewesen."

„Entschuldige mich, Chana. Ich muss alleine sein." Malkija zog seine Hand aus ihrer und stapfte über das Feld den Berg hinauf zu seinen Weinbergterrassen. Chana ging mit dem Dienstboten zum Haus zurück. Dort führte die Haushälterin sie zu dem Zimmer, das sie und Malkija jetzt gemeinsam bewohnen würden, und Chana half den Mädchen, ihre Sachen auszupacken. Sie dachte daran, wie sie mit Judith und Sarah geplaudert und gelacht hatte, als sie ihr bei den Vorbereitungen für den Umzug geholfen hatten. Sie vermisste ihre Schwestern schon jetzt. Malkija und sie waren noch nicht recht aneinander gewöhnt.

Chana sah ihren Gatten erst am Abend wieder, als sie sich mit ihm und seinen Söhnen zu Tisch setzte. Es nieselte und so hatten die Dienstboten den Tisch ins Haus gebracht. Malkija war gedämpfter

Stimmung, als er leise über das Anwesen sprach. Er erzählte Aaron und Josef, was in ihrer Abwesenheit dort getan worden war und was sie noch tun mussten, bevor die schweren Winterregen begannen. Chana konnte Aarons Miene nicht deuten, aber wie es schien, hatte er es eilig, nach dem Essen zu gehen. „Darf ich bitte aufstehen?“, fragte er, sobald die Mahlzeit beendet war.

„Nein, Aaron. Es gibt etwas, worüber wir reden müssen. Aber du kannst gehen, Josef.“ Malkija wartete, bis sein jüngerer Sohn gegangen war, und sagte dann: „Mein oberster Schafhirte Schimon ist gestern an seinen Verletzungen gestorben.“

„Das habe ich gehört.“ Aaron wirkte auf Chana nervös. Anstatt seinen Vater anzusehen, starrte er auf den Tisch hinunter und zog mit Daumen und Zeigefinger das Tischtuch in Falten.

„Erzähl mir noch einmal, was in jener Nacht geschehen ist, Aaron.“

Der Junge lehnte sich seufzend auf seinem Sessel zurück. „Ich habe aus dem Fenster geschaut und gesehen, wie er diesem Dienstmädchen gefolgt ist. Als er anfing, über sie herzufallen, bin ich rausgerannt, um ihn aufzuhalten.“

„Warte. Beim letzten Mal hast du gesagt, du seist draußen spazieren gegangen, als du sie gesehen hast.“

Aaron zuckte mit den Schultern. „Was spielt das für eine Rolle?“

„Das spielt eine große Rolle. Eine dieser Versionen ist die Wahrheit und die andere nicht. Ich will die Wahrheit wissen, Aaron. Ich versuche zu verstehen, warum mein Schäfer tot ist. Wie ich gehört habe, hast du ihn ziemlich heftig geschlagen.“

„Ich habe ihn nur von dem Mädchen weggezogen und dabei ist er gestürzt.“

Malkija stützte die Unterarme auf den Tisch und beugte sich zu Aaron vor. „Aber das Mädchen lag auf dem Boden, als ich kam. Wie kann Schimon über sie hergefallen sein, wenn er stand und sie nicht?“

Wieder zuckte Aaron mit den Schultern. „Ich weiß nicht. Vielleicht hat er sie gestoßen … oder sie ist hingefallen.“

„Ich dachte, du hättest alles gesehen.“

„Ich kann mich nicht mehr erinnern. Es ist schließlich schon eine Weile her.“

Chana sah, dass sie beide zornig wurden, aber Malkija ließ nicht locker. „Die Dienstboten sagen, Schimon hatte Prellungen am Bauch von den Schlägen."

„Und du glaubst ihnen?", schnaubte Aaron verächtlich.

„Chana hat die blauen Flecke auch gesehen."

„Ich habe ihn in der ersten Nacht gepflegt", sagte Chana, als die beiden Männer sie ansahen. „Er hatte schreckliche Schmerzen und innere Blutungen, weil er so heftig geschlagen wurde."

„Vielleicht habe ich ihn geschlagen. Ich weiß es nicht – es ging alles so schnell. Und dieser alte Mann war viel stärker, als er aussah."

„Du verstehst doch, dass dein Verhalten Schimons Tod verursacht hat, oder?", fragte Malkija.

„Ich musste ihn aufhalten. Ich dachte, er würde dem Mädchen etwas antun ... Er war selbst schuld, Vater. Wenn er und die anderen Dienstboten mich nicht in eine Falle gelockt hätten, um mich zu beschuldigen, wäre er noch am Leben."

„Ich habe mit den anderen Bediensteten gesprochen und sie haben mir erzählt, dass sie gesehen haben, wie du ein paar Tage vorher im Weinberg mit dem Mädchen angebändelt hast. Sie sagten, du hättest sie gezwungen, beim Essen neben dir zu sitzen, aber sie sei nicht sehr glücklich darüber gewesen."

„Da habe ich herausgefunden, dass sie kein unschuldiges Mädchen ist. Sie hat mir erzählt, sie wüsste, dass ich sie heiraten müsste, wenn ich mit ihr ... *auf diese Art* zusammen wäre."

Chana konnte nicht länger schweigen. „Sie heißt Nava", sagte sie. „Ich habe auch mit ihr gesprochen. Sie hat kein Interesse daran, dich zu heiraten. Sie liebt einen jungen Mann namens Dan. Sie wollen heiraten, wenn ihre sechs Jahre Dienst hier beendet sind."

„Dann dachte sie wahrscheinlich, du würdest sie freilassen, wenn sie die ganze Sache inszeniert, damit ich schuldig aussehe."

Malkija schwieg lange, bevor er sagte: „Deine Geschichte verändert sich immer wieder, Aaron."

„Ich weiß nicht, warum die Dienstboten mir das angetan haben oder was sie wollen!", sagte er und warf die Arme in die Luft. „Du musst sie fragen, nicht mich."

„Das habe ich bereits getan. Aber im Augenblick möchte ich wissen, ob es dir überhaupt leidtut, was mit Schimon geschehen ist."

„Es war nicht meine Schuld."

„Doch, Aaron, es war deine Schuld, weil du einen alten Mann so rau angefasst hast. Weil du dich nicht beherrscht hast. Wie das Sprichwort sagt: *Ein Mann, der sich nicht beherrschen kann, ist wie eine Stadt, deren Mauern eingestürzt sind.*"

„Es ging alles so schnell."

„Das hast du schon gesagt. Und jetzt ist Schimon tot." Bei den letzten Worten brach Malkijas Stimme.

Aaron wandte den Blick ab. „Du glaubst den Dienstboten und nicht mir, oder?", sagte er mürrisch. „Deinem eigenen Sohn!"

„Ich weiß nicht, wem ich glauben soll, aber einer meiner treuesten Diener ist tot – ein Mann, den ich sehr bewundert habe."

„Du hast einen *Diener* bewundert? Wir sind Edelmänner, Vater. Wir sind besser als sie."

„Du irrst dich, Aaron. Und wenn ich dieses Vorurteil in dir gestärkt oder deine Haltung arroganter Überheblichkeit verschuldet habe, dann tut es mir sehr leid. Ich kenne nur wenige Männer, die besser sind als Schimon. Gottgefälligkeit ist auf keinen gesellschaftlichen Stand beschränkt und Bosheit auch nicht. Ich war immer stolz auf meine adlige Herkunft und meine Stellung als Bezirksvorsteher, aber in den vergangenen Monaten habe ich Betrug und Bosheit unter Judas sogenannten *Edelmännern* gesehen. Sie widern mich an. Schimon hingegen war ein anständiger, gottesfürchtiger Mann."

„Das kann nicht dein Ernst sein. Er hat mir diese Falle gestellt."

„Die sogenannten Edelmänner, die in der Nacht damals hier bei mir zum Essen waren, haben sich gegen den Statthalter verschworen. Sie wollen ihn töten lassen. Ich weiß sehr gut, dass Männer nobler Herkunft lügen und morden können. Und ich weiß auch, dass einfache Schäfer wie David dazu in der Lage sind, als Könige zu herrschen." Es dauerte einen Augenblick, bis er sich beruhigt hatte und mit leiserer Stimme sagte: „Ich wünschte nur, ich hätte mich bei Schimon entschuldigen und ihm sagen können, wie leid es mir tut."

„Schimon war nicht verbittert wegen dem, was geschehen ist", sagte Chana. „Und er hat mir gesagt, dass er dir vergeben hat, Aaron." Der Junge wandte den Blick ab.

„Das klingt ganz nach Schimon", sagte Malkija. „Er war für mich mehr ein Vater als mein eigener Vater. Abba war zu sehr mit seiner Arbeit beschäftigt, als ich klein war, und hatte nicht viel Zeit für mich. Ich habe versucht, bei dir und Josef nicht den gleichen Fehler zu machen. Deshalb habe ich euch immer mitgenommen und versucht euch beizubringen, dass ihr eure Arbeit mit großem Stolz macht, damit ihr irgendwann selbst das Anwesen leiten könnt." Er machte eine Pause, räusperte sich und wartete, bis Aaron ihn ansah. „Erst jetzt, nachdem ich den Nachmittag damit zugebracht habe, mit jedem Einzelnen meiner Bediensteten zu sprechen, habe ich erfahren, was hier in meiner Abwesenheit vor sich gegangen ist. Ich bin von dir und Josef sehr enttäuscht – und davon, was für Menschen ihr geworden seid."

Zum ersten Mal sah Aaron besorgt aus. Er widersprach seinem Vater nicht. Aber er gab immer noch nicht zu, dass er gelogen hatte, was Nava und Schimon betraf. Seine Sturheit überraschte Chana. Malkija schien ebenfalls darauf zu warten, dass er endlich die Wahrheit hörte, aber als Aaron weiterschwieg, beendete er das unbehagliche Schweigen mit einem Seufzer. „In einigen Tagen werden wir Rosch Haschana feiern. Alle sieben Jahre lesen die Priester dem ganzen Volk laut das Gesetz vor – und das ist diesmal der Fall. Ich glaube, es würde uns allen guttun, zum Tempel zu gehen und zu hören, was der Heilige zu sagen hat."

„Wir sind doch gerade erst aus Jerusalem zurückgekommen", sagte Aaron. „Müssen wir wirklich schon wieder dorthin?"

„Mit Rosch Haschana fängt das neue Jahr an und ich möchte gerne, dass es auch für unsere Familie ein Neuanfang wird. Wir müssen auf das Gesetz hören und unsere Herzen für Jom Kippur vorbereiten, also für den Tag, an dem wir vor Gott stehen, unsere Sünden bekennen und um Vergebung bitten."

„Muss ich mitkommen?"

„Natürlich, Aaron. Natürlich kommst du mit. Wie auch immer es dazu gekommen ist, Schimon ist durch deine Hand gestorben." Er wartete ab, während Aaron weiter Falten in das Tischtuch kniff. „Wenn du zu dem, was du getan hast, nichts weiter zu sagen hast, kannst du aufstehen."

Chana versuchte, Malkijas Miene zu deuten, während er zusah, wie Aaron mit einem lauten Geräusch seinen Stuhl zurückschob und das Zimmer verließ. Sie wünschte, sie würde ihren Ehemann gut genug kennen, um seine Gedanken lesen zu können. Da sie nicht wusste, was sie zu der eben erlebten Szene sagen sollte, schwieg sie und betete um Weisheit. Die Dienstboten entzündeten alle Lampen im Raum, aber die Atmosphäre schien ihr immer noch dunkel und erdrückend, während sie darauf wartete, dass Malkija etwas sagte. Er starrte auf seine Hände, die gefaltet vor ihm auf dem Tisch lagen. Seine Knöchel waren weiß vor Anspannung.

„Als Bezirksvorsteher", sagte er schließlich, „diene ich auch als Richter. Es hat einen Todesfall gegeben, also ist es meine Aufgabe, Recht zu sprechen." Er blickte zu Chana auf und sagte: „Du hast in jener Nacht mit den Bediensteten und mit Schimon gesprochen. Was glaubst du – wer sagt die Wahrheit?"

Chana ließ sich Zeit, um ihre Worte sorgfältig zu wählen. „Als ich das erste Mal hier auf deinem Anwesen war, habe ich mit Nava gesprochen. Sie schien ängstlich und traurig, also fragte ich sie, ob sie schlecht behandelt würde. Sie sagte mir, sie hätte Angst vor Aaron. Er würde sie die ganze Zeit beobachten. Anschließend achtete ich darauf und sah selbst, was sie meinte. Aaron schien auf beunruhigende Weise von ihr angezogen."

„Du glaubst die Version der Dienstboten? Dass Aaron das Mädchen überfallen hat?"

Sie holte Luft, um ihre Nerven zu beruhigen. Es fiel ihr schwerer, als sie gedacht hatte, Malkija zu sagen, dass sie seinen Sohn für einen Lügner und potenziellen Vergewaltiger hielt. „Ja, das tue ich. Ich glaube, dass Aaron der Schuldige ist und Schimon Nava nur zu Hilfe gekommen ist, wie er gesagt hat."

Malkija stützte die Ellenbogen auf den Tisch und ließ die Stirn daraufsinken. „Ich schäme mich so für meinen Sohn. Nicht nur für das, was er getan hat, sondern auch, weil er mich in dieser Sache belogen hat. Ich will nicht glauben, dass er das Mädchen wirklich angegriffen und dass er Schimon so heftig geschlagen hat, nur weil er seinen Willen nicht bekam. Aber es sieht immer mehr danach aus, als wäre das die Wahrheit. Ich habe heute mit allen Bediensteten gesprochen und was sie über das Verhalten meiner Söhne gesagt haben, entsetzt mich." Er rieb sich die Augen und fügte hinzu: „Und ich schäme mich, dass du die Sünden und Fehler meiner Familie mit ansehen musst."

„Schäme dich nicht. Wir sind alle nicht vollkommen. Wenn ich daran denke, dass ich voller Selbstmitleid und zornig auf Gott war, schäme ich mich auch. Wir sind zwei unvollkommene Menschen, Malkija, die sich bemühen, Gott zu folgen. Wir sollten nichts voreinander verbergen müssen."

„Ich weiß nicht, was ich in dieser Situation tun soll, Chana."

„Das weiß ich auch nicht, aber gemeinsam werden wir eine Lösung finden. Du musst nicht alleine damit fertigwerden."

„Ich muss immerzu denken, dass es meine Schuld ist. Mir ist bewusst, dass ich meine Söhne nach dem Tod ihrer Mutter verwöhnt habe – und das rächt sich jetzt."

„Selbst wenn du sie verwöhnt hast, sind die Entscheidungen, die Aaron getroffen hat, nicht deine Schuld."

„Das ist für mich am schwersten zuzugeben, Chana ... Ich habe selbst auch unrecht getan. In den letzten Jahren bin ich habgierig geworden, wollte immer mehr, wollte die Sicherheit gut gefüllter Scheunen und Lagerhäuser, obwohl ich bereits mehr als genug hatte. Ich habe mir eingeredet, dass ich gut zu den Armen war, wenn sie mir ihr Land verpfänden mussten. Aber je mehr Land und Dienstboten ich anhäufte, desto mehr wollte ich haben. Ich habe mir eingeredet, es sei für meine Söhne, für ihre Zukunft. Aber dann, als die anderen Männer Statthalter Nehemia gehorchten und ihre Darlehen und Hypotheken einfach für null und nichtig erklärt haben, hatte ich Angst, das zu tun. Ich hatte Angst, Gott zu vertrauen und zu glauben, dass ich immer noch genug haben würde, wenn ich gehorche. Du hattest recht, als du mich verurteilt hast, Chana. Meine Habgier war ein schreckliches Vorbild für meine Söhne und hat sie glauben lassen, sie hätten das Recht, sich zu nehmen, was immer sie wollten – und jetzt bezahle ich dafür."

„Es ist nie zu spät, noch einmal neu zu beginnen. Beweist unsere Ehe das nicht?"

„Du hast recht, ja, du hast recht ... Aber in der Zwischenzeit habe ich ein Lagerhaus voller Dinge, die ich bereue."

Schließlich erhoben sie sich vom Tisch und zogen sich für die Nacht in ihr Schlafgemach zurück. Aber als sie die Lampen löschten, wusste Chana, dass ihr Mann noch immer an Aaron und Schimon dachte und sich fragte, was er tun sollte. „Wäre Aaron so geworden, wenn wir arm gewesen wären?“, fragte er in die Dunkelheit hinein. „Wenn wir keine Adligen wären und nichts besäßen außer einem kleinen Stück Land? Ich würde lieber alles verlieren, als meine Söhne zu verlieren.“

„Warum versuchst du es dann nicht?“, fragte sie leise. „Gib alles weg, Malkija … Reich oder arm, ich werde immer zu dir halten.“

56

Jerusalem

Der Himmel wurde im Osten gerade erst hell, als Chana mit Malkija und seinen Söhnen von ihrem Haus in Jerusalem zu dem Platz vor dem Wassertor liefen. Von der Eckzinne auf dem Gipfel des Tempelberges herab durchbrach der Ruf der Schofare die frühe Morgenstille, als die Priester das Fest der Trompeten ankündigten. Dieser erste Tag des neuen Jahres war noch nicht angebrochen, aber schon jetzt füllten Hunderte von Menschen die Straßen. Sie kamen aus allen Teilen der Stadt, um die Verlesung des Gesetzes an Rosch Haschana zu hören. Je näher Chana dem Platz kam, desto voller wurden die Straßen. Malkija legte eine Hand auf ihre Schulter, damit sie einander nicht verloren.

Die Arbeiter hatten die restlichen Trümmer und Steine fortgeräumt, sodass ein weiter, freier Platz entstanden war, auf dem die Menschen sich versammeln konnten. Ein Dutzend Priester und Leviten nahmen ihre Plätze ein, sodass jeder sie auf ihrer hohen hölzernen Plattform, die extra für diesen Anlass gebaut worden war, sehen konnte. Als der neue Tag anbrach, stieg auch Rebbe Esra auf das Podest, in den Händen das Gesetzbuch von Mose. Die aufwendig verzierten Endstücke aus Silber funkelten im frühen Morgenlicht, als er die Schrift entrollte. Die Menschen, die bis jetzt gesessen hatten, standen auf, um zuzuhören.

„Lobt den Herrn, euren Gott!", rief Esra aus. „Den großen Gott, der von Ewigkeit zu Ewigkeit ist!"

Chana stimmte ebenso ein wie die anderen, hob die Hände und

sagte: „Amen! Amen!“ Dann verneigten alle sich und beteten den Herrn an, das Gesicht zum Boden gerichtet.

„Du allein bist der Herr“, fuhr Esra fort. „Du hast die Himmel und die Sterne gemacht, die Erde und alles, was darauf ist, die Meere und alles, was darin ist. Du schenkst allem das Leben und die himmlischen Heerscharen beten dich an. Wir bitten: Hilf uns, jetzt zu verstehen, während du durch deine heilige Thora zu uns sprichst.“

Während Esra auf dem Platz vor dem Wassertor vom frühen Morgen bis zum Mittag vorlas, verlor Chana jegliches Zeitgefühl. Alle lauschten aufmerksam dem Gesetz und den Leviten, die sie unterrichteten und das Gesetz erklärten oder den hebräischen Text für die, die ihn nicht verstanden, ins Aramäische übersetzten. Die Leviten erklärten auch die Bedeutung der Stellen, in denen es um den Alltag der Menschen ging, damit alle verstanden, was sie hörten. Viele begannen zu weinen und auch über Chanas Wangen kullerten Tränen, als ihr immer deutlicher wurde, wie tief Gottes Liebe und Barmherzigkeit waren.

Auch Malkija neben ihr schien sehr bewegt. Er hob die Hand und rieb sich die Augen, als Esra das Gebot verlas: „‚Begehre nicht, was deinem Mitmenschen gehört: weder sein Haus noch seine Frau, seinen Knecht oder seine Magd, Rinder oder Esel oder irgendetwas anderes, was ihm gehört.‘“ Sie wusste, dass ihm das Herz brach wegen der Fehler, die er bei der Erziehung seiner Söhne gemacht hatte. Seine Schultern bebten vor Kummer, als Esra die Worte las: „‚Schlägt ein Herr seinen Sklaven mit einem Stock so sehr, dass er auf der Stelle stirbt, muss der Besitzer bestraft werden.‘“

Chana widerstand der Versuchung, zu Aaron hinüberzublicken und zu sehen, wie er auf die Stimme des Allmächtigen in seiner Thora reagierte. Hörte er zu und betete er Gott an, wie die anderen es taten? Aber sie wusste auch, dass dieser Tag und der Tag der Selbstüberprüfung vor Jom Kippur ebenso für sie selbst gedacht war wie für Aaron. Auch sie hatte in ihren Einstellungen und Taten und ihrer Nachlässigkeit gegen den Allmächtigen gesündigt. Sie brauchte Gottes Vergebung ebenso sehr wie Aaron.

Als Esra fertig war, stand die Sonne hoch am Himmel und überall auf dem Platz waren Menschen zu hören, die weinten. Statthalter Nehemia betrat die Plattform. „Dieser Tag ist dem Herrn, eurem Gott, heilig“, sagte er. „Trauert und weint nicht. Es ist löblich, dass eure Sünden euch Kummer bereiten, aber es ist auch wichtig, dass ihr eure Freude an unserem Gott und an dem Bund, den er mit uns geschlossen hat, zum Ausdruck bringt. Hört auf zu weinen und feiert voller Freude, weil ihr jetzt die Worte versteht, die er zu euch gesprochen hat. Geht und genießt gutes Essen und süße Getränke und dankt für Gottes viele Gaben. Schenkt etwas davon denen, die nichts vorbereitet haben, und dankt Gott für das Vorrecht, mit anderen zu teilen. Dieser Tag ist unserem Herrn heilig. Trauert nicht, denn die Freude des Herrn ist eure Stärke.“

Während die Menschen langsam den Platz verließen, um in ihre Häuser zurückzukehren, bekräftigten die Leviten Nehemias Worte noch einmal und ermunterten die Menschen, indem sie sagten: „Seid still, denn dies ist ein heiliger Tag. Trauert nicht.“

„Wir müssen heute Abend nach Bet-Kerem zurückkehren“, erklärte Malkija seiner Familie. „Wir müssen tun, was der Statthalter gesagt hat, und den Menschen in unserem Bezirk Geschenke machen.“

„Ich helfe dir gerne“, sagte Chana.

An jedem Tag der Woche vor Jom Kippur las Rebbe Esra aus dem Buch des Gesetzes und Chana lauschte ihm zusammen mit den anderen Menschen. Am Abend vor dem Versöhnungstag aß sie mit Malkija und seinen Söhnen in ihrem Haus in Bet-Kerem zu Abend. Nach dem Essen wurde Malkija ernst und wandte sich an Aaron und Josef.

„Morgen, wenn der Hohepriester das Blut des Opfers vor den Gnadenthron des Heiligen bringt, werden wir unsere Sünden bekennen und ihn bitten, uns zu vergeben und unsere Seele zu läutern. Der Tradition zufolge gehört dazu auch, dass wir *einander* um Vergebung bitten. Gott kann uns nicht vergeben, wenn wir die Menschen, die wir verletzt haben, nicht um Vergebung gebeten haben. Seine Vergebung spiegelt unsere eigene wider.“

Er machte eine Pause und wartete auf die Reaktion seiner Söhne. Malkija hatte zu Chana gesagt, er wolle auf dem Anwesen sein, für den Fall, dass Aaron bereute und beschloss, Nava um Vergebung zu bitten. Aber Aaron schwieg hartnäckig weiter und starrte in die bewölkte Nacht hinaus, als wäre er ganz gelangweilt. Es war sein jüngerer Bruder Josef, der schließlich mit zögerlicher Stimme das Wort ergriff.

„Vater ... ich muss dir etwas sagen. Der Wein, der aus deinem Lager verschwunden ist ...“ Er warf seinem Bruder einen ängstlichen Blick zu. „Aaron und ich haben ihn gestohlen ... es tut mir leid.“

„Danke für deine Ehrlichkeit, mein Sohn. Noch etwas?“

„Ja ... manchmal, wenn du uns eine Aufgabe gegeben hast ... dann haben wir die Bediensteten die Arbeit machen lassen und haben selbst stattdessen Wein getrunken.“ Wieder sah er zu seinem Bruder hinüber, aber Aaron saß mit verschränkten Armen da, sein Gesicht so kalt und hart wie Stein.

Chana wusste, dass ihr Mann mit allen Dienstboten gesprochen hatte und über das Verhalten seiner Söhne bereits Bescheid wusste. Aber er hatte ihnen die Gelegenheit geben wollen, ihre Fehler freiwillig einzugestehen, anstatt andere zu beschuldigen, weil er fürchtete, sie würden ihren anderen Sünden noch die des Lügens hinzufügen.

„Ich vergebe dir, Josef, und der Allmächtige wird es auch tun“, sagte Malkija. „Aber denk daran: Ein Zeichen wahrer Reue ist es, dass wir uns ändern wollen. Wir wenden uns von unserer Sünde ab und gehen in eine neue Richtung.“

Josef nickte. Er schien zu bedrückt, um noch etwas zu sagen. Wieder wartete Malkija, als wollte er Aaron noch einmal die Chance geben, sich zu äußern. Aber sein älterer Sohn starrte nur mürrisch auf den Tisch und schwieg, bis sein Vater beiden Söhnen die Erlaubnis erteilte, sich vom Tisch zu erheben. „Ich weiß nicht, was ich sonst noch tun soll, Chana“, sagte er, als sie allein waren.

Am Versöhnungstag kehrten sie nach Jerusalem zurück, aber selbst nachdem er an den Tempelopfern an diesem heiligsten Tag des Jahres teilgenommen hatte, blieb Aaron ungerührt. Am fünfzehnten Tag des Monats begann das Laubhüttenfest und Malkija baute eine Hütte für sie, in der sie während der Festtage wohnen würden. Chana hatte Sukkot noch nie so gefeiert und auch niemand sonst in Jerusalem. Aber als Rebbe Esra den Gesetzestext vorlas, hatten sie den Befehl gehört, in die Berge zu gehen und Zweige von wilden Olivenbäumen und Myrten, Palmen und Laubbäumen zu holen und daraus Hütten zu bauen, um der Jahre zu gedenken, die das Volk in der Wüste gewandert war. Die Menschen gehorchten und bauten Hütten auf ihren Dächern, in ihren Höfen, in den Vorhöfen des Tempels und auf dem Platz beim Wassertor.

„Wir haben Sukkot sehr lange nicht mehr mit so großer Freude gefeiert", sagte Schallum, als Chana und Malkija mit ihm und ihren Schwestern zusammen aßen. „Alle freuen sich sehr!" Auch sie selbst, dachte Chana. Abba war wieder gesund und sie hatte mit Malkija wahre Zufriedenheit gefunden.

Das einwöchige Laubhüttenfest endete mit einer heiligen Versammlung auf dem Tempelberg. In einer spontanen Geste der Reue fasteten die Menschen und gingen in Sack und Asche, während sie sich darauf vorbereiteten, ihre Treue zu Gottes Gesetz neu zu bekunden. Wieder stand Chana mit den anderen drei Stunden lang im Vorhof, während Esra aus dem Buch des Gesetzes vorlas. Wieder vergingen drei Stunden wie im Flug, während die Menschen ihre Treulosigkeit und die Bosheit ihrer Väter bekannten. Dann riefen die Leviten aus: „Steht auf und lobt den Herrn, euren Gott, der von Ewigkeit zu Ewigkeit ist."

Was folgte, war eines der schönsten Gebete, die Chana jemals gehört hatte. Es erinnerte an Gottes Barmherzigkeit und seine Macht in der Schöpfung, an seinen Bund mit Abraham, daran, wie er das Volk aus Ägypten befreit hatte, und an die Teilung des Roten Meeres. Das Gebet sprach von Gottes Treue in der Wüste, selbst als sein Volk untreu war, und von dem Bund, den er mit ihnen am Berg Sinai geschlossen hatte. Überall in der Geschichte ihres Volkes erkannte Chana Gottes große Barmherzigkeit, durch die er ihr Volk immer wieder errettet hatte. In allem, was geschehen war, war Gott gerecht und treu gewesen, während ihr Volk und ihre Nation sich von ihm abgewandt hatten.

Als das Gebet zu Ende war, trat Statthalter Nehemia nach vorne und sagte: „Angesichts all dessen treffen wir eine Vereinbarung und halten sie schriftlich fest, versiegelt mit dem Siegel der Leviten und Priester. Wir versprechen, das Gesetz zu befolgen, das Gott uns durch Mose gegeben hat, und alle seine Gebote, Regeln und Erlasse genau einzuhalten. Mit seiner Hilfe haben wir Jerusalems Mauern fertiggestellt. Und wir haben bei diesem Bauvorhaben gelernt, zusammenzuarbeiten und füreinander zu sorgen, indem die Reichen den Armen helfen. Jetzt müssen wir unser Bekenntnis zu Gott erneuern. Ich glaube, dass er den Regen zurückgehalten und Feinde in unsere Mitte geschickt hat, damit wir zu ihm zurückkehren. Und deshalb leisten wir heute diesen Eid und versprechen, keine Mischehen mit den umliegenden Völkern einzugehen. Wir werden nicht mehr am Sabbat oder an irgendeinem anderen heiligen Tag kaufen und verkaufen. In jedem siebten Jahr werden wir das Land ruhen lassen und alle Schulden erlassen. Wir werden jedes Jahr das erforderliche Drittel Schekel für Gottes Tempel geben, zusammen mit den ersten Früchten unserer Herden, von unserem Mehl, Getreide, Obst, Wein und Öl. Der Zehnte unserer Ernten wird den Leviten gegeben, damit das Haus unseres Gottes nicht vernachlässigt wird."

Als Nehemia geendet hatte, sah Chana zu, wie ihr Mann mit den anderen Männern zusammen nach vorne ging, um den Eid zu schwören und mit seinem Siegel zu bekräftigen.

Später an diesem Abend traf sie Malkija allein auf dem Dach ihres Jerusalemer Hauses an und ging zu ihm, um sich neben ihn zu setzen. „Was ist los?", fragte sie. „Ich merke, dass dir noch immer etwas Kummer bereitet, selbst nach all den Opfern im Tempel."

„Ich habe Schimon keine Gerechtigkeit widerfahren lassen. Selbst wenn es ein Unfall war, muss Recht geschaffen und seine Familie für seinen Verlust entschädigt werden. Aber ich weiß nicht, wo ich Angehörige von ihm finden kann. Vor Jahren, als ich mit Schimon auf die Weiden ging, um Abbas Schafe zu hüten, habe ich seine Brüder und mehrere Neffen getroffen, die ungefähr in meinem Alter waren. Sie waren alle Schafhirten und ich glaube, sie leben irgendwo im Bezirk Bet-Kerem, aber ich weiß nicht, wo." Er stand auf, als wäre er zu rastlos, um sitzen zu bleiben, und ging vor ihr auf und ab. „Soweit ich weiß, sind sie seine einzigen Angehörigen. Schimons Frau ist vor vielen Jahren gestorben und er hatte keine Kinder. Aber ich muss seine nächsten Verwandten finden, Chana. Wirst du mir dabei helfen?"

Ihr Herzschlag ging schneller. Jetzt war der Zeitpunkt gekommen, ihm die Wahrheit zu sagen. Ihr kamen die Tränen, als sie an Schimons große Liebe zu Malkija dachte, und einen Augenblick lang konnte sie nicht sprechen, weil ihre Kehle wie zugeschnürt war. Er sah ihre Tränen und sagte: „Was ist denn, Chana? Was hast du?"

Sie bedeutete ihm, er möge sich wieder zu ihr setzen, während sie überlegte, wo sie anfangen sollte. „Bevor Schimon starb, hat er mir erzählt, wie du mit ihm auf die Weide gegangen bist, als du ein Junge warst. Und er hat mir erzählt, dass du dich einmal mit seinen Neffen geprügelt hast … und dass deine Nase dabei gebrochen wurde. Erinnerst du dich an diese Prügelei, Malkija?“

Er hob die Hand und rieb sich geistesabwesend die Nase, als wollte er versuchen, sie gerade zu biegen. „Ja, natürlich erinnere ich mich daran.“

„Weißt du auch noch, *worum* es bei dem Streit ging?“

Er zögerte und sagte dann: „Ja. Die anderen Jungen sagten, ich sei in Wirklichkeit gar kein Adliger, sondern ein einfacher Schäfer wie sie und …“ Er verstummte und sah Chana mit gerunzelter Stirn an. „Was willst du mir sagen?“

„Die Jungen haben die Wahrheit gesagt, Malkija“, sagte sie. Eine Träne entwischte und rann über ihre Wange. „Schimon ist dein richtiger Vater. Ich weine, weil ich weiß, wie sehr er dich geliebt hat. Wie stolz er auf dich war.“

Malkija schüttelte den Kopf, als könnte er es nicht fassen. „Wie … wie kann das sein?“

„Schimons Frau starb, nachdem sie dich geboren hatte. Er war am Boden zerstört und hatte keine Ahnung, wie er für dich sorgen sollte. Als das Neugeborene seines Herrn einen Tag später starb, überzeugte die Hebamme Schimon davon, die Babys zu vertauschen, damit Rechab dich als seinen Sohn großzog. Rechab und seine Frau haben die Wahrheit nie erfahren.“

„Das heißt … *ich* bin Schimons nächster Verwandter?“

„Ja.“

Malkija vergrub das Gesicht in beiden Händen. Sie sah, dass er Zeit brauchen würde, um die Wahrheit zu verarbeiten. Als er schließlich aufblickte, hatte er Tränen in den Augen. „Ich wünschte, ich hätte es gewusst … all die Jahre …“

„War es ein Fehler, es dir jetzt zu sagen?“, fragte Chana und berührte seinen Arm.

„Nein“, erwiderte er, immer noch kopfschüttelnd. „Nein … Aber das ändert alles.“

57

Bet-Kerem

Nava drückte das Tuch mit dem Frischkäse mit beiden Händen aus, sodass die Molke in eine Tonschüssel tropfte. Es war eine schmierige Angelegenheit, aber neben dem Versorgen der Ziegen war die Käseherstellung eine ihrer Lieblingstätigkeiten. Sie war so in ihre Arbeit vertieft, dass sie nur am Rande mitbekam, wie um sie herum geflüstert wurde und die anderen Küchenmägde aufhörten zu arbeiten, bis Penina zu ihrem Tisch kam. „Lass das erst mal liegen. Herr Malkija will, dass alle seine Dienstboten heute Morgen in den Haupthof kommen. Er will uns etwas sagen."

„Weißt du, worum es geht?"

„Nein, das weiß niemand. Jetzt komm." Penina lief davon, um die anderen zusammenzurufen, während Nava sich die Molke von den Fingern wusch und dann mit einem Handtuch ihre Hände trocknete.

Ihr Herr und ihre Herrin hatten in diesem Monat schon mehrere überraschende Dinge getan, unter anderem, dass sie ihre Lager geöffnet und ihren Arbeitern während der Feiertage ein Festmahl bereitet hatten. Außerdem hatten sie zu Sukkot draußen Hütten gebaut, in denen sie und alle ihre Dienstboten aßen und schliefen. Chana sagte, das sei zum Gedenken daran, dass ihre Vorfahren in der Wüste in Zelten gelebt hatten. „Wir leben in einer *Sukka*", hatte sie erklärt, „um uns daran zu erinnern, dass wir unter dem Schutz und der Fürsorge des Heiligen stehen, so wie unsere Väter in der Wüste."

Nava schloss das Küchentor hinter sich und folgte den anderen

Bediensteten in den Haupthof. Malkija und Chana standen unter dem Spalier der Speiseecke und sahen sie an. Daneben standen Aaron und Josef. Die Familie war heute früher aus Jerusalem zurückgekehrt, nachdem sie an der Versammlung im Tempel teilgenommen hatte. Nava fand einen Platz neben ihrer Freundin Rachel und flüsterte: „Was ist denn jetzt?"

„Ich hoffe, es sind gute Neuigkeiten", flüsterte Rachel zurück, „und nicht, dass wir noch mehr arbeiten müssen."

Malkija hob die Hand und das Flüstern verstummte. „Ich werde es kurz machen", sagte er. „Für diejenigen von euch, die Leibeigene sind und keinen Lohn erhalten, gilt von nun an: Ihr seid frei."

Nava sog scharf die Luft ein. *Was?* Einen Moment lang schien die Welt stillzustehen, während ihre Gedanken sich überschlugen.

„Die Familienschulden, die euch hierher gebracht haben, sind mit dem heutigen Tag erlassen. Alle. Ihr könnt nach Hause gehen."

Nava stieß einen Freudenschrei aus. Sie und Rachel fielen einander in die Arme und lachten und weinten gleichzeitig. „Ist das wahr? Ist es wirklich wahr?", rief Rachel. „Oh Nava, kannst du es glauben?"

„Nein … nein, kann ich nicht." Nava nahm nichts um sie herum wahr, während sie versuchte, diese erstaunliche Nachricht zu verdauen. *Ich bin frei! Frei! Nicht in sechs Jahren, sondern heute!* Sie hörte, wie andere um sie herum um Ruhe baten.

„Was ist mit der Olivenernte, Herr?", fragte der Verwalter. Er und Penina und Ruth gehörten zu den wenigen, die keine Leibeigenen waren, sondern für ihre Arbeit bezahlt wurden. „Und das Winterpflügen? Die Bäume und Weinstöcke müssen auch beschnitten werden. Wie sollen wir das alles ohne Arbeiter bewerkstelligen?" Malkija schüttelte den Kopf, antwortete aber nicht. Nava stellte überrascht fest, dass er zu sehr von Gefühlen überwältigt schien, um zu sprechen.

„Wann können wir gehen?", rief einer der Leibeigenen.

Malkija räusperte sich. „Ihr könnt jederzeit gehen. Jetzt, wenn ihr wollt."

Jubel brandete unter den Dienstboten auf. „Gehen wir!", sagte Nava. Sie packte Rachel am Arm und gemeinsam rannten sie zu ihrer Schlafkammer, um ihre wenigen Habseligkeiten zu holen.

„Das alles kommt mir ganz unwirklich vor", murmelte Rachel. „Es ist, als würde ich träumen."

„Ich weiß … ich weiß! Es ist ein Wunder!" Nava dachte an den halb fertigen Ziegenkäse, der noch auf dem Tisch lag, und fragte sich, ob sie zurückgehen und Penina beim Aufräumen helfen sollte. Aber im nächsten Augenblick stellte sie sich Dan und ihre Familie vor und die Freude, die sie alle angesichts dieser wundervollen Nachricht empfinden würden. Sie ging nach Hause – für immer! „Gehen wir zusammen, bis die Straße sich teilt", sagte sie zu Rachel.

„Ich würde am liebsten den ganzen Weg nach Hause rennen!", erwiderte Rachel. Aber als sie mit dem Packen fertig waren und aus ihrem Quartier kamen, wartete Herr Malkija an der Tür und Chana stand neben ihm.

„Kann ich dich kurz sprechen, Nava?", fragte er.

„Ja, Herr." Ihr wurde das Herz schwer. Es war doch nicht wahr. Er würde sie zwingen zu bleiben. Aber die Worte, die er dann sprach, überraschten sie.

„Ich muss dich um Entschuldigung bitten, weil ich dir nicht geglaubt habe. Weil ich stattdessen meinem Sohn geglaubt habe. Ich weiß jetzt, dass er mich angelogen hat. Mir tut es sehr leid, was er dir anzutun versucht hat. Und auch wenn ich sein Verbrechen nicht ungeschehen machen kann, möchte ich dir das hier geben." Er drückte ihr einen kleinen Lederbeutel in die Hand. Münzen klimperten darin. „Betrachte es als Hochzeitsgeschenk. Chana hat mir erzählt, dass es einen jungen Mann gibt, den du heiraten möchtest."

Nava konnte kaum ein Wort herausbringen. „Ja, Herr … danke, Herr."

„Außerdem möchte ich dir die Ziegenherde deines Vaters wieder mitgeben und dazu Getreide, um sie zu füttern." Nava schlug sich die Hand vor den Mund, um ihre Tränen zurückzuhalten, während er auf einen Esel zeigte, der mit Getreidesäcken beladen war. „Werden deine Ziegen dir folgen oder möchtest du, dass jemand dir dabei hilft, sie nach Hause zu bringen?"

Der ganze Hof drehte sich um Nava. „S-sie folgen mir."

„Ich möchte dich noch einmal aus tiefstem Herzen um Entschuldigung bitten. Kannst du mir verzeihen?"

Nava erinnerte sich daran, dass sie gedacht hatte, sie könnte ihren Herren niemals verzeihen. Aber jetzt hörte sie sich sagen: „Ja. Natürlich verzeihe ich Euch. Schimon hat mir gesagt, dass ich anderen vergeben soll, weil Gott mir vergibt."

„Nava, ich wünschte, mein Sohn würde dich ebenfalls um Vergebung bitten, aber er hat nicht gebeichtet oder bereut, was er getan hat. Chana und ich beten darüber, was wir jetzt mit ihm machen sollen."

„Ich werde auch für ihn beten."

Er sah sie erstaunt an. „Danke. Ich weiß, dass er für seine Taten bestraft werden muss, nur weiß ich noch nicht, wie genau ich das tun soll."

Chana überraschte Nava, als sie sie in den Arm nahm und drückte. „Möge Gott mit dir sein, Nava", sagte sie. „Ich wünsche dir und Dan viele glückliche Jahre."

Am Nachmittag war Navas Familie sprachlos, als sie die Straße hinaufkam, die zu ihrem Haus führte, gefolgt von dem beladenen Esel und ihrer kleinen Ziegenherde. „Nava … was ist das alles?", fragte Abba. „Was machst du hier?"

„Herr Malkija hat alle seine Leibeigenen freigelassen und uns alle Schulden erlassen", erwiderte sie, während sie gleichzeitig lachte und weinte. „Dein Land gehört wieder dir, Abba. Und ich bin frei! Ich muss keinen einzigen Tag mehr für ihn arbeiten."

„Das … das ist unfassbar!"

Nava wartete, bis Dan von seinem Hof hinter dem Berg zu ihnen gerannt kam, um ihnen die beste Neuigkeit zu berichten. „Herr Malkija hat auch die Schulden deines Vaters erlassen, Dan. Und er hat uns diesen Beutel mit Silber geschenkt, damit wir heiraten können."

„Gott sei gelobt …" Dan schloss die Augen und sank auf die Knie, während die Tränen über seine Wangen liefen.

„Was will er als Gegenleistung für all das haben?", fragte Abba. „Es scheint mir ein bisschen zu gut, um wahr zu sein."

„Er will gar nichts. Aber es gibt etwas, das wir tun können, um ihm unsere Dankbarkeit zu zeigen. Malkija hat jetzt nicht mehr genug Arbeiter, um die Olivenernte einzubringen oder zu pflügen, weil er alle freigelassen hat. Ich finde, wir sollten alle im Bezirk zusammenrufen und ihm freiwillig helfen."

„Warum sollten wir das tun?“, fragte einer ihrer Brüder.

„Weil Gott uns unsere Sünden vergeben hat, sind wir so glücklich, dass wir ihm freiwillig dienen, nicht wahr? Ich finde, wir sollten Malkija ebenso unsere Dankbarkeit dafür erweisen, dass er uns unsere Schulden erlassen hat. Er hätte es nicht tun müssen. Und es kostet ihn viel.“

„Meine kleine Nava“, sagte Abba und zog sie in seine Arme. „Ich habe mir solche Sorgen um dich gemacht, doch die ganze Zeit bist du weiser und gütiger geworden als wir alle. Natürlich werden wir Malkija bei seiner Ernte helfen. Ich halte das für eine wunderbare Idee.“

An diesem Abend war Nava zu aufgeregt, um einzuschlafen. Während alle anderen schliefen, erhob sie sich von ihrem Lager und ging hinaus, um die vertrauten Konturen auf Abbas Land im Mondschein zu betrachten. Sie war zu Hause. Das Land und die Ernte gehörten wieder Abba. Alles war wieder so, wie es sein sollte, und die vergangenen Monate erschienen ihr wie ein böser Traum.

Im nächsten Frühjahr, wenn der Regen aufhörte und die Erde sich setzte, würde Dan für sie ein Zimmer an das Haus ihres Vaters anbauen. Dann würden sie den Rest ihres Lebens zusammen verbringen. Nava hob das Gesicht gen Himmel und lobte stumm ihren Gott.

58

Jerusalem

Rebbe Esra blickte von seiner Arbeit auf, die Feder noch in der Hand, als Nehemia seine Kammer betrat. Die Platte seines Arbeitstisches war unter Bergen von Schriftrollen und Tontafeln begraben. „Guten Tag, Statthalter."

„Ich wünsche dir auch einen guten Tag. Danke, dass du mich empfängst, Rebbe."

„Das tue ich gerne. Bitte setz dich."

Nehemia blickte sich in dem unordentlichen Raum nach einem Sitzplatz um. Schließlich nahm er einen Stapel Pergamentrollen von einem Stuhl und hielt ihn auf dem Schoß, während Esra und er sich unterhielten, so wie er es auch bei seinem ersten Besuch hier getan hatte. Nehemia hatte den Rebbe nicht von seiner Arbeit abhalten wollen und ihn deshalb nicht in die Residenz des Statthalters eingeladen, sondern war stattdessen zum Tempelarchiv gekommen. Außerdem hoffte er, dadurch die Gelegenheit zu haben, unter vier Augen mit diesem großen Gottesmann über die Frage zu sprechen, die ihn immer noch bewegte.

„Morgen wirst du also die Mauer einweihen", sagte Rebbe Esra. „Ich vermute, alles ist vorbereitet?"

„Ja. Ich habe alle Leviten und Sänger angewiesen, nach Jerusalem zu kommen. Sie haben die Danklieder geübt und werden uns helfen, die Einweihung mit Becken, Harfen, Leiern und Trompeten zu feiern. Ich bin froh, dass du bereit bist, eine der Prozessionen für mich anzuführen."

„Ich freue mich darauf." Esra legte sein Schreibgerät nieder und lehnte sich auf seinem Stuhl zurück. „Wie ich höre, hast du noch weitere Bauvorhaben begonnen. Ich hatte gedacht, wir würden erst einmal keinen Hammer und Meißel mehr hören, aber offensichtlich habe ich mich geirrt."

„Jetzt bauen wir neue Wohnhäuser, Rebbe. Die Volkszählung läuft gut und die ersten Siedler ziehen bereits nach Jerusalem. Ich habe die Freiwilligen dafür gelobt, dass sie sich gemeldet haben, um die Stadt wieder zu bevölkern."

„Hervorragend. Deine Amtszeit als Statthalter ist angefüllt mit Aktivitäten. Bist du nicht erst vor wenigen Monaten aus Susa hergekommen?"

Nehemia lächelte schwach. „Es kommt mir viel länger vor. Und wenn ich an all das denke, was in den vergangenen Monaten geschehen ist – wir haben das letzte Tor eingehängt, Rosch Haschana, Jom Kippur und Sukkot gefeiert, unseren Bund mit einer Zeremonie erneuert –, dann kann ich es kaum fassen. Die Hand des Allmächtigen hat wahrlich auf uns gelegen."

Esra wirkte nachdenklich, als er mit der Hand über seinen weißen Bart fuhr. „Und was ist nach der Einweihung morgen? Die Mauer von Jerusalem ist fertig, die Stadt wächst und gedeiht, die Menschen haben dem Heiligen neu die Treue gelobt. Was ist deine nächste Aufgabe, Nehemia?"

Er rutschte auf seinem Sitz nach vorn. „Ich hatte gehofft, ich könnte mit dir darüber reden. Ich habe gebetet und Gott um eine Antwort auf eine Frage gebeten, die ich habe – aber der Heilige ist merkwürdig schweigsam."

„Wie lautet die Frage?"

Nehemia zögerte, weil er sich dessen bewusst war, wie dreist der Gedanke, König zu werden, diesem Mann Gottes erscheinen könnte. „Seit die Propheten damit anfingen, rufen die Leute immer wieder, ich solle König von Juda werden."

„Ja, ich habe Noadja sagen hören: ‚Es gibt einen König in Juda.' Und ich habe auch gehört, wie die Menschen diesen Ruf wiederholen. Du bist sehr beliebt, vor allem bei den Armen."

Nehemia lehnte sich wieder zurück, froh darüber, dass Esra den Gedanken nicht völlig unerhört fand. „Ich muss wissen, ob es nur das Volk ist, das mich zum König machen will, oder ob der Allmächtige mich wirklich beruft." Nur sich selbst gestand er ein, wie sehr er sich wünschte, es möge so sein.

Esra faltete die Hände auf der Schriftrolle, die vor ihm ausgebreitet war. „Sag mir – woher wusstest du, dass der Allmächtige dich beruft, Jerusalems Mauer wiederaufzubauen?"

Nehemia dachte nach. „Gott hat mir die Stadt wie eine schwere Last aufs Herz gelegt. Von dem Augenblick an, als mein Bruder Hanani die eingestürzten Mauern beschrieb und die Schande Jerusalems in den Augen unserer Feinde, musste ich immerzu daran denken. Ich habe gefastet und gebetet und Gott gebeten, mir zu zeigen, was ich tun soll."

„Warum wolltest du Gottes Stadt wiederaufbauen?"

„Um ihn zu verherrlichen, damit sein Name nicht dem Spott unserer Feinde ausgesetzt ist. Die zerstörte Stadt ließ den Gott Abrahams in den Augen unserer Feinde machtlos wirken – zu schwach, um seinem Volk zu helfen. Ich wollte den Nationen seine Macht und Stärke zeigen. Ich wollte, dass Gott die Ehre zuteilwird, die ihm gebührt ..."

Er verstummte. Sein Beweggrund war es gewesen, Gott zu ehren, nicht sich selbst. Aber Noadjas Prophezeiungen hatten das Gegenteil getan und Nehemia in den Augen des Volkes verherrlicht – und in seinen eigenen Augen auch. Er hatte gerne gehört, wie sie seine guten Taten priesen, als sie ihm gefolgt waren. Tief in seinem Innersten wollte er als Judas nächster König herrschen, weil es Ruhm und Ehre verhieß.

„Oh Gott, vergib mir", sagte Nehemia und vergrub das Gesicht in den Händen. „Die Propheten haben falsch geredet! Ein wahrer Prophet Gottes würde *ihn* als König verherrlichen, nicht mich. Nicht einen bloßen Menschen." Jahrelang hatte er den Herrscher gegen Thronräuber verteidigt, die seine Autorität und Macht an sich reißen wollten – und jetzt war Nehemia so dumm gewesen, die Macht und Autorität des einzigen wahren Königs an sich reißen und Ehre für sich selbst beanspruchen zu wollen.

„Ich glaube, du weißt, was du zu tun hast", sagte Esra leise.

„Ja." Nehemia verließ das Arbeitszimmer des Rebbe und ging in den Tempelvorhof hinaus, um zu beten, das Gesicht Gottes Heiligtum und dem großen Opferaltar zugewandt. Er neigte den Kopf und bat den Allmächtigen um Vergebung und Demut. Seit sein Vater jemandem vertrauensvoll die Tür geöffnet hatte und dann ermordet worden war, hatte sich Nehemia gefragt, wem er trauen konnte. Jetzt wurde ihm bewusst, dass er sich selbst am allerwenigsten trauen konnte.

„‚Höre, oh Israel'", sprach er die alten Worte vor sich hin. „‚Der Herr ist unser Gott, der Herr allein.'" Nehemia war nur Gottes Diener, kein König. Nicht der verheißene Messias. Die Menschen sollten Gott folgen, dem Allmächtigen danken und ihn preisen – nicht ihn. Die neue Mauer, für die er so schwer gearbeitet hatte, konnte die Menschen nicht retten. Das konnte nur Gott.

Am nächsten Tag versammelte sich das ganze judäische Volk zur Einweihung der Mauer und Nehemia war sich sicher, dass der Klang des Jubels in Jerusalem selbst noch in weiter Ferne zu hören war. Die Priester und Leviten hatten sich gereinigt und würden jetzt das Volk reinigen, die Tore und die Mauer. Er teilte sie in zwei große Chöre ein, die das Volk im Lobgesang leiten sollten, während sie dem Allmächtigen dankten, begleitet von zwei Gruppen aus Priestern mit Trompeten, Harfen, Becken und Leiern. Außerdem wies er die Anführer Judas an, ebenfalls auf die Mauer zu steigen. Die beiden großen Prozessionen begannen beim Taltor in der Mitte der Westmauer. Die eine wurde von Rebbe Esra angeführt und zog auf der Mauer in Richtung Misttor, während Nehemia dem zweiten Chor folgte und in der entgegengesetzten Richtung ging. Von seinem erhöhten Platz auf der Mauer aus konnte er sehen, dass die entfernten Täler und Hügel sich von den jüngsten Regenfällen allmählich grün färbten.

„*Du hast mein Klagelied in einen Freudentanz verwandelt*", sangen sie. „*Du hast mir die Trauerkleider ausgezogen und mich mit einem Festgewand bekleidet. Nun kann ich dich mit meinen Liedern loben, nie will ich verschweigen, was du für mich getan hast. Immer und ewig will ich dir danken, mein Herr und mein Gott!*" Die herrliche Musik raubte Nehemia den Atem. „Ich wünschte, ich könnte Gott so besingen, wie diese Musiker es tun", sagte er zu Hanani, der neben ihm ging.

„Und wer würde dann das Volk anführen?", erwiderte Hanani lächelnd.

Sie marschierten auf den Tempelberg zu, vorbei am Turm der Öfen, über das Jeschanator und das Fischtor hinweg bis zum Schaftor auf der Nordseite der Stadt, während Esras Prozession die Stadt in der anderen Richtung umrundete. Als die beiden Prozessionen wieder aufeinandertrafen, nahmen alle ihren Platz im Tempelbereich ein. Die Priester brachten große Opfer dar und lobten und priesen Gott, weil er ihnen solch große Freude geschenkt hatte.

„Greif ein, mein Gott! Weil du mir schon oft geholfen hast, weiß ich auch jetzt: Du wirst meinen Feinden ins Gesicht schlagen und ihre Kraft zerbrechen. Ja, der Herr lässt uns niemals im Stich." Nehemia dachte an all die Bedrohungen und Intrigen seiner Feinde, wie sie versucht hatten, ihn zu vernichten und Gottes Werk aufzuhalten. Er lobte den Allmächtigen für seine Rettung und Hilfe.

Als Nehemia schließlich auf das Podest stieg, um sich an die Menschen zu wenden, wurde es still. „Hätte einer von euch gedacht, dass wir diese Mauer trotz aller Widrigkeiten, die sich uns in den Weg gestellt haben, in nur zweiundfünfzig Tagen wiederaufbauen würden?" Ein ohrenbetäubender Jubel folgte seinen Worten. Er hörte, wie einige riefen: „Ein König in Juda! Ein König in Juda!" Er wartete, bis die Menge sich wieder beruhigt hatte, und sagte: „Hier ist ein Wunder geschehen. Gott war am Werk. Aber diese Mauern werden uns nicht schützen, wenn wir Gott nicht treu sind. Wie der Psalmist schrieb: ‚Wenn der Herr nicht das Haus baut, dann ist alle Mühe der Bauleute umsonst. Wenn der Herr nicht die Stadt bewacht, dann wachen die Wächter vergeblich.' So, wie wir diese Mauer auf ein festes Fundament gebaut haben, müssen wir unser Leben und unsere Nation auf ein festes Fundament aus Glauben und Vertrauen in den Allmächtigen bauen. Wir müssen glauben, was wir nicht immer sehen können. Und darauf vertrauen, dass Gott in allem, was uns erwartet, am Werk ist."

Er blinzelte in das Licht der Sonne, die einen Moment lang hinter den grauen Regenwolken hervorkam. „Alles, was ich seit meiner Ankunft hier vor wenigen Monaten getan habe, habe ich mit der Hilfe des Allmächtigen getan. Jetzt ist meine Arbeit beendet." Er hielt inne und blickte auf die Menschen hinunter, die so erwartungsvoll zu ihm aufschauten. „Söhne und Töchter Abrahams, ich bin nicht euer König. Ihr braucht keinen König. Unsere Väter hatten Könige, aber sie haben uns in die Irre geführt. Wir haben uns auf Menschen verlassen, anstatt dem Allmächtigen zu vertrauen, unserem wahren König. Wenn der richtige Zeitpunkt gekommen ist, wird Gott den Messias schicken. Aber in der Zwischenzeit gibt es vielleicht noch einige Lektionen, die wir lernen können, während wir den Persern untertan sind. Deshalb werde ich, wenn meine Amtszeit als Statthalter hier beendet ist, nach Susa zurückkehren, wie ich es König Artaxerxes versprochen habe."

Ein überraschtes Murmeln lief durch die Menge. Nehemia erhob die Stimme und sagte: „Volk Gottes, arbeitet auch in Zukunft zusammen, wie ihr es beim Bau der Mauer getan habt. Helft einander auch weiterhin. Und vertraut auf den Allmächtigen. Er allein hat euer Vertrauen verdient. Möge er euch alle reich segnen."

Nehemia wandte sich von der jubelnden Menge ab und ging allein den Berg hinunter zu seinem Haus. *Denke an mich, mein Gott! Lass mich deine Güte erfahren!*

„Seht, ich sende meinen Boten; er soll den Weg für mich bahnen. Dann kommt plötzlich zu seinem Tempel der Herr, den ihr sucht, und der Bote des Bundes, den ihr herbeiwünscht. Seht, er kommt!, spricht der Herr der Heere."

Maleachi 3,1 (EÜ)

Glossar

Abba – Vater, Papa
Apadana – Palast bzw. Audienzsaal persischer Herrscher
Bet-Kerem – „Haus des Weinbergs“
Dareiko – altpersische Goldmünze und Währungseinheit
Gan Eden – der Garten Eden
Jom Kippur – Versöhnungstag; höchster jüdischer Feiertag, der am 10. Tischri als strenger Ruhetag begangen wird. Er bildet den Höhepunkt und Abschluss der zehn Bußtage
Ketubba – wörtlich: „Geschriebenes“, der jüdische Ehevertrag
Kufiya – arabische Kopfbedeckung, ein weißes Tuch mit farbigem Muster, das als Turban oder wie ein Kopftuch getragen werden kann
Levit – Nachkomme des Stammes Levi, einem der zwölf Söhne Jakobs, die später Tempelassistenten wurden
Mikwe – Bad für rituelle Waschungen und Reinheit
Mischne – das „zweite Viertel“ von Jerusalem, das während der Regierungszeit von König Hiskija errichtet wurde
Purim – Plural von „Pur“ (das Los werfen); Fest am 14. Adar, an dem die Errettung des jüdischen Volkes aus drohender Gefahr gefeiert wird
Rebbe – Rabbi, Lehrer
Rosch Haschana – jüdisches Neujahrsfest
Satrapie – Großprovinz im antiken Persien
Sabbat – der Sabbat, ein jüdischer Ruhetag; er beginnt bei Sonnenuntergang am Freitag und endet bei Sonnenuntergang am Samstag
Schofar – ein Musikinstrument, das aus einem Widderhorn hergestellt wird
Sukka – Laubhütte
Sukkot – Laubhüttenfest; die Menschen leben einige Tage in selbst gebauten Hütten aus Zweigen, um an die Zeit zu erinnern, als das Volk schutzlos durch die Wüste zog und Gott vertraute
Thora – die ersten fünf Bücher der Bibel, die Gottes Gesetz enthalten

Anmerkung

Das sorgsame Studium der Heiligen Schrift und verschiedener Kommentare stützt die erzählende Form dieser Geschichte. Um authentische Dialoge zu erschaffen, hat die Autorin die Worte der biblischen Personen, wie zum Beispiel der von Esra, paraphrasiert. Wenn die jeweiligen Personen jedoch lesen, singen oder Texte der Heiligen Schrift zitieren, wurde die Übersetzung *Hoffnung für alle* verwendet.

Leserinnen und Leser, die sich dafür interessieren, können die gesamten Schilderungen der Ereignisse in der Bibel nachlesen.

Biblische Quellen für *Fundament der Hoffnung* sind:

Esther 2,21-23; 6,1-3; 9,1-17
Nehemia 1-13 (Siehe insbesondere Neh 3,12 – „Schallum, der Sohn Loheschs, dem die zweite Hälfte des Bezirks Jerusalem unterstand, besserte den nächsten Abschnitt aus und seine Töchter halfen mit.")
2. Mose 20,8-11; 21,1-11; 21,20; 22,25; 31,12-17
5. Mose 5,12-15; 15,7-18; 23,20-21; 31,10-13
3. Mose 25,39-46
4. Mose 27,1-11
Josua 1,1-9
Hesekiel 22,24-25.29-31
1. Mose 29,14-28

Die erfolgreiche Autorin **Lynn Austin** hat weltweit mehr als eine Million Exemplare ihrer Bücher verkauft. Acht Mal wurde ihr für ihre historischen Romane der Christy Award verliehen und sie ist eine gefragte Referentin bei Tagungen und Konferenzen. Lynn und ihr Mann haben drei Kinder großgezogen und leben in Michigan. Mehr Informationen unter www.lynnaustin.org.

Weitere Bibelromane von Lynn Austin

Fremde Heimat
Die Geschichte von Sacharja
ISBN 978-3-86827-423-3
448 Seiten, Paperback
auch als e-Book erhältlich

Der persische König gibt sie frei und so kehren die Juden heim – in ein verwüstetes Land! Für den jungen Sacharja wird dieser Neubeginn zum Abenteuer seines Lebens. Gut, dass ihm die geheimnisvolle Yael zur Seite steht, als er den Kampf aufnimmt um ein neues Leben in Freiheit ...

Hüter des Erbes
Die Geschichte von Esra
ISBN 978-3-86827-482-0
480 Seiten, Paperback
auch als e-Book erhältlich

Persien, 473 v. Chr.: König Xerxes will alle Juden in seinem Reich töten lassen. Ausgerechnet Esra, ein Gelehrter, wird zum Führer im Überlebenskampf des jüdischen Volkes. In Deborah findet er eine Seelenfreundin und die Liebe seines Lebens.